中关村体验教育培训科技协会岗位专业能力培训系列教材

高等学校体育／心理／旅游／社会专业选修教材

U0891797

体验教育师培训教程

张春亮　主编

高等教育出版社·北京

内容提要

本书是供体验教育师资培训使用的专业教材。书中详细介绍了体验教育基础理论、体验教育师职业道德与职业素养、体验教育培训组织管理、体验教育培训项目操作规程、体验教育安全管理、体验教育营地和体验教育户外常识。

本书吸收了体验教育近年来发展的新观点、新项目、新成果，内容丰富、系统完整、通俗易懂、实操性强，力求使读者学以致用，快捷掌握要领，实现职业梦想。

本书在作为国内体验教育师岗位能力培训基础教材的同时，可以作为大专院校学生研学旅行、休闲体育、心理专业、社会教育等专业和新型公共体验课的选修教材，也可以作为体验教育从业人员的入门读物，还可以作为社会上各类培训机构和企事业单位人力资源培训部门进行内部培训的手册。

图书在版编目(CIP)数据

体验教育师培训教程/张春亮主编.--北京：高等教育出版社，2020.1

ISBN 978-7-04-053269-2

Ⅰ. ①体… Ⅱ. ①张… Ⅲ. ①教师培训-教材 Ⅳ. ①G451.2

中国版本图书馆 CIP 数据核字(2019)第 282797 号

Tiyan Jiaoyushi Peixun Jiaocheng

策划编辑 杨利平　责任编辑 杨利平　封面设计 王　鹏　版式设计 徐艳妮
插图绘制 于　博　责任校对 马鑫蕊　责任印制 尤　静

出版发行 高等教育出版社
社　　址 北京市西城区德外大街 4 号
邮政编码 100120
印　　刷 北京市大天乐投资管理有限公司
开　　本 787mm×1092mm 1/16
印　　张 19
字　　数 430 千字
购书热线 010-58581118
咨询电话 400-810-0598
网　　址 http://www.hep.edu.cn
　　　　 http://www.hep.com.cn
网上订购 http://www.hepmall.com.cn
　　　　 http://www.hepmall.com
　　　　 http://www.hepmall.cn
版　　次 2020 年 1 月第 1 版
印　　次 2020 年 1 月第 1 次印刷
定　　价 58.00 元

物 料 号 53269-00

《体验教育师培训教程》编委会

序　一

体验教育,让学习快乐起来!

在跨入新时代之际,《体验教育师培训教程》即将出版,这是一本内容丰富、通俗易懂、实操性强的教材,也是职业教育教师应该学习和掌握的实战教学方法的工具书。本书在体验教育的理论与实践、操作原理与具体项目、职业操守与相关知识方面做了充实详尽的讲解,让体验教育知识第一次以全面、专业的教材形式出现,填补了行业的空白。古语有云:"不以规矩,不能成方圆。"不容置疑,此教材的出版将为体验教育行业的规范发展做出很大贡献。

过去我们通常以为,受教育就是进学校,学习的唯一方式就是读书本上的知识。可是今天,学习的概念已经大大拓展。有些知识可以从书本中获得,可以从学校课堂里获得;但有些知识,比如对生活的体验和对社会的认知,以及在此基础上形成的态度和观念,就难以从课堂上获得。体验教育弥补了这一缺憾,通过一系列具体项目的参与体验,使得参与者置身其中,获得真实的体验和有益的经验,形成态度、观念的合理转变,为树立正确的人生观、价值观奠定基础。

体验教育是人生教育中不可忽视的一部分,它将学习的环境从课堂(以及相关形式如讲座等)转移到户外、家庭、社会场馆、社区,以及任何我们能聚集在一起工作、娱乐或表达情感的地方。目前国家倡导的产教融合、研学旅行、综合实践活动等都是一种有效的体验教育。体验教育将每位学习者带进一个更为广阔的天地,使他们亲身感知更为真实的世界和社会,使他们获得更为丰富的经历,让他们在真切的体验中学习知识,获得愉悦,那才是实实在在的成长,那才是真实的教育。

衷心希望这本书的出版,能够填补国内体验教育行业的教材空白,并借助教材的推广应用,有效推动和促进我国体验教育行业更加规范、健康地发展,为新时代社会发展和建设做出积极的贡献。

汪春慧
(人力资源和社会保障部教育培训中心原副主任)

序　二

体验精神　薪火相传

民族需要一种精神，行业也需要一种精神。行业精神体现着一个行业的从业宗旨、发展特色和精神面貌，是行业发展的不竭动力。让我们感到欣慰的是，体验教育这种新型有效的教育形式从20世纪90年代初引入国内的培训领域后，便一发不可阻挡。它已成为院校学生素质教育、企业员工培训、公务人员综合能力提升、军警心理行为训练等领域的重要培训形式，体现了极强的生命力。

但在发展中它同时也面临着缺乏行业标准、师资良莠不齐、组织操作不规范、培训效果质量差等问题。为了解决这个问题，从2005年开始，我们便在国内开展了体验教育师资专业能力培训方面的研究。十几年的时间里，我们不断耕耘探索，不断积累经验，经过大家共同努力编写了一套适合我国特色的体验教育师资岗位能力培训教程，并在五年多的时间里进行试用，几经修改，不断完善，目前终于完成定稿。本书填补了我国体验教育培训行业专业师资培训教程的空白。

通过这本书的编撰工作，我更真切地感受到了体验教育人对体验教育精神的守望和追求，感受到了业界同仁们对行业规范健康发展的殷切期望。人是需要精神的，行业亦是如此！

合上书本，心情久久不能平静。相信这本书的出版，对于提高从业者整体素质，规范行业发展，提升行业形象，一定会起到积极的作用。同时也更期望体验教育从业者奋发向上，蓬勃发展，携手开拓体验教育行业更加美好的明天！

普及知识，点亮心灯！是为之序。

张春亮

前言

体验教育是一种新型的以参与体验为主的教育教学形式。它以参与体验为载体，以引导参与者改变心智模式为核心，不断完善自我，提高综合能力素质。由于它形式活、效果好，目前已成为国内公务人员、社团组织、学校企业等众多机构教育培训的重要形式。

为进一步促进我国体验教育培训事业不断规范、健康地发展，让体验教育培训回归教育本源，实现师资岗位能力培训与行业同步发展，并与国际接轨，从2013年开始，中关村体验教育培训科技协会就与国家人力资源和社会保障部教育培训中心合作，在国内开展体验教育师岗位能力培训，取得了显著成效。进入新时代，这一项目得到了中国成人教育协会的指导与支持，使得行业师资岗位专业能力培训更加规范有效。这不仅是推动体验教育培训行业发展的重要举措，更是推动国家实施创新驱动发展战略、有效促进青少年综合素质提升、培养新形势下创新创业人才的重要渠道。对于促进青少年素质教育深入开展、促进精神文明建设、培育和践行社会主义核心价值观、实现中华民族的伟大复兴具有重大的意义。

与之伴随的是长期以来该行业缺乏一套理论与实践相结合，实操性强，通俗易懂的规范性师资培训教材。为此中关村体验教育培训科技协会在中国成人教育协会的指导下，在过去十多年实践积累的基础上，经过近五年时间的精心筛选、编撰，这本书终于即将出版。这是行业内的一件大事，也是一件喜事，对于在国内推广普及体验教育工程，无疑具有里程碑意义。

本书是体验教育师的基础培训教程，是体验教育师执业岗位能力培训基本教材，同时可以作为大专院校研学旅行、休闲体育、心理专业、社会教育等专业和新型公共体验课的选修教材，也可以作为体验教育从业人员的入门读物，还可以作为社会上各类培训机构和企事业单位人力资源部门进行内部培训的手册。在本书的编写过程中，作者尽可能按照国内体验教育师资培训的教学要求而编写，既对体验教育的理论进行了系统阐述，同时更注重培训的实操性，强调了体验教育培训中安全教育与管理，内容丰富，体系完善，图文并茂，通俗易懂。

尽管在编写过程中，我们力求准确、规范、完美，但由于种种原因，书中难免有疏漏、不妥之处，敬请各位学员及其他读者在使用中提出宝贵意见，以便我们不断充实完善。

中关村体验教育培训科技协会
岗位专业能力培训教材编写办公室

目　录

第一章

体验教育基础理论

随着社会的不断发展与进步,21 世纪已进入体验时代。体验在汉语中的解释为在实践中认识事物、亲身经历。体验教育是一种以参与体验为主要形式,通过反思行为,旨在唤醒、挖掘与提升参与者的潜能,以促进学员自主提升综合素质的能力,转变态度和理念。它着眼于参与者的全面成长,促进学员认知、情感、态度与技能等方面的和谐发展。

第一节　体验教育的起源与发展

一般认为,体验教育的思想最初来自美国著名教育家杜威的“经验学习”理论。他认为,要保障人类经验的传承和改造,学校教育就必须为学生学习知识提供一定的材料,而他们要真正获得真知,则必须通过运用、尝试、改造等实践活动来获取,这就是著名的“做中学”。

当我们谈起体验教育培训时,一般都会提起一个大家都熟悉的故事。二战期间的英国战火连绵,盟军在大西洋的商务船队屡遭德国人袭击,有很多船只由于受到攻击而沉没,大批船员落水,由于海水冰冷,又远离大陆,很多船员都死在了大海中,但仍有少数的船员在经历了长时间的磨难后得以生还。这一现象引起了人们的注意,人们在了解了这些生还船员的情况后,发现了一个令人惊奇的现象,就是这些生还的船员大多并不是身体强壮的年轻人,而是年龄较大但心理素质较好的老船员。经过一段时间的研究,专家们终于找到了这个问题的答案:当灾难来临时,决定你是否能存活的最关键因素不是你的体能,而是你的心理素质。年龄较大的船员有丰富的阅历和经验,有坚定的生存信念,所以最终生存了下来。而年轻的船员们在面对灾难时,精神的沮丧导致了心理防线的全面崩溃,从而造成了体力的急剧下降,最终导致死亡。

根据这一研究结果,将体验教育培训作为一种独立的教学方式来开发,并开展针对性教育培训的是毕业于牛津大学的哈恩博士。他依据二战期间相关专家对水手个体心理素质与海难中生还概率的研究结果,为了提高海员在遭遇海难时的生存比率,就开始利用自然条件和一些人工设施,模拟成海船被攻击时的情景,组织海员进行海上逃生训练,或真实体验一些如登山、健行、野地定向、溯溪、攀岩、独木舟、马术等具有心理挑战的活动和项目,以提高他们的心理素质和海上生存能力。实践证明,通过模拟逃生和体验训练的海员,在船只遇到敌方攻击时,生存率比过去有了大幅提高。因此,这项旨在提高海员海难生存能力的训练活动,就这样被开展和延续下来了。

1941 年,哈恩在威尔士建立了 Outward Bound(拓展训练,简称 OB)户外学校。后来其好友劳伦斯在 1942 年成立了阿德伯威海上训练学校,以年轻海员为训练对象。这应该是户外体验教育培训较早的雏形。自此之后,体验教育培训以其独特的创意和训练方式逐渐被推广开来,训练对象也由海员扩大到其他的军人、学生、工商业人员等不同群体,训练的目标也由单纯的体能、生存训练,拓展到心理突破、人格塑造、综合素质和能力提升等许多方面。

第二次世界大战结束以后,这一行之有效的培训形式逐渐由军队流向社会,慢慢成为一些企业、机构培训员工的形式。但一直到 50 年代初,这一培训形式并没有我们想象的那样在社会上得到快速的发展。其中主要原因就是由于受当时条件的限制,组织这类培训活动时的安全问题没有得到妥善解决,其风险很大。

哈恩的体验教育模式在社会上大面积推广,必须要提到一个叫乔什·曼纳的美国人。当他了解到体验这一创新的培训模式后,很感兴趣,并于 1950 年专门前往英国和德国对哈恩所建立的学校进行考察。回国后对考察的资料加以整理,并在美国开始推广这一模式。当时美国正在经历两个大的事件:一是美国正值金融危机,大量工厂倒闭,导致大批失业人员流向社会。这些人整天无所事事,惹事生非。他把这些人集中起来进行体验式的教育培训,提升素质,改变心态理念,结果这些人很快都找到了属于自己的工作;另一件事就是当时美军侵略越南,不少退伍回到美国本土的士兵,由于长时间战争的恐惧和压抑,得了一种战后综合焦虑症,好多医院对此束手无策。他们就把这些士兵召集起来,进行体验式的教育培训,结果这些人的症状得到了明显改善。由于体验教育培训可以更好地改变参与者的态度,修复人们的消极心理,1962 年夏,美国的第一所户外体验学校在科罗拉多开办。自此,体验教育培训在美国培训界迅速兴起,引发了培训行业探索、研究和完善体验教育培训的热情,使得体验教育培训的理论基本形成了系统的体系,培训项目的流程初步体现,活动的安全保障得到了应有的重视和完善。

如今,西方不少国家对体验教育培训的领域进行了更广泛的开发。体验教育培训不再仅仅用于企业的培训,同时还用于学生和成人的态度教育,以及辅导有行为偏差问题的少年和修复残障孩子的心理创伤,还作为休闲旅游概念的提升进入社区家庭生活。在新加坡,80%的文官要接受体验教育培训以促进其观念的改变。美国国务院则定期给外交官提供体验教育培训训练。它又成了公务机关传递概念的有效途径。

1970 年,我国香港地区成立了香港外展训练学校,这是中国第一个加入 OB 国际组织的专业培训机构。1995 年,以"体验培训"命名的体验教育模式进入中国内地培训市场。随着越来越多的企事业单位认同并实践,越来越多的培训机构进入了体验教育培训行业。

在这个不太规范的市场上,除了正规的体验教育培训公司,社会上还有一些原本从事体育、户外运动、旅游、传统培训、探险等内容的公司转型或增加了体验教育培训业务。许多并不具备相关资质的机构也不断加入,造成一段时期国内体验教育培训机构水平参差不齐,缺乏资质的培训师在行业中"滥竽充数",使得这个市场的定位和发展变得比较混乱,极大地影响和限制了体验教育培训在国内的正常发展。以致到目前,尽管国内的体验教育培训已发展得非常广泛和迅速,许多政府机构和部门也组织参加体验教育培训,但仍然没有纳入像其他行业一样的政府管理渠道,没有一个政府相关部门来明确管理和指导。

当然,西方的体验教育培训在发展过程中,也出现过这样的混乱时期。这个时期持续了大约三五年的时间,通过客户的理性选择才使体验教育培训市场逐步走向正规。所以在中国,体验教育培训也必将会经历这样一个过程。

总的来说,中国体验教育培训行业的前景是光明的。因为随着社会和经济的全面发展,对培训从业人员的素质要求也越来越高,日益激烈的竞争也使企事业单位越来越重视对团队成员的培训。体验教育培训寓教于乐的形式和相对持久的效果是极好的市场敲门砖,而根据需求量身定制的课程服务更让体验教育培训机构有了争取市场份额的利器。

第二节　中外体验教育理论渊源

理论体系的形成需要一个漫长的沉淀积累和发展过程。虽然体验教育概念的提出是近代西方教育理论的产物,但是,在古今中外诸多的教育理论及其发展过程中,对于教育学习中的实际操作或者体验感悟都是相当重视的。虽然我们通常把体验教育培训的起源定位于第二次世界大战时期,但只要我们稍加留意和研究就会发现,体验教育其实也经历了一个漫长的过程和孕育时期。在这个相当长的历史发展过程中,中外许多教育学家、哲学家或多或少都涉及了体验教育的理论内容。

一、中国古代教育理论中的体验教育思想

中国,从古至今就是一个注重教育的国家。尽管在教育理论的研究方面不如西方的教育理论体系全面、具体,但是就体验教育或者如古人所说的行动实践的教育模式而言,在古代就被教育者们极力提倡。

(一)孔子的教育思想

孔子(图 1-1)早在两千多年前就提出了学习中实践的重要性,《论语》首篇首段“学而时习之”就是孔子对于实践重要性的阐述。其中的“习”就是实习、实践,即今天我们所说的体验。孔子一生从事教育,他很重视学行结合、言行一致,对夸夸其谈、巧言令色的作风深恶痛绝。他最注重“行”,提倡“君子欲讷于言而敏于行”“耻其言而过其行”。体验教育就是实践教育,它是在实践的活动中体会、认知、理解我们所制定的学习目标,从而让学习变得“不亦乐乎”。孔子作为人类教育事业上的先圣先师,在两千多年前就已经认识到教育中的实践活动是多么的重要,这为我们今天的体验教育提供了历史渊源和理论依据。

图 1-1　孔子

（二）王阳明的教育思想

图 1-2 王阳明

明代的王阳明（图 1-2）先生是中国心学理论的集大成者，他提出的“知行合一”的教育理念中对于行动是极力推崇的。他认为，一个人不论在知识、技能以及德行的学习上都要得到行动的检验，方可视为真正的学习。事实上，王阳明先生的“知行合一”在今天的社会发展中，对于一个人成长为社会所需求的人才仍是极其有效的方法。因而，我们也能看到体验教育在现实学习中的重要性。王阳明从“致良知”出发，在教学原则上提出了许多值得重视的见解：① 重视躬行实践。认为真知必须行，应在行动中学习，以求真知。② 重视独立思考。认为教学是要引导学者“各得其心”，学习贵于“自求”“自得”，做学问要旁人“点化”不如自解而化。

在中国古代的教育发展过程中提出实践重要性的教育家还有墨子、王夫之等人。墨子的“非攻”思想就是在具体的行动上让其弟子在战争活动中体会如何防御，并设计创造出很多的工具，墨子的这一方法就是实践教育的思想。王夫之是明末清初的大思想家，他一生颠沛，努力践行自己的思想，最后教书授业。他的教育观念之一就是倡导在实际的活动中体会学习的作用，从而提升学习的乐趣和自觉性，这其实就是体验教育的目标之一。古代教育理论与体验教育相关的部分也是浩如烟海，在此不做赘述。总之，体验的重要性在中国的教育史上源远流长。

二、中国现当代教育理论中的体验教育思想

（一）陶行知的生活教育思想

图 1-3 陶行知

陶行知（1891—1946 年），原名文治，又名知行（图 1-3），安徽人，中国近现代著名教育家。1938 年在桂林成立生活教育社，任理事长。1939 年在四川合川创办育才学校。1946 年创办重庆社会大学，任校长。陶行知思想非常丰富，其中以普及教育和生活教育思想最富特色。

陶行知的生活教育思想深受杜威的影响，源于对中国教育的反思，形成和完善于长期的办学实践。所谓生活教育，按照陶行知的解释，就是“生活所原有、生活所自营、生活所必须的教育”。一句话，生活教育的实质就是“以生活为中心的教育”。生活教育思想包括三个部分：

（1）“生活即教育”是生活教育的本体论。陶行知指出：“教育的根本意义是生活之变化。生活无时不变，即生

活无时不含有教育的意义。

（2）“社会即学校”是生活教育的领域论。陶行知指出：“整个的社会是生活的场所，亦即教育之场所。”因此，我们又可以说：“社会即学校。”

（3）“教学做合一”是生活教育的方法论。其含义是：“事怎样做便怎样学，怎样学便怎样教。教与学都以做为中心。在做上教的是先生，在做上学的是参与者。”其基本特征是以“做”为教与学的中心，强调“行是知之始”“重知必先重行”。

陶行知先生在《教学合一》中指出，教学两者，是实在应当合一的。

（二）叶澜的品格教育思想

叶澜，华东师范大学教授。1941年出生，1962年毕业于华东师范大学教育系。现任中国教育学会副会长，全国教育科学规划领导小组成员。

当代著名教育家叶澜教授提出了一系列具有时代意义的教育理论，其中对于体验教育她提出“让主体选择，感受选择”这样高层次的教育观念。叶澜认为，从20世纪90年代以来，我国政府对教师培养学生创造性以及与此相应的教师劳动的创造性方面的要求逐渐凸显，它恰恰反映了时代的最强音：呼唤创造性！她认为，我国的教育已经不能只停留在完成传递文化、知识、技能上，而是要把参与者生命中探索的欲望燃烧起来，创造的潜能开发出来，让他们能拥有一个充满信心、勇于开拓发展的积极人生，树立为中华民族伟大复兴而奋斗的高远志向，才是当代中国教育特有的历史使命和社会价值。

她的这一观点和我们正在推进的新课改不谋而合，具有极强的前瞻性，直接催生了我国“新基础教育”课题的诞生。1994年9月，叶澜在上海外高桥保税区实验学校，正式启动第一所“新基础教育”实验学校。前后经过五年探索性研究、五年推广性研究，多年的成型性研究，叶澜和她的“新基础教育”成为我国基础教育改革的一大亮点。新一轮的基础教育课程改革将改变参与者生活，同时也改变教师的角色维度，教师不仅仅是参与者发展的探索者、组织者，更是与参与者共同成长的伙伴。

（三）李吉林的情景教育思想

李吉林，1938年5月生，2019年7月18日去世。1956年毕业于江苏省南通女子师范学校。曾任江苏情境教育研究所所长，中国教育实验研究会副理事长。李吉林从教50年来，丰富和发展了我国当代教育教学理论和教育改革实践。她创立的“情境教学”“情境教育”和“情境课程”，成为我国素质教育的一个重要模式，被列为教育部向全国推广的八个教育科研项目之一。

情境教学的理论框架，概括起来就是“四特点”“五原则”。

“四特点”是：

（1）形真。就是要求形象要具有真切感，神韵相似，能达到可意会，可想见。

（2）情切。“以情动情”是教育的共同规律，情境教学也不例外。

（3）意远。“意远”即意境广远，形成想象契机，有效地发展想象力。

（4）理寓其中。就是从教材中心出发，由教材内容决定情境教学的形式。

“五原则”是：

（1）诱发主动性。教学过程，准确地说应该是促进学生“自我发展”的变化过程。教学过程只有通过学习者本身的积极参与、内化、吸引才能实现。

（2）强化感受性。半个多世纪以来，我国的教学习惯于“分析法”，使师生陷入烦琐哲学，导致了小学教学的形式主义。情境教学提倡小学教学“强化感受，淡化分析”，即通过优化情境引导儿童从感受美的乐趣中感知教材。

（3）突出创造性。“只有当教学走在学生发展前面的时候，才是好的教学”，才能通过教学，不断地把学生带入一个一个的永远没有终结的最近发展区，使学生不断意识到以前没有意识到的东西。因此，学生的发展的着眼点，是学生创造性的发展，创新精神的培养。

丰富表象，为组合新形象打下基础。情境教学，往往从观察入手，注重想象，为创造新形象提供契机。鼓励求异，培养思维的广阔性与灵活性。

（4）渗透教育性。情感是人的思想意识、道德行为强有力的发动者和鼓舞者。情境教学正是以激发学生真情实感，激发学生学习的情绪，以达到更好的学习效果。

（5）贯穿实践性。上述诱发主动性、强化感受性、渗透教育性、突出创造性，并不是单独存在的，而是贯穿在学习实践的整个过程中进行的。

纵观“五原则”的特点，李吉林的理论就是体验教育的目标和方向。

（四）刘惊铎的生态体验教育理论

刘惊铎，北京人，祖籍陕西，国家开放大学教授，博士生导师。刘惊铎博士主持和参与数十项国家重点课题，持续关注生态体验教育研究与改革，主持全国教育科学“十一五”规划教育部重点课题《生态体验式德育的案例与问题研究》，主持中央教科所专项委托重点课题《生态体验：感动师生生命的魅力德育模式研究》，主持和完成了全国教育科学“十五”规划教育部重点课题《生态体验：培养健康人格的德育模式研究》，主持和完成了中央教育电视台28集卫星电视系列专题片《体验式中华美德教育》。创立了我国生态体验教育理论与实践模式，提出了三重生态观、体验本体观、生命样态观、生态化育观、魅力实践观，凸显了生态智慧观、生活世界观、和谐价值观；提出和建构了“道德体验论”“生态体验论”“中华美德教育论”；提出和建构了“球形四环”多维立体品德结构理论；主张动物福利教育是中国生态体验教育的新生长点；提出了生态体验、体验课堂等教育理论范畴；将体验定义为一种图景思维活动；主张教师在职场体验中陶冶健康人格和靓丽生命样态；在理论和实践的结合上，实验并概括提炼出了“品德结构模型理论”“人格七境界理论”“教师职场幸福论”“体验德育模式”“生态体验教育模式”。

三、西方教育理论中的体验教育思想

（一）夸美纽斯的泛智教育思想

扬·阿姆斯·夸美纽斯（图 1-4），生于 1592 年，于 1670 年去世，是一位以捷克语为母语的摩拉维亚族人，捷克伟大的民主主义教育家，西方近代教育理论的奠基者。

他的著名的哲学命题："头脑里的一切没有不起源于感觉的。"他认为只有感觉所提供的材料，才是最可靠的。

他提出的泛智教育和教育适应自然原则强调两点，一是普及教育，二是"行动熟练"。泛智教育强调知行结合，要求它所培养的青年都是有活力的、对一切事情都能胜任、精练而又勤奋的人，同时还要求青年在行动中表现出诚实的德性和对上帝的热爱。

图 1-4　夸美纽斯

（二）约翰·洛克的"乐学"教育思想

约翰·洛克(1632—1704 年)是英国著名唯物主义哲学家、教育家，主张后天获得的经验是认识的源泉。洛克十分重视绅士的体育，在他看来，通过体育获得健康的身体对于绅士来说是极为重要的。健康的身体是精神快乐和生活幸福的保证。他还认为，儿童需要经常到户外去游戏，稍大一些还要学习击剑、骑马，以锻炼身体。

洛克提出了"形式训练法"的教学思想，强调寓学习于兴趣、寓读书于娱乐之中，儿童们就会把"求学当成另外一种游戏或娱乐去追求"，即所谓"乐学"。

（三）卢梭的自然主义教育思想

法国 18 世纪教育家卢梭(图 1-5)在其著作《爱弥儿》中提出了自己独特的教育观念——自然教育。所谓自然教育，就是"按照人的成长和人性的自然发展而进行教育。"自然教育的手段就是生活和实践，自然教育的方法就是采用实物教学和直观教学法。尽管卢梭在他的教育理念中并未直接提出与体验教育相关的理论，但是他的自然教育观念所提出的方法成为现代西方体验教育最初的理论基础。

图 1-5　卢梭

（四）约翰·杜威的经验教育思想

近代美国著名的教育家杜威教授(图 1-6)对体验教育理论的发展做出了杰出的贡献。他反对以"教材""教师""课堂"为中心的旧"三中心"主义，并提出了以"学生""活动""经验"为中心的新"三中心"理念，这是一套关于体验教育系统的理论。

(1) 教育即"生活"，教育无目的论。杜威认为，教育就是生活的过程，而不是将来生活的预备。他说：生活就是发展，而不断发展，不断生长，就是生活。因此，最好的教育就是"从生活中学习、从经验中学习"。教育就是要给学生提供保证生长或充分生活的条件。杜威又强调说："生长是生活的特征，所以教育就是生长。"在他看来，教育不是把外面的东西强迫学习者去吸收，而是要使人类与生俱来的能力得以生长。

由此，杜威认为，教育过程在它的自身以外无目的，教育的目的就在教育的过程之中。他反对的就是把从外面强加的目的作为学习者成长的正式目标。

（2）学校即社会。杜威认为人们在社会中参加真实的生活，才是身心成长和改造经验的正当途径。所以教师要把教授知识的课堂变成学生活动的乐园，引导学生积极自愿地投入活动，从活动中不知不觉地养成品德和获得知识，实现生活、生长和经验的改造。

（3）从做中学。在批判传统学校教育的基础上，杜威提出了“从做中学”这个基本原则。杜威认为，“从做中学”也就是“从活动中学”“从经验中学”，它使得知识的获得与生活过程中的活动联系了起来。他主张，能从那些真正有教育意义和有兴趣的活动中进行学习，有助于学习者的成长和发展。杜威指出，学生不从活动中而由听课和读书所获得的知识是虚渺的，贯彻“从做中学”的原则，会使学校施加于它的成员的影响更加生动、更加持久并含有更多的文化意义。

图 1-6 杜威

（4）思维与教学。杜威认为，好的教学必须能唤起学习者的思维。所谓思维，就是明智的学习方法，或者说，教学过程中明智的经验方法。在他看来，如果没有思维，那就不可能产生有意义的经验。因此，学校必须要提供可以引起思维的经验的情境。作为一个思维过程，具体分成五个步骤，通称“思维五步”：一是疑难的情境；二是确定疑难的所在；三是提出解决疑难的各种假设；四是对这些假设进行推断；五是验证或修改假设。杜威指出，这五个步骤的顺序并不是固定的。由“思维五步”出发，杜威认为，教学过程也相应地分成五个步骤：一是教师给学生提供一个与社会生活经验相联系的情境；二是使学生有准备地去应付在情境中产生的问题；三是使学生产生对解决问题的思考和假设；四是学生自己对解决问题的假设加以整理和排列；五是学生通过应用来检验这些假设。这种教学过程在教育史上一般被称之为“教学五步”。在杜威看来，在这种教学过程中，儿童可以学到创造性的知识以应付需求。

杜威的“思维五步”教育理论就是体验教育的核心思想。

（五）蒙台梭利的感官教育思想

玛利亚·蒙台梭利（图 1-7）博士主张教育应当“以儿童为中心”，教师只是扮演协助者、引导者的角色。她反对说教式的填鸭教学，主张从日常生活训练着手，配合良好的学习环境、丰富的教具，让儿童自发性地主动学习，自己建构完善的人格。蒙台梭利的这种教育理论是体验教育中以情景教育激发儿童完成自我探索的最强理论指导。体验教育中目标化的环境设置和相关训练就是蒙台梭利提出的环境教育的本质。

图 1-7 蒙台梭利

体验教育是生产力进步的产物，是人们追求自我成长、激发潜能的一种教育理念。从客观的角度来说，它不是一朝一夕形成的理论。古往今来，不论中外，许多教育者建立的理论中都提到了实践与感悟的重要性，这为体验教育理论提供了发展的基础，也为今天更好地理解体验教育理论提供了历史渊源。随着时代的发展，对于人的主动性和创造性的诉求越来越高，而要提升人的主动性和创造性，正是体验教育所要完成的任务。

阅读资料：

① 孔子（公元前551年9月28日—公元前479年4月11日）子姓，孔氏，名丘，字仲尼，鲁国陬邑人（今山东曲阜），祖籍宋国栗邑（今河南夏邑），中国古代思想家、教育家。孔子开创了私人讲学的风气，是儒家学派创始人。孔子曾受业于老子，带领部分弟子周游列国十三年，晚年修订六经，即《诗》《书》《礼》《乐》《易》《春秋》。相传他有弟子三千，其中七十二贤人。孔子去世后，其弟子及其再传弟子把孔子及其弟子的言行语录和思想记录下来，整理编成儒家经典《论语》。孔子在古代被尊奉为"天纵之圣""天之木铎"，是当时社会上最博学者之一，被后世统治者尊为孔圣人、至圣、至圣先师、大成至圣文宣王先师、万世师表。其儒家思想对中国和世界都有深远的影响，孔子被列为"世界十大文化名人"之首。

② 王阳明（1472年10月31日—1529年1月9日），汉族，幼名云，后改为守仁，字伯安，别号阳明。浙江绍兴府余姚县（今属宁波余姚）人，因曾筑室于会稽山阳明洞，自号阳明子，学者称之为阳明先生，亦称王阳明。明代著名思想家、文学家、哲学家和军事家，精通儒学、道学、佛学。弘治十二年（1499年）进士，历任刑部主事、贵州龙场驿丞、庐陵知县、右佥都御史、南赣巡抚、两广总督等职，晚年官至南京兵部尚书、都察院左都御史。因平定宸濠之乱而被封为新建伯，隆庆年间追赠新建侯。谥文成，故后人又称王文成公。王阳明的学说思想王学（阳明学），是明代影响最大的哲学思想。其学术思想传至中国、日本、朝鲜半岛以及东南亚。弟子极众，世称姚江学派。其文章博大昌达，行墨间有俊爽之气，有《王文成公全书》。

③ 墨子（生卒年不详），名翟（dí），东周春秋末期战国初期宋国人，一说鲁阳人，一说滕国人。墨子是宋国贵族目夷的后代，生前担任宋国大夫。他是墨家学派的创始人，也是战国时期著名的思想家、教育家、科学家、军事家。墨子是中国历史上唯一一个农民出身的哲学家，墨子创立了墨家学说，墨家在先秦时期影响很大，与儒家并称"显学"。他提出了"兼爱""非攻""尚贤""尚同""天志""明鬼""非命""非乐""节葬""节用"等观点。以兼爱为核心，以节用、尚贤为支点。墨子在战国时期创立了以几何学、物理学、光学为突出成就的一整套科学理论。在当时的百家争鸣，有"非儒即墨"之称。墨子去世后，墨家分为相里氏之墨、相夫氏之墨、邓陵氏之墨三个学派。其弟子根据墨子生平事迹的史料，收集其语录，完成了《墨子》一书传世。

④ 王夫之（1619年10月7日—1692年2月18日），字而农，号姜斋、又号夕堂，湖广衡州府衡阳县（今湖南衡阳）人。他与顾炎武、黄宗羲并称明清之际三大思想家。其著有《周易外传》《黄书》《尚书引义》《永历实录》《春秋世论》《噩梦》《读通鉴论》《宋论》等书。王夫之自幼跟随自己的父兄读书，青年时期王夫之积极参加反清起义，晚年王夫之隐居于石船山，著书立传，自署船山病叟、南岳遗民，学者遂称之为船山先生。

⑤ 陶行知（1891年10月18日—1946年7月25日），安徽省歙县人，中国人民教育家、

思想家，伟大的民主主义战士，爱国者，中国人民救国会和中国民主同盟的主要领导人之一。1908年十七岁时他考入了杭州广济医学堂。1917年秋回国，先后任南京高等师范学校、国立东南大学教授、教务主任等职。1926年起发表了《中华教育改进社改造全国乡村教育宣言》。1929年圣约翰大学授予他荣誉科学博士学位，表彰他为中国教育改造事业作出的贡献。1931年主编《儿童科学丛书》。1935年，在中国共产党"八一宣言"的感召下积极投身抗日救亡运动。1945年当选中国民主同盟中央常委兼教育委员会主任委员，兼教育委员会主任委员。1946年7月25日上午，因长期劳累过度，不幸逝世于上海，享年55岁。陶行知先生毕生致力于教育事业，对我国教育的现代化做出了开创性的贡献。他不仅创立了完整的教育理论体系，而且进行了大量教育实践。陶行知以赤子之忱表达的思想和实践，代表了近代中国先进文化的前进方向。

⑥ 叶澜，女，中国著名教育家，祖籍福建南安，1941年12月生于上海，1962年毕业于华东师范大学教育系本科，并留校工作至今，现为华东师范大学终身教授、博士生导师，华东师范大学基础教育改革与发展研究所名誉所长，上海市人民政府参事。主要学术兼职有：国务院学位委员会教育学学科评议组召集人，全国教育科学规划领导小组成员兼教育学原理学科组组长，中国教育学会副会长，上海市哲学社会科学联合会副主席。曾任华东师范大学教育系主任，教育科学与技术学院院长，华东师范大学副校长，基础教育改革与发展研究所首任所长等职。主要研究领域有教育学原理、教育研究方法论及当代中国基础教育、教师教育改革等。已出版的专著有《教育概论》《教育研究方法论初探》《"新基础教育"论——关于当代中国学校变革的探究与认识》等；撰写并主编的丛书与研究报告有"教育学科元研究"丛书、"世纪之交中国基础教育改革"系列丛书、"新基础教育"探索性研究系列丛书、"新基础教育"发展性研究系列丛书、《中国教育学科发展年度报告》等；在《中国社会科学》《教育研究》等学术期刊上发表论文80余篇。承担多项全国哲学社会科学重点课题并多次获得国家级、省部级奖。其学术成就包括由其开创和引领的"新基础教育"的理论与实践研究，在海内外产生了广泛的影响。中国特大型综合性辞典《大辞海》的副主编。

⑦ 李吉林，女，1938年5月出生于江苏省南通市，2019年7月18日去世，儿童教育家，全国著名的语文教育专家。1956年毕业于江苏省南通女子师范学校，毕业后任教于南通师范第二附属小学。江苏省首批特级教师，情境教学的首创者，曾任江苏情境教育研究所所长。李吉林长期坚持教学改革，创立了情境教育理论体系及操作体系，得到教育部领导及专家的高度评价，是基础教育界卓有影响的小学教育专家，享受政府特殊津贴。出版了《训练语言与发展智力》《情境教学理论与实践》《李吉林情境教学详案精选》《情境教育的诗篇》《李吉林文集》《为儿童的学习》等20余本专著，发表论文350多篇。科研成果先后荣获国家教委教育科学优秀成果首届、二届、第四届一等奖，国家新闻出版署优秀教育图书一等奖等奖项。她主讲的"小学语文情境教学"电视讲座（21集），由中国教育电视台通过卫星向华语地区播放，获全国电化教材师范最高奖。2014年，她的成果"情境教育实践探索与理论研究"，获基础教育国家级教学成果奖特等奖第一名。

⑧ 刘惊铎，男，北京人，汉族，祖籍陕西，国家开放大学教授，博士生导师，博士。任中

央教科所学术委员会委员、学校教育部主任、德育中心主任，享受首批跨世纪人才津贴。兼任全国德育专业委员会委员，教育部直属单位高评委委员，中宣部马克思主义理论研究和建设工程审定专家，全国教育科学规划办及北京市教科规办德育学科组成员，《教育研究》《中国德育》《中小学德育》《21世纪校长》杂志编委暨外审专家，教育部教师教育优质资源评审委员会委员、教育部全国班主任专家指导委员会委员、国务院和教育部咨询专家，中组部全国党政领导干部考核及结构化面试专家组成员。兼任中央教育科学研究所田家炳基金会学校德育改革与发展计划项目专责委员会主任委员，中国教育学会中小学安全教育与安全管理专业委员会常务副理事长兼秘书长，中国家庭教育研究会常务理事，北京市教委德育专家委员会专家，北京教育科学研究院学术委员会委员，国家教育行政学院、北京师范大学、首都师范大学等特聘讲座教授，教育部人文社科重点研究基地道德教育研究所兼职教授，陕师大和哈工大博士生导师。入选《中国当代教育家辞典》《世界优秀专家人才名典》。

⑨ 让-雅克·卢梭（1712年6月28日—1778年7月2日），法国18世纪伟大的启蒙思想家、哲学家、教育家、文学家，18世纪法国大革命的思想先驱，杰出的民主政论家和浪漫主义文学流派的开创者，启蒙运动最卓越的代表人物之一。主要著作有《论人类不平等的起源和基础》《社会契约论》《爱弥儿》《忏悔录》《新爱洛伊丝》《植物学通信》等。

⑩ 约翰·杜威（1859年10月20日—1952年6月1日），美国哲学家、教育家，实用主义的集大成者。杜威建造了实用主义的理论大厦。他的著作很多，涉及科学、艺术、宗教伦理、政治、教育、社会学、历史学和经济学诸方面，使实用主义成为美国特有的文化现象。杜威的教育思想曾对20世纪上半叶的中国教育界、思想界发生过重大影响。民国时期一些重要人物如胡适、陶行知、郭秉文、张伯苓、蒋梦麟等均曾在美国哥伦比亚大学留学，曾是杜威的学生。他反对传统的灌输和机械训练，强调从实践中学习的教育主张，对蔡元培、晏阳初等都有一定的影响。

⑪ 玛利亚·蒙台梭利（1870年8月31日—1952年5月6日），意大利幼儿教育家，意大利第一位女医生，意大利第一位女医学博士，女权主义者，蒙台梭利教育法的创始人，是20世纪享誉全球的儿童教育家。她的教育方法源自其在儿童工作过程中，观察到的儿童自发性学习行为的总结。她倡导学校应为儿童设计量身定做的专属环境，并提出了“吸收性心智”“敏感期”等概念。她所创立的、独特的幼儿教育法，风靡整个西方世界，深刻地影响着世界各国，特别是欧美先进国家的教育水平和社会发展。蒙台梭利教育法的特点在于十分重视儿童的早期教育，她为此从事了半个多世纪的教育实验与研究；她的教学方法从智力训练、感觉训练到运动训练，从尊重自由到培养意志，从平民教育到贵族教育，为西方工业化社会的持续发展，提供了几代优秀的人才基础。《西方教育史》称她是20世纪赢得欧洲和世界承认的最伟大的科学与进步的教育家。

第三节 体验教育的内涵

体验教育是一种新型的教育培训形式和方法。所谓体验，简而言之是指通过实践来认识事物。体验教育就是教育对象在实践中认知、明理和提升素质能力。这里的体验至少应包括两个层面：一是行为体验，也是一种实践行为，是亲身经历的动态过程，是学习发展的重要途径；二是内心体验，它是在行为体验的基础上所发生的内化、升华的心理过程。两者是相互作用，相互依赖的，对促进参与者的成长具有积极作用。

由此看来，体验教育既应注重教育活动的形式与过程，同时更应注重参与者的内心体验。它要求参与者用行动去体验，用内心去感悟，引导他们在体验中把教育要求内化为品质，外显为行为。

在我国多年的体验教育培训实践发展过程中，早期大家对体验教育模式根据不同的条件、目的和对象，称其为体验培训、拓展培训、体验式培训、心理行为训练、历奇教育，等等。应当说，它们之间确实有内在的联系，但是也有区别。总体来说，体验教育是指在自然或营造的多维环境中，通过参与者亲身参与活动，来获得个人感受，然后在培训师引导下，团队成员反思个人行为，共同交流分享，改变心智模式，并在工作生活实践中加以应用。

体验教育超越了传统教育学习，是一种教育新理念、教学新模式、学习新方法。在上述的基本概念当中，我们可以重点从几个方面来理解。

首先，它强调教育环境。一般情况下，体验教育会选择在户外自然环境中进行，比如湖海、森林、沙漠、草原、山地等。另一方面，也注重到一些人为营造的环境中去开展相应的活动，比如国内众多的户外素质拓展基地、学生素质教育基地、学生职业体验中心、学生综合实践基地、野营露营营地，等等。这就突破了传统意义上的课堂教学的学习模式，把教育培训活动由封闭的教室，搬到各种自然或营造的环境中去，大大拓宽了学习环境的空间，开辟了新的学习空间和领域。

其次，它强调参与体验。要求参与者要真正融入活动或体验过程中去。在生命的过程中，我们都能体验到大自然的存在，家人的情感，生活的滋味，自己的成长经历，每时每刻的思想与变化，自己有意讲过的话，亲自参与的事件，亲自动手的工作，对一个时代的记忆，等等。体验教育把对人类一些更为深层的力量的培养，寄希望于高度情景化的体验学习，比如，体验教育培训糅合了高空项目挑战及低空项目体验的元素，使受训者在个人和团队的层面可以通过危机感、领导力、沟通、面对逆境等辅导的培训而得到提升，它强调了让受训者去感受学习，而不仅仅是在课堂上听讲。这种互动式的学习过程使学习者能够用自己的亲身经历把握所学内容，学习效果更为明显，也更容易将体验过程中的心得体会转移到工作与生活中，具有明确的实际意义。研究资料表明，受训者对传统课堂式学习的吸收程度大约只有25%，但对体验教育的吸收程度却可以高达80%。由此可见，后者能更加有效地将信息传授给学员。

再次，它强调回顾反思。体验教育培训来自于杜威的“经验学习”和我国著名近代教育学家陶行知先生的“教学做合一”理论，他们都强调学习在“做中学”，把社会作为课堂，并视之为现代教育的主要方法。但“做中学”并非体验学习的本质特征。在我国，古人就将“体验”解释为“以身体之，以心验之”。也就是说，仅仅有学习者的身体力行（“体”）是不够的，更重要的是学习者对学习经验的领悟、体察和反思（“验”）。体验是以亲身经历、实践活动为基础，通过对经历、实践的感受、反思而实现人格升华。而“做中学”有时候并不涉及思维活动，忽视了“从体验中学习”所包含的丰富意义。只有通过反思内省，才能将活动与生活联结起来，找出其中所蕴藏的生命价值。因此，反思内省才是体验学习的关键，透过反思内省，许多思考的碎片才得以拼接，体验所形成的意义才可能与其他经验整合，从而形成新观点、新认识。

此外，它强调改变心智模式。体验教育培训利用特殊自然环境和模拟情境，配合了各种精心设计的团队游戏，同时将一些探险性户外活动如攀岩、泛舟、登山、露营等简化成安全可操作的活动课程带入团队的管理培训当中，由原来强调体能活动的取向，转向团队能力的培养和探讨，令参与者通过形式多样、生动有趣、充满挑战的体验教育培训项目，确立信心，发掘自我潜能，培养团队合作精神。它是对传统教育培训的一次全面提升和综合补充。因此，体验教育它不解决具体的技术、学术、知识问题，而是通过体验，反思行为，促使参与者改变自己的某些行为习惯和思维习惯，改变人生的态度，从而影响行为，导致结果改变。第二次世界大战后，体验学习的进一步发展尤其是 Outward Bound 户外学校和 Project Adventure 计划的推广，使得这一有效培训的模式更加普及。不仅通过培训活动有效地解决了学员的冒险精神、生存能力和团队协作问题；同时通过培训活动，也使人与人的心灵更接近，并以此来促进团队中人与人之间的互动，达到提升团队凝聚力的目的。正因为如此，体验教育培训已经触及传统教育所无法触及的学员情感、人格及社会性的发展领域。

最后，它强调影响。什么叫影响？从词典上查，影响解释：一为对别人的思想或行动起作用；二为对人或事物所起的作用。

一个视频叫《一枚硬币的奇遇》（视频 1-1），它讲述的是一个小女孩在街头艺人前面的小盆里投入了一枚硬币，艺人便开始奏乐，逐渐的周边好多艺人拿着各种乐器都汇集到演奏队伍中，指挥、合唱人员都恰到好处找到了自己位置，并且吸引了越来越多的观众观看欣赏。场景发展的整个过程中，没有一个人站出来讲话、要求、组织，但活动却始终井然有序。这里讲的就是影响力的传递。其实体验教育更多的时候不是用语言去说教，而是用行为去影响他人，用自己的生命影响生命。

视频 1-1　一枚硬币的奇遇

最近网上传播的一个小故事，名为《一朵鲜花的力量》，也能很好地说明影响力的作用。

曾经有一个卖花的小姑娘在卖完大部分的花之后，发现天色已晚，所以决定早点回家，但她发现手上还有一朵玫瑰花没有卖完，这时她看到路边有一个乞丐，于是就把那朵玫瑰花送给了乞丐，然后就开开心心地回家了！

这个乞丐从来没有想过居然会有这么好的事情发生在自己身上，从来没有想过居然会有美女给自己送来玫瑰花，当真是太阳从西边出来了！也许乞丐从来没有用心爱过自己，也没有接受过别人对自己的爱。于是他做了一个决定，当天不行乞了，回家！

回到家之后，他在家里找出一个瓶子装上水，把玫瑰花插进去养起来，然后把花放在桌子上静静地欣赏着玫瑰花的美丽。忽然他似乎想到什么,然后他马上开始把花拿出来,把瓶子拿去洗干净后再把花插进瓶子里!

原来他突然间觉得,这么漂亮的花怎么能随意插在这么脏的瓶子里呢,所以他决定把瓶子洗干净,这样才配得上这么美丽的玫瑰!

做完这些工作后,他又坐在边上静静地欣赏着美丽的玫瑰,突然间他感觉这么漂亮的花和这么干净的瓶子怎么能放在这么脏乱的桌子上,于是他开始动手把桌子擦干净,把杂物收拾整齐!

处理完之后他又坐在桌子边上静静地欣赏眼前的一切,突然间他感觉到这么漂亮的玫瑰和这么干净的桌子怎么能放在这么杂乱的房间里呢？于是他做了一个决定,把整个房间打扫一遍,把所有的物品摆放整齐,把所有的垃圾清理出房间。

突然间整个房间因为有了这朵玫瑰花的映射而变得温馨起来！这时他仿佛忘记了自己所在何处,正在陶醉时,突然发现镜子中反射出一个蓬头垢面、不修边幅、衣衫褴褛的年轻人,他没想到自己居然是这个样子,这样的人有什么资格待在这样的房间里与玫瑰相伴呢?

于是他立刻去洗了澡,几年来头一次洗澡,洗完之后找出几件虽然显得有点旧,但稍微干净的衣服穿上,刮完胡子之后,再把自己从头到脚整理了一番,然后再照照镜子,突然间发现一个从未有过的年轻帅气的脸出现在镜子中!

这时候,他突然间觉得自己也很不错,为什么要去当乞丐呢？这是他当乞丐以来第一次这样问自己,他的心灵在瞬间觉醒了,其实我也很不错,再看看房间中的一切,再看看这朵美丽的玫瑰,他当下立刻做出了一个人生中最重要的决定!

他决定第二天不再当乞丐而是去找工作,因为他不怕脏和累,所以第二天他就很顺利地找到了一份工作,或许是因为他心中盛开的玫瑰花激励着他,随着他的不懈努力,几年后他成为一位非常有成就的企业老板!

若干年后,他终于寻找到当初送花给他的小姑娘,并把他一半的财产送给了当年的小姑娘,不为别的,只为感激在他沦落为乞丐时送过他一朵玫瑰花!

不要把自己沉沦在失败的边缘,只要让自己开始做一些小小的改变,那么我们的人生就会开始与众不同。记住:当改变自己时,一切都改变了。

既然在我国体验教育发展推广过程中,曾经出现过如体验培训、拓展培训、旅游拓展、生命教育、情景教育、历奇教育、团建活动等众多的提法,为何本教材以体验教育这个名称阐述？主要是考虑到以下几个要素:

(1)“体验”与人的个体更接近,更强调个人的参与性和个人的感悟。

(2)目前世界上更多的国家和地区,将这一以实践体验为载体的教育培训经验,纳入体验教育的范畴。国内以体验教育为名称更容易实现与国际接轨。

(3)回归体验活动的教育本源。说到底,体验教育培训不管以什么名称出现,有一点是大家认同的,那就是它的本质是教育,而不是其他。

(4)涵盖面更宽。既然社会上对体验教育培训的名称有不同的称谓,但以体验教育命名,可以包括覆盖目前各种体验培训的不同形式及内容。

第四节　体验教育的理论体系

体验教育培训的发展得益于相关理论的指导与引领，而体验教育理论也不是单一的一个教学理论，在体验教育培训的背后有一个庞大的理论支撑体系作为其坚实的基础，具体参见图 1-8。

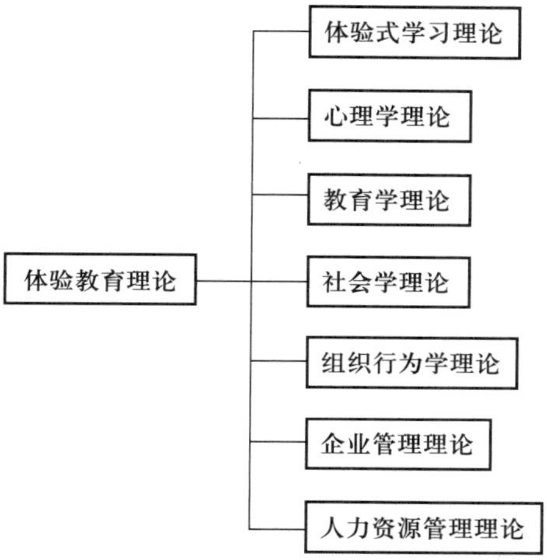

图 1-8　体验教育培训理论体系结构图

以上是构成体验教育培训理论体系的几个重要理论基础。它们之间相互作用，相互依存，相互渗透，从而构成了一个较为完整的体验教育基本理论体系。

一、体验式学习理论基础

凡是以体验活动为开始，先行而后知的学习方式，都可以算是体验教育。其实我们对体验教育一点都不陌生，例如学游泳、滑旱冰、骑自行车、驾驶等，都属于体验教育。

美国的大卫·库伯教授提出的“体验式学习”理论是体验教育的核心理论支撑。体验教育培训就是遵循“体验教育”的理论来设计和实施的。

体验教育可以这样定义：体验教育是人们在以往的体验和知识的基础上，通过对自己、对经历或对事物的观察，将其有意识或无意识地内在化，从而获得新知识和新认知的一种学习方式。

体验教育由“体验”“反思内省”“归纳”“应用”四个环节组成，这四个环节既各自独立，又密切相关，具体参见图 1-9。

体验教育的这四个环节周而复始地循环，就形成了“体验教育圈”，代表了完整的体验教育过程。

体验教育与传统课堂宣讲式的学习两者之间是有区别的，与从书本上学到的知识相比，

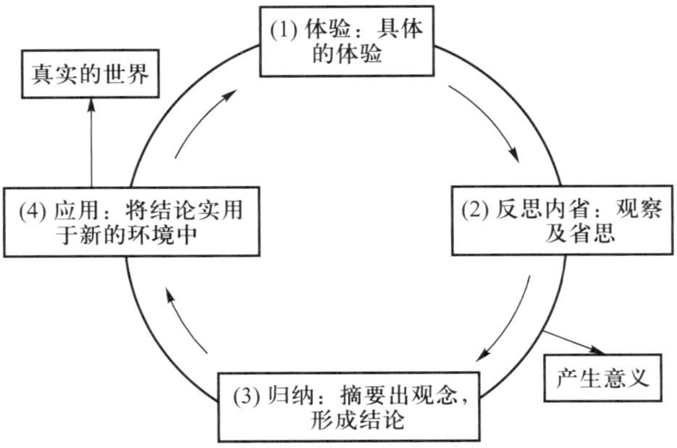

图 1-9 大卫·库伯的“体验学习圈”

亲身得来的体验印象会更深刻，更难以忘记。也就是说，通过自己的亲身体验学习，能产生更为深刻和持久的记忆，一旦掌握，就很难忘记。体验教育正是采用了这种方式，也正是这一点使体验教育与传统的学习方式有了明显的差异。

通过表 1-1 的比较，我们可以看出体验教育的独特之处。这些独特之处虽然不是在任何情况、任何时间下都呈现为优势，但不可否认，这种方式更为人性化、自然化，更能帮助提高学习效率，稳固成果。

表 1-1 传统的学习方式和体验教育的具体差异

传统学习方式	体验教育方式
过去的知识	实时的感觉
记忆	领悟和体验
自主学习	团体学习
注重知识、技能	注重观念、态度
无接触	直接接触
单一刺激	高峰体验
以教师为中心	以学员为中心
标准化学习	个性化学习
理论化	现实化
强调“学”	强调“做中学”

二、心理学理论基础

在一定意义上讲，体验教育培训也是集体心理辅导技术的一种具体形式。在培训的过程中，主要是通过触动队员的观念、自我意识和内心体验等来引发队员的自我思考，进而促进自我完善。因此，体验教育培训是以心理学为基础，尤其是社会心理学和认知心理学。

体验教育培训的心理学理论依据主要是：努力/放弃（积极/消极）的心理学模型，以及体验、了解、控制、超越的心理适应规律。其基本原理为：通过体验教育培训项目活动中的情景设置，使参加者充分体验所经历的各种情绪，尤其是负面情绪，从而深入了解自身（或团队）面临某一外界刺激时的心理反应与行为结果，进而学会调整，实现超越。

团队体验的项目本身只是学习知识与完善自我的一个载体，参加何种项目，要达到何种目标，参与过程中可能出现的不同认知与偏差，在设计课程之初都是必须考虑的。因此要注重在参与团队体验时的心理感受，同时关注参与者真实的心理反应。

从认知心理学的角度去看，外界对人的心理会产生影响。在团队体验中的项目规则与活动计划都是事先制定的，活动中主要是为了解决项目中的各种问题。由于在各个问题的解决过程中，我们会得到各自不同的认知结果，在体验后与大家分享，换位思考别人的认知与自己的差异，得到再次的提升。

三、教育学理论基础

从本质上来说，团队体验又属于教育方式之一，主要运用了教育学研究的一系列理论知识，包括如何激励参训者的学习、如何营造一个适宜的学习氛围、如何教学相长、如何深入地学习、如何将理论与实践相结合等各个方面。

团队体验教育在以下几个方面获得了成功：利用新颖、刺激的团队体验活动激起了学习者的学习兴趣；体验教育培训过程中采用激励手段鼓励学习、挑战和提问；分享过程中成功地与实际生活相结合，立足现在，展望未来；老师与学员之间的反馈成功地做到了教学相长。

四、社会学理论基础

社会学理论包括社会关系相互依存理论、群体动力学理论和符号互动理论，其实三种理论的共同点在于：小组是一个具有群体动力的整体，在这个整体中，所有的成员相互依赖、相互影响、相互交往。这里的交往不仅仅指团队中人与人的交往，还包括每个人自己的内心交往和自己与周边环境的互动。由此可以看出，体验教育培训倡导小组合作学习，注重小组成员的沟通与交流，促进个人与团队的共同成长，正是基于社会学理论基础的发展。

五、组织行为学理论基础

组织行为学关注的是人类行为的改变，而体验教育培训强调“经历”“体验”，主要是认为经历带来的体验可以转变人的行为模式，这正符合了行为主义的基本思想。

行为主义认为，学习者在不同的学习状态下的收获是不一样的。因此，学习的内在动机是很重要的。通过激励手段可以促使学习者更加努力地学习。同时，团队的集体荣誉感也可以促使学习者形成合力。总的来说，任何正面的导向都可以引发积极的学习。

行为主义认为学习就是学员行为改变的过程,这种行为的改变是学员在不断的实践行为中总结经验。正如生活中很多技能与知识的获得并非先从书本上得到,而是在现实生活中体验总结得来一样。人的经历带来的体验可以促使人的行为改变。团队体验教育虽然以模拟情境让学员感受,但在特意设计的情境下足以让学员获得较强刺激的体验,并在理论提升下使自己的行为得到改变。

六、企业管理与人力资源管理理论基础

体验教育培训主要是针对企事业单位培训而开展的,就企事业单位员工培训来说,一般单位都是为了实现管理组织的优化、差异化的市场竞争、市场占有率提升等方面。那么在设计体验教育培训活动时,就必须紧贴团队所需。因此,需要以大量的管理理论为基础,比如管理学、人力资源管理、团队建设知识、企业文化建设、项目管理、客户管理、营销学,等等。

第五节 体验教育的特点及意义

一、体验教育的特点

体验教育是在近代才衍生出的一种新型的教育形式,体验教育的特点与其产生的历史条件相关。随着生产力的不断进步,人们在社会生产生活中所面对的信息来源日益广泛,信息量不断增大,因而,不论在思维力、行动力以及组织合作的协调度上都产生了不同的问题。所以,在离开了课堂知识的学习后,个人成长需求一种新的教育模式出现。在不断发展的过程中,体验教育已成为大家比较认可的一种教育模式。

(一)团队学习

体验教育不仅是以个人成长为目的,更是团队成长培训的好形式。培训中,每个人的参与和成长背后恰恰是为了让个人能够更好地与团队、组织、社会和谐交流。因此,体验教育既是个人成长的好方法,也是团队学习的好形式。团队学习是通过各种精心设计的活动,使团队成员在具体问题面前和相互交流的过程中,实现个人潜能激发和团队熔炼的目的。事实上,个人成长的学习要突破自我的局限性,更多的时候需要依靠团队学习所取得的效果作基础。个体发展的高层次目标必须在团队协调的作用下才会更好地实现。如果离开团队协作而仅靠个人的力量去完成一项任务,其困难是不可想象的,所以,体验教育培训对培养参与者的团队精神和合作意识,改善人际关系,形成积极向上的组织氛围,以及改进组织内部的沟通与信息交流都是大有裨益的。

(二)知行合一

在我国,古人就将“体验”解释为“以身体之,以心验之”。也就是说,仅仅有学习者的身

体力行（“体”）是不够的，更重要的是学习者对学习经验的领悟、体察和反思（“验”）。体验是以亲身经历、实践活动为基础，通过对经历、实践的感受、反思而实现人格升华。现在我们所说的体验教育培训来自杜威的“经验学习”理论，杜威十分强调“做中学”，而其“做中学”的理论并不强调思维活动，从而忽视了“体验学习”所包含的“反思”意义。也就是说杜威的“做中学”并非体验教育的本质特征。个体在学习的过程中，只有通过反思内省，才能将活动与生活联结起来，找出其中所蕴藏的生命价值。由此可见，反思内省才是体验教育的关键。参与者通过反思内省，许多思考所形成的有意义的意象才可能与其他经验整合，从而形成一些新的理念，有效地指导个体行为。

（三）心理调适

从更大的范围来讲，体验教育培训本身应属于团体心理辅导的范畴。体验教育从一开始就是针对学员缺乏自信、缺乏团队协作等心理问题而生发的一种培训模式。就体验教育培训的起源而言，最初也是为了更好地调适海员的心理状态和心理素质而采取的训练方式。体验教育在组织实施过程中，通过参与者的深度体验实践，通过与团队成员的协作交流，反思其行为过程，从而引发心理的变化，引发思考，得到启发，受到感悟，最终促使思维习惯得到改变。因此，体验教育在实际的项目设置培训中，不仅仅是通过一系列的行为来强化目标的学习，更重要的是通过在项目操作之后的反思来提升和完善受训者的心理素质，这样，才能真正有效地去实现在培训中所设置的目标任务。

在日新月异的当代，学习方式的变革尤其重要。情境化的体验式教学能够培养人们深层次的力量，它在具体的教学过程中通过牵手之类的身体接触促进学习者之间的心灵交流，进而完成个人人格的完善和团队凝聚力的提升。正因为如此，体验教育培训已经触及传统教育所无法触及的学员情感、人格及社会性的发展领域，它是一个全方位、多角度的学习方式。

（四）连续教育

俗话说“活到老学到老”，体验教育便是这样一种连续不断学习的教育形式。人们对某种经验的体悟多是来自重复，因此，体验教育的特征之一就是它是一种连续性的学习方法。体验教育培训提供的是一个自我认知的平台，强调的是获得“高峰体验”以后所产生的某种人生感悟能够指导个体的生活发展。美国凯斯西储大学的组织行为学教授大卫·库伯从多学科对体验教育做了系统的研究，率先提出体验教育是由“体验”“反思内省”“归纳”“应用”及再回到“体验”所组成的“体验学习圈”理论。这几个阶段是循环的，任何一个经验不仅是连续的，而且会影响未来的某一个经验。体验教育中，通过学员的亲身经历和反思内省，不断提升自我概念，形成积极的情感、态度和价值观，促进人格升华，完成自我教育。这一学习过程不断循环往复，直至终老，即“终身化”教育。

（五）多元特色

1. 时尚性

体验教育培训并非体育加娱乐，也不是魔鬼训练，而是对传统教育形式的一次全面提炼和综合补充，打破常规，产生新的意义。体验教育培训适应了当今时代完善人格、提高素质和回归自然的需求。

2. 参与性

体验教育培训最重要的特征是学员亲身参与、经历和体验。活动之中，每个人都亲身参与其中，去体验与感悟；活动之后，学员还要对活动进行小结与反思。

3. 趣味性

体验教育培训的项目都是在宽松和谐的氛围中进行的。项目以体能活动为先导，引发出认知活动、情感活动、意志活动和交往活动等，使短暂的训练充实而丰富。

4. 挑战性

体验教育培训的项目都具有一定的难度，特别表现在心理考验上，需要队员向自己体力、能力和心理的极限挑战。

5. 差异性

体验教育培训以学习者为中心，关注学员的行为方式、感受和价值取向。这一教育方式，常常是潜移默化、耳濡目染的陶冶方式，它重在触动学员个体的内心世界。每个人心理基础不同，所得到的感受各不相同，体现了对人的差异性与个性的尊重。

6. 体验性

在克服困难、顺利完成课程要求以后，学员能够体会到发自内心的成就感和自豪感，获得人生难得的高峰体验。

二、体验教育的优势

体验教育培训是以学员为主体，以先行后知、边行边知的体验教育方式，打破传统的以“教”为主的教育模式，让学员在愉快、积极、刺激的参与中，领悟道理、提升能力，具体参见表 1-2。

表 1-2 体验教育培训与传统培训模式的比较

要素	体验教育培训	传统培训
培训主体	以学习者为主、培训师为辅	教师为主、学生居于被动地位
培训方法	培训方法多样化	传统讲授式为主
培训内容	经验、技能、认知	以教学材料为准
培训环境	根据培训内容设置情境	教室、实验室等固定场所
培训特色	个性化、针对性	标准化、理论化
培训过程	体验、回顾、总结、分享	讲授、考核
受训者状态	积极、上进	受限、消极
培训效果	个体内化、学以致用、能力提升	高分低能

此外，实践中体验教育的独特的效果和魄力，也是体验教育能够让人们迅速接受的优势之一。一般情况下，体验教育的效果是通过参与者体验、实践、反思、归纳获得。在这个过程中，可以说参与者调动了几乎所有的感觉器官，因而一旦学习掌握，就很难忘记。有人做过科学的试验：一个人学习如果只用听的形式，只能记住25%的内容；如果加上笔记，可以记住所学内容的50%；如果通过自己做学习到的内容，则可以记住70%；如果和别人一起做学习到的内容，则可以记住90%。体验教育过程中，基本的形式都是参与者以团队的形式一起体验实践，因而学习到的内容一旦掌握，永难忘记。

三、体验教育的局限性

任何事物都有其难以克服的局限性，体验教育也不例外。因此，我们不能认为体验教育是万能的教育模式。根据其在教学上的特点，总结了三方面的缺陷：

（一）体验的局限性

体验教育的特点之一就是强调亲自参与，所以在这种模式下，强化了个体体验的部分，忽略甚至放弃了一些概念化的学习。但是，我们知道任何一种学习都是多方位的，不管偏重于哪一方面都会成为一种局限。如果在体验教育实施过程中不加以注意，一味强化“体验”，最终也会影响教育的效果。

（二）个体的主观性

“反思”在体验教育中确实是重要的一环，但是，在体验培训反思中往往会受到主观意识的左右，所以在反思环节中应该注意到这一方面的缺陷而加以引导，使得反思的主观性偏差影响降至最低。

（三）引导的复杂性

引导在体验教育中是培训师最重要的工作环节之一。引导得好，会使培训效果事半功倍，培训过程中引导不好则会事倍功半。所以，引导工作是培训师在体验教育培训中面临的难题。它不仅取决于培训师过硬的个人专业素质，教育环境与学员个人素质也是在引导分享中要考虑的重要因素。因此，克服引导瓶颈也是体验教育过程主要要解决的问题。

四、体验教育培训的作用

到目前，体验教育能够在短短20多年的时间里，如此蓬勃发展就足以说明体验教育培训已被认为是最有效的培训方法之一。体验教育培训把思想、知识、技能融合进各项活动与互动游戏中。这种互动式的学习过程使学习者能够用自己的亲身经历把握所学内容，学习效果更为明显，也更容易将体验过程中的心得体会转移到工作与生活中，具有明确的实际意义。

具体来说主要体现在以下方面：

1. 体验教育培训对个人的作用

（1）调适改善身体素质机能，强健体魄；

（2）激发个人潜能，增强自强自信，磨练战胜困难的意志；

（3）建立配合意识，培养协作合作精神，人人为我，我为人人；

（4）调适个人情绪，建立快乐、坚定、执着的良好心态；

（5）遇事冷静，处变不惊，泰然面对工作与生活的挑战；

（6）培养角色意识，学会角色定位，增进对集体的参与意识和责任心；

（7）培养创新思维，启发想象力与创造性，提高解决问题的能力；

（8）学习欣赏别人，学会关心他人；

（9）懂得感恩，助人为乐，关爱生命和自然；

（10）学会沟通，与周围同事和谐相处。

2. 体验教育培训对团队的作用

体验教育对团队的作用也是十分明显的。近年来有的培训机构和从业人员把体验教育当作团队建设来在社会上运营与推广，尽管偏颇，但也从另一个角度说明了它对团队的作用是十分明显的。具体来讲主要体现在以下方面：

（1）植入和升华团队文化，让成员认同团队愿景，明确组织目标，增强凝聚力；

（2）建立部门间、员工间协作配合的团队精神和整体意识；

（3）改善团队内人际关系，形成积极向上的组织氛围；

（4）增进团队内部人员之间的沟通交流，保持信息畅通；

（5）给成员以家的感觉，增强组织成员的归属感与认同感；

（6）坚强组织领导，令行禁止，共同面对各种变革与挑战；

（7）使每个团队成员找到适合自身特点的岗位，发挥自身优势与特长；

（8）挖掘团队成员的内在能量，并在工作中全部释放出来；

（9）提高工作效率，增强团队效益；

（10）自动自发地工作。

当然，多年的实践中发现，参与体验教育培训的作用，远不仅仅是上述两方面列举的内容，而是更广泛、更深刻。这里只是将通常最普通和最常见的作用罗列出来，供大家参考。

五、影响体验教育效果的关键因素

体验教育培训中，影响教育培训效果的因素很多，把握并解决好以下这些重点因素，往往会让教育培训效果更明显。

1. 环境

体验教育培训特别强调环境的重要性。一般来说不熟悉的环境对参与者参加活动在经验上有一定的影响。不熟悉的环境能刺激参与者获得新的观点，会促使参与者体验“不协调”的心境，如焦虑。然而，克服了这种因环境而造成的不协调，参与者可获得许多正面的收获，如强化自我概念等。这也就是一般情况下组织体验教育培训，要更多地去选择户外的一些具有特色营地的原因。

2. 活动

活动组织是体验教育培训的载体，是影响体验教育学习效果的最重要因素。因为一切效果都源自参与活动。好的活动是满足参与者需求的活动，通常应当具有以下几个重要特征，即具有挑战性、富有教育性、可成功的、可自我选择的、大家愿意参与的等。

3. 团队

体验教育培训中，团队成员间的交互作用对成员的个人成长有很大的影响。尤其是在团队小组的人数上体验教育师要把握好尺度，因为团队人数的数量多少会直接影响到培训的效果和成员间的相互作用。这种交互作用不但促进成员自我价值的建立，也迫使参与者学习平衡个人需求与团体需求。而成员间相互连结、依靠的关系可使成员间有家人的感觉而产生团体凝聚力。这种感觉满足了参与者基本的心理需求，从而会促使参与者重新界定和探索自我价值。

一个团队活动小组到低多少人数合适，行业内没有一个明确的标准。但从实践情况看，理想的小组团体人数是大约 12～16 位，一般情况下最多不超过 20 位。按照这个标准去组队，不会因为人数太少而导致一些培训项目无法互动，也避免了因为人数太多而让部分学员参与感下降，或培训师个别指导、引导照顾不到而影响培训效果。

4. 师资

师资即我们所指的体验教育一线执业、从业人员。从培训师资角度讲，影响培训效果除了一些能影响活动结果的个人能力素质外（如专业技能、组织能力、问题解决能力、决策能力等），许多个人潜在因素也会影响到培训效果的好坏。如体验教育师个人背景、个性、人际互动关系等。尤其是易于被接受的、会鼓励他人的、从正面引导的体验教育师被认为是影响参与者成长的要素之一。具竞争性的、对抗性的、不具同情心的培训老师会降低参与者自我概念的提升。

优秀的体验教育师应该具有以下的人格特质，即机灵的、具有领导力的、体贴的、富有想象力的、直率的、有创新力的等。总之，培训教师的自我素质越高，则越能促进参与者培训收获的提升。

5. 学员

参与者的年龄、性别、性格、背景、个人期待等都可能影响体验教育活动的效果。参与者的动机、期待和活动效果具有一定关联。因为高期待会带来高动机，而高动机则会让学员在活动中更加主动地投入，从而带来更大的收获和效果。根据综合分析研究，成年人与未成年人相比，参加培训活动后的收获和效果要远远大于未成年人。主要是因为成年人大都是自觉、自动参与培训，而未成年人大多是学校、家人组织或带动参与培训活动，自我参与愿望不强烈。二者的动机不同，因而产生了较大的差异。

六、体验教育培训分类

体验教育培训分类，不同的地域和单位机构有自己不同的分类形式。通常情况下，我们组织体验教育培训，一般会按照培训场地、培训对象、培训目的、培训方式和培训风险等标准进行分类。比如：

按照培训场地划分，可以分为水上项目、野外项目、室内项目等；

按照培训器材划分，可以分为高空体验项目、场地项目、地面项目、水上项目、沙盘模拟、桌游项目、丛林穿越、情景体验等；

按照培训对象划分，可以分为新员工入职、中层管理人员素质提升、高层管理者领导力提升、客户关系密切、学生综合实践、亲子等；

按照培训目的划分，可以分为挖掘个人潜力、团队建设、团队沟通、领导力、红色基因传承、创新思维、协作合作、凝聚力、执行力等；

按照培训风险划分，可以分为高风险、中风险、低风险；

按照培训方式划分，可以分为全封闭军旅生活体验、全封闭野外特种环境训练、魔鬼式训练、野外生活体验、定向寻宝、研学旅行、家耕文化体验、旅游拓展等。

七、体验教育培训的安全风险

关于体验教育培训安全管理我们会在本教材的其他章节专门进行论述。这里讲的体验教育培训中的安全风险，则主要从我们的认识理念角度做些说明。可以讲体验教育培训在我国的推广应用中，所遇到的最大的障碍就是安全风险。由于体验教育培训一般会在户外组织，加之诸多培训项目体验中涉及高空、低空、场地器材的使用，这样给活动的确带来了安全风险的隐患。但我们也要看到，体验教育培训本身不是户外冒险，其实很多看起来很危险的项目，但活动本身侧重的是心理挑战，加上国内行业从业机构和人员近几年来结合中国特色，在安全风险预防监控方面采取了许多具体实在的措施，因此，组织体验教育培训只要按规范要求操作，在安全方面可以获得充分的保障。

美国专业体验教育培训机构 Project Adventure 曾统计了 15 年内因参加体验教育培训而受伤的人数，并与其他运动项目进行比较，得出一份统计表。从表 1-3 中可以看出，体验教育培训的意外发生率是很低的，甚至可以说体验教育培训比行走还安全。但实际组织实施中，我们不能因此而放松警惕，忽略安全，要让每个参与体验教育培训的人都清楚，一旦放松安全意识出现事故，会带来严重的后果、造成不良影响。

表 1-3 美国专业体验教育培训机构 Project Adventure 统计数据

活动内容	每百万小时活动的受伤人数
体验教育培训（PA 活动）	3.67
负重行走	192
帆板运动	220
定向赛跑	840
篮球	2 650
足球	4 500

第六节 体验教育在我国的发展

通常行业内认为1995年体验式培训作为一种培训理念和教育产品,被导入我国的培训领域,并逐渐被国人所接受,进而成为目前国家机关、企事业单位、学校等培训员工学生提升综合能力和素质的一种主要形式。在这个过程中,体验教育培训也经历了一个曲折的过程。经过20多年的不断完善和发展,现在在国内已基本形成了一种新型的体验式教育培训的模式。

体验教育在我国的发展过程中,最初借鉴了国外Outward Bound的形式,大多是组织体能活动与户外自然环境融合在一起的拓展培训。经过20多年的发展,在最初较为单一的以拓展培训为主导形式的基础上,不断融合,不断创新,并结合我国国情,在市场运营、活动形式、课程设计和组织实施等很多方面都带有明显中国特色的体验教育培训的特征。由刚刚开始进入培训市场时单纯的体验培训的模式,已发展到将体验、休闲、娱乐、教育、生态、自然等结合起来,范围更加广泛,领域更加开阔的复合模式。如今,体验教育行业除充实发展了传统的高空挑战、场地拓展等训练外,还延伸到了社区教育、探险体验、娱乐体验、研学实践、亲子活动、野战运动、定向越野、趣味比赛等方面。总之,中国式的体验教育培训发展到今天,无论从内涵和外延,都体现了更加广阔的空间维度。体验教育培训从进入我国培训领域20多年的时间里,其发展大约经历了几阶段。

一、引入嫁接阶段(1995—2000年)

这一阶段的明显特征是在国内没有任何基础的情况下,从培训课程设计、课程组织流程、所需要的设备和安全保护方式,基本是借鉴模仿引入国际上和境外一些机构的做法开展运营。从业人数少,市场面也比较窄,培训对象主要局限于一些高端企业和机构运用。

二、论证实践阶段(2000—2008年)

经过一段时间的实践探索,体验教育培训这一形式逐渐被越来越多的人认可和接受,不少具有一定实力的教育培训机构相继加入了这个行业。这个时期,不少从业人员将结合我国的实际情况对培训形式、内容等进行了一系列融合变革,使之更加符合国内人们的传统理念和思维习惯,同时也研发推出了一批适合国内需求的体验创新项目。与此同时,国内从事相关理论研究的专家学者也出版了专业指导教材和理论读物。如北京大学钱永健教授著的《拓展》,应当是国内本行业的第一本理论兼实践的书籍;此外还有李冈幽老师《做一个优秀的培训师》,以及北京人众人编写的《人众人体验培训安全操作规范》等,对推动我国体验式培训的推广和发展起到了重要的作用。

三、膨胀发展阶段(2008—2012年)

这五年间,我国的体验教育培训进入快速发展阶段。

第一,这个时期人们对这个从无到有的行业的认知度明显提高。2008年,有学者在上海、广州、北京、长沙、武汉等地做过的一个调查显示,从整体上看,对于体验式培训不是很了解的人数高达90%,那时参加体验式培训的人员大部分是来自于单位机构人力资源部门的安排。而2011年同样的调查结果显示,对于体验式培训行业"不太了解"和"参加训练前从未听说"的人数为61%,整体上下降了29%。这说明近几年来人们对体验式培训的了解程度有了显著提高。

第二,从事体验式培训的机构数量增大,规模有了很大提高。国内每年培训人数超过千人的、比较正规的专业培训机构已达500多家,还有一些偶尔也兼顾参与体验培训的机构近几千余家,包括各类培训学校、户外运动俱乐部、管理咨询公司、旅行社等。

第三,在国内,能够定期、常规化参加体验式培训的机构由少数的高端企事业单位扩大到更多的普通企业、外资企业、国家机关、高校及中小学校。有的单位已将体验式培训作为新生入学、新员工入职的必备环节。参训培训的单位类型也涉及银行、保险、电信、移动、电力、教育等诸多行业,参训学员从高层管理人员扩展到普通员工。在这一时期,如通用电器、IBM、惠普、柯达、摩托罗拉、诺基亚等跨国企业,以及国内知名企业如清华紫光、北大方正、海尔等都将体验拓展培训课程作为员工教育和培训的必修课。

四、整合重组阶段(2012—2018年)

体验教育培训经过几年快速的发展,国内很多机构和从业人员都开始看好这个行业,不断纷纷加入。这一现象对推动体验教育行业的发展起到了积极的作用,但同时一些不正规机构和非专业单位也挤入这个行业。他们的进入,导致培训质量和效果下降、客户需求得不到满足等诸多问题出现,这些单位和机构在培训组织过程中,由于不规范操作而引发了一些安全事故,在社会上造成了不良的影响,有的甚至成为当时大家关注的热点。

但随着人们对体验教育培训的认识越来越深,对培训的规范、安全和效果的要求也相应不断地提高,促使行业内出现了自然淘汰和重组。此期间的特点主要表现为:

第一,师资培训受到重视。最初,能否胜任培训师一职是由培训机构自己确定。到了2000年前后,国内有规模的培训公司都有了自己内部的师资认证和培训标准,但这时各家培训机构标准不一。为了规范行业健康发展,2004年开始,国内有的机构开始组织相关拓展培训师的技能培训。之后,社会上其他机构和一些企业也开始了体验行业师资类的培训,虽然名称不一,但大家都从行业的发展看到了师资培训的重要性和必要性,并身体力行。到2013年由亮剑开拓科技发展(北京)有限公司与国家人力资源和社会保障部教育培训中心合作在国内开展《体验教育师》岗位能力培训,使国内基本形成了一套体验教育师资培训体系。社会上从业机构和人员中参加培训的人数也越来越多。

第二,国内体验式培训出现大众化趋势。主要表现在两个方面:一方面,培训费用明显下降,由开始的每小时几百元降至每天几百元,普通百姓能承受得起;另一方面,娱乐化色彩加强,培训功能淡化,尤其是体育旅游、拓展旅游等结合在一起之后,进一步强化了这种趋势。

第三,培训机构呈现专业化趋势。经过几年的重组,一些小公司、培训效果质量低劣的机构、打擦边球的机构或被淘汰,或被整合,体验教育培训从业机构逐渐呈现专业化趋势。持证的培训师成为机构的主导或核心,特色课程体系更加丰富多样,各机构品牌建设和宣传的力度增强,而且由原来大而全的经营模式向专业化、特色化转变。

第四,教育培训课程走向多样化。参训单位和市场需求不断变化,体验式培训课程不断向细化和多样化发展。如针对中小学学生主要以体验小项目、游戏为主的课程,针对企业管理者的沙盘模拟课程,其他诸如亲子课程、军事体验课程、魔鬼训练课程、历奇冒险体验课程、生存体验课程、职业体验课程等,适应和满足了社会的不同需求。

五、步入规范阶段(2018至今)

大约从2018年前后,体验教育培训已呈现出了极强的生命力和活力。随着社会的发展,中国培训业正进入快速发展时期,各类培训机构呈爆发性增长,截至2016年底,培训业潜在市场规模高达5 000亿元人民币。中国各类培训机构达数百万家,英语、IT、少儿教育成为培训产业的三大支柱。教育培训从综合走向市场细分,包括从幼儿园早期教育到高等教育、职业教育、各类校外培训、教育技术行业等市场都在以20%左右的速度快速增长。在这当中,体验教育虽然还没有跻身到教育培训行业的前列,但正逐步向健康规范的方向快速发展。特别是2016年教育部等十一个部委联合发布《关于推进中小学生研学旅行的意见》后,更是将青少年体验教育市场扩大到了前所未有的境地。这个阶段的主要标志主要表现在以下几个方面:

第一,体验教育快速进入多种领域。随着教育的改革,体验教育已进入中小学社会实践活动和研学旅行;进入高校素质教育和职业生涯规划;进入司法系统劳教人员的转化;进入军队、警察心理行为训练;进入青少年阳光体育健康体系;进入社会工作和志愿服务培训;进入企业员工及管理人员团建培训;进入家庭教育领域;进入各级公务员培训体系;进入户外休闲产业的升级提升;进入体验旅游新业态的生发。可以说,体验教育渗透到了有教育培训的所有方面和地方。

第二,行业社团组织相继成立。长期以来,我国体验教育行业缺少政府的管理指导。为了解决这一问题,行业内的一些机构自发地先后成立了一些沙龙性组织,旨在进行行业交流、行业规范和资源整合。但事实上收效甚微。2015年3月,经中国成人教育协会研究批准,成立了中国体验教育培训专业委员会分支机构 ,填补了体验教育培训行业全国性社团组织的空白。紧接着2015年5月,经北京市政府批准,中关村体验教育培训科技协会宣告成立,这是具备法人资格、体验教育培训行业的第一家面向全国范围开展活动的非营利性社团组织。加上之前的广州历奇学会和之后的珠海青少年素质拓展协会等,开启了国内体验教育培训初步向规范健康发展的新时期。

第三,师资培训体系形成。经过几年的探索,随着国家对国内各类资格证书培训和其他证书培训的整顿及政府职能转变,按照《国务院关于推行终身职业技能培训制度的意见》精神,为进一步促进我国体验教育事业健康发展,让体验式培训回归教育本源,实现与国际接轨,由中国成人教育协会颁证,中关村体验教育培训科技协会主办的体验教育师岗位专业能力培训面向全国招生。培训分为初级、中级、高级等不同的级别。参加培训,考试合格者,颁发中国成人教育协会体验教育师岗位专业能力证书;同期颁发由中关村体验教育培训科技协会颁发的体验教育安全管理师证书,作为用人单位对持证人任用、考核、聘用和能力评价的依据。其培训内容包括体验教育基本理论发展;体验教育职业素质技能;体验教育项目组织流程;体验教育培训安全管理;体验教育培训组织管理;沙盘模拟创新项目介绍;体验培训方案设计策划;学生体验培训组织辅导;营地教育管理基本常识;防灾减灾野外生存急救等。形成了目前在国内规范、权威的体验教育培训行业师资培训体系。

第四,行业论坛和峰会推动行业不断发展。近几年来,一些业内有识之士,怀着一种使命感,积极携手行业机构和从业人员,共同构建政府、学校、机构和个人之间的平台桥梁,交流学习,共同提升,规范引导国内体验教育培训行业健康发展,传递正向能量,提升全民素质,先后在国内开展了不同内容、不同特色的行业论坛和年会。如国内行业的品牌“体验中国高峰论坛”,从 2011 年开始,本着“交流、分享、提升、共赢”的理念,每年年底在不同的城市,以不同的主题坚持举办,对于行业交流、资源整合、项目推广和行业普及创新发展起到了积极的推动作用。

当然,体验教育在我国的发展过程中,也受到了各种因素的干扰和影响,仍然存在着一些困难和问题,需要我们正视并克服解决。比如,体验教育培训总体上社会认知度还偏低,不少人还不了解或了解不多;培训涉及领域局限,主要集中在企业员工培训和学校学生素质教育方面;行业全国发展分布不均,沿海和发达城市以及省会级城市相对普及,偏远及二三线城市发展还不够普及;到目前国家还没有一个相关部门将体验教育培训纳入渠道化指导管理,相关的管理指导的政策不够配套;行业内部运营不够规范,安全问题、课程效果质量低的问题仍存在;理论研究比较薄弱;资源交流不畅,等等。这些还有待于我们在今后的工作实践中加以完善和改进。

第二章

体验教育师的职业道德与职业素质

体验教育师个人的职业道德与素质修养,不仅是体验教育师个人能力水平的重要标志,更直接关系到体验教育培训的效果和质量。因此,体验教育培训行业健康规范发展,体验教育师资队伍自身建设是一个重要的课题和内容。

第一节　体验教育师的职业道德

一、职业道德概述

(一) 道德的产生及内涵

1. 道德的内涵

在中国古代的典籍中,“道”原指道路,后引申为事物发展变化的规律或规则,“德”是人们对“道”认识而所得,道德二字的连用出现在我国春秋战国时代的一些著述中。

《荀子·劝学篇》中说:“故学至乎礼而止矣,夫是之谓道德之极。”意思是说,一个人学习了礼并按照它的要求去做,就具备了最高道德即做人的最高境界。

道德是与人类社会相伴而生的,是人类社会的一种行为规范,动物是没有道德的。因此,道德是人类在改造自然和社会的实践中,以善恶为标准,依靠内心信念,社会舆论和传统习惯来评价人们的行为,调整人与人,人与自然环境,以及个人与社会之间关系的行为准则和规范的总和。

道德的最原始的状态是“风俗习惯”,随着社会由低级向高级的发展,利益的矛盾也愈发尖锐,于是道德从风俗中脱胎出来形成一种意识形态。因此,我们现在理解和认识的道德,就是由一定的社会经济基础所决定并为其服务的上层建筑。

人类脱离了动物界,人就有了道德。在原始社会早期,便产生了道德的萌芽。

道德是随着社会经济不断发展变化而不断发展变化的,没有什么永恒不变的抽象的道德。因此,道德是具有时代性的。

道德,是一定社会、一定阶级向人们提出的处理人与人之间、个人与社会、个人与自然之间各种关系的一种特殊的行为规范。

2. 道德是做人的根本

人生在世,最重要的有两件事:一是学做人,二是学做事。怎么做人呢?最重要的就是

“以德为先，做有德之人。”人活在世，就要以德立身，以自律为前提。道德是走向成功的基石。

中华民族有着悠久的历史文化和传统美德。这些传统美德的主要内容为：父慈子孝，尊老爱幼。立志勤学，持之以恒。自强不息，勇于革新。仁以待人，以礼敬人。诚实守信，见利思义。公忠为国，反抗外族侵略。修身为本，严于律己。

中华民族历来重视个人道德品质的自我修炼，并把“修身”作为“齐家、治国、平天下”的先决条件。因此，不论从事何种职业都必须加强自身道德修养，使自己成为四有人才：有理想、有道德、有文化、有纪律。

（二）职业道德

1. 职业道德的内涵

职业道德是社会分工发展到一定阶段的产物。它是指从事一定职业劳动的人们在特定的工作中，以其内心信念和特殊社会手段来维系的，以善恶进行评价的心理意识、行为原则和行为规范的总和。

职业道德涵盖了从业人员与服务对象、职业与职工、职业与职业之间的关系。它既是对从业人员在职业活动中的行为要求，又是本行业对社会所承担的道德责任和义务。主要包括职业观念、职业感情、职业理想、职业态度、职业技能、职业纪律和职业良心、职业作风等方面的内容。

2. 职业道德的特征

（1）范围上的有限性。任何职业道德的适用范围都是特定的、有限的。一定的职业道德只适用于特定的职业活动领域，带有各自不同的个性特征，鲜明地体现着社会对某种具体的职业活动的特殊要求。它往往只约束从事该行业和职业的人员以及他们在职业活动中所发生的行为。

（2）内容上的稳定性和连续性。职业分工相对的稳定性决定了与其相适应的职业道德具有稳定性和连续性。职业道德是根据职业活动的具体要求，对人们在职业活动中的行为用条例、章程、守则、制度、公约等以简明的形式做出规定，这些规定具有很强的针对性和可操作性，一旦形成，它就会在一个相对稳定的时间长期发挥作用。

（3）形式上的多样性和广泛性。职业道德是职业活动的直接产物。有多少种行业就有多少种不同的职业道德。也就是说只要有职业活动，就体现一定的职业道德，职业道德渗透在职业活动的方方面面，比一般道德更直接更全面地反映一个社会的道德水准和道德风貌。

（4）时代性。职业道德也随着时代的变化而变化，在一定程度上贯穿和体现着一定时代社会道德的普遍要求，另一方面，新的行业职业道德规范也将随着经济和科技的进步应运而生。

3. 职业道德修养的途径

职业道德修养是一个长期改造自己、完善自己的过程，这个过程可以从养成良好的行为习惯做起，良好行为习惯的养成必须从我做起，从现在做起、从小事做起。

（1）确立正确的人生观。所谓人生观是指人们对人生目的、人生价值、人生意义的根本看法和态度。一个人只有确立正确的人生观，才会有强烈的社会责任感。

（2）学习职业道德规范，掌握职业道德知识，培养自己良好的行为习惯，坚持知行合一。

（3）学习科学文化和专业知识，提高文化素养与专业技能。

（4）学习先进人物，不断激励自己，榜样的力量是无穷的。

（5）经常进行自我反思，增强自律性，提高精神境界，努力做到“慎独”。

“慎独”出自《礼记·中庸》，指在没有外界监督、独自一人的情况下也能自觉遵守道德规则，不做对国家、对社会、对他人不道德的事情。即在无人监督的情况下，能坚持道德信念，自觉按照道德规范的要求去做事的道德品质和道德境界。“慎独”强调：确立坚定的道德信念；道德修养必须在“稳”和“微”的地方下功夫；道德修养必须达到在无人监督时，能严格按照道德规范的要求做事。

（三）职业道德与个人发展的意义

人总是在一定的职业中工作和生活，一个人如果具备了良好的职业道德，他便会在职业生涯中更顺畅，更好地实现人生的价值、促进自身的发展。

1. 职业道德是衡量人才的重要标准

现代社会条件下，许多单位的用人理念也在不改变。“先做人，后做事”“道德为先”，已经是用人单位普遍认同的首要条件。据资料显示，目前一个人的学历已不再是公司招聘最重视的条件了，大多数用人单位把积极的工作态度作为任用员工时最优先考虑的条件，其次才是职业技能，接着是工作经验。毋庸置疑，工作态度已被成为组织录用人时的重要标准，因此职业道德在个人的就业及职业生涯发展中起着至关重要的作用。

2. 职业道德是事业成功的保证

一个人想要把事业做成，光有技术是远远不够的，还必须具备职业道德。在现代社会中，职业道德在人们从事的不同事业中所起的作用表现得日益明显。一个人如果想在某一领域取得一定的成就，就必须具备高尚的职业道德品质，干一行，爱一行，爱岗敬业，忠于职守，严谨细致，认认真真干好每一项工作，踏踏实实做好每件事情。如果缺乏基本的职业道德，他就可能会在工作中投奸耍滑，应付差事，得过且过。以这种工作态度工作别说是成功，可能给他再简单的事情都做不好。众多的事实告诉我们，这样的人与事业的成功一定是无缘的。

3. 每一个成功的人都有较高的职业道德

如比尔·盖茨、张瑞敏、董明珠等一批优秀的企业家，他们都具有一个相同的特点，那就是都具有很高的职业道德。就拿张瑞敏砸冰箱的事情来说，发现问题冰箱后他敏锐地察觉到问题的严重性，毅然带头把问题冰箱当众砸了，正因为这一点，具备了行事魄力和强烈的质量意识，后来的海尔才能一步步发展成世界品牌，具备同国外品牌竞争的能力。

4. 职业道德是人格的一面镜子

人的职业道德品质反映着人的整体品德，从一个人的职业道德可以看出其整体道德水平的高低。人的职业道德素质与思想道德素质紧密联系，一方面的变化会对另一方面产生影响。提高职业道德修养是人格升华最重要的办法，努力提升职业道德水平也是塑造优秀人格的过程。因此衡量一个人的职业道德，不仅要了解他在道德认识、道德情感、道德意志、道德行为等方面的情况。同时也要了解他在恋爱、婚姻、家庭道德,公共道德、职业道德等方面的态度和行为。

二、职业道德与体验教育

体验教育师的职业道德,直接关系到教育培训的效果和质量,关系到受训学员整体素质和能力的提高。所以在现阶段加强体验教育师职业道德的培养,对提高教育培训技能水平、培养综合性人才具有重要的现实意义。

1. 对体验教育工作的促进作用

体验教育师职业道德对体验教育行为的调节主要是通过社会舆论和内心信念两种方式来实现的。体验教育师职业道德能够通过激发动力、评价优劣、调节行为来处理和调节各种利益关系,保证体验教育师培训工作的顺利开展和培训任务的圆满完成,这是体验教育师职业道德最基本的社会作用。

2. 对培训对象的教育示范作用

体验教育师的服务对象有些是处于生长发育期、具有很大可塑性的青少年学生,当培训师按照体验教育师职业道德做出行为时会使道德要求具体化、人格化,从而使学员受到启迪和教育。

3. 对社会文明的示范作用

体验教育师与社会上各类单位交流互动,当体验教育师严格遵循职业道德,以高尚的道德面貌出现在社会活动中时,对社会文明起示范作用。在精神文明建设层面,体验教育师通过培养学员的优良品德而影响社会道德,体验教育师通过参加各种社会活动而影响社会道德,体验教育师可以通过家庭和社会生活,促进社会主义新型人际关系的建立和发展;在物质文明推动层面,师德是促进社会生产力发展的一个重要精神力量,人是物质文明的创造者,是生产力中起决定作用的因素,在体验教育培训中,以体验活动为载体,体验教育师以自己的崇高师德为重要教育手段,通过培养“四有”新人,发展社会主义生产力,完善社会主义的生产关系,推动社会主义物质文明建设;在对社会生活的影响层面,体验教育师职业道德是受社会经济条件的制约的,同时它对社会经济条件具有一定的反作用。

4. 对体验教育师修养的引导作用

体验教育师在从事体验教育培训过程中,其自身的业务能力和道德水平,会对学员的职业道德养成具有引导功能。如体验教育师处处能够为人师表,模范遵守社会公德,衣着整洁得体,语言规范健康,举止文明礼貌,严于律己;作风正派,不搞不正之风,不搞小团伙、小集团;以身作则,注重身教,成为学生的表率,自然会对学员的道德培养起到良好的引导和示范作用。

三、体验教育师职业道德守则及含义

1. 爱岗敬业,恪尽职守

爱岗敬业作为基本的职业道德规范,是对体验教育师的根本要求。爱岗就是热爱工作岗位,热爱本职工作。敬业就是用一种恭敬严肃的态度和认真负责的精神来对待本职工作。

(1)热爱本职、兢兢业业。只有热爱体验教育事业,才能忠诚于体验教育事业。这种忠诚是体验教育工作者对培训工作真挚的、热诚的、持久的热爱。对体验教育培训工作任务和作用有深刻的理解,是热爱本职工作的基础。只有深刻认识体验教育培训工作与经济发展之间的关系,深刻理解体验教育培训的任务、地位和作用,才能在工作中发挥自觉性、积极性和创造性。

(2)勤奋敬业、任劳任怨。敬业是一种对体验教育培训工作尽职尽责、一丝不苟的行为,是一种埋头苦干、任劳任怨的强烈事业心和忘我精神。由于体验教育培训工作任务重、范围广,对象复杂,因此,更需要有勤奋敬业、任劳任怨的精神。

爱岗与敬业是相辅相成、相互联系在一起的。如果培训师没有对培训工作的热爱,工作中就不可能做到恪尽职守。但是,只有对工作的热爱之情,没有勤奋踏实、忠于职守的实际行动,也不可能做出成绩来,热爱本职工作也就成为一句空话。只有把对体验教育培训工作的热爱之情体现在忘我的劳动创造和勤奋努力的工作过程中,才能取得优异成绩。

(3)增强事业心和责任感。体验教育师的事业心,是在一定目标鼓舞下所产生的坚韧不拔的、争取培训事业成功的一种思想感情。它的核心是忠于职守,献身事业。体验教育师的责任感,是指忠实地履行自己的职业职责,克服一切困难,自觉地做好职业培训工作。体验教育师的事业心和责任感是高尚的道德情感。热爱体验教育事业,深刻理解体验教育培训的意义和作用,工作中尽职尽责,恪尽职守,自觉自愿地为体验教育培训事业贡献自己的力量,满腔热情地进行创造性劳动,为体验教育培训事业贡献自己的光和热,这是体验教育师具有强烈的事业心和责任感的表现。

2. 遵纪守法,为人师表

随着时代的发展,社会的进步,法纪法规在逐步地趋于完善,人们的法律规则意识也在日益强化。遵纪守法已经成为人们工作、生活中必不可缺的行为规范内容。体验教育师应该自觉遵守法律,自觉维护纪律,处理好权利和义务的关系,增强法律意识,提升自身修养。

(1)学习法律知识增强法制观念。在工作生活中,每个人都应树立法制观念。这是保证社会稳定发展的前提条件。作为一名体验教育师更应当成为遵纪守法的模范,不仅在普法教育中学习法律常识,而且应该自觉地学习有关的法律、法规,增强法制观念,立足本职岗位,牢固树立法制观念,从而促进体验教育培训工作的良性循环。

(2)严格遵守法律法规。随着改革开放的深入,市场经济的发展,经济活动日益频繁,利益关系越来越复杂,因此,也就迫切地需要完备的法规、纪律来引导、规范、保障体验教育培训市场的发展秩序。作为一名体验教育师,其职业本身就决定了要在思想、品德、作风、纪律上成为表率,时时刻刻严格要求自己,自觉遵守各项国家法律、政治纪律、劳动纪律、组织纪律、学习纪律和财务纪律。只有以身作则、遵纪守法、为人师表,才能努力做好体验教育培训工作,维护和保证体验教育培训市场的良性发展,使体验教育培训事业沿着正确、健康的轨道前进。

(3)严格要求自己、为人楷模。体验教育行业是一个新兴行业,随着行业的不断深入,市场的不断发展,要求的不断提高,进入行业的人员也需要有较高的职业道德。所以,必须要加强个人综合素质的培养，一名合格的体验教育师首先应该是为人的楷模，尊重学员、遵守时间、积极行动、吃苦耐劳，具有较高的职业道德素质。

3. 勤于钻研，精益求精

勤于钻研，精益求精是体验教育师职业道德的一个重要方面。在学习和工作上，只有勤于钻研，精益求精，才能不断创新，有所进步。

（1）勤奋好学、刻苦钻研。勤奋好学，刻苦钻研是对体验教育师的职业要求。随着经济的发展和企业改革的深入，体验教育培训的任务在不断发展和变化。因此，体验教育师只有勤奋钻研，不断学习新知识、新技术，不断更新、改善知识结构，刻苦钻研，树立终身学习的观念，勤于实践，勤于思考，不断提高自己的业务水平，才能适应不断发展变化的体验教育培训工作的要求。每一个学有专长、教有成就、管理有方的体验教育师，都是长期孜孜不倦地刻苦学习、勤于钻研的结果。

（2）精益求精、积极进取。职业是一个人在社会上安身立命的基础，也是一个人为国家、为社会做贡献的基本途径。从这个意义上说，体验教育师个人的业务能力、业务素质只有达到较高水平，才能做好体验教育培训工作。而精益求精、积极进取则是提高业务素质和业务能力的前提。所谓积极进取，是一种对工作、对事情永不满足的精神和坚持不懈的追求。所谓精益求精，就是要求体验教育师不断积累专业知识和教学经验、管理经验，不故步自封，能够认真钻研，不断进取，把业务工作做得越来越好。

4. 以人为本，开拓创新

现代企业的竞争是人才的竞争。人才是未来经济竞争的制高点，是新一轮企业竞争的焦点。“重视人、尊重人”是以人为本理念的核心，它在企业生产发展中占据首要地位。作为运营教育培训的机构和企业要发展，必须要高度重视体验教育从业人员综合能力和素质，必须不断创新思维，创新课程，创新方法。

（1）提高认识、勇于创新。体验教育培训行业要快速发展，必须紧紧抓住“人”这个关键因素，只有拥有一支高素质、高水准的师资队伍，才能更好地为社会服务，才能满足现在新时代人才培养的要求，使企业能够适应激烈的市场竞争。因此，加强对师资的培训，从行业发展战略的高度，整合培训资源，创造性、有效地开展相关培训，不断提高生产、经营、管理、服务和一线从业者的素质和技能，是提高体验教育培训机构市场竞争力的重要途径。体验教育师必须提高对体验教育培训工作重要性的认识，转变观念，增强服务意识。通过深入调研，明确行业发展方向，定位培训目标，在培训体制、内容、方式、方法、思路等方面勇于创新。

（2）积极思考、敢于探索。随着我国新时代社会、经济的发展，社会教育培训工作出现了新情况、新问题，作为一名体验教育师，要解放思想，实事求是，善于动脑思考，信奉“不惟书、不惟上、只惟实”的理念，敢于探索，从培训对象的实际出发，适应不断变化的形势和任务的需要，强化培训运行机制，创新培训管理方式，全面提高培训质量。创新的过程是解放思想、更新观念的过程，是寻找和把握客观规律的过程，是不断突破内在局限和外在局限的过程，也是实事求是的过程。只有不断开拓创新，体验教育培训工作才能给未来人才培养提供强劲的支持和保障。

5. 努力进取,提高素质

当今世界,科学技术突飞猛进,知识经济发展迅速,对人才需求十分迫切。加强体验教育培训,提高培训质量,已成为人们的共识。培训质量是体验教育培训赖以生存发展的关键。培训质量的高低受多种因素影响,如师资、课程内容、管理层观点,而体验教育师的素质在一定程度上影响甚至决定着培训质量。因此,体验教育师在工作中只有不断努力学习,提高自身素质,才能为促进体验教育培训事业健康发展做出贡献。

(1) 积极参加各种技能和业务进修,不断提高自身素质。为了做好本职工作,作为一名合格体验教育师还要有比较渊博的知识和多方面的才能,掌握体验教育培训的规律和方法,精通所涉及课程的专业知识,有较强的管理能力和开拓创新能力。因此,体验教育师必须要坚持学习、自觉学习新的知识和理论,通过自学和参加各种研讨会、沙龙、培训班,不断提高综合素质和道德修养,不断拓宽自己的知识面,提高自己的工作能力,为做好体验教育培训工作奠定良好的基础。

(2) 积极参加实践活动,不断积累经验。为了使专业知识更精深、更广博,各项业务能力更娴熟精湛,能胜任教学与管理的各项任务,体验教育师必须积极参加实践活动。应经常深入体验教育培训现场,根据客户的实际需要,开发培训项目,制定、实施培训计划,不断改进和创新管理、教学的方法和手段,为开展工作积累丰富的经验。总之,体验教育师只有积极参加实践活动,不断提高业务水平和工作能力,才能把体验教育培训工作做得更有实效。

第二节 体验教育师的职业素质

“体验教育师”是一个全新的名称,对于很多人来讲还很陌生。在以往的与教育培训和体验培训相关的职业或称呼中,我们更多听到的是老师、培训师、教练、内训师、拓展培训师等。在我国体验教育师进入公众的视野,也就是最近几年的事。应该说,体验教育师概念是2013年亮剑开拓科技发展(北京)有限公司在与国家人力资源和社会保障部教育培训中心合作的体验教育师岗位能力培训体系中最早提出的,体验教育师的概念或者职业内涵决定着它的职业素养要求。

一、体验教育师的职业定位

体验教育培训是指体验式学习教育,强调的是在特定的时间、空间和人员环境中,让学习者亲身经历、体验、感受、觉悟、交流、分享、提升并应用于工作和生活的体验式学习方式。而在这个过程中,体验教育师则是体验教育培训的主导角色。

(一) 体验教育师的三个重要角色

在体验教育培训中,体验教育师到底起到什么样的作用,充当何种角色,这在目前国内相关的书籍和资料中都有不同的描述。总体来说,体验教育师在体验教育培训中具有不可替代的作用。《永不放弃》视频（视频 2-1）在一定程度上间接回答了这个问题。

视频 2-1 永不放弃

1. “编剧”角色

组织体验教育培训，首先要准备策划一个针对性的方案，这是做好体验教育培训的基础。这个计划，一般由体验教育师来完成。因此，在体验教育培训开始前的准备过程中，体验教育师主要扮演的是“编剧”的角色。这个时候，体验教育师要根据培训目标和受训对象的具体情况和要求，编写所需要的培训方案，并准备培训活动所需的各种资料和物料，这些工作具体包括：

（1）编制精炼概括的教育培训方案或大纲，必要的情况下，还要将大纲的内容恰当地展现在课堂的演示文稿中。

（2）准备组织培训中各个环节的讲解、授课和引导内容，使之按照培训大纲，紧贴学员需求，使课程内容具有明显的针对性。

（3）根据课程方案需要和设定的培训目标，选择合适的、能够吸引学员注意力和配套有针对性的体验项目、案例分析和讨论主题等。

（4）准备好课程实施中需要的各种道具、辅助教具、器材设备。

2. “导演”角色

体验教育培训一旦进入到组织实施阶段，体验教育师就开始进入“导演”的工作角色。在这个阶段体验教育师要按照事先设计好的课程步骤一步一步地实施，例如：什么时候热身破冰，什么时候给学员分组，什么时候提出问题让他们思考回答，什么时候组织实践操作，如何进行分组和带队老师的分配等，这些都需要体验教育师拥有娴熟的技巧来引导和组织学员按部就班、有条不紊地去完成。在整个“导演”的过程中，体验教育师要保证培训现场或课堂气氛活跃，引导学员轻松、自然地参与各种体验活动，最终让学员在思想上、行动上有所收获。

3. “演员”角色

体验教育师与其他培训师最大的不同点就是，体验教育师在体验教育培训中还充当一个最重要的角色——“演员 ”。“演员”这一角色主要体现在以下两个方面。

首先，培训实施过程中，体验教育师要长时间地与学员打成一片，用语言、声调、手势、表情、道具等来组织课程进行。在这个意义上，体验教育师必须像一个演员一样有丰富的表现手段和高超的表达技巧，才能在大家的关注下，有条不紊地实施每次培训。

其次，当引导学员进入角色后，体验教育师也要进入“演员”角色，与学员一起参与，一起讨论，一起完成项目任务的挑战，并在团队中承担一定的责任和风险。达到真正与学员融为一体，真正成为学员的知心朋友，成为他们团队中的一员，他们才会在你面前展现真实的自我，交流真实的想法，让体验教育培训效果达到最大化。

（二）体验教育师的职业内涵

1. 体验教育师是一面“镜子”

体验教育培训中，学员在培训思维改变、情绪变化、活动小组成员间互动效果的好坏、活动的氛围等，都可能在体验教育师的身上投射反映出来，进而以自身的行为再去催化影响参与者和团队的效果。

2. 体验教育师帮人建立坐标

一个人的成长和发展是有路线图的。体验教育师首先通过“旁观者”的角色，帮助学员进行人生定位，让每个人在自己的职业生涯规划中，恰到好处地定位自己的目标和发展的“路线图”；其次对偏离了自身实际和条件的生涯规划，进行合理的调整矫正，帮助其回到正确的轨道；最后是帮助学员在人生发展中将受到社会、环境、自身条件等各方面的负面影响降至最低程度。

3. 体验教育师是生命的伙伴

体验教育培训，不同于课堂讲授。它的能量传递方式更多的是体验教育师用自己的行为去影响学员，影响他人，与自己的培训对象结成生命伙伴。“用生命影响生命，以行为影响行为”是一个体验教育师的天职。

4. 体验教育师是助人的职业

体验教育师要尽自己一切努力帮助学员找对目标，看清方向，始终站在学员旁边不断提供支持，诱发动力，矫正方向，协助其成长和进步，让他飞得更高更远，走向成功。

5. 体验教育师是“贩卖”可能的职业

体验教育师通过引导，帮助学员建立自信、勇气，并帮助学员挑战自我，超越自我。把学员自己认为不可能的事在讲师的引导鼓励下变为可能，让培训对象把梦想变为现实。

（三）体验教育师职业岗位描述

体验教育师是适应社会经济、技术、文化发展和国内教育需求，根据社会群体和单位机构需要，策划、开发体验培训项目，制订、组织实施体验培训方案，从事体验教育培训管理、教学和咨询活动的人员。其主要职能包括以下几点：

1. 活动的策划者

体验教育培训活动需要详尽的策划，这项工作的主要实施者就是体验教育培训师。

2. 场景的布置者

体验教育培训是依托于自然环境或是人为营造的模拟情景进行培训活动，培训场景的布置直接影响着培训活动的开展和效果。

3. 方案的执行者

好的方案必须有一个强有力的执行者。体验教育培训从开始的热身破冰，项目实施，活动总结，效果评估及回访，都需要体验教育培训师这个重要的角色去组织实施。

4. 氛围的营造者

体验教育一般注重人的环境的因素。在团体培训中，良好的、必要的团队氛围营造可以促使学员更进一步融入团队的角色当中，让学员有真切深刻的感受体悟，使教育培训活动取得好的效果。

5. 安全的监督者

安全是体验教育培训的基本保证和前提，也是确保教育培训效果必要的保障。作为一个体验教育培训师不仅要了解体验教育各个项目的安全保障措施和防范风险的重点，还必须在整个教育培训过程中，掌控全局，严格要求，严密监控各种不安全因素和苗头，一旦出现，立即解决。

6. 流程的疏导者

在实际培训过程中，由于环境、场地和学员情况的不确定性，往往会出现一些意外情况。作为体验教育师，不仅要能够及时发现问题，还要针对出现的各种情况，快速高效地采取针对性的措施，加以解决和疏导，保证培训能够顺畅地进行。

7. 矛盾的化解者

有人的地方就有矛盾冲突。体验教育培训是一种团体活动，自然免不了出现各种矛盾，如意见不一致、看法难统一等，一旦出现这种情况，体验教育师就要及时地做好化解工作。

8. 效果的提升者

体验教育培训最终的目标是让参与培训的学员通过体验活动，反思感悟，最终改变行为和思维模式。体验教育培训师要引导学员实现这一终极目标。

二、体验教育师的基本素质要求

任何一种职业，在普遍的职业素养要求之外都有其特定的基本职业素质要求。体验教育师是育人的职业，首先自己就要具备完善的职业素质。

（一）高尚的职业品德

作为一名称职的体验教育师，首先要具备高尚的品德，具有认真负责、关爱他人、热情周到、耐心细致、真诚待人的优秀品格特征。在学员面前讲话做事要有原则和立场。在个人形象礼仪方面，要保持干净整洁的面容、发型以及与职业相符的统一规范着装。户外一般要求着装为作训服或冲锋衣，内训课堂一般要求着正装授课，无论哪一种服装都以干净、利落、整洁、大方为准。同时在培训当中要求体验教育师要有端庄的坐姿和站姿。比如有的体验教育师会在培训场打电话、抽烟、随便与人交谈等，这些都是不专业、不负责的态度和行为。体验教育师要学着慎思慎行，把一个优秀导师积极的人生观、价值观传递给学员；以一个专业的、高素质的导师人格去影响和感染学员，做到课堂内、课堂外言行一致；工作中、生活里表里如一，永远表现出较好职业素养和专业形象。

（二）深厚的知识储备

给别人一杯水，自己要有一桶水。有了深厚的知识功底，才能成为一个合格的专家型人才，指导他人更好地学习成长。

体验教育是在心理学、教育学、社会学、组织管理学等多种学科支撑下的一个新兴学科，因此对本行业从业人员的知识结构也是有很高要求的。首先体验教育师一定要具备相应的相关知识积累，能够在培训中给学员传授知识、技能、理念、价值观、人生观等。其次体验教育师要对自己组织实施的体验教育培训内容有深刻而独到的见解，在专业知识方面比学员略胜一筹，这样才能够在教育培训中更好地引导学员学习，确保培训的效果和质量。

（三）良好的组织能力

教育培训的实施过程，既是教育培训中一个非常重要的环节，更是达到培训效果的重要保证。培训的效果如何，很大程度上取决于体验教育师对课程的组织以及与参训学员、客户单位等各种社会关系的协调能力。

学员是否能够一直保持旺盛的学习热情，除了培训内容要足够精彩和吸引人之外，体验教育师对培训现场气氛的调动能力也是极其重要的因素。成年人一般可以集中精力学习的时间只有1个小时左右，时间长了，就会产生倦怠。所以，不管培训内容准备得多么精彩，也需要体验教育师具备良好的组织能力，采取各种措施和手段调动学员的学习积极性，使学员能够始终保持高昂的情绪参加活动。相反，培训现场冷冷清清，学员昏昏欲睡，无精打采，这绝对不是一次成功的培训。

（四）流畅的语言表达

自己明白的道理，要能给别人讲明白，否则就会像茶壶煮饺子一样，肚里有"货"却因为"嘴"小倒不出来。因此，想成为优秀的体验教育师，还要具有流畅的语言表达能力。这是作为一个教育者特别是体验教育培训师的基本要求。

一个人成功的因素75%靠沟通，25%靠天才和能力。体验教育师的语言沟通能力至关重要，标准的普通话，幽默诙谐的语言风格，流畅的表达，恰到好处的肢体语言会带给学员一种美的享受，同时也会强化培训效果。一个体验教育师用高超的语言表达能力把知识深入浅出地传授给学员，让学员听得懂且乐于接受，并能正确地应用到实际工作中去，这也彰显了体验教育师的职业魅力。

（五）较强的引导能力

春风化雨，润物无声。体验教育师组织教育培训，要达到潜移默化影响学员的效果，让学员达到自我学习、自我教育的目的，体验教育师就是要具备影响学员的能力，即具备高超的引导能力。

在教育培训中，体验教育师更多的时候是以引导员的身份展现在学员面前，而不是直接告诉学员哪些是对的，哪些是错的，应该做什么而不应该做什么。这也是体验教育区别于传统教育的特点。所有的学习过程，学员是主体，是学员在体验中自我感悟，自我启发，自我学习，自我提升。作为体验教育师更多是引导学习的方法和思路，引导、激励和激发学员的热情和潜能，引导学员自己解决问题，为学员提供各种咨询、引导、帮助。同时，还要能够经常及时组织学员围绕课程进行反思回顾、分享和总结。从而让参与学员真正收到教育培训效果，转变心智模式，提升总体素质。

（六）良好的身体素质

"身体是革命的本钱！"体验教育的特性决定了绝大多数体验式培训在户外完成，工作强度较大，工作时间较长，环境较为恶劣。体验教育师只有具备一个强健的体魄，才能合格地完成培训工作。同时,在体验教育培训中,一些培训项目大多会设计挑战性的半高空和高空项目,这对体验教育师的体能要求也很高,因此有良好的身体和耐力才能保证带领学员顺利、安全地完成所有挑战科目。

(七)灵活的危机应对

在体验教育培训活动组织过程中,常常存在着项目操作失误、学员间冲突、学员与培训项目理念冲突、挑战性项目与学员心理之间冲突等突发性事件。这就要求体验教育师具备危机管理能力,突然出现的各种情况处变不惊,冷静应对,迅速拿出解决办法。通过科学有效的危机管理,最大限度地促使危机和冲突转变成机遇。因此,培训活动中体验教育师要时刻保持危机责任意识,通过认真负责的精神和工作态度及时发现苗头,及时消除隐患。当然,另一方面,一旦遇到突发性危机,也要勇于承担责任,迅速处理,将危机处理在萌芽状态,最大程度地消除不良影响,保证学员的人身和财产安全,保障培训学习顺畅进行。

(八)积极向上的心态

体验教育师本身就是做心态教育培训的,工作中不仅要给学员传播知识,启发心智,更主要的还要启发学员的思路,提高培训对象的热情,激发学员的潜能。如果体验教育师自己没有积极、自信、负责的心态,就很难感染学员,很难胜任这份工作。因此,作为体验教育师,首先自己要具备热情、激情、积极、向上心态,具有坚强的意志力,永不言败,凡事往好的方面想,要为成功找方法,不要为失败找借口。

以下是人生积极心态的十个具体表现。如果作为一个体验教育师具备了下列心态,应该说已经具备了从事体验教育职业的基本心理状态。

(1)执着:对个人、企业和团队目标、价值观坚定不移的信念。

(2)挑战:勇敢地挺身而出,积极地迎接变化和新的任务。

(3)热情:对自己的工作以及公司的产品、服务、品牌和形象具有强烈的感情和浓厚的兴趣。

(4)奉献:全心全意完成工作。

(5)激情:始终对未来充满憧憬和希望,对现在全力以赴地投入。

(6)愉快:保持身心愉悦,微笑待人,生活充满乐趣,并愿意与他人分享喜悦。

(7)爱心:助人为乐,感恩心态。

(8)自豪:因为自身价值或团队成绩而深感荣耀。

(9)渴望:强烈的成功欲望。

(10)信赖:相信他人和集体的素质、价值和可靠性。

三、体验教育师知识结构要求

体验教育师是一个“T”型人才,除了具备体验教育培训专业的知识和技能外,同时还要具备以下相关的知识结构来支撑其职业能力素养。

（一）心理学知识

总的来讲，体验教育本身就属于心理辅导的范畴。在整个的体验教育学习中，所有参与者无不经历着心理状态的改进过程，从一定角度上讲，它是集体心理辅导技术的一种具体形式。在学习的过程中，通过特殊的体验和经历来引发和触动学习者的观念、自我意识、价值观等心理认知来带动学习者的自我思考，进而形成自我发展。

体验式学习的心理学依据主要是认知心理学，比如在体验中学会用积极努力的方式去控制自我，用自我暗示的方式去鼓励自我面对逆境，达到体验、了解、控制（对峙）、超越的心理适应规律。体验教育师应该在整个辅导过程中注意运用鼓励、赞美等心理辅导技巧来引导、帮助学习者。

（二）管理学、组织行为学、营销学理论

体验教育培训中，学员大多是来自于各个不同性质的单位。无论是组织者还是学员，他们来参加学习培训的目的就是为了加强企业管理，促进企业文化建设，提高企业效益。据此需要，体验教育师就应该在学习中以相关的管理学、团队建设、企业文化建设、项目管理、客户关系管理、营销学理论为基础，将理论贯穿、融汇于学习过程中，使学员有相应的收获。

（三）团队理念与团队文化

形成良好的团队理念和团队文化，已成为今天所有企业、单位组织改善管理，提升绩效，改变组织氛围的一个重要手段。而构筑团队愿景，培养团队合作意识，深化植入团队文化，已成为体验教育培训一个很重要的内容。通过参加体验式学习，可以让体验者加深对组织目标的认同感，改善与其他成员之间的关系，提升团队成员间的信任度，培养出较好的组织氛围，提高团队生产力。

（四）户外运动技术

体验教育由于其学习环境的特殊性和风险性，特别是其中部分项目具有特殊的要求，因此它必须以严格、细致的户外生存技术做指导，以保障体验者的安全。由于80%以上的体验者缺乏户外生活的经验和经历，更缺乏户外环境下的安全自保意识，体验教育师对户外技术的学习掌握就显得尤为重要。众多的体验者与训练辅导人员把户外的安全寄托于户外器械，是一个非常大的错误。掌握科学的户外运动知识，严格规范的操作，这才是把控安全的必要手段。

相关内容将在本教材第七章体验教育户外常识中详细介绍。

（五）紧急救护知识

由于体验教育中部分户外活动项目的高风险性，所以它需要有一个完善、科学的救护知识做保障，以确保在紧急状况下处置的合理、及时、正确。常见的户外救护资质有红十字急救员资格、红十字水上急救员资格等。

相关内容将在本教材第七章体验教育户外常识中详细介绍。

四、体验教育师与学员的相处准则

体验教育师经常与来自不同的单位机构的学员相处，学员们也各具特色。如何与学员处理好关系既是体验教育师的一门艺术，也是从业必备的素质。在与学员相处的过程中，体验教育师应做到以下几点：

（一）要深入了解学员

热爱学员必须深入了解每一个学员。了解学员是体验教育师热爱学员的起点，也是体验教育师搞好培训的前提。体验教育师要通过交流交谈、走访问卷，尽可能地多了解学员的情况，知道他们的基础，了解他们的需求，掌握他们的特点，并以此为基础做好针对性地教育培训，有的放矢。

（二）要充分尊重学员

每个人都有被尊重的需求。所谓尊重学员，就是对学员的一种善意的行动倾向，它不仅包含着对学员个体存在价值、上进愿望的肯定，而且还包含着对学员意愿、要求的充分关注。所以，体验教育师充分尊重学员是调动学员积极性的关键。

（三）要始终信任学员

在培训活动中，体验教育师必须要充分地相信大家，与学员交流互动，多从正面启发引导，多用肯定鼓励的语言，少用负面的语言和批评指责。对学员的肯定使学员体验到自身的价值感，能激发学员的兴趣，调动学员的积极性，特别是对于基础差的学员，体验教育师的信任能够给他们提供进步的强大动力。

（四）要严格要求学员

体验教育师对学员的爱，是一种将热爱、尊重、严格要求统一结合起来的爱。体验教育师的这种爱不是宠爱、溺爱和放任，而是要爱中有严，严中有爱，严慈相济。对学员的严格要求也是对学员尊重和关爱的一种体现。

体验教育师对学员要“严”，但不是“凶”，体验教育师不应按照自己的想法随意要求学员，而应做到有理、有度、有恒、有方和有情。

（1）严而有理。体验教育师在要求学员时，要摆事实、讲道理，使得每一项的要求都有理有据。

（2）严而有度。体验教育师对学员的要求要适度、恰到好处。要根据学员的实际情况，对他们提出适度的要求，不同的学员，对他们的要求应该是不同的，否则学员就会反感、抗议。另外，体验教育师要从关心、爱护学员的角度出发，认真考虑每一项要求有可能产生的后果，以便做得恰到好处。

（3）严而有恒。对学员的要求必须始终一贯，坚持到底。体验教育师对学员的要求一旦提出，就必须坚持下去，不能朝令夕改、虎头蛇尾。只有这样才能使必要的要求得到落实。

（4）严而有方。在培训过程中，学员会出现各种各样的问题，体验教育师必须想办法促使学员自觉严格地要求自己，保证培训顺利进行。体验教育师要刚柔相济，寓刚于柔，才易于组织引导学员顺利、高效地完成培训。

（5）严而有情。体验教育师对学员的严格要求是出于对学员真诚的无限关爱，而不是一种冷酷无情的表现。只有这样，学员才能理解体验教育师的要求，心悦诚服地接受体验教育师的严格要求，并用这种要求约束自己的行为。

五、体验教育师的语言表达能力

体验教育培训更多的是以学员参与体验为主体，但也至少有 30% 的时间是培训师在说话。有时是讲解规则、模拟情景，有时是安全提醒、激励团队，有时是引导分享、总结提升。这些环节都将决定你所引导的培训最终能够达到什么高度，以及产生什么样的效果。授课演说技巧涉及材料组织、讲话时的音量和语调以及与肢体语言的配合等，还涉及运用声、光、电等加强效果的辅助工具。体验教育师语言表达主要包括以下几个方面：

1. 脱口而讲，避免死记硬背

“说”而不是背诵，这是非常重要的一点。两者的差别是，前者是娓娓道来，非常自然，会根据学员的反应进行停顿、重复、强调或更改表达方式，是以学员为中心的；后者是程式化的、以背诵人为中心的，按照某一种节奏基本无变化的将要背诵的内容讲完。很明显，背诵会让学员觉得不自然，而且受到忽视，不利于建立互动的学习氛围。

2. 措辞简洁，步骤条理清楚

尽量使用日常用语和措辞，而不是书面用语，尽量不要使用那些容易引起误解的、含义模糊的词汇。要考虑学员听众的需要，而不是体验教育师自己的习惯。在项目实操时，一般讲解的次序是先模拟情境、项目整体介绍，然后说明项目操作具体规则和要求。在介绍项目规则时一定要条理清晰、简洁易懂，并尽可能减少歧义。在项目总结点评时，要思路清晰，承上启下。如果要从一个观点转换到另一个观点，必须使用承上启下的过渡语，否则学员就可能无法清楚地了解你的逻辑，从而达不到帮助学员素质提升的目的。

3. 生动有趣，能够吸引学员

即使是必须表述枯燥的材料，也尽量让表述的方式生动一些。讲道理不如讲故事，讲别人的故事不如讲自己的故事。体验教育师在平常应注意积累，经常整理自己的“培训工具箱”，掌握一些经典的案例、故事。体验教育师在分享点评的时候尽量不要长篇大论地讲道理，用一些比喻或者现实的例子，更能吸引学员的注意力。

4. 声音洪亮，配合语调手势

在培训中，培训师说话的音高仅仅能让全体参与者听到是不足够的，要在此基础上再稍高一些，但不需要用你的最高音区，这样才能让你的声音保持适度的激情。至于声音饱满，是指发音共鸣良好，平时可以花一些时间做一些有助于打开人体发音所需的 3 个共鸣腔——鼻腔、胸腔和腹腔的练习。语调要生动而富有变化,手势要自然而得体,这一切主要是为了在准确地传达你要表达的内容的同时,还能够准确传递你的情感。语调和手势所体现的传达效果,几乎与要传达的内容信息同样重要。

5. 形式多样,声光电辅助

体验教育师很多时候是在为学员营造一个良好的团队学习氛围,如果在某些特定环境下可以有效地运用音乐、灯光、视觉辅助等技术,可以让你的课程更加生动,并能深入人心,给学员留下更深刻、持久的印象。

六、体验教育师自我提升能力的方式

作为体验教育工作者,自身的学习提升非常重要。体验教育师想胜任工作,在教育培训中做到胸有成竹,游刃有余,就必须要树立勤奋、刻苦、好学的态度,不断汲取知识的营养,提升自己,打造深厚的知识功底,成为行业的杰出专家型人才。

1. 多读书

书籍是人类进步的阶梯,是汲取知识营养的源头,也是个人成长的阶梯。目前社会上关于体验教育培训的书籍越来越多,根据自身的实际,制订出学习计划,定期给自己充电。在学习过程中也要注意将博览与精读相结合,博览可涉猎广泛,是为了扩大知识面;精读则需要围绕培训项目选择相关书籍,是为了开发、设计、讲授更专业的培训课程。

2. 多观摩

随着体验教育行业在国内的发展,越来越多的从业者不仅勤奋战斗在第一线,还把自己多年来的教育培训经验不断总结,形成了自己独到的见解。因此,作为体验教育工作者要寻找各种机会多听课,多观摩。只有博采众长,才可自成一家。多旁听同行的课,能够很直观地、有效地将他人之长吸取为己所用,从而站在巨人的肩膀上快捷成长。

3. 多练习

俗话讲,讲十次不如做一次。任何能力的提高都需要实践来推动,科学文化理论知识是基础,而将其付诸实践才是建筑。实践和理论的结合可产生质的飞跃,在用中学、在学中用的学用结合是提高体验教育教学能力和水平最有效的途径。

4. 多请教

“三人行,必有我师”,人人都有优点,都有己所不如之处,包括自己的培训对象也是如此。请教他人,更多地拜访与请教前辈、专家、高人是快速提高自身水平的有效途径。

5. 多思考

体验教育培训没有固定模式,也没有一成不变的方法,主要是在实践中不断创新,不断改进。在学习中,不要轻易否定他人的做法和模式,而是通过思考找出好的东西来学习,变为自己的知识财富,不合适或不正确的则加以改进。对自己组织教育培训的经历定期进行回顾总结,分析成败得失,不断改进和创新教学内容和方法,形成自己独特的授课特色和风格。

6. 多实践

体验教育与传统的课堂教学有着很大的区别。作为体验教育师,首先不能拿着教案在培训现场照本宣讲，而且很多时候还需要培训师临场发挥，随时变通处理各种情况。因此要作一个称职的体验教育师必须要有相当的实际组织授课的经验，有相应的大量带队经历和培训案例作基础。这就要求体验教育师在培训的实施过程中，决不可闭门造车，而应经常参加一些培训实践和观摩，打好体验教育培训基本功。

七、体验教育师执业标准

长期以来，我国的体验教育培训行业对体验教育师的基本执业标准没有一个规范的、系统、权威的体系和评价机制。这使得体验教育行业的发展远远落后于那些发展较快的欧美国家和我国港澳台地区。这种情况不仅对体验教育师个人成长带来非常不利的影响，同时也对行业的发展起到了阻碍作用。为了有效地解决这个问题，2014 年由当时的国内第一个行业沙龙性组织“中国体验教育联盟”，在国内体验教育行业以自律公约的形式向社会发布了《体验教育师执业标准规范》。在此基础上，2015 年 10 月中关村体验教育培训科技协会在成立半年后，以协会正式行文的形式，在国内行业推广发布了《体验教育师执业规范试行标准》（见本教材附录一），从而对规范行业发展，促进我国体验教育师岗位技能培训起到了积极的推动作用。

该标准对体验教育师执业设置了三个等级，分别为初级体验教育师、中级体验教育师和高级体验教育师。执业学制为自主学习和集中面授培训结合。体验教育师执业规范标准考核方法采取理论知识考试和能力操作考核相结合的方式进行，理论考核采用闭卷方式进行，能力操作考核采取现场实际操作和模拟操作等方式进行。理论考核和能力操作考核均实行百分制，成绩皆达 60 分以上者为合格。成绩合格者可取得国内权威行业机构颁发的岗位能力培训证书，作为用人单位对持证人任用、考核、聘用和能力评价的依据。

第三章

体验教育培训组织管理

第一节　体验教育培训课程分类

体验教育培训课程分类目前国内尚无统一标准。工作实践中,不同的讲师也会按照自己的习惯标准进行分类。在不同的地区,也会依照当地大家约定的习惯性标准进行分类。但大体上目前体验教育培训课程分类有以下几个类型。

一、按照时间标准区分

(一) 系列课程

系列课程一般为 1 个月,最长的为 3 个月。课程一般由一到几个主题决定,内容也相对丰富,由几个不同的模块组成,其中包括体能训练、安全教育、识图定向、攀岩、沿绳下降(速降)、远足、马拉松、溯溪、泛舟、扎营、救护、野外生存,以及对社区服务与环保行动等活动。这种课程在国外开展较好,资金主要来源于基金赞助,学员自筹部分资金,课程主要针对青少年学员。

近几年有些公司组织开发的"重走长征路""戈壁挑战""茶马古道""玄奘之路""万水千山""七剑下天山""沙漠掘金""青少年野营大会"等活动也不失为一种较好的尝试。

(二) 体验课程

体验课程一般为 3~5 天,但实际操作中,2 天左右的课程更多,这主要是不少机构利用周六、周日两天休息日组织培训活动的缘故。近年来随着社会节奏的不断加快,不少单位要求安排一天的课程进行培训。活动内容往往只选择大课程的部分体验项目进行实施,或者以培训营地的设施条件设置项目内容。但这种一天左右的体验培训课程,往往是以体验娱乐为主的项目,培训效果和质量会受到较大的影响。

体验课程能让学员保持更大的激情,特别适用于企业团队文化培育和团建活动等。如果将野外体验活动与场地体验拓展的活动相结合,往往能取得更好的效果,而且也便于操作。目前国内大多数体验教育培训机构具备这种能力。

在我国现在最流行的体验教育培训以两天一晚的课程为主。这种课程主要是在体验教育培训固定场地、综合实践基地或专业培训基地进行。主要是以高空、场地、地面等体验项目为主,同时结合融入一些热身、破冰、充能和室内培训的项目,组织形式主要是通过个人挑战、团建活动、潜能激发、熔炼团队等完成。

(三) 团康活动

从字面上理解团康活动就是团体康乐,是使人身体健康、心情愉快的活动,是一种借由群体活动过程,依照群体的反应与合作展现团队的精神风貌,对参与者进行寓教于乐的康乐活动。它突出的特点:一是相对规模大,人数较多;二是活动主题单一;三是活动时间比较短;四是更多注重场面和氛围的营造。

团康活动可说是一种体验教育培训的辅助活动,时间一般以半天到一天居多,也有两三个小时的。内容安排上多以团队游戏和比赛 PK 的形式进行,常常运用于业务单位早会、一般活动的举办或企业形象的打造等。在运作过程中,经由活泼的活动内容及伙伴参与自我训练的方式,来获得身心健康、守纪、服从、自动自发、增进群体性意识、促进团体合作与公平竞争、认同团队共同愿景与文化的良好效果。

二、按照项目风险区分

这种分类来自客户对体验培训安全的考虑和承办机构内部自我安全管控的需求。

(一) 微风险的室内课程

主要包括传统的课堂教学,体验教育培训中的前期引导、开营、毕营等课程环节。近年来,随着体验教育行业的发展,培训的内容和项目日益增多,如近些年比较时尚的桌游项目、沙盘模拟、情景教育等,这些课程的实施大多可以在室内组织进行,属于微风险类的体验课程。

(二) 低风险的地面课程

户外场地的开营破冰,热身活动,团队建设,以及穿插活动过程中的充能游戏和热身破冰项目等,都属于低风险的地面课程。此外一般徒手类的体验教育培训项目,如“大风吹”“千手观音”等也属于低风险的地面课程。

(三) 有风险的场地课程

这类课程通常在地面组织,但大多要用到一些特制的道具和简单的辅助器材,如果不加以防控,会出现各种安全问题。因而这些类型的体验培训活动则归类为有风险的场地课程。如大量以团队体验挑战为主的室外场地项目活动,如盲人方阵、模拟电网、数字传递、挑战150、有轨电车等。

(四) 中风险的户外课程

主要指在团队的共同参与下,以激发个人潜能,挑战与战胜困难的项目,尤其是对个体心理冲击较大的项目，如信任背摔、高空断桥、天梯、空中单杠、合力桥、求生墙、大摆荡等。

（五）高风险的挑战课程

主要指团队或个人参与的极限挑战类体验项目，如高空溜索、洞穴探险、自然崖壁攀登、高山攀登体验、野外生存等。

三、按照场地器材区分

（一）场地体验课程

主要包括多种以自我认知、创新思维、人际合作、情感陶冶、熔炼团队、提高学习或管理水平等为目的、使用高度在四米以下辅助器材的体验项目，包括信任背摔、生死电网、拆核弹、勇过沼泽、冰海沉船、盲人方阵等上百个体验教育培训项目。

（二）中空综合体验课程

中空综合体验项目是近几年社会上推出的一项高低空结合、体验教育培训与体验娱乐相结合的系列组合体验项目，特别符合团队高空体验项目前的热身体验和青少年素质教育活动使用。其特点是拓展中体验娱乐，娱乐中感悟收获，既有挑战性，又具娱乐性，可以满足不同层次人员的团队拓展体验活动需求。

（三）高空挑战课程

即使用高度六米以上辅助器材的体验项目，如高空断桥、高空平衡木、空中相依、高空单杠、巨人梯、泸定桥、高空绳网、悬崖绝壁、风雨彩虹等挑战项目。

（四）攀岩速降课程

攀岩分为自然岩壁攀登和人工攀岩。出于安全和国情考虑，目前大多培训场地设置的是人工攀岩。人工攀岩，即是一种“人造的攀登结构”。每个人工岩场经过专业工程师计算分析后，既能将所有攀登运动的可能性发挥到极致，也能将所有的危险性降低到最小。换句话说，人工岩场模拟了天然岩石环境之多样性与变化度，同时通过工程力学分析，将所有天然环境中的不确定因素与危险因素排除，进而形成一个可控制的人造环境，提供给攀登者一个安全无险的攀登空间。目前，大多数体验教育营地将攀岩作为场地的主要体验挑战项目设置。

（五）野外体验课程

以野外自然、原始环境为主，以探索、体验、团队历炼等作为培训内容，如沙漠穿越、速降、露营、救援行动、扎竹筏、漂流、星空静思、篝火晚会、荒岛寻宝等。

（六）定向越野课程

定向运动诞生于瑞典，现已风靡全球。它是一种借助地图和指北针，按照规定的方向，自己选择行进路线，到访各个目标的户外运动，它也是一种体力与智力相结合的体验活动。定向越野运动原本是一项极富群众性、趣味性、知识性、竞争性和有军事意义的新型户外运动，通过运动能使人回归自然、锻炼体力与智力、磨炼意志、团结协作和提高决策能力。近年来，不少机构将定向运动与体验教育培训相结合，把体验教育培训中的一些相关项目穿插在定向寻点的过程中，既增加了活动的趣味性、降低了比赛的个人竞技特性，又植入了教育培训功能，是一个易于组织、推广、普及的课程项目。

（七）水上体验课程

水上体验课程一般是指利用水面上架设的各种器材来开展的拓展体验活动项目，是体验教育培训项目中一个重要的组成部分。它的特点：一是体验与培训兼用，既可以作为营地的娱乐体验景观项目，又可以作为体验教育培训活动项目；二是操作方便，安全可靠；三是适应了人类特有的亲水性，特别是夏季，组织水上体验课程深受参与者的喜爱。

（八）青少年综合实践课程

青少年综合实践课程是按照教育部要求，各个营地设置的学生综合素质教育课程，是锻炼青少年身体和心理健康的一项实践活动。综合实践课程在总结国内外青少年素质拓展经验的基础上，按照教育部青少年综合实践活动指南要求，经过国内体验教育培训专家、心理学专家和户外拓展基地设计建设专家反复研究、试验而推出的一套青少年素质拓展系列课程。活动可通过攀、爬、跳、钻、跨、平衡、机灵、耐力等户外训练，培养青少年的团队精神、勇敢顽强的意志力、勇于进取精神、克服困难和战胜困难的信心；同时能锻炼身体，加强青少年上肢手臂力量和腿部弹跳力，强化手脚协调，身体平衡控制能力及敏捷反应；让青少年在活动中尽情发挥自己的天性，勇敢前进走完全程，让他们在快乐中得到锻炼，是加强青少年素质教育的一个有效活动途径。

（九）丛林生态穿越课程

丛林生态穿越体验课程是一项健康而又时尚的绿色户外活动。此活动起源于欧洲，至今已经有十多年的发展历程，并逐渐成为一种引领户外休闲的新时尚。目前这项活动刚刚在国内起步，参与丛林穿越活动已成为一种时尚的象征。它通过在丛林间设置并搭建各种难易不同、风格迥异、超强刺激的关卡课程，让学员体验在丛林间穿越与空中行走的快感，感受树上攀爬与绿色自然的熏陶。丛林穿越体验课程开创了一种全新的户外体验活动方式。丛林穿越还赋予了参与者敢于挑战自我、热爱大自然、追求低碳出行、回归自我、回归本能、健康开放的体验收获，同时通过体验活动能够培养参与者的体能与胆量、激发潜能、展现人的勇敢和机智，让参与者在喧闹的城市中尽情体验树上探险、拥抱绿色、回归自然的同时，挑战自我的心理极限。

（十）沙盘模拟情景课程

沙盘模拟课程源于军事沙盘应用，主要应用形象直观的沙盘教具，融入教育培训的理念，每个成员在活动中扮演特定的角色，全真模拟某个项目或某个企业运营的全过程。而后通过回顾分享，分析得失，达到培养正确制定企业决策、企业战略目标的目的。沙盘模拟课程运用到体验教育培训中，是近几年出现的情况，如行业中流行的“沙漠掘金”为众多的培训机构应用。

（十一）研学实践活动

2016 年 11 月 30 日，教育部、国家发展改革委、公安部、财政部、交通运输部、文化部、食品药品监管总局、国家旅游局、保监会、共青团中央、中国铁路总公司 11 个部门下发了《关于推进中小学生研学旅行的意见》（教基一[2016]8 号）文件（以下简称《意见》）。并提出研学旅行将纳入中小学教育教学计划，加强研学旅行基地建设，规范研学旅行组织管理，建立经费筹措机制，建立安全责任体系等一系列具体要求。《意见》还提出了开展研学旅行的“教育性原则、实践性原则、安全性原则、公益性原则”四条基本原则，为各地组织开展研学旅行提供了基本依据。

《意见》的发布，标志着研学旅行、营地教育在中小学生成长教育中的重要作用已经得到国家和政府的高度重视，推进中小学生研学旅行，让他们在旅行途中和营地教育过程中健康快乐成长已经成为中小学教育的重要课题，研学旅行、营地教育将成为解决国内青少年成长及教育问题的重要途径。

相对于学校教育和家庭教育而言，通过研学旅行、营地教育这样的社会教育模式，将旅游、学习、亲子互动和生活体验整合在一起，帮助提升学生的创新能力、社会责任感、科学技术普及、文艺体育培养、劳动技能锻炼、习惯养成等方面发挥着重要作用。

研学旅行是由学校根据区域特色、学生年龄特点和各学科教学内容需要，组织学生通过集体旅行、集中食宿的方式走出校园，在与平常不同的生活中拓展视野、丰富知识，加深与自然和文化的亲近感，增加对集体生活方式和社会公共道德的体验，研学旅行可以提升中小学生的自理能力、创新精神和实践能力。研学旅行是以中小学生为主体对象，以集体旅行生活为载体，以提升学生素质为教学目的，依托旅游景区、各类场馆、营地等社会资源，进行体验式教育和研究性学习的一种教育活动。

研学旅行与旅游有着本质的区别。首先研学旅行属于教育活动的范畴，它以促进青少年健康成长为最终目的，而一般的旅游很难具备教育活动的功能和意义；其次从行程安排上来说，研学旅行是学习和观光并重，即便是普通的景点参观，研学旅行也是带着问题进行参观考察，把关注青少年的成长贯穿研学旅行全程；此外从研学旅行在国内外的发展历史和现状来看，它不是单纯的校外活动，因具有团体性、丰富性、体验性和娱乐性而成为学校和家庭教育的有益补充，是实施素质教育的重要载体。

四、按照培训目的区分

这也是国内体验教育培训机构在与客户沟通时常用的一种分类形式,这种分类简单直接,直指体验教育培训的目的诉求,可以让客户更加清楚地了解体验教育培训给参与人员带来的效果。通常的分类如下:团队建设课程、潜能开发课程、团队沟通课程、个人激励课程、企业文化植入课程、创新创业课程、体验旅游课程、年会拓展课程、娱乐体验课程、创新思维课程、调适心态课程、情绪解压课程等。

五、按照学员不同职业特点区分

根据参加培训不同的学员职业特点区分课程,也是时下分类常用的一种形式。如新员工融入体验培训课程、儒商体验课程、销售人员绩效提升课程、成人拓展体验课程、学生素质拓展课程、公务员体验培训课程、家庭亲子课程、大学生职业规划课程等。

总之,以上众多的体验教育培训课程分类,还不能全部囊括目前体验教育培训项目的所有分类。实践中究竟用哪一种分类更为合适,这要看具体在哪个方面应用和从业者个人的习惯。但不管是哪一种分类,都不存在哪个好哪个坏的问题,只是分类方式的标准不一样而已。随着社会的发展,体验教育培训器材也在不断创新,体验教育培训形式也会不断改进,有些项目的分类同一个标准也不具有同一性。目前就国内来讲,大多数体验教育培训机构和参训单位,在教育培训过程中以场地和培训目的的分类应用比较广泛。体验教育师可根据实际情况选择适合自己的分类方法加以应用。

第二节 体验教育培训前期策划

与其他形式的培训一样,体验教育培训课程的组织实施是一项系统工程,也是一项复杂工程。体验教育培训整体效果的好坏,与课程前期策划各个环节息息相关。因此作为体验教育工作者,在组织实施课程前需要进行认真做好设计和准备工作,对其中的细节需要逐一与学习者实际情况相结合分析设计,最大程度地满足学习者的培训需求。在体验教育培训的初期筹划阶段,必须做好以下准备工作:

一、收集分析培训需求

俗话讲,“知己知彼,百战百胜”。要想把体验教育培训课程做好,培训前期调查是不可缺少的环节。前期调查主要是了解客户的基本状况,学习者的年龄、性别、学历、从事工种以及工作状况、人生态度、身体状况等。方法可以采取电话沟通、走访、问卷调查等,具体可参考表 3-1。

表 3-1　参训机构前期资料调查表

公司名称					
公司概况					
培训对象	□新人融入　□合作伙伴　□管理团队　□ 营销队伍　□全体员工				
受训目标	□超越自我　□熔炼团队　□释放潜能　□创新动力　□心态调试 □挑战极限　□领袖才能　□互动测试　□忠诚建设　□进取精神				
单位性质	□国有企业　□合资企业　□政府机关　□私有企业 □外商独资企业　□股份制企业　□学校、社会团体　□ 其他				
联系人		部门		职务	
通信地址				邮编	
固定电话		移动电话		传真	
学员基本情况	□高层管理人员　□中层管理人员　□普通员工　□ 其他				
职业类别	□行政　□技术　□管理　□市场　□服务　□其他				
学历构成	□研究生以上　□本科　□专科　□高中　□其他				
训练人数		男队员		女队员	
年龄构成	□20～30 岁　□30～35 岁　□35～45 岁　□45 岁以上				
贵公司的企业文化、经营理念(请附公司简介):					
贵公司的参训队员在工作中普遍存在或关心的问题:					
贵公司曾参加过哪些类型的培训及效果如何:					
现阶段贵公司在员工管理方面的主要目标或亟须解决的问题:					
贵公司如何看待团队建设和员工积极进取精神:					

了解学习者的工作状况和人生态度,可以分析学员缺乏的素质是什么,以此作为活动设计的基础和依据。了解学习者的身体状况是基于活动风险值的考虑,具有严重病史或特殊情况(怀孕、恐高症等)的学习者将被劝阻参与高风险的项目活动。了解活动资料:一是确保对活动的规则、步骤、安全事项明悉;二是在培训过程中,紧紧围绕客户要解决的实际问题,结合客户单位和学员特点,有针对性地开展培训活动;三是脑内储存备用的活动资料,以备不时之需,时间充裕临时增加活动是一项风险决定,如果脑内有大量活动的储存,就不会造成遗憾。

在更多的情况下,为了保证教育培训效果和质量,精准了解参训人员的情况,做到有的放矢,有些机构还会在对单位调查了解的基础上,对参加培训的学员个体也会进行调查了解,参见表 3-2。以取得第一手资料,设计针对性课程。

表 3-2 参训学员个人资料信息表

姓名		性别		民族	
身份证号		年龄		婚否	□未 □已
工作单位		所属部门		职务	
联系方式	办公电话		手机		
	住宅电话		电子邮箱		
教育程度	□高中 □大专 □本科 □硕士及以上				
身体状况	□良好 □一般 □较差 □病患				
既往病史	□心脏病 □高血压 □过敏 □其他( )				
病患状况	□治疗期 □稳定期 □康复期 □无				
培训经历	参加次数		培训目标		
	举办单位		培训日期		
	主要课程		培训效果		
本人声明	1. 本人以上所填内容属实。 2. 本人无任何理由拒绝参加相关项目训练。 3. 本人严格遵守体验培训的规章制度,并服从工作人员指导。 4. 本人健康状况良好,没有不适合训练的状况。 5. 本人负责承担因以上资料不符而产生的一切后果。				
参训人员签名			日期	年 月 日	

二、明确客户培训目的

明确培训目的是做好体验教育培训活动前期准备工作的基础。体验教育师可以用填表形式或电话沟通以及微信、邮件等形式征求学习者的意愿,了解客户的培训需求。不管用什么形式,都要保证对客户培训的需求形成文字记录,这样有利于以后出现情况加以解决。

一般而言,体验教育培训的目标可分为以下几种:① 团康团建活动;② 企业凝聚增强;③ 自信潜能激励;④ 创新思维模式;⑤ 领导力的提升;⑥ 执行力的强化;⑦ 综合素质提升;⑧ 沟通能力培养;⑨ 协作配合培训;⑩ 企业文化植入。

以上所列类型,并不是实际体验教育培训中所有的培训目标,具体实践中要多与客户沟通确认。另一方面,每次培训也不一定只有一个培训目标,很多情况下在组织一次体验培训中,客户往往会提出多个目标需求,但必须明确的是,不管客户提出几个培训目标需求,一次培训必须要突出一个主题。有些客户在培训前期沟通中没有明确提出自己的目标需求,可能是对体验教育培训本身不太了解,也有可能是对本单位内部面临的问题还没有理出头绪,这时体验教育师有责任根据前期调查了解的情况帮助客户确定培训主题，并围绕主题策划培训方案。

三、合理调配实施时间

体验教育培训活动中的时间分配主要是以活动组织和回顾分享时间为主，而组织活动所用的时间占了较大的比例，因此，要注意这两者时间分配的协调性，以免降低培训的有效性。安排活动时应当注意选择与实际工作、生活紧密联系的体验项目，或者是具有较强现实教育意义的体验项目，可适当延长分享时间，以便增强体验项目活动的教育意义。如果分享的内容更多倾向于理论，分享时间应控制在10分钟以内。

一般情况下，体验教育培训时间的大致分配比例为：开营破冰及毕营活动占20%，项目体验组织实施占50%；引导分享占30%。实际操作中，由于地域的差异、体验教育培训讲师个人的风格习惯，各项比例会不一样，有时为了突出效果，分享的时间会用得多一些。总之，在确保参训学员培训效果和质量的前提下，各个环节的时间比例可以灵活掌握。

四、选择体验教育项目

在体验教育培训中，有众多不同类型和主题的培训项目可供选择。在有限的时间里，选择什么样的体验教育培训项目能够收到最大的培训效果，必须考虑这些活动是否有助于课程设计的主题和培训解决的主要问题，是否能创造有效的学习机会，活动方式是否能为人接受，活动的时机设置是否适宜等。

体验项目设计者最大的误区是主观化，依照自己的喜好选择活动项目。体验教育培训活动的基本原则是：活动与学习内容有关；使学习方式有趣生动；各项活动之间必须相互关联；活动设计者熟悉所选择的活动项目。对于时间较长的体验教育培训，则要注意搭配不同类型的活动形式，调节培训气氛，单一类型的活动易使人产生厌烦情绪。体验教育师在选择设计体验项目时可以依照以下程序进行：① 项目内容主题与培训主题相吻合；② 培训项目实用性强，便于操作；③ 培训项目的外延有发展的余地；④ 力求项目安全度在保障范围之内；⑤ 项目数量符合时间的安排；⑥ 项目的资料齐全，有详细的安全保护措施。

五、确定合适的体验教育场所

这里没有讲基地，而是讲场所，是因为在实际操作和实施过程中，不少体验教育培训并不一定是在户外的营地或基地进行。特别是随着行业的发展，体验教育培训的内涵和外延都大大扩展，可以讲，在任何合适的地方都可以组织教育培训的实施。当然，目前来看，在各类基地或营地组织实施培训的比例仍然占了大多数。因此我们仍以营地为主来讲述这个问题。

对于体验教育培训营地的选择，有时客户会提出自己的参考意见，一般情况下，如果不影响培训的效果，可以参考培训委托方所给的建议。体验教育培训营地由于条件不同，设施及培训项目器材也有区别。特别是不太熟悉的营地，一定要提前去进行实地考察。主要考察内容为：时间安排上有无冲突；体验教育培训器材是否齐全、安全、符合培训项目要求；各项活动保障有无问题等。如果时间较短的课程，选择距离为 1～2 个小时左右车程的营地比较合适，如果选择的培训营地较远，最好能够提前对行进路线和活动场地进行考察确认。具体参考标准见表 3-3。

表 3-3 体验教育培训户外营地选择参考标准

序号	项目标准	主要内容
1	安全保障	安全管理制度健全；高风险项目保护系统完善；项目器材经人性化处理；各项目器材安全质量由保险公司进行了承保；安全责任明确；营地管理人员配备整齐
2	规范标准	营地建设有标准依据；使用材料符合国家相关规格标准；专业人员进行项目设计和安装；经过质量管理体系、职业安全管理体系和环境管理体系认证
3	服务配套	营地设施能定期管理维护；软硬件服务配套；师资力量保证；项目齐全完善；接待能力达 300 人以上
4	设计科学	营地项目设置合理，结构科学；布局均衡，没有相互干涉；项目搭配协调
5	专业承建	营地建设属专业机构设计建设；营地建设档案资料齐全；器材项目经国家相关机构检测认证
6	品牌建设	营地整体设计美观实用；经过国家相关机构或行业协会挂牌认证；有组织大型活动的经历和经验；管理和培训人员持证上岗率达到 60% 以上；独具特色的创新项目

第三节 编制体验教育培训方案

编制体验教育培训方案，是体验教育培训组织实施前期工作中一个十分重要的环节，是体验教育培训管理核心所在。课程设计得好，培训成功就有了一半的保障。如何让体验教育培训课程设计得既实用、又出彩，这就要求我们要对体验教育培训的实施方案进行科学设计。

一、体验教育培训方案设计原则

设计培训方案是一个复杂的过程，在编制培训方案时要着重考虑好以下几个问题。

（一）以客户的要求目标为依据

体验教育师一定要明白，我们所做的所有教育培训，都是为客户服务的。满足客户需求是我们第一个必须考虑的问题。在设计培训方案时，无论选择场地，还是设置培训项目和流程，一定要以客户组织培训的目标为依据和出发点，离开了这一点，方案再精彩也只是一个形式。

（二）以改变学员心智模式为核心

体验教育的一个核心理念就是通过学员参与体验实践，反思感悟，引发个体行为模式和思维模式的改变，从而应用在工作、生活实践中。因此，在设计培训项目和活动流程时，一定要针对参训学员的状况，力求通过一系列的体验活动，让参训学员有所感悟，受到启迪，改变不合时宜的思维模式，进而引发行为模式的变化，达到培训预期的效果。

（三）以体验活动为主要形式

体验教育培训与传统教育的主要区别点就是先行而后知。因此，设计方案要把主要的环节和内容体现在体验和参与实践的过程中。如果大量地将培训内容设计为课堂教学，则会大大削弱体验式教育培训的效果和魅力。

（四）以教育培训效果为目标

一切以培训效果为目标，这是体验教育培训方案设计的出发点与落脚点。在确立培训主题的基础上，从增强效果出发，在环境布设、项目选择、道具的配备、氛围的营造等诸多方面进行精心选择和策划。注意避免千篇一律，既保证方案有自己的特色，又保证每一环节、每个流程、每一个项目都为实现目标起到助力催化作用。

（五）以安全保障为基础

安全是体验教育培训的生命线。没有安全保障的培训，是一个毫无价值的方案。因此，在设计策划培训方案时，我们要把安全作为基础和保障。营地选择要进行实地考察，器材要进行全面细致的检测，安全装备要经过专业机构检测认证，并亲自查验器材无损，安全保护人员要配备到位，安全措施要严谨细致，对管理人员、体验教育师要进行前期安全培训，等等。

二、体验教育培训方案设计模块

实践中，体验教育培训的实施方案，不同的机构有不同要求和基本依据，而设计培训方案的老师也会因不同的理念和风格采取不同的表现形式和内容。一般来说，作为一个体验教育培训的完整实施方案，应包括以下内容模块。

（一）培训背景介绍

这一部分主要是对体验教育培训的形式和主题内容进行背景介绍。对于初次组织培训的单位，也可以把体验教育基本内涵、形式、特色作以说明，以便让客户在了解培训方案前，了解体验教育这一新型教育培训方式。对于一些特色课程或主题突出鲜明的课程，在背景介绍时可以介绍课程主题的来历,社会需求、意义等。比如城市生存挑战课程,则可以直接介绍生存挑战的起源、发展,组织生存挑战活动的意义等。不管以什么样的形式和内容介绍培训活动的背景,都必须以简洁、通俗为原则,切忌长篇大论,喧宾夺主。

(二) 教育培训主题

教育培训主题是整个培训方案的核心和灵魂。很多情况下,方案的培训主题也可以是培训方案的标题。因此,选择设计主题时一定要简洁、鲜明、特点突出、新颖别致,一般一两句话即可。如“卓越领袖,赢在未来”,一看便知道这是高管人员体验培训课程;如某机构在做阿里巴巴客户培训课程时用“凝聚正能量,托起新希望”作主题;新入职员工培训时可以用“传递正能量,启航新征程”作主题;组织党员传统教育培训时可以用“传承红色基因,发挥模范作用”作主题,这样通过主题就可以达到吸引客户、达成合作的目的。

(三) 委托培训单位介绍

一般情况下在设计体验教育培训方案时,可以将委托培训方在方案中加以展示,一方面让委托方感觉组织机构的认真和专业,另一方面也可以让培训师在组织实施方案过程中加深对委托机构的了解掌握,以便在培训和引导分享时更加具有针对性和有效性。

(四) 参训人员情况

这一部分主要是将参训人员的基本情况进行分类展示,如男女比例、学历情况、职务情况、从业时间等,以便培训师在安排具体课程时作为参考。

(五) 培训效果预估

为了增加客户对方案的可信度和对培训效果的预知度,可以在方案中将团队通过培训获得的收获和效果,个人通过参加培训获得的收获和效果,用预先评估的形式告知客户或参训学员,一方面增加学员参加培训的期望值和主动性,另一方面也督促培训师按照预估的培训目标努力,争取兑现。

(六) 培训日程及内容介绍

这部分是方案的主体,是把整个培训流程选择的培训项目逐一加以介绍,如项目操作流程、实施时间、主要器材及道具、培训效果介绍等。从实践的情况看,因为不少客户和参训人员对体验教育并不是十分了解,通过对各个培训项目图文并茂的介绍,让客户更加系统而深入地了解培训方案内容,这部分内容也是体验教育师组织实施培训方案的基本依据。这部分内容编制得好,能让客户有一个很好的认同感。在设计项目组合时,特别需要注意处理好以下几点:

(1) 设置项目时每个项目都要围绕培训主题和效果;

(2) 体力消耗较多的项目与脑力心理调适的项目比例要适当,相互穿插,保持均衡;

(3) 个人挑战项目与团队熔炼项目比例科学,一般情况下,除非有特殊要求,个人挑战项目设计不超过项目总数的三分之一；

（4）地面、场地、高空体验项目配比适当。一般可按地面项目五分之一、场地项目五之三、高空项目五分之一的比例设置。当然如果客户或参训学员有特殊要求，或由于其他原因突出或增加其中某一项目类型时，可根据实际情况决定。

（5）切忌在设计安排培训项目时，将数个同类型形式或效果相同的项目放在一个方案里。

（七）师资介绍

将本次培训中安排的体验教育师资利用图片加文字的形式逐一进行介绍，既体现对客户的负责，也可展示培训机构的实力。

（八）承办机构介绍

承办机构的情况要在方案中加以展示。主要内容为机构名称、经营范围、资质荣誉、师资资源、经典案例和其他优势。既可增加承办机构的资信力与可信度，又可借此对本机构或个人的品牌进行宣传打造。

（九）安全保障

这一部分主要表述组织实施培训过程中准备采取的安全保障措施，比如选择安全实用的营地，配备随队医务人员，给每位参训学员申请体验教育培训意外伤害保险，每队配备专业安全人员等。需要强调的是，在安全保障这一部分，一定要把培训活动安全应急预案内容加上，如考虑到方案的美观性和整体性，也可以将安全应急预案作为方案的必备附件。

（十）收费标准

关于培训的费用一般会在方案中体现，也有费用单列的情况。预算费用可以用两种形式报价，一为全包价，即将培训中培训费、资料费、场地费、学员交通食宿费、保险费、服装费等全部内容包含在一起；另外一种就是裸报价，即只将培训费用一项报给客户，其余代购代支的其他费用则由客户自行负担解决，这样省去了在费用上的谈判。当然用哪一种合适，可根据具体情况和客户要求确定。

（十一）增值服务

为了获得客户的认可，很多机构会在方案中列出一些本机构与其他社会上同类机构相比更多的附加服务内容。比如有的赠送全套视频资料，免费为委托单位制作培训活动的宣传展板，免费提供培训服装，等等。这一部分内容可以在与同行的竞争中和招标活动中增加自身优势，同时也是展示机构实力的一部分。

（十二）温馨提示

要提前发给参训人员需要注意的事项。内容主要包括安全注意事项、衣着要求、培训纪律要求、自带物品提示等。

（十三）联系方式

将机构和负责人的联系方式附在方案中，便于参训机构进行沟通。

示例：

某电力公司员工体验教育培训活动方案

培养忠诚品质，打造卓越团队

——某国家电网供电分公司员工体验教育培训策划书

一、受训单位背景

将委托培训单位作一简要介绍，一方面帮助我们了解培训单位的企业文化、经营理念、基本状况等，另一方面也让委托机构知道组织机构对培训的重视程度。这一部分内容一般通过双方沟通或公司官网都可以找到。

二、培训承办单位

×××体验教育培训中心。

三、培训目的

开发个人潜能，调适心理状态，培养忠诚品质，打造卓越团队。

四、培训主题

培养忠诚品质，打造卓越团队。

五、培训形式

18～24 人为一队，每队在一位培训师的指导下进行培训。通过形式新颖、内容活泼的体验教育活动，以全新的体验参与方式，加强队员之间的沟通与交流，培养队员的团队意识，激发个人潜能，在融洽、欢快的气氛中调适心态，接受新理念，体验新挑战。

六、培训目标

1. 培养团队成员对企业的忠诚度，引导换位思考，提高默契及信任度，营造和谐融洽的组织氛围。

2. 认识自身潜能，克服心理惰性，培养员工视企业为家的理念，提高员工自主、自觉、自动、自创能力，为实现企业目标忠诚奉献。

3. 启发想象力与创造性，提高解决问题的能力。

4. 改善人际关系，学会关心他人，认知自我在企业中的角色定位，更融洽地与群体合作，爱岗敬业。

5. 促进员工内部的沟通与交流，形成从容有序、积极向上的工作风格。

6. 提高管理人员决策力、领导力、贯彻力；使机构组织面对各种变革与挑战时，更从容有序。

七、地点

×××素质体验教育基地

八、时间

20××年 5 月 28～29 日

九、服务内容

1. 培训师：全部由经过专业培训，持“体验教育师”岗位证书的教师执教。

2. 器材设备：全部使用国际权威安全机构（如UIAA、CE、ISO9002）认证的一流户外装备和品牌，并严格遵守器材的检查和更新制度。

3. 安全：整个培训过程设专职安全员伴随团队，并以专业的态度、专业的手段保证每一个细节的安全性，并承诺每一个安全保护都有备份方案。各个环节都有相应的应急预案。

4. 交通：由×××供电分公司负责抵达培训基地的往返交通。

5. 食宿：一早餐，三正餐，住宿一晚。

6. 课程设计：由体验教育培训专家针对参训人员情况进行专业课程设计，并随时根据客户意见进行解释、修正。

7. 保险：每人10万元的意外伤害险。

十、费用

（一）培训费用

团队体验教育培训课程培训两天，培训费包括以下内容：

1. 体验教育课程策划及项目组织实施，两天计：×××元/人；

2. 训练场地（35元/人/天）、器材使用（5元/人/天）、资料费（免）。两天计：80元/人；

3. 意外伤害险（赠送）10元/人/份；

4. 培训餐费（三正一早，40元/人/天，自助式），两天计：80元/人；

5. 交通：无；

6. 住宿，4~6人间，30元/人/天（或可选露营帐篷，25元/人/天）；

7. 会议室租用，800元/场，用于开营和闭营（亦可在室外进行）。

（二）付款方式

现金、支票或汇款。

（三）付款时间

培训前7天预付全款的70%，培训结束后当日付清全部费用。

十一、承办培训机构×××简介

本部分可将承办培训机构的企业文化、理念、荣誉资质和基本情况做逐一介绍，一是借机宣传机构，打造品牌，同时让客户更多地了解承办机构，以增强对本单位的认可度和信任感。

十二、×××体验教育培训中心成功案例

×××体验教育培训中心体验教育培训成功案例。

十三、组织体验教育培训应如何选择放心的培训公司

体验教育是一种越来越被人们推崇的时尚的培训方式，但目前市场上体验教育的从业者良莠不齐，给受训单位和人员带来了诸多烦恼。因此，如何选择守信、放心、水平高的培训公司，是保证培训效果不可忽略的重要因素。

第一，看培训的方案是否规范、内容充实丰富、项目齐全。

第二，看培训师有无进行过专业培训或者获取过相关岗位培训证书，是否具备必要的教育背景、工作经历和培训经验，是否有很强的带队能力和实操技能。

第三，看体验教育培训基地环境设施是否良好，有无安全保障。

第四，看体验教育的效果能否达到预期目的，能否对学员产生有效的指导意义或使学员受到心灵震撼。

第五，看提供的培训项目是否丰富，是否具有挑战性、新颖性和趣味性，有无自己的独创项目。

第六，看是否具备整套的训前调研、训中报告、训后跟踪服务体系。

第七，看培训单位有无组织大型团队体验教育培训成功案例的实操经验。

十四、×××体验教育培训中心师资介绍（略）

十五、体验教育培训的方法

体验教育培训过程采用“体验式教学”即“从实践中学习、在体验中成长、由感悟中超越”。这是培养积极的人生态度，表现出应有的处事技巧及行为的有力工具。在学习的过程中创造一个具有吸引力的环境，让参加者完全投入参与，从中学习和成长。

1. 计划：在户外自然环境和设计情景中，模拟现实生活中变幻复杂的困难和挑战，组员将以个人或团队面对这些富有挑战性的活动和考验。

2. 体验：个人和团队都将在专业导师的引导下，通过心理准备、策划、实践、互助互励、并肩扶持，经历一系列的身心和关系上的挑战。然而，没有一项活动是在你的能力范围以外。

3. 思考：在体验之后，组员将分享和检讨活动过程中的行为、态度、感受和结果，并将个人和团队的感性活动结合于工作、生活层面去认知和总结，以改善思维模式和行为习惯。

4. 应用：将学习中新的启示和体会应用于现实生活中。

十六、体验教育安全保障体系

1. 安全原则：体验教育过程中，参加人员的人身安全始终是各项体验教育的生命线。坚持“安全第一、预防为主”的工作方针，从根本上消除一切不安全的因素，杜绝安全事故的发生。

2. 安全目标：实现体验教育的安全目标，定位在绝对安全（100%），把安全意识培育成日常生活的一种方式、一种理念。

3. 安全保障构架：

（1）对参训人员进行安全意识的宣传；

（2）建立完善的安全技术保障体系；

（3）装备为经过国际权威认证的专业器械；

（4）为队员提供“活动纪律”；

（5）选派具有一定水准的培训师；

（6）严格按照科学的操作方法确保培训每个细节的安全性。

4. 科学的安全管理新方法

（1）高度警觉，精心根除一切不安全隐患；

（2）严格执行培训组织纪律，杜绝任何不安全行为和隐患；

（3）严密控制各种不利于安全的环境因素。

十七、课程安排

（课程安排可根据天气、人员等因素调整顺序）

培训课程安排表

时间	项目安排
第一天 07:30	◪ 乘坐专车前往基地
09:00	◪ 开营仪式:团队建设,破冰起航。团队热身,领导讲话、培训师授课、选队长、起队名、编队训、编队歌、进行团队展示。破冰活动项目:巨人椅,A to B,支援队长,智取手册。通过活动达到活跃气氛,打破僵局,迅速使学员之间打破陌生,消除隔阂,融入团队,提升学员情绪至巅峰状态
10:30	◪ 项目名称:闯英雄三关,做供电精英。这是亮剑自创的一个体验教育项目组合,主要活动内容为动力火车、印度飞毯、无敌风火轮三个项目。目的是培养学员忠诚团队、忠诚企业、进行自我在企业中的角色定位,引导参与者主动参与,主动投入,岗位奉献,团队协作,创新工作。学会自主解决工作、生活中遇到的各种困难和问题,提升员工综合素质
11:50	午餐
13:30	◪ 个人挑战项目:断桥(个人挑战项目)。培养员工在遇到困难时,敢于接受挑战,勇于战胜自我,用积极思考代替消极思考,激发自我潜能;引导员工对心理舒适区的认知;启迪员工跨出人生中最艰难的一步,让受训者刻骨铭心;锻炼员工强大的团队凝聚力和优秀的合作能力技巧,明确和认同组织目标,形成从容有序的团队运作风格
15:30	◪ 团队协作项目:越障(团队协作项目)。借助四根杆子,全体队员翻越过两米高的障碍,使员工感受到“集体智慧,集体力量,熔炼团队”的含义;体会到合作的重要性,细节的重要性,计划的重要性,从而培养团结一致,用心工作,密切配合,战胜困难的精神
17:00	◪ 项目名称:智拆核弹头(团队协作创新)。提高学员组织、沟通和协作的能力与技巧,团队领导的决策艺术和技巧;让学员认识到为了大局利益和长远目标,作为员工对团队的忠诚、奉献和牺牲个人利益是非常必要的;学会人力资源和时间的合理分配和运用;培养学员完成任务良好的计划性和条理性;培养集体荣誉感和为团队勇于奉献的精神
18:00	晚餐
19:30	◪ 晚间课程:感悟体验课程(三项),你我他 DS 按摩、相依共舞、风雨人生路。 1. 员工个人体验分享:让员工在欢乐愉快的环境中,充分放开自我,展现自我风采,释放心理压力。 2. 爱心忠诚诱导:在朦胧烛光中,伴随着《感恩的心》乐曲,静穆、空灵的环境中,听一个催人泪下的故事,大家手牵着手,走一段让你永远难忘的心灵之旅。让学员感悟关爱,唤醒学员对某某供电分公司、对自己亲人、对周围朋友的感恩之情,感激之情,使心灵受到震撼、净化和冲击;有效提高员工对企业的忠诚度
21:30	自由活动,休息

续表

时间	项目安排
第二天 06:30	◪ 晨练项目(二项):大风吹、螃蟹拳。让学员了解市场经济的游戏规则,增强自信,学会竞争;懂得“今天工作不努力,明天努力找工作”的道理。
07:00	洗漱,早餐
08:00	◪ 项目名称:追求卓越、努力超越,再创供电辉煌。活动按照“定向运动原理”,根据真实化模拟方式组织实施,以小组为单位利用指北针,按照地图上所标的各点,在身处陌生环境,面对复杂局势的情况下,依据简单的线索与工具,用最短的时间制定行动方案,并克服困难达到目标,取得成功。活动融体验教育、野战游戏和定向运动为一体,具有鲜明的体验化、趣味化、高端化、野战化特点,是一堂内容充实、针对性强、趣味盎然、效果卓著的野战体验教育课程。 简要流程:(1) 受领任务,取得信息图板;(2) 每组队员将脚踝部绑在一起,共同行进完成“同舟共济”课程;(3) 按照通关令,完成“打开心扉”课程;(4) 组员依指令分别寻找藏宝,完成“追求卓越　努力超越”课程;(5) 以小组为单位,完成“高屋建瓴”课程;(6) 所有参与活动的员工到达终点后,将自己所带的信息图板,贴到事先准备好的 KT 板上。全体参与者把信息板都贴上去的时候,KT 板上呈现的是企业 LOGO 图标;(7) 全体员工高举双手,将自己的“领袖”(单位带队的最高领导)按照潮起潮落的方式传递,把最后一块图标补上;(8) 所有人员在图板上郑重签上自己的名字,并按上大红手印。在主持人的引导下,大家相互拥抱,在 LOGO 图标周围转成一个大圈。然后合影,留下永恒的对企业忠诚承诺的瞬间
10:30	◪ 团队凝聚力项目:绝壁求生。开发创新思维,挑战自我潜能,体验胜利喜悦;培养团队的凝聚力,协作能力,集体创造力;增强全体成员同心协力,共同战胜困难的决心与信心;让大家懂得,某某供电分公司与我们每个员工都是一个不可分离的整体,个人的力量是有限的,只有大家共同努力,与企业荣辱与共,才能保证实现企业目标,才能保证实现每个员工的切身利益
11:30	◪ 项目名称:闭营仪式 1. 学员个人体验分享。 2. 培训师总结分享。 3. 颁发体验教育培训证书
12:00	午餐
13:00	结束返回

十八、学员须知

致参加体验教育培训学员的一封信

亲爱的学员:您好!

欢迎您参加×××承办的体验教育培训。为保证此次培训能够获得圆满成功,达到贵单位和您期望的培训效果,请您认真阅读以下内容并严格遵守:

（一）关于安全

我公司始终如一地将安全保障放在各项工作的首位。所有户外活动均经过精心的设计与实验，使用一流的专业器材。所有项目由富有经验的培训师严格依照安全程序指导，并监控活动的全过程，请您放心参训。

（二）关于培训时间

我们会严格按双方商定的培训时间进行培训，若因不可抗力（如恶劣天气、地震等自然灾害等）导致培训无法进行或延期，我公司会调整活动时间或以其他活动代替原有课程。

（三）学员应携带以下物品参训

1. 适合户外训练的运动装、运动鞋或其他方便活动的服装。

2. 根据自己身体健康状况，应随身配备相应药品。

3. 如遇夏季特殊天气，还应准备必要的防晒用品、防蚊虫叮咬药品、防中暑药品等。

（四）培训期间注意事项

1. 必须服从培训师及训练工作人员的管理；

2. 不准离开您所在的小组单独活动，如有困难或问题请向培训师或我公司训练工作人员请求帮助；

3. 培训中，您或您的队友身体如有不适，应及时向本队队长和培训师通报；

4. 有心脑血管、癫痫等疾病不适合参加培训的学员，应在培训前告知本单位管理人员或我公司培训师；

5. 严格遵守作息时间，禁止赌博、饮酒；

6. 培训场地禁止吸烟；

7. 请您爱护场地内的各项设施以及自然环境，注意森林防火，不要乱丢垃圾；

8. 为使培训不受影响，有携带亲属且亲属不参加训练的，应劝止亲属不要进入培训场地；

9. 凡不听从培训师及训练工作人员的管理致使自身受到损害的，应自行承担损害后果。

祝您的培训取得圆满成功！

十九、赠送项目

1. 含活动主题的欢迎横幅一条；

2. 活动单位企业文化与展板一块；

3. 体验教育期间每位学员的场地饮用水（每天 2 瓶）；

4. 保险费（专业意外保险，包括 10 万元人身意外伤害险、5 000 元的医疗保险）。

第四节　体验教育培训方案评估

体验教育培训方案设计完成后，还只是停留在方案层面，要真正成为体验教育培训活动实施的依据和脚本，还必须有一个环节不能忽略，那就是要组织相关人员对设计的方案进行可靠性评估。评估方案至少需要从以下三个方面进行。

一、培训方案的安全性评估

体验教育培训应该把安全保障作为最重要的关注点，并时刻保持警觉，以专业的手段保证每一个细节的绝对安全可靠。确保在实施过程中消除物的不安全状态、杜绝人的不安全行为、控制环境的不安全因素。

安全性评估要涉及方案中设计的所有体验项目和操作流程，对平时组织应用较少的项目要进行实地现场演练实验，所有培训项目的组织实施尽量使用合格专业并经过认证的器材。组织评估要由专业的工作人员进行；评估过程必须由机构领导亲自组织，并严格依照安全程序指导、监控评估全过程。

二、培训方案的可行性评估

体验教育培训除了要考虑安全性外，还要考虑可行性。实施方案的可行性评估主要包括三个方面的内容：

1. 评估预算成本的有效性

评估各项费用开支，验证培训经费预算是否能保证培训活动的顺利完成，如出现评估实际支出超出成本预算，则要考虑培训方案是否重新设计。

2. 评估培训投入和产出比例的协调性

把方案放在模拟实际中进行运营评估，验证可以达到方案设计效果的有效性。如果通过评估验证培训很难达到预期效果，就要与委托机构进行沟通，重新调整内容。如果不经过认真的效果评估就仓促上阵，可能会出现“培训活动中激动，回顾分享时感动，回到单位原地不动”的现象。这样客户就会感到这个钱花得不值得或是花了冤枉钱，会给后期培训工作和连续性培训带来麻烦。

3. 要评估设计的体验项目是否可行

任何体验教育培训都应该仔细选择体验活动项目，以便使体验活动项目经过操作后能收到事先设计的效果。一般来讲，体验活动项目本身并没有好坏之分，进行项目评估是为了验证设计项目的可行性。可行性评估主要有三个方面的对照因素：一是本次确定的带队老师是否有能力胜任设计的培训项目；二是在实施营地是否有器材或有条件操作实施设计的培训项目；三是设计的项目与参训学员的年龄、身份是否相适应。

三、培训方案的针对性评估

体验教育培训方案必须基于明确的目标和预期的结果。试想一下，如果一个团队在销售中存在害怕被拒绝的问题，这时候设计一个针对于此的项目，让受训人员在活动中树立起信心，并将这种信心转移到工作中去，此次培训就可以收到很好的效果。因此，要对体验教育培训的实施方案进行有关针对性的评估，具体标准如下：

（1）实施方案是否符合培训机构的企业文化？

（2）实施方案是否紧扣委托方的培训目的？

（3）实施方案是否以委托方参训学员的实际情况为出发点？

（4）实施方案能否达到委托方所预期的效果或目的？

第五节　体验教育培训前期的准备工作

设计策划有效的活动方案之后，紧接着需要进行的就是培训活动的前期准备工作。具体来说，需要准备的内容如下：

一、熟悉培训方案

对于体验教育师而言，无法对学员进行详尽的活动介绍是一件难堪的事情。因此要组织参与本次培训活动的体验教育师熟悉方案，学习掌握方案的基本内容。要熟悉培训时间分配、培训活动规则、培训活动步骤、培训中所需道具、设施、培训营地情况等。如果有条件和时间，可以组织体验教育师在学员到来之前亲自体验一下活动是最好的选择，让教练以受训者的身份演练活动可发现问题、思考解决的办法并验证其有效性。

二、组织操作演练

体验教育培训中，一般不允许带队老师现场拿着讲义照本宣科。这就要求体验教育师必须非常熟悉项目的布课内容及操作流程，对部分不熟悉的项目内容一定要提前进行自我演练和模拟操作，必要时还可以安排一个对体验教育培训不了解的人作为模拟学员，以检验自己的表述是否清晰易懂，如有问题要认真改进，直至获得满意的效果。

三、准备培训物资

培训中，除去在固定场所使用专业设施、器材装备之外，体验教育师需要准备好所有的培训活动道具物资。

第一，体验教育培训项目中使用的各种道具、工具包等物品，开、闭营使用的笔、本、刀、旗、旗杆、纸张、胶条、话筒、音响、音乐等。此外就是培训师个人的培训常用物品，如秒表、记录本、口哨、测量工具、标记笔等。一旦有所遗漏，中途需要时就会给正常的培训带来不良影响。对于易损坏、易丢失的道具应该准备好备用品以防意外情况的发生。

第二，准备好学员参加培训所需的物品，如参训手册，学员培训服装或分队彩色马甲，笔、本、户外储物袋等，要提前根据学员的情况做好准备。

第三，提前安排好交通工具和培训中的学员饮水保障等。

四、考察安全性

作为体验教育师，应该提前考察培训环境、场地及将要使用的培训器材，及时发现并排除培训中的安全隐患，为学员提供安全保障。安全性考察的主要内容有：从学员出发地到培训场地的交通情况；培训场地周边水、电、有害动植物、环境气候等情况；本次培训所有使用的器材，特别是高空类器材的使用情况；培训基地饮食卫生情况等。

五、确认培训师资

根据培训方案项目和客户的要求，选择配备方案实施的师资。选择师资首先要注意新老搭配，对于新上岗不久的体验教育师可采取新老合作带队或项目固定学员循环的方式进行安排，既考虑新人的实践成长，又要保证培训活动的正常效果；其次要选拔经过国家或行业协会专业培训并获取体验教育师相关证书的人员上岗；最后就是体验教育师的聘请应签订规范合同，并根据课程内容提前咨询本人的意见，提出相应的要求和规定。

六、签订培训协议

一定要在方案实施前，根据双方商定的方案和各自承担的责任，与委托方签署培训合作协议或合同。避免出现情况后无据可依。下面是一份通常情况下体验教育培训的合作协议模板，学员可自行参考。

示例：

体验教育培训合作协议

甲方：委托培训方

乙方：承办培训方

本着平等公平的原则，经甲乙双方协商，甲方自愿委托乙方为其员工组织体验教育培训。为保证培训效果和质量，明确双方的权利义务，双方就有关事项达成如下协议：

第一条 培训委托

1. 甲方拟参加乙方组织的体验教育培训，应事先向乙方详细了解咨询，乙方有义务全面介绍其培训服务项目和质量，并按规定在委托确认时签订本合同。

2. 甲方在委托参加乙方组织培训时，所有参加培训的学员须填写姓名、性别、身份证号码、住址、联络方式，到达场地的线路及出发时间，并按 70% 的比例交付定金或全部培训款。

3. 如乙方因故取消培训计划（不可抗拒的意外事故除外），甲方有权提出以下要求：

（1）要求乙方退还全部预付款；

(2) 要求乙方另行安排时间培训,并享受折扣待遇。

4. 如果甲方因故取消培训,乙方可从甲方预付培训款中扣除20%作为业务损失费(车辆预订费、作业预置费、食品预置费等)。

5. 在组织培训活动中,如遇大风、大雨、大雪等人力不可抗拒的特殊情况,乙方为确保安全有权取消任何一项活动项目或变更行程。若造成滞留,一切超出费用均由甲方自理。

6. 学员贵重物品请随身携带,如发生物品丢失,责任由本人承担。

第二条 内容与标准

1. 主要事项:

(1) 培训名称或主题:________________

(2) 培训时间:从________年____月____日至________年____月____日,共____日。

(3) 培训主要项目:____________

(4) 参训学员人数:____________

2. 师资配备:本次培训实施中,配备体验教育师____名,培训助教____名,安全员____名。

3. 培训费用:本合同培训费用总额为人民币大写:________(小写:________)。合同签订后3天内,甲方按照培训总额的70%作为预付款支付乙方。乙方收到预付款后开始组织培训的各种准备工作。培训活动结束后,甲方将其余培训费用的30%一次性支付乙方。

4. 甲方在培训中应服从乙方的统一安排和要求,乙方所提供的各项服务应符合有关国家标准和行业标准的规定。

5. 乙方在业务宣传手册、店堂告示及公开广告所刊载或规定的内容视为本合同的一部分,对乙方具有约束力。

第三条 违约责任

1. 乙方因故意或过失未达到与甲方合同规定的内容和标准而造成甲方直接经济损失的、乙方的服务未达到国家或行业规定的标准情况下须承担赔偿责任。

2. 甲方无故违反合同规定,对其自身的损失应责任自负,给乙方造成损失,应承担赔偿责任。

3. 在甲方预测有恶劣天气的情况下,必须提前两天向乙方提出延期培训计划,否则视为违约,因此给乙方造成的相关经济损失由甲方承担。

4. 在培训活动中,因甲方人员不听从乙方执教培训师的讲解和指挥,不认真阅读《安全要求》《环保要求》及《临时安全纪律》而造成的责任事故,由甲方承担。

5. 不承担违约责任的情形:

(1) 甲、乙方双方因不可抗力原因不能履行合同的,不承担赔偿责任,但应及时通知对方,并提供事故详情及不能履约的有关证明材料。

(2) 乙方在培训质量问题发生之前,已对培训质量和安全状况给予充分说明、提醒、劝诫、警告或事先说明,以及所发生的违约问题是非故意、非过失或无法预知或已采取了预防性措施的,应减轻或免除责任。

(3) 质量问题的发生是全部或部分由于甲方自身的过错。

(4) 质量问题发生后,乙方及时采取了善后处理措施。

第四条 争议的解决方式

1. 本合同在履行中如发生争议,双方应协商解决。协商不成,甲方可向管辖权行政管理部门提出赔偿请求,并甲、乙双方均可向法院起诉。

2. 本合同一式二份,合同双方各执一份,具有同等效力。

3. 本合同从签订之日起生效。

附件:《安全提示》《环保要求》《临时纪律与安全事项》,附件具有同等法律效力。

甲方:(盖章)	乙方:(盖章)
法定代表人:	法定代表人:
时间:	时间:

第六节 体验教育培训开营破冰

做好了所有体验教育培训的前期工作后,体验教育培训才可以正式开始。不论体验教育培训的场地设在哪里,不管活动的方式如何,体验教育培训都免不了一个重要的环节,即开营破冰仪式。

课程的启动和破冰,就像一场奥林匹克运动会盛大的开幕式一样,它会带给人狂热、欢呼、激动与向往。同样,参加体验教育培训的学员也需要关注项目的启动。通过组织开营活动,营造气氛,调整情绪,增强学员对参与培训活动的积极性;同时通过开营破冰,让参加培训活动的学员彼此认识和相互了解;对来自一个组织内部的学员来说,则需要通过开营活动建立平等、和谐、快乐的学习氛围,把大家从工作的状态中解脱出来,为下一步培训的顺利进行奠定良好基础。

开营破冰活动依照不同的地域或培训师的不同风格,形式也是多种多样。在国内并没有对开营破冰活动有一个统一的流程和标准。一般情况下,组织开营破冰可以按照以下流程进行。

一、准备阶段

(一) 课前会议

主训导师与培训师沟通学员的基本情况;确定培训流程和培训注意事项;进行培训师分工;强调安全注意事项及检查各项准备情况。

（二）课程前场地布置

室内场地准备：主训导师指导、协同培训助教准备好参训手册、学员座位、记录笔、课堂条幅及学员饮用水；整理检查所需活动器材是否齐备、完好；调试音响及配合活动所需要的背景音乐。

户外场地准备：确保器材按小组所需分箱装好，摆放在项目区域内，器材箱干净、整洁；雨天做好防雨工作；电源畅通、安全；绳索按项目要求挂好，保证绳索上方挂扣方向正确，锁扣闭合，有双备份，绳索垂吊合理，方便学员上下操作；辅助器材（铝合金梯、扁带、后备主锁、手套、助教用器材）确保到位，保证随用随取，不影响训练；现场急救包检查，确保有通信器材与 120 的联系畅通（医院电话）；场地器材登记表签署。

（三）接团

在提前确定的到达场地，由专人负责迎接受训人员的到来。受训人员（单位）的车辆进入预定候车点时，协助停放车辆，组织人员下车集合，培训师列队欢迎。

（四）组织入住（存放物品）

如属过夜团队，按照计划组织入住；若是当日培训团队，则组织参训人员将携带的背包等大件物品存放指定地点或车上。

（五）分组（分队）

按照 16～22 人为一组的原则，男女队员分别顺序报数，随机按照报同一数为一队的方法，对参训人员进行分组（分队），然后带往开营场地。当然，经验丰富的体验教育师会采取一些游戏的方法进行团队分组，如找朋友、拼报纸等，效果会更好。

（六）入场

由带队培训师将分好组的学员带入场地，在播放进场音乐背景下，以组为单位在开营场地站好。一般队形为条块形、U 字形或扇面形。

二、启动阶段

（一）开营致辞

怎样做好开营致辞，没有一个固定的程式。一般情况下我们可以通过自我介绍来开始一天的学习，也可以通过一个小活动、小游戏来开始。最重要的是让所有的学习者都参与进来。一般的做法是：在开营致辞里，告诉他们在这里将度过一段快乐、难忘的学习时光；询问他们来时的想法（来干什么），引出学习的目的，让学员明白，来到这里是为了学习、培训，从而打消学员的游乐心态。

（二）师资介绍

向学员介绍本次执教的体验教育师资团队。一般情况下会先从主训师开始介绍，然后介绍带队老师，之后介绍助教、安全员及工作人员。介绍时一般以名字、注解、单位，加祝福的方式进行。如果参与培训的老师较多或时间比较紧张时，只报名字介绍即可。

（三）介绍体验教育培训情况

实际上，多数学员来参加培训时并不了解体验教育培训的内容和方式，因此，在这里要向学员简要介绍体验教育培训情况，比如体验教育的起源、发展、特点，与传统教育比较有哪些不同点，体验教育具有的独特优势，在国内发展情况及未来发展趋势等。总之，体验教育介绍要按照简洁、通俗、明快的原则进行。既让大家对体验教育有个初步的了解，又不能长篇大论，变成理论授课。

三、热身破冰

这是体验教育开营仪式的主要组成部分，也是体现开营破冰环节效果的重点内容。一般可以采用游戏破冰，让学员们在一个个设计巧妙的游戏当中与队友熟悉；也可以采用自然式的破冰，就是让学员在规定时间内与队友交换姓名等相关的个人信息相互了解。破冰游戏同样可以运用于建立小组，如生肖排除、兔子舞、头脑操、握手一二三、进化论、巨人椅、欢乐拍、星球大战等，都可以作为开营破冰中的热身互动游戏。热身破冰游戏中，开始以个人项目为主，待团队情绪调动起来后，可转入以团队体验为主的热身活动。

四、团队组建

为了接下来的活动便于组织，体验教育师要适时引导参加培训的学员进行团队组建。团队组建一般根据参加学员的人数由现场培训师进行调整，通常情况下以 16~22 人一组为最佳，最多一般不超过 25 人，最少不少于 12 人，否则就会影响培训的效果和培训项目的正常进程。如遇学生团队或以体验娱乐为目标的团队，小组人数可以加大，但也不要超过 30 人。

团队组建时，主训老师必须向学员明确的问题：

（1）明确团队项目的特征。以小组为单位接受活动的考验，旨在增强团队内部协作能力，增强团队凝聚力；建立良好的沟通；增进团队成员之间的信任和默契；可以提高部分学员的领导、筹划能力。

（2）明确团队组建的要求，提出团队建设的内容。比如，选举队长、副队长、旗手、卫生员、安全员、宣传员、财务人员、记录员等；设计出自己的队徽；确定队歌；制定队呼口号。

（3）团队组建完毕，要由队长或组长组织进行团队风采展示。由主训师向各队队长授旗，并组织各队进行风采展示，根据各队表现，进行点评。

五、结束

开营仪式结束前,体验教育师要明确以下几点:

(1) 明确营规:明确培训期间的营规及要求。

(2) 宣读营训:由助教或学员代表领读培训期间的营训词。

(3) 合唱营歌:一般为《真心英雄》或其他适合的歌曲。

(4) 介绍日程:将培训活动的主要日程及培训内容简单向参训学员介绍,并给各队分配带队培训师和助教。

第七节　体验教育培训项目组织实施

体验教育培训项目具体实施,是体验教育培训中最精彩的环节,也是确保培训质量和效果最重要的基础,更是体验教育师展示自身风采的最好时机。一般情况下,体验教育培训项目的组织实施,由该机构专门负责培训的部门负责,由事先确定的体验教育师执教。

一、体验教育培训项目实施前的准备

从体验教育培训组织流程上讲,前期已做了大量的准备工作。当项目开始实施前,承担项目实施具体任务的部门和老师需要做好以下几项工作:

(一) 对体验教育培训项目内容进行实施评估

一般由主训老师组织,根据客户培训需求,培训场地的设施情况,参加人员的基本成分,以及天气条件等,对将要实施的第一个项目进行预告评估,将预先考虑到的可能出现的问题提前做好具有针对性、实用性的措施,确保一旦出现情况就能马上处理。

(二) 进行体验教育师执教分工

体验教育的选择分工直接影响到培训的效果。首先根据培训的规模、客户的要求、内容项目的难易程度选好施教老师。如人数较多或出于项目组织的需要,必要时可以从行业平台或合作单位以及其他大专院校临时聘请体验教育专职老师。进行体验教育师分工,一般由主训师现场随机确定,如有其他因素,则可以考虑提前确定好名单,现场公布。

(三) 设计项目实施统筹表

一个好的体验教育培训方案落实到培训项目的实际组织过程,并不是将原方案的项目照搬下来即可。实际上各个承办机构在培训项目实施前都要对各组的项目组织实施进行统筹安排,特别是人数较多时,不可能所有的人都同时去体验同一个项目。而是按照项目实施统筹计划,几个组同时展开,项目交替进行。这样避免了培训过程中因器材不够造成的冲突,保证培训整体有序进行。

(四) 项目培训道具或资料的准备

通常培训项目部应有自己的道具和资料。项目组织实施前,应对所有的培训项目道具和资料进行准备检查,到现场后分发给相应的带队老师或提前放置于项目实施的场地。

(五) 氛围的营造

体验教育培训的特殊性决定了其培训氛围的重要性。培训氛围的营造没有统一的规定和要求,但可以根据不同的条件和不同的场地进行布置。如准备一些相应的背景音乐,悬挂横幅标语,周边装饰彩旗,放置与体验教育有关的知识性、激励性、启发性的易拉宝,如有室内或晚间课程还可以设置一些灯光配合。总之,氛围的营造要本着节约、实用、热烈、醒目的原则进行。

(六) 个人准备

体验教育师受领任务后,首先要对自己组织的项目进行了解熟悉,特别是对不太熟悉的项目提前要进行演练,做到心中有数;其次要调适好自己的心态,放下所有与培训无关的东西,以热情饱满、积极向上、阳光自信的态度去与学员互动;再次要准备好一些常用的必备物品,如多功能小刀、绳索、哨子、眼镜、资料板、计时器材、防晒用品、急救药品等;最后整理行装。体验教育师的装束体现了本人的风格。一般单位会对体验教育师的着装进行统一,如没有统一要求,总的原则是利落、简洁,便于活动,色泽鲜艳,适合户外活动。

(七) 选择和设计备用项目

由于天气、器材等原因出现原定计划项目不能实施的情况时,立即启动事先确定的备用项目。

二、体验教育培训项目组织实施原则

体验教育培训项目组织实施有其自身的特点,在实施过程中,必须遵循以下原则:

(一) 安全性原则

体验教育师在项目组织实施过程中,要始终把安全放在第一位。必须严格按照项目组织规程开展活动;根据活动项目内容和活动场地的具体情况,采取严密的安全防患措施;必须给学员讲明白项目组织过程中的安全注意事项。操作过程中,如出现安全隐患或学员违反规定操作要立即进行制止;项目活动组织全过程中,体验教育师不得以任何借口离开现场或分心走神。

（二）有效性原则

体验教育培训项目组织实施过程中，体验教育师要始终把握有效性原则。一切以培训效果为导向，培训环节的组织、分享引导、总结点评都围绕效果进行。让学员能够通过活动的体验参与真正转变观念、确立理念，改变自己的行为模式和思维模式。

（三）灵活性原则

体验教育培训项目组织实施中，往往会出现各种各样的情况和意想不到的问题。这就要求体验教育师要在把握总的原则的基础上灵活处置各种问题和情况。比如在时间的把控上可适当调整某一环节的用时，在组织流程上灵活进行一些变通等。切忌本本主义和教条主义，生搬硬套。

（四）主题性原则

每一次培训都相应要确立一个主题，委托单位一般也会对培训要解决的问题提前进行沟通。体验教育师在组织培训的整个过程中要注意把握这一主题思想，把本次活动的主题思想贯穿在各项活动体验的全过程，使这所有组织的项目分享都能围绕一个主题，都能贴近一个重点。

（五）实用性原则

对员工的培训应强调针对性、实践性，公司或机构组织发展需要什么，员工缺少什么理论和技术，应及时安排相应的培训。

（六）整体性原则

体验教育的学习并不是从学员操作项目开始，而是在体验教育师布置环境时就已经开始了。体验开始后的过程就是学员实践的过程，整个体验过程要具有连续性，中途不要断裂，除非特殊天气条件或其他特殊情况影响，否则不能中断。

三、体验教育培训项目实操组织

组织学员进行项目体验是体验教育的实践环节，也是学员最直接感悟的环节。体验教育培训项目种类繁多，每一个项目都有其自身的特点和要求。但如果用心去分析就会发现，不管是高空项目还是场地项目，以及沙盘模拟项目，在组织实施过程中都有共同的流程特点。体验教育师掌握了这些规律，在组织各类项目实施时就会有据可依，事半功倍。体验教育项目组织，可按照下列流程实施：

（一）项目介绍

一般情况下，组织体验项目操作开始前，体验教育师要向学员简单介绍将要完成和体验的项目,比如项目名称、项目类型、体验学习的目的等。

(二) 情境引导

为了增强培训效果,不少老师在进行项目操作布课前,会增加一个情境模拟的环节,让学员能够在身临其境的环境中,最大限度地进入角色。比如求生墙,模拟情境——我们正坐在一艘海上航行的轮船上,突然碰到了冰山,船体受到损坏,大量海水涌入,要求大家在半个小时的时间内通过相互协作,攀上 4 米高的甲板,等待救援等。又如,组织模拟电网会讲,我们在执行任务中,被一道高压电网挡住了去路,上级要求我们在 40 分钟的时间内安全通过电网,完成任务。这里需要说明的是,事实上并不是每一个体验项目都有情景模拟的引导,所以这个环节体验教育师可在实际工作中灵活掌握。如有情景引导就作为一个环节进行,没有就不要生搬硬套,画蛇添足。如果在现场时间紧张的情况下,这个环节也是可以省略的。

(三) 任务描述

这一环节往往用语不多,但是在项目操作流程中确实很重要,是不可或缺的内容。体验教育师在授课讲解中,一定要告诉学员在接下来的项目体验中,大家的任务是什么。若这一点不明确,学员就会无所适从,不知道该项目到底要让他们体验的主要内容是什么,这样就会偏离事先确定的培训主题。

(四) 活动规则

几乎所有的体验教育培训项目,在组织实施过程中都有相应的规则要求。这是确保项目体验安全和有效的重要一环。但涉及每一个项目时,规则要求差异很大,内容也有不同。在这里特别要注意的是授课讲解规则时一定要遵循以下原则:

一是整体系统。把规则要讲透,表达充分,让学员真正了解掌握。

二是补充性原则。一般讲解完项目操作要求后,可提示邀请与你一起配合的助教、安全员补充说明,这样避免项目操作过程中出现问题。如果当时没有讲全,在体验过程中出现问题要立即停止活动,进行规则补充,切不可存在任何侥幸心理,对违反规则的行为视而不见。

三是逻辑性原则。规则要求的讲解,一定清晰分明,用第一条、第二条、第三条来描述,切不可想起一条讲一条,无序罗列。

(五) 安全事项

项目操作开始之前一定要告诉学员在完成项目体验中需注意的安全问题。这里的安全事项一方面是指项目本身体验中需要注意的问题,同时也考虑到在活动场地的其他不安全因素。实际工作中我们经常见到这样一种现象,这边正在组织学员进行一项活动,有的学员就会跑到旁边的高空器械上攀登。如果事先我们注意到了,提前要求了,就会有效避免此类问题的发生。这一条的内容也可以与活动规则要求一起进行讲解。

（六）体验实施

这一环节是体验教育师最需要关注的内容。因为通常情况下，参加培训的学员由于成分的不同，条件的差异，加上培训现场很多因素的干扰，项目的组织实施往往不可能完全按照我们事前的设想进行，很多学员会出于各种考虑，在体验过程中给带队老师提出这样那样的问题。这就要求体验教育师必须时刻关注现场学员的心理变化和项目体验进程，有效引导学员按照预定方案的目标进行体验，对于违反或者不按规则进行体验的学员或团队，给予必要的提醒和指正；同时体验教育师要留意学员在完成任务过程中的各种思想碰撞和对话，并将一些场景和对话记录下来，以便在活动结束时组织学员进行有针对性的分析；对于某些项目由于各种矛盾或争执进行不下去的时候，要进行学员间的沟通疏导和调解；对于个别项目体验进程长时间停滞不前时，适当给予一些启发。总之，体验教育师要针对不同的项目特点，充分发挥自己的引导作用，利用激励、鼓励、暗示、反问、沉默等不同的引导手段，确保团队每个成员全身心地投入到项目体验中。

第八节　体验教育培训引导分享

体验教育培训与传统的培训最大的区别就是组织学员进行项目体验后的回顾分享，也就是在项目结束后要安排一个分享讨论和反思回顾环节，确保项目体验有一个有效的总结。如果在学员完成一个独特的活动后没有人带领总结，学员就无法将在活动中获得的体验带回到现实生活之中，得到的经验就会白白浪费。培训活动对他们来说，就变成了单纯的一个游戏。这样就失去了体验教育的意义。对于培训师来说，出现这种情况就是一种失职。所以，我们有必要在总结与升华技巧方面下功夫。

体验教育师可用学员分享发言、团队讨论代表分享、随意式分享、体验教育师总结引导等进行项目体验的回顾分享。在这一环节，体验教育师要把握分享的进程和主题，防止偏离方向和变成项目体验的过程回顾。

一、体验教育培训的回顾总结

体验教育培训的回顾总结可以说是学员的温习过程，在回顾与总结环节中，体验教育师带领学员一起回顾体验教育培训的整个过程，以及每个环节带来的体验、心得等，让学员对整场培训有一个大致的轮廓，并在这个轮廓下获取到正确的认知（包括个人与团队之间的关系、个人的成长、团队的共同进步等）。

回顾总结的特征：

（1）巩固团队的学习成果。

（2）使学员将所有的体验进行整理，从中提炼出对自己有利的信息。

（3）沉淀团队激情，将激情与实际生活相联系。

回顾总结的内容除了学员信息的整理之外,还包括公布各种活动的比赛结果及相关评论、体验教育师对各小组、个人的表现评论等方面。回顾总结既可以采取单纯的学习式总结,也可以采取寓教于乐的方式,比如在告别晚会上进行回顾总结,既轻松又富有新意。

二、有效引导总结的基本原则

(一) 人人参与原则

体验教育培训中的体验活动项目,要求所有学员都要参与进来。回顾分享也是一样,一定要让所有参与的学员能够一起分享互动。有条件的情况下,执教老师可以提前通过一些渠道了解参与学员的感悟和反应,以做好引导准备。

(二) 开放式引导原则

由于队员之间的关系往往比较复杂,特别是大多数情况下,参与活动的小组成员之前比较陌生,这时要让大家分享发言就要有会遇到阻力的心理准备!体验教育活动进行中的大部分时间都不会遇到这个问题,但一到总结的时候,学员开始也许会有些抗拒。解决这一问题的方法是培训师要在活动期间留心观察各学员的表现,特别是他们的身体语言,以便在活动完结后与他们讨论,问一问学员那时发生了什么事,同时启发他们思考。要问开放式的问题——这些问题没有单一答案,问的只是各学员的看法,可以引导学员展开话题分享自己的感受。千万不要用“你觉得如何?”或“你有什么感觉?”等问题来开始总结,因为可以预计这些问题的答案多数会是“OK”之类的封闭式响应,多问开放式的问题,使小组能忆述他们的感受。

(三) 循序渐进原则

记着要循序渐进,千万不要在未探讨活动所带来的感受时就跳到活动的含义,虽然有时因为时间关系,也许会想走快捷方式,但由于学员未必如培训师一样想这么快便进入深入的讨论。所以,切记引导要有耐性。

(四) 赞美激励原则

引导分享中,不用否定的语言,不用指责的语言,不用埋怨的语言,而要多用赞美的语言和鼓励的方式与学员探讨。注意,别让检讨(甚至是活动本身)触及小组没有涉足的地方;回顾分享中,如果小组中的学员开始相互指责埋怨时,总结甚至活动本身会变得无效。

(五) 学员优先原则

这个原则共分成两部分:第一是让小组的学员倾谈,学员是体验教育的主角,如果体验教育师把可以说的全说了,学员就只能在课室内呆坐;第二是经常提及学员的名字,尤其在提及学员的响应和意见的时候,这样可以使学员觉得哪些是他们自己的发现而不是来自体验教育师的老生常谈。

（六）联系实际原则

体验教育培训不是单纯地玩体验、做项目，而是通过体验的方式进行反思感悟，最后使参与者得到理念上的变化，并进一步将这些归纳总结的收获应用到工作和生活中。很多情况下，如果不加以引导，学员在回顾总结时就会陷入项目体验过程的得失检讨，就事论事。这样解决不了实际问题，也失去了体验教育培训的真正意义。体验教育师的角色是要利用各种技巧将大家从活动体验的本身提升到理性认识，联系到日常的工作和生活。当然，在这个引导过程中体验教育师只是带领学员向该目标走，而不是强行逼迫学员向目标走。

三、总结分享技巧

对于一个完整的教育培训课程，学员间的交流分享其实还是一个铺垫环节。在学员回顾交流的基础上，体验教育师最后对学员的分享交流和项目体验活动要进行一个有效的全面总结。总结的好与坏，将直接影响课程的质量。可以这样说，最考验培训师功力的，就是总结过程中总结技巧的运用。

以下叙述的技巧有助于促进培训师与小组的沟通：

（一）非语言沟通

1. 眼神接触

眼神是你真正与学员产生联系的媒介。保持与每位学员间的眼神接触，学员就会觉得你在时时留意着他们，在意他们的感受，才会积极投入总结。

2. 身体姿势

让你所处位置能最大限度地与学员保持眼神接触，要以一个自然、积极的身体姿势面对学员，这样你就会带给学员积极的感觉。而其他一些姿势如抱膀、伸懒腰、低头等，往往会带给学员消极的信息。

3. 点头、微笑

对于发言的学员，应以点头、微笑等身体语言表示对他的赞许、认同和肯定。

（二）语言沟通

1. 重述学员所讲

通过这种方式，让学员觉得你在重视他的发言，你在乎他、留意着他，从而更加积极地参与活动。

2. 响应

在重述基础上，对于学员的抵触、消极情绪及不同意见，及时做出响应，引导他们脱离固有框框，回到我们预定的方向上。

3. 开放式问题

总结时多提开放式的问题，这些问题没有错与对，问的只是各学员的看法与感受。例如:“你在这个活动前是怎样想的? 活动后又是怎样想的?”让他们多讨论自己身边发生的问题,让他们通过学习发现问题、解决问题。

4. 横向式问题

把学员提出的问题交由其他学员讨论处理。这样不但培训师可以抽身事外,更可促进学员间的沟通和交流,增强学员们参与的积极性。多用问题作解答,少判断。

5. 奖励

对于发言的学员,只要说声“谢谢你的意见”,或其他表示赞许或认同的话,就能起到很好的鼓励作用。

6. 概括

当出现较分散的意见时,确定一个主题(规定讨论的方向),避免总结讨论时间成为争论时间或纯粹的聊天时间。总结结束时,归纳一下这些意见,突出总结的重点。

7. 安静

当学员有很多感受或陷入思考时,给他们一个安静的环境。在这段时间里,学员通常会有很大的收获。

(三) 感知

1. 聆听心中语

留意学员所言所行,体会其行动所体现出的真实的内心世界。

2. 留意沟通模式

小组沟通有多种模式。例如:出谋划策时有很多反应,到分享感受时却陷入平静;学员们都等着体验教育师讲才去做;某些学员即使不出声,也发挥很大的影响力,等等。留意这些模式,才能作出适当的响应。

3. 认可个人差异

每个学员都有其不同的生活背景、不同的性格特点,认可这些差异,你就会体会到他们在团队中为什么会有那些表现了。

(四) 氛围营造

1. 圈子效应

总结时,让学员肩并肩围成一个圈,这样就能使学员们感觉到彼此之间平等、无隔膜。导师也可抽身“领导者”角色,让学员们自己做主角。

2. 制造安全网

营造一个彼此感觉安全、相互信任的气氛,在这样的气氛中,学员们不必担心自己的分享会被别人说三道四,才会敞开心扉、畅所欲言。

四、促进开放式讨论的要求

体验教育培训中,培训师引导学员展开讨论呈现开放式,具体要求如下:

(1) 建立一个积极的氛围;
(2) 与学员交谈之前,先叫他们的名字;
(3) 与学员交谈时应有眼神的交流;
(4) 接受所有的解释,而不作任何的判断和评价;
(5) 要让交谈者清楚你很留心听他讲话;
(6) 要让交谈者知道你明白他的解释(可通过语言或非语言形式表达);
(7) 若听不清楚,可以要求他继续解释;
(8) 要让学员清楚聆听的重要性;
(9) 让任何期望参与的学员有机会达成心愿;
(10) 不要远离小组,要坐到他们的圈中;
(11) 不要强迫学员回答,如果他们选择回避问题,不要强迫,有些人喜欢做聆听者;
(12) 要让学员都清楚知道不许有危险行为(说三道四、讲是非等)的出现。

五、回顾分享的过程与问题

回顾分享的一大要诀就是循序渐进。总结过程要有耐性,不可操之过急,探讨完活动所带来的感受后,再进入到活动的含义中。以下是总结过程的一些阶段性问题。

1. 第一阶段:交流经验(陈述活动过程)
(1) 让我们来扼要复述一下刚才看到了什么吧!
(2) 你刚才看到了什么积极的行为?
(3) 刚才这里发生了什么事?
(4) 你是怎样做的?(提名某位参与者)
(5) 刚才活动中,我们遇到了什么困难?
2. 第二阶段:使经验内化(分享活动的感受和反应)
(1) 经历了刚才的场面对你的情绪有什么影响?
(2) 对刚才的情景你有什么感觉?
(3) 对刚才发生的事你有什么想法?
(4) 你最接近哪种角色?
(5) 你对其他人起过什么积极/消极的影响?
3. 第三阶段:分析(用感受分析事件)
(1) 真正即将面临的事情是什么?
(2) 它真的发生了吗?它现实吗?
(3) 你想结果会是怎样?(定义关系、探究团队目标、个人目标等)
(4) 在这样的情景中你真正需要的是什么?(提名某位参与者)
(5) 我们怎样才能以不同的行为来产生不同的结果?(为什么会有这样的结果?)
(6) 开始时怎样才能避免这些冲突?
(7) 你的想法实现了吗?(提名某位参与者)

(8) 当意见不统一时我们怎样做,才能保持良好的关系?

(9) 据你所知,这些或类似这些事情在你或你同伴身上发生过吗?

4. 第四阶段:归纳(转化到日常工作与生活中)

(1) 在这件事情里,如果你是(父亲、孩子、朋友等)? 你会怎样做? 其他人呢?

(2) 在日常工作中有相似的例子吗?

(3) 有什么方法可使你更适当地处理这些事情?

(4) 这些情境中,你认为有什么地方值得继续发扬/需要防止(改善)的?

(5) 在你的团队中,有哪些可利用的资源来帮助处于类似情境的人们?

(6) 你会怎样把刚才活动的经验运用于现实的工作与生活中呢?

(7) 谁还有其他的见解、知识或意见,愿意来和大家分享一下呢?

5. 第五阶段:总结

分享总结应当说对于有经验的体验教育师来讲,并不是非常困难的事,但对于初学者或经验较少的老师来讲,可能就不好把握。有经验的培训师在长期的工作实践中总结出了一些规律性的体验教育培训分享方法,如总结梳理法、提升深化法、现象剖析法、提问引导法、故事启发法、主题概括法、效果反思法、进程交替法、画龙点睛法、卡片分享法等,是新执业的培训师一个个很好的小工具。

第九节 体验教育培训毕营仪式

体验教育毕营仪式是体验教育培训活动的一个重要组成部分,也是组织体验教育培训结束前的最后一个环节。主要内容为总结活动过程,分享他人感悟,升华培训成果,结合实际应用。

一个好的毕营仪式,会对整个培训效果起到催化、提升、巩固的作用。培训师的回顾与总结是给队员一个重新体验和温习活动的过程,这个回顾会让体验教育培训给队员带来的感受在心中生根、发芽、蔚然成林。同时,队员要把自己的想法与大家交流,这会加深队员间的沟通。

一、做好毕营准备

毕营仪式虽然没有一个完全统一规范的模式,但要组织好毕营仪式,前期的准备工作是必不可少的。主要应做好以下几点。

(一) 回顾提升

由主训老师安排收集整个培训情况,并根据委托培训机构的要求,对整个体验教育培训作出整体的总结。

（二）收集反映

收集委托培训机构领导、参训学员、助教等对培训的意见，总结经验和教训，分析成败得失，为最后与客户交换意见和不断改进培训质量打下良好基础。

（三）分析重点

一场体验教育培训做下来，需要总结的内容很多，在总结的过程中切不可眉毛胡子一把抓，理不出重点，突出不了主线。一定要在每场培训抓住一个重点分析透、梳理清，这样才会收到应有的效果，让客户满意。

（四）理出主线

在分析重点问题的基础上，主训老师要理出毕营仪式上主要突出的思想和主线。并围绕这一主线设置毕营的各个环节，使整个毕营活动围绕和突出一个主题。

（五）流程排序

上述问题解决后，就要对毕营仪式的流程作一排序，先做什么，后做什么，按照先后顺序、轻重缓急排出流程，并告知所有本次带队的老师，以便在接下来的环节中，做好配合和支持。通常毕营仪式的内容按照回顾总结、学员分享、颁发证书、奖励表彰、活动调查、合唱营歌、合影留念、欢送学员、整理现场等流程进行。

二、学员分享

毕营仪式上最重要的内容是组织学员进行分享。一场培训效果的好坏，培训师自己说多么好也不算数，学员说好才是真正的好。学员分享可提前要求各带队老师进行筛选布置，并在分享前作一些适当提示；分享的时间允许就尽可能多安排些学员，这样对促进整体培训效果的提升会起到很好的作用；分享的内容上，可安排不同的学员侧重分享培训中不同的重点。

三、成功结训

就像盛大的奥运会结束了，全世界的人们都会把重心再一次聚集在隆重的闭幕式上，把奥运会的火种传给下一届，在奥运精神的鼓舞下让所有的人都翘首祈盼着四年的再相聚，这会给予人们无尽的向往和鼓励，对自我、对祖国产生无限的尊重与骄傲。

同样地，一个培训如果在最后结束时，你只低声地告诉学员：“抱歉！我的培训结束了，今天准备得不太好，希望下次……”是不是有一些灰溜溜的感觉。一个完美的培训，一定会使人在结束时有多个“想不到”——想不到这么快就结束了；想不到学习竟如此快乐、简单；想不到我竟然如此受人拥戴；想不到我身边的人竟如此可爱……这是培训课程的高潮，是让学员终生难忘的时刻。所以,体验教育师一定要设法让学员在离开的那一刻,对本次的学习有一个适度的评价,这需要我们的引导和挖掘。

(一) 经历回顾

带领学员一起回顾本次学习中你们一起做了什么,说了什么,由此获得了什么经验。多引用一些学员的话语,效果会非常好。

(二) 给予赞美

感谢所有在本次学习中努力拼搏、倾力奉献的人,包括那些为本次活动做前期筹划的公司组织者、倡导者;感谢自己在学习中积极、努力的精神;更感谢他人在学习中对自己的帮助和支持;感谢生命中每时每刻给予我们帮助的所有人。

(三) 观点凝练

重申培训中的要点,把整个培训课程中一个一个分散的观点做一个总结,也称为“观点收结”。

(四) 小组陈述

组织学员进行小组内的当期学习讨论、回顾,可以设计一些有针对性的主题,调动组长和优秀组员,带动全部学员分享学习心得,这是一个把体验的感性认知提升到理论思考的重要途径。

(五) 结训激励

所有的人都希望被别人赞美,同样任何人都需要被别人激励,尤其是在经历本次特殊的学习经历后,学员们一定对未来充满希望,对人生充满信心,我们一定会在这时给予他们更多的勉励。除了赞美之外,体验教育师可以用 30 分钟甚至更短的时间来做一个演讲,比如以一个能带出主题的故事开头等,感染气氛、调动情绪、营造氛围。

激励是一种结训方式,经过大量的体验教育培训实践总结反应其效果真的很好,如果善于运用,会使培训锦上添花。

(六) 生日会或颁奖会

如果碰巧有学员在学习期间过生日,这将是一个非常好的题材。

四、毕营仪式增效措施

毕营仪式没有一个统一的规范,每个老师都有自己的模式和风格。不管用什么样的形式,可以采取一些措施对毕营仪式的效果强化,如选择一个合适场地、确定一个好的背景音乐、环境氛围布设、体验教育师助教配合、情绪正确引导、启发学员交流等。

第十节　体验教育培训效果评估

一、培训效果评估

由于体验教育培训本身的特殊性,使得它的培训效果评估也与众不同。一般的培训评估主要包括以下四个层面:满意度层面、学习层面、行为层面和结果层面。而体验教育培训因为并不直接传授知识,所以难以进行学习层面的评估。

(一)满意度层面

满意度层面的评估,包括以下几个方面即培训师、活动安排、方式、道具、设施、场地、报名的程序等。

满意度层面的评估方法常采取 5 分法(非常满意、满意、一般、不太满意、很不满意)、7 分法(1～7 分)、10 分法(1～10 分)。这个层面的评估易于进行,是最基本、最普遍的评估方式,是对培训师和培训单位的评价。

(二)行为层面

行为层面的评估,主要采用观察法、主管的评价、客户的评价、同事的评价等方式。这个层面的评估可以直接反映课程的效果,一般在培训结束 3 个月左右进行。行为层面的评估包括团体行为评估和个体行为评估两方面。

1. 团体行为评估

(1)团体健康度评定:测查团体的工作技巧、士气氛围、凝聚力以及集体领导水平的现状。

(2)团体绩效评定:评估团体在问题解决过程中分工协作的气氛以及团体运作的有效性。

2. 个体行为评估

(1)工作感觉评定:测查应试对其现任工作的满意度,为组织了解员工的工作态度和稳定性提供信息。

(2)测量标准:工作满意度。

(3)价值取向评估:测查应试在社交、理论、审美和经济四种价值取向的相对强度。

(4)测量标准:理论取向,经济、政治取向,审美取向,社交取向。

行为层面评估存在很多障碍,比如评估过程要花很多时间和精力,问卷的设计非常重要却比较难做,相关人员的配合难以协调,以及员工的行为表现多因多果,该如何剔除其他因素的影响等。尽管行为层面的评估做起来困难很多,但这是参训企业在体验教育培训结束后所能进行的最现实可行的评估方式,所以对参训企业而言,行为层面的评估最为常用。

（三）结果层面

结果层面的评估是将委托培训机构最关注的并且可量度的指标，如质量、数量、安全、销售额、成本、利润、投资回报率等与培训前进行对照。这种评估方式的优点显而易见。如果能在这个层面上拿出翔实的、令人信服的调查资料，不但可以打消高层主管投资培训的疑虑心理，而且可以指导培训课程计划，把有限的培训经费用到最可以为企业创造经济效益的课程上来。

但是，与其他事情一样，最令人向往的事往往最难做到。首先，这个层面的评估需要时间，在短期内是很难有结果的。其次，对这个层面的评估，人们才刚刚开始尝试，缺乏相关的技术和经验。再次，必须取得管理层的合作，否则你就无法拿到相关的数字。最后，多因多果，简单地对比数字意义不大，你必须分辨哪些“果”与你要评估的课程有关系，在多大程度上有关系。

二、培训效果反馈

在体验教育培训结束之后，必须要特别关注参与者的反馈意见，以帮助企业了解培训效果，决定新的举措，使员工持续快速地成长，从而为企业的发展奠定坚实的基础。企业在收集参与者的反馈意见时，一般可以采用以下四种方式：

（一）口头反馈方式

口头反馈方式是指用口头语言传达反馈意见。这种反馈方式多用于传递距离较小的信息反馈中，比如同一部门内的反馈。受训者把活动中了解的情况、受到的影响、取得的效果和体验的感受，通过口头语言进行反馈。其反馈的内容十分广泛、丰富，同时还具有及时、接近等特点。运用这种方式也有两种具体形式：一种是一对一的传递，即参训员工单独反映情况；另一种是召集座谈会或意见征询会，让部分或全部参训员工通过会议反映情况。

（二）书面反馈方式

书面反馈方式是指参训员工以书面形式进行反馈，多用于信息传递的情况。但这种方式一般只用于传递比较单一的反馈信息，如比较单一的培训评价、自我感受等，而对于传递比较复杂的反馈信息则较少使用。书面反馈方式也有它的特点，一般来说，它更正规，而且还可以进行档案保存，为日后的查考提供根据。在许多情况下，最好要求参训队员提供书面形式的反馈，这样既可以得到员工对培训的意见，又可以促使员工对体验教育培训活动进行反思，增强培训的效果。

（三）网络反馈方式

网络反馈方式是一种复合式的信息反馈方式。它一般包括两种情况：一是人员网络反馈方式，二是计算机网络反馈方式。

人员网络反馈方式是指由人力资源部牵头组成的分布在各部门的反馈收集点，由指定人员定期搜集反馈信息，并汇报给人力资源部。人员网络反馈来的信息一般都已进行了初步的整理，因而利用起来较为方便。

计算机网络反馈方式是人力资源部通过计算机网络系统收集受训者的反馈信息，通过电子邮件、电子公告板、微信、互动视频或者电子调查表进行。计算机网络反馈十分迅速，又能够记忆和存储，并能随机检索利用，而且能够通过终端打印机打印输出，更为方便实用。因此，计算机网络反馈，无疑是一种较好的反馈收集方式。

（四）其他反馈方式

除了上述的三种反馈方式以外，组织机构还可协助委托培训机构采用传播媒介反馈。比如，在委托机构内部传播媒介上登载受训者的感想，以吸引和鼓励大家积极地将自己的培训感想写出来，并反馈给人力资源部。此外，还有调查研究反馈、行为观察反馈等，也是重要的反馈方式。

三、培训效果巩固

体验教育培训为委托培训机构培训提供了很好的方法，但是要将短期的培训效果运用到长期的工作实践中去并不是一件容易的事。培训效果是否可以持续，是否可以转化到工作、生活中去，是评判体验教育培训是否成功的重要标准。那怎么来巩固体验教育培训的效果呢？

（一）引发员工主动思考

在体验教育培训活动结束之后，一定要及时持续地引发参与者进行回顾，使他们重新品味体验教育培训，反思自身以及他人的行为，并从中悟出新的积极的道理，这样就能让体验教育培训的效果更加持久。因此，在体验教育培训活动结束之后，一定要将参与者在体验教育培训中的各种照片、片段、语言、感受和影像资料等，以各种形式反映出来，从而为他们找到可以持续保持培训效果的动力。比如，可以为受训者制作一张体验教育培训活动的剪辑视频，也可以征集活动的感想，并设置一定的奖励；或者组织一次野外旅游，再次重温体验教育培训的时光，在轻松中加深感受，深化思考；或挑选出一些精彩的照片，进行一些技术上的处理，然后贴放在合适的位置。

简而言之，要引发参与者主动、积极思考，关键在于创造一种环境。正如爱因斯坦所说：“我从未教过我的学生，我只是创造了一个让他们学习的环境。”作为一个单位机构，只要创造了合适的环境，处于其中的人自然会学习、进步。

（二）对员工进行方向上的引导

为了使培训的效果最大化，在员工思考的同时，还应该注意思考方向的引导。因为体验教育培训活动本身极具娱乐性，如果引导不当，很容易使体验教育培训成为团队娱乐项目。

参训队员得到的可能只是在嬉笑玩闹中增进彼此感情、放松身心,至于体验教育培训的主要目的(体验反思)反而退居次席了。为了防止体验教育培训娱乐化,一定要特别注意方向的引导。以下是建议引导的三个主要方面。

1. 团队精神

真正的团队,集体力量一定是大于个人力量之和的,而团队每次的成功是属于团队内每一个成员的,可以选择逃生墙、夺宝奇兵等活动中一些激动人心的照片来进行引导。

2. 个人潜力

加深学员“人的潜力深不可测”的意识,提醒每个人,他们自身都蕴藏着无穷的潜力。可以选择跨越断桥、攀岩等活动的组图来进行引导。

3. 人生态度

提倡决不轻言放弃的精神,鼓励积极向上的思考方式。可以选择根据星空静思、蹦极、悬崖速降等活动而精心制作的VCD来进行引导。

第十一节 体验教育师培训控场

作为一名优秀的有经验的体验教育师,除了要有一定的专业能力、授课能力,控场能力也是体验教育师综合能力的体现。

培训中的控场是指培训师对培训场面的控制,包括对课程节奏、时间节点、现场气氛、突发事件的应对。那么如何提升控场能力呢?我们分为三个部分来阐述。

一、快乐开场

暖场开课四件事即开场问好、自我介绍、主题导入、课堂约定。

(一) 开场准备

为了顺利完成培训课程,并取得圆满成功,开场之前的准备工作是必不可少的。

作为培训师在培训开始之前必须做到“三先”“三看”。“三先”即先到场、先协调、先沟通。“三看”即看场地、看教案、看教具。先到场不仅能给参加培训的学员一个良好的第一印象,又能让自己熟悉场地环境,消除紧张情绪等不利因素,还能让培训师有一定的时间和学员之间进行交流沟通,获取更多的有利信息。同时,培训师还要事先检查教具及设备是否能正常运转,以免培训期间因人为因素而出现不必要的麻烦,影响培训工作。

作为培训师,当你登上讲台,首先要对学员有个大致的了解,比如要知道谁是支持者,谁是反对者。一般情况下,你的学员是由三类人构成的即支持者、反对者和中间派。要将他们迅速地分辨出来,哪些是你的支持者?毫无疑问,与你一起参与培训的培训师、合作伙伴都会是你的支持者。首先,要和他们作眼神交流,他们会投来支持、欣赏和肯定的目光。这会让你获得信心,有助于调整自己的状态。然后,要和反对者交流眼神,反对者通常都是那些第一次来接受培训,抱有戒备、怀疑的人。他们通常会双手环抱,翘着一个二郎腿,一副不屑的表情。其实你要知道他们对你并没有什么敌意,因为他们并不认识你,只是他们对这个环境比较戒备而已。所以,打开你的心扉,善待他们,给他们善意的微笑,用你的眼睛告诉他们:“朋友,放松点,这里很舒适。”你就会发现他们的态度会缓和下来。最后你会看到当反对者都开始软化的时候,中间派则会很快倒向大多数支持者。

（二）暖场

培训主题分享之前,要让学员接受培训师,对课程感兴趣,并互相熟悉,俗称暖场。看乡村里的土台子戏,往往在唱戏之前,都会来一段“暖场”。在正戏开场之前,首先是击鼓领奏,然后是打击乐伴奏,最后是唢呐演奏,其间各路小生在戏台上舞枪弄棒,翻翻筋斗,好不热闹。台下的观众知道大戏就要上演了,赶紧找个座位安顿下来。

很多培训师,一上台来就习惯性地直奔主题,看似重视时间,实际上,观众的注意力和思维还没有转到培训师身上和培训中来,这样培训效果是会受很大影响的。因为成人教育和在校教育是不一样的。在校的学生,他们已经有认知习惯,只要进教室就意味着学习的开始,所以不需要太多的开场白,直奔主题是对的。但是成年人已经离开校园多年,已经没有进教室就学习的习惯,集中注意力是需要时间的。

作为一名体验教育培训师,要十分重视培训前的暖场环节,暖场做到位了,学员们的求知欲被激发和调动起来后,接下来的培训工作就如鱼得水,轻松自如了。

暖场的方式和时间的长短有所不同,要根据培训的内容和培训课时的长短而定。有人可能会认为既然主持人已经宣布培训正式开始,已经有了开场白,如果培训师再讲是否会重复。实际上不是的,因为学员来是听你的培训课,你才是培训的主角,千万不要拱手让给他人。所以,请记住:“主持人是宣布游戏开始的裁判,你才是带领大家一起游戏的队长和体验教育师。”

培训前暖场通常有三个环节,我们称之为暖场三部曲,即开场问好、介绍师资和主题导入。

开场问好在培训前有三个作用,建立亲和、控台登场和启动注意。通过问好能拉近培训师和学员之间的距离,也能集中学员的注意力。开场问好的方式很多,常见的有语言类问好,如“亲爱的各位学员,大家好!”。也有语言与动作相结合的形式,如握手、拥抱的同时说“你好,欢迎你!”等。

师资介绍环节,通常由主讲人或培训主持人介绍。但这样的介绍方式比较呆板沉闷。而且,在实际情况中,由于主持人对每个培训师的情况不是很了解,往往只介绍姓名和职称。在时间允许的情况下,也可由主持人点名,培训师自己走到学员面前进行自我介绍。介绍的主要内容为姓名、来自哪里、职称和对学员的祝福。例如:“各位学员,大家好!我姓王,名亮,来自北京,是高级体验教育师。希望通过这次培训大家都有所收获,有所成长。”这样的介绍往往能向学员传达自己与本课程相关的信息,建立学员对自己授课资历、能力的信任,从而增强学员的学习兴趣和学习信心。

（三）切入主题

进入正式培训前，培训师一般要用简洁的语言向学员介绍本次培训的主题、目的和主要项目内容，让学员在培训前对培训有一个总体的了解。需要注意的是在主题切入环节中不要反复强调主题和内容。适当的强调是应该的，也是必需的，这是开场白起的主要作用之一，同时也可引起学员的好奇。但是如果反复强调主题和内容，会喧宾夺主，没有把开场白和主讲内容区分开，同时还会让学员失去兴趣。

另外，细心多疑的学员心里可能会想："这讲师怎么只讲这些呀？是怀疑我们的智商呢，还是讲师自己没有啥讲的了？"同时，反复强调主题也是体验教育师不自信的流露。

（四）开课

在培训中，往往会出现一些学员迟到早退、随意走动、接听电话、开小差等不良现象。大家都知道课堂秩序的好坏直接影响培训的效果，因此维护良好的培训课堂秩序是非常重要的。

正式上课之前，我们可以和学员约定各项培训纪律，让学员作出遵守的承诺。而在后面多个环节中，引导、激励学员要信守承诺。这样大部分学员都会在培训时遵守纪律，即使部分学员想开小差，在整体氛围及团队付出精神的影响下，也会克制住违反纪律的冲动。课堂常用的约定的形式有以下几种：

1. 口令

（1）"停"的约定。当老师刚步入教室，或上课过程中场面失控，学生显得杂乱时，老师当即喊口令："停。"学员听到"停"的口令，会自然回到有序状态。经过几次重复或演练，学员就会和培训师之间形成默契。

（2）问好的约定。当培训师想控制场面、调节情绪、吸引学员注意力时，可以进行问好的约定。如培训师说："各位学员，大家好！"学员则回答："好，非常好！耶！"重复练习 3~5 次即形成约定。

（3）"最高品德，静悄悄"的约定。当学员走神，耳语交流，其他声音干扰到正常培训的进行时，培训师可喊："最高品德。"学员则要回应："静悄悄。"

2. 手势

（1）准备就绪的约定。"OK"手势（大拇指和食指组成圆形，另三指向上）。

（2）激励表扬的约定。击掌！当学生有独到的见解，学生取得优异的成绩，或培训师认为学生的表现值得表扬时，都可用这一约定。

二、潇洒中场

精彩的培训是精心准备出来的。培训师的课程讲授唯一标准就是讲顺、讲深、讲活。这需要体验教育师在日常生活中多积累、多沉淀，不断拓宽自己的知识面，这样才能进一步提高自己的控场应变能力。现场应变的对策各种各样，经常要面对的有以下六种情境：

（一）内容错漏——镇定自若、巧妙纠正（救台）

由于体验教育培训的特殊性，培训师在组织培训时往往不能手持讲义、或播放 PPT 课件，这样培训师在培训当中，有时会出现讲着讲着想不起来的现象。有的培训师讲一般内容时可能会忘记 20%，如果是新课程可能会忘记 30%~40%，这种情况怎么解决呢？镇定自若、超量准备，治疗遗忘最好的办法是台下超量准备。

如果没有充分地准备，上台后忘了怎么办？这个时候可以求助学员提醒，你的学员是最好的资源，也可以自己救台。有一个老师就是这样，一个内容讲四个问题，讲着讲着，第三个问题却想不起来了。他没有慌张，紧接着讲第四个问题，第四个问题还没讲完呢，第三个问题就想起来了。这时候他怎么做？他说：对不起啊，各位同学，第三个问题刚才老师忘了，我现在给大家讲。

（二）气氛沉闷——问题研讨、插入活动（插播）

如果体验教育师在宣讲过程中不善于利用语言表达技巧，照本宣科，就会使培训现场气氛显得沉闷，有的学员会因为内容太理论化、太枯燥，而失去学习兴趣。一旦培训场出现这种情况，执教老师要沉着应对，可以用提问、组织研讨、插入活动等方法来解决。如果研讨还不管用怎么办？可以插入一个游戏，安排大家站起来做游戏，随着肢体的活动而促使人血液循环加快，会消除学员的疲劳感。这时培训师经过调节培训气氛，让培训现场回归正常。

（三）学员质疑——具体分析、主动引导（调频）

学员质疑也是课堂常遇到的问题，体验教育师可区别情况进行处置。当学员质疑现场讲解的内容，如果执教老师可以回答，应尽量现场解答；如果执教老师自己难以解答或时间不允许，可以暂缓处置。例如，“你的问题有几种答案，我不知道哪个答案更适合你，我下来和你分享。”或者培训师说，“由于时间的原因，我们先进行课程，下课后或下节课上我给大家进行专门解答。”

（四）高手出场——真诚请教、教学互动（请教）

鉴于参与体验教育培训人员来自不同的行业、不同的经历和背景，往往不少学员在某些方面比执教老师还要专业。如果学员的水准的确是超越培训师的，恰好学员提出属于自己专长的话题，就可以顺水推舟，请其讲解进行分享。分享完毕时，培训师用赞美语言进行总结。

（五）学员的问题你回答不了——问题转移（抛球）

在培训中，学员的有些提问是超出培训师知识储备的，面对学员的提问体验教育师当场回答不了的时候就要学会“抛球”技术，把问题转移给在场的每一位学员，或是其他培训师、助教等人员来讨论解答，避免尴尬。

三、精彩收场

培训收场通常有三个步骤即总结回顾、号召行动和感谢祝福。

1. 收场关键控制点

（1）带领大家做回顾。

（2）制造视觉冲击。

（3）利用音乐渲染。

（4）采用游戏、故事、典故等方式结尾。

（5）用启发性的问题留给学员思考。

（6）号召学员去行动。

（7）祝愿学员，再次致谢，享受掌声。

2. 小结与回顾关键控制点

（1）学习内容的概括和回顾学习要点的总结。

（2）强调课程精华和要点。

3. 高潮即止

“编筐编篓，全在收口。”整个培训课程结束前，如能设计一个令人难忘的活动，既聚焦又提气，还能把大家的情绪点燃到最佳状态，应该说是一个很好的结果。许多培训师在最后的收场时，会要求所有的学员、助教老师等全部参与进来，围成一个圈，手拉手，肩并肩，一起合唱《真心英雄》或者《朋友》等歌曲，并逐渐调动现场情绪，最后引导所有人高呼队呼，涌向人圈中心位置，大家相互拥抱在一起。伴着激昂的音乐，一场让人难忘的培训高潮就此形成，并骤然打住，效果极好。各位老师可在实践中加以借鉴应用。

第四章

体验教育培训项目操作规程

大多数的体验教育培训中,项目体验是必不可少的一个环节。作为一名体验教育专业工作者,能否按照科学的规程,安全、规范、有效地组织各类体验教育项目的实施,既是一个重要的自身职业技能,又是体现施教水平的重要标志。因此,要成为一名称职的体验教育师,最基本的就是必须要熟练掌握一些常用的体验教育培训项目操作流程,做到会布课、会讲解、会组织、会引导、会总结。

就目前的体验项目组织实施过程来看,大家都遵循着一个基本的流程,但还没有一个完全统一的标准。事实上由于体验培训项目本身在不断变化中,要把所有的体验培训项目做个统一的流程标准,几乎很能难实现。本章中介绍的体验项目操作流程也并不是一个不能改变的标准,只是经过多年的实践,众多的一线体验教育师长期探索总结出来的、相对比较科学规范的流程。各位从业人员在实际操作和学习中,可以根据自己的认识、见解和培训的具体情况作出一些调整,灵活使用,但应该遵循三个基本原则:第一是对体验培训项目操作流程的调整、改变的结果一定是比原来的流程规则使项目组织更安全;第二是通过调整改变使培训效果更好;第三是经过调整改变后流程更人性化。

第一节　体验教育培训热身破冰项目

1. 名字串串烧(图 4-1)

图 4-1　名字串串烧

（1）其他名称：名字接龙。

（2）项目类型：热身破冰。

（3）培训目的：打破学员之间的隔阂，促进彼此之间认识。

（4）人数规模：16～25 人。

（5）实用时间：30 分钟。

（6）所需物品：无。

（7）操作规程：

① 让全体学员席地而坐，培训师从学员当中任选一名学员作为起点；

② 要求学员自我介绍，介绍内容：我的名字是×××，来自×××，第二个学员自我介绍时就要说：我是×××（第一位学员的名字）旁边的×××（自己的名字），来自×××，这样依次介绍时每个学员必须从第一个学员的名字开始进行下去，最后一位队员将前面所有队员的名字重复一遍；

③ 如果在活动过程中有学员说错或没有记住队友的名字，请起立站到这位学员的前面真诚地表示道歉，然后问出这位队友的名字。

（8）安全监控要点：项目过程中培训师要关注学员安全。

（9）分享提示：

① 刚才的过程中你是怎么让自己努力记住队友的名字的？

② 当队友很流利地说出你的名字的时候，你的心里有什么变化？

（10）小贴士：

① 培训师宣布完规则后可让学员自己决定按顺时针还是逆时针方向开始；

② 如果培训师可以加入这个游戏并且把自己放到最后一位，依次说出学员的名字，这样活动效果会更好。

2. 众星拱月（图 4-2）

图 4-2 疯狂气球

（1）其他名称：疯狂气球。

（2）项目类型：热身破冰。

（3）培训目的：热身，调节团队情绪。团队配合。

（4）人数规模：16~22 人。

（5）实用时间：15 分钟。

（6）所需物品：每组一个气球。

（7）操作规程：

① 活动开始前把团队按 6 人一组分成小组，如果团队人数较多，可按人数平均分配，但每个小组不宜超过 8 人；

② 发给每个小组一个气球，让小组成员代表把气球吹起到饱和程度；

③ 小组成员手牵手围成一个圈，每个小组周边都有足够的移动空间；

④ 听到开始口令后，要求各小组把气球抛向空中，小组间成员手不能松开，培训师喊出一个身体的部位，要求气球掉下时必须接触这个学员被要求的身体部位，如头部、肩膀等，培训师每隔 30~60 秒的时间要求换一个部位，而气球不能着地；

⑤ 经过一段时间的练习后，当学员听到培训师"交换气球"的指令后，要求小组与小组之间换气球，同样要求气球不能落地。

（8）安全监控要点：项目过程中培训师要关注学员安全，防止碰撞、摔倒等情况发生。

（9）分享提示：

① 在这个活动中，有什么困难的地方，你们是怎么克服的？

② 在活动中，你们是怎样进行沟通的？

（10）小贴士：

① 提醒团队成员的手必须牵在一起，不管培训师喊出身体哪个部位，都不能乱了队形；

② 培训师可以发挥你的想象，对接球部位进行出人意料的调整，如鼻子、眼睛等；

③ 如果有条件在此项目中播放一些欢快的音乐效果会更佳。

3. 和谐动车

（1）其他名称：东拼西凑。

（2）项目类型：热身游戏。

（3）培训目的：热身、竞技。

（4）人数规模：12~16 人。

（5）实用时间：15 分钟。

（6）所需物品：无。

（7）操作规程：

① 把团队成员分成 16 人左右的人数相等的小组，设置一个起点；

② 要求学员在开始后每个人用接力的方式去完成任务；

③ 听到培训师哨音后，小组的每个成员要利用自己身体上的物件依次进行物资拼接搭建动车轨道。但是不能借助本人身上以外的物件，从起点把这些物件拼接起来，最后看哪个队的物资拼接得最长；

④ 在整个拼接的过程中，相同物件只能使用一次。

（8）安全监控要点：项目过程中培训师应监控奔跑过程中的安全。

（9）分享提示：

① 这是一场头脑风暴，在这个过程中你们是如何让自己团队的物资拼接得更长？

② 你们在刚才的活动中是如何相互配合的？

③ 如何科学、创新地利用有限的资源去完成任务？

（10）小贴士：

① 可以让小组一开始就不能讲话，你会看到学员间为了团队而竭尽全力地想办法；

② 如有条件为这个活动播放一支欢快儿歌作背景音乐。

4. 打沙包（见图 4-3）

图 4-3　打沙包

（1）其他名称：流星雨。

（2）项目类型：破冰热身。

（3）培训目的：热身、团建、快乐。

（4）人数规模：12～16 人一组。

（5）实用时间：10 分钟。

（6）所需物品：小沙包、海绵球等。

（7）操作规程：

① 学员以培训师为中心围成一圈，将 1～2 只沙包（或小球）随机发给参与学员；

② 宣布拿到沙包（或小球）的学员，可在已围成的小圈内随意选择一位学员，将球投向他，并同时要喊出“你好，我叫×××”。接住沙包或球的队员则要回应：“谢谢，我叫×××”；接着把沙包或球再随机投向另外学员，并重复前面的对话，如此传递下去，直到每个人都接到和抛出一次球，最后球回到培训师的手里，培训师将时间记录下来。

③ 当所有人都接过球之后，培训师要求将沙包或球按之前的接球顺序再次传递。并用计时器计算传递的时间。

④ 根据时间，培训师可根据情况，要求学员重复顺序传递 3～4 次，或按照倒过来的顺序进行传递。

（8）分享提示：

① 游戏开始时你会觉得紧张吗？活动中通过你自己的投入度不断增加，与其他学员不断熟悉后，你会逐渐放松。

② 通过活动，你记住了几位学员的名字？

③ 活动中，有多少学员记住了你的名字？如何能让大家尽快记住你，了解你？

④ 通过几次活动，按照原来的顺序传递，你会发现用的时间越来越少，为什么？

（9）小贴士：

① 如果在活动中，要求学员在投球喊出自己的名字同时再增加些形体动作效果会更好。

② 培训师可从第三轮开始，每个学员把球投向对方时，不再喊自己的名字，而是直接喊接球学员的名字，如："你好×××"，会使学员之间更快记住对方。

5. 夺旗（图 4-4）

（1）其他名称：保护队旗。

（2）项目类型：热身游戏。

（3）培训目的：热身、竞技。

（4）人数规模：12～16 人。

（5）实用时间：15～20 分钟。

（6）所需物品：每组自己的队旗。

（7）操作规程：

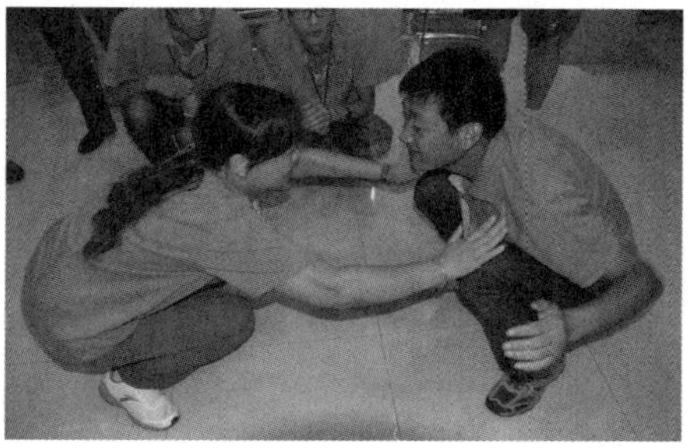

图 4-4　夺旗

① 每个队的队长拿着本队的队旗站到离其他团队 10 米以外的正前方；

② 接下来团队的成员要和另外一个队的队长进行猜拳活动，如果本队的队员赢了这个队长，那迅速返回和下一位队友击掌，依次轮流，但如果猜拳时输给这个队长，那就绕着这个队长跑一圈，返回时继续猜拳，直到赢了后才可以返回换下一位；

③ 这样依次进行，直到小组成员全部和站在队前的队长猜拳后，最后一位队友要把和本队猜拳的队长手里的队旗夺回，哪个队先拿到队旗，哪个队获胜。

（8）安全监控要点：活动过程中注意学员跑动安全。

（9）分享提示：

① 在活动过程中积极的心态对结果有什么影响？

② 团队在活动中起到了什么作用？

（10）小贴士：猜拳可以用石头、剪刀、布游戏规则；也可以改成用脸部表情代替，比如石头可以用鼓腮帮子代替，剪刀可以用伸舌头来代替，布可以用张大嘴巴来代替。

图 4-5　星球大战

6. 星球大战（图 4-5）

（1）其他名称：帝国战争。

（2）项目类型：破冰游戏。

（3）培训目的：破冰热身，配合、创新。

（4）人数规模：12～16 人。

（5）实用时间：15 分钟。

（6）所需物品：7～10 根长短不一的绳圈。

（7）操作规程：

① 在地面上摆设若干个大小不一的绳圈，这些绳圈代表各个星球，告诉队员接下来我们要进行一场星球大战；

② 让学员站到这些绳圈的外面，当培训师喊到“星球大战”的时候，队员要以最快速度抢站到任意一个星球内，要求是自己的双脚必须放在绳圈内；

③ 培训师要告诉学员每轮活动结束时，就会从这些绳圈中抽走一个绳圈，以此类推，直到剩最后一个绳圈。要求所有的学员都站到里面去。

（8）安全监控要点：在活动过程中由于绳圈越来越少，学员会因此奋力抢站，所以一定要注意学员的安全，绳圈和绳圈的距离应大一些。

（9）分享提示：

① 当活动进行到最后时有可能这个要求超出了我们的能力，我们是怎么完成的？

② 当培训师告之活动答案只有把双脚放在绳圈里的时候，有何感悟？

③ 团队用什么方法，最终完成了任务。

（10）小贴士：

① 一般留下的最后一个绳圈是最大的；

② 绳圈越来越少后学员可能还是按固定思维拥挤在绳圈里，但如果听清培训师的要求后就只要把双脚放在绳圈里就可以了。

7. 两只老虎（图 4-6）

（1）项目类型：热身游戏。

（2）培训目的：热身、竞技。

（3）人数规模：人数不限。

（4）实用时间：15 分钟。

（5）所需物品：每组一个气球。

（6）操作规程：

① 把团队分成人数相等的小组，在小组的横排方向放一根绳子；

② 让团员胳膊挽着胳膊告诉队员在任何情况下不能松开，双脚按照左脚右脚、右脚左脚的形式跨过绳子，但脚不能踩到绳子上；

图 4-6 两只老虎

③ 选《两只老虎》这首儿歌，要求队员一边唱这首儿歌，一边按照双脚规定的动作完成，哪个组在规定的时间内踩绳的次数最少则视为胜利。

（7）安全监控要点：活动进行过程中注意学员不要被绳子绊倒。

（8）分享提示：

① 你是否体会到了团队团结一致的氛围？

② 在活动过程中团队最容易发生的问题是什么？对于这些问题你们团队是如何处理的？

（9）小贴士：

① 这个活动可以让所有的组同时开始，效果比较好；

② 如果难度大一些的话可以前、中、后各放一根绳子，双脚不能踩到绳子上；

③ 在活动开始之前让团队练习 3～5 分钟左右。

8. 握手 123（图 4-7）

图 4-7　握手 123

（1）其他名称：相互握手。

（2）项目类型：热身游戏。

（3）培训目的：热身、快乐、认识彼此。

（4）人数规模：12～16 人。

（5）实用时间：10 分钟。

（6）所需物品：无。

（7）操作规程：

① 把学员分为两个组横排面对面站立，距离相隔 1 米；

② 培训师："各位朋友，用笑脸面对你面前的那位朋友，与他热情地握手，并相互问候一下好吗？"活动开始前培训师要求。学员保持这样的姿势，要求两人成刚才的握手姿势，但两只手不能握到一起，之间保持 10 厘米左右的距离；

③ 接下来培训师告诉大家，站在他左边的一排队员代表数字 1，右边的一排队员代表数字 2。接下来培训师会随机喊出三个数字，当喊 1 的时候，代表 1 的学员要立刻伸手去抓代表 2 的学员的手，代表 2 的学员要用最快的速度抽回尽量不让其抓到。同样，当听到喊 2 的时候，代表 2 的学员要去抓代表 1 的学员的手，代表 1 的学员尽量抽回不让其抓到。当听到喊 3 的时候，不管代表 1 还是 2，两个人的手要同时伸出抓对方的手，看谁先抓住对方的手。

（8）安全监控要点：活动进行过程中学员不得移动。

(9) 分享提示:

① 当培训师每次喊出数字的时候,你的第一反应是什么? 你为什么会出现这样的想法?

② 为什么在喊出 3 时,还是有很多队员抓不到一起?

③ 如果联系到生活中,这个活动给了你哪些启示?

(10) 小贴士:这个活动可以视情况进行若干轮,最少 3 轮。一般把喊 3 放到中间,这样给学员出其不意的感觉。

9. 闻鸡起舞

(1) 项目类型:热身游戏。

(2) 培训目的:热身、团队协作。

(3) 人数规模:12~16 人。

(4) 实用时间:15 分钟。

(5) 所需物品:一只橡皮材质的鸡。

(6) 操作规程:

① 利用绳子把橡皮鸡悬挂在 2.5 米左右高度的位置;

② 告诉学员,活动开始后每个人依次轮流用身体某个部位去碰触这只鸡;

③ 前边队友用过的部位,后边的人不得重复。

(7) 安全监控要点:活动地点尽量选择松软的草地,及时制止相对危险的接触方式。

(8) 分享提示:

① 在活动中团队为完成目标采取了哪些方法?

② 是否想过换一种方式或是思路,就可能找到解决问题的方法?

(9) 小贴士:在活动过程中,学员可能为接触橡皮鸡而互相抬起,在这个过程中培训师要密切注意学员的安全。

10. 进化论(图 4-8)

(1) 其他名称:鸡蛋变凤凰。

(2) 项目类型:热身游戏。

(3) 培训目的:热身、竞技、诚信。

(4) 人数规模:人数不限。

(5) 实用时间:10 分钟。

(6) 所需物品:无。

(7) 操作规程:

① 活动中将队员分为四个角色即鸡蛋、小鸡、凤凰和人;

图 4-8 进化论

② 活动开始前全体人员蹲下抱头,全部充当鸡蛋角色,培训师喊"开始"后,要求队员之间利用猜拳形式与周边队员比拼。赢者将进化为小鸡,而后找其他进化为小鸡的同伴再行猜拳,赢者再进化为凤凰,依此方法直到进化成人;

③ 在猜拳中应遵循同级 PK 的原则,比拼中输者一方要返回前一个阶段的角色,找相同角色再去猜拳;

④ 直到最后场地上只剩下一个鸡蛋、一只小鸡、一只凤凰。

（8）安全监控要点：活动组织要选择开阔场地。

（9）分享提示：

① 在活动过程中你们是否严格遵守了诚信原则？

② 找到和你同样角色的伙伴时，你的心里有什么感觉？

③ 如何理解活动中积极主动与成功之间的关系？

（10）小贴士：活动最后一定会剩下三个不同角色，对剩下的三个人可以进行适当的“惩罚”。

11. 大风吹（图 4-9）

图 4-9　大风吹

（1）项目类型：热身游戏。

（2）培训目的：热身、竞技、爱岗敬业。

（3）人数规模：12～30 人。

（4）实用时间：20 分钟。

（5）所需物品：无。

（6）操作规程：

① 要求团队成员站成一圈，选定一名学员作为起点，按 123 依次报数；

② 三人一组，要求报 1 和报 3 的学员手拉手把报 2 的学员围在中间，告诉学员三人组成一个鸟巢，报 1 的代表鸟妈妈，报 3 的代表鸟爸爸，当然报 2 的就代表鸟宝宝了；

③ 活动开始后，培训师会喊“大风吹”，所有学员集体要回应培训师“吹什么？”如果培训师喊出“鸟妈妈”，那么代表鸟妈妈的学员要迅速地离开你现在的鸟巢，快速地找到另外一组重新组合，以此不管培训师喊到哪个角色，哪个角色就要按照相同规则离开原来的位置，找寻新的鸟巢；

④ 相邻的两个组不能进行交换；

⑤ 每轮活动中，原鸟巢组合必须按照要求进行重组，不可原地不动。

（7）安全监控要点：活动组织场地应平整开阔，尽量避免硬化路面操作该项目。

（8）分享提示：

① 在活动过程中大家看到了什么？体会到了什么？

② 当听到口令的同时,你心里在想什么?

③ 看似一个普通的位置,但当你真的离开时会有好多人竞争这个岗位。

(9) 小贴士:

① 活动过程中可单独安排一名圈外队员,可以去抢占任意一组的角色,被“吹”出来的学员就要受到惩罚。如果学员相等,培训师参与进去,效果会比较好;

② 在最后一轮培训师可大喊“全吹”的口令,这样,团队所有的学员都会迅速地重新以3人为组进行组合。

12. 花开花落(图4-10)

图4-10　花开花落

(1) 项目类型:破冰游戏。

(2) 培训目的:破冰、热身、士气。

(3) 人数规模:人数不限。

(4) 实用时间:10分钟。

(5) 所需物品:无。

(6) 操作规程:

① 学员以培训师为中心站成一圈,双脚与肩同宽。手臂伸开搭在相邻的学员的肩膀上,活动开始后如果没有培训师的允许学员双脚不能移动;

② 活动开始后培训师会说出四个口令,分别是“花开、花落、风吹、草动”。当听到“风吹”口令时所有学员集体向左倾斜,听到“草动”时所有学员集体向右倾斜,听到“花开”时所有学员集体向后仰,听到“花落”时则集体向里弯腰放松。

(7) 安全监控要点:有椎间盘突出、腰肌劳损等疾病的学员不宜参加。

(8) 分享提示:

① 在活动过程中你们有什么感受?

② 在刚才的过程中,团队好的表现有哪些?

(9) 小贴士:

① 活动开始时,培训师可按照顺序说出口令,到第二轮的时候,培训师可随意说出口令;

② 在活动中，由于学员的双脚不能移动，所以培训师要随时注意学员的安全；

③ 可以要求学员在完成动作的同时，回应喊出“啊、呜、嘶、哇”等声音配合。

13. 急速传递（图 4-11）

（1）项目类型：破冰游戏。

（2）培训目的：热身、破冰。

（3）人数规模：10～30 人。

（4）实用时间：10 分钟。

（5）所需物品：软球。

（6）操作规程：

① 把团队分成 10～15 人数相等的小组，各小组站成一列，而后发给每个小组一个软球；

图 4-11　急速传递

② 活动开始后团队只能用肩膀及以上的部位把球从队首传至队尾最后一名队员，哪个团队的球先传到最后一名队员，哪个队获胜。

（7）安全监控要点：活动进行过程中培训师应关注学员安全。

（8）分享提示：

① 团队是用什么方法完成任务的？

② 活动中你最大的感受是什么？

（9）小贴士：

① 活动中如果没有软球，可以用其他一些物品代替，如矿泉水瓶、毛绒球具等；

② 活动中播放一些音乐，效果会更佳。

14. 兔子舞（图 4-12）

图 4-12　兔子舞

（1）项目类型：热身游戏。

（2）培训目的：热身、放松。

（3）人数规模：人数不限。

（4）实用时间：10 分钟。

（5）所需物品：音响、兔子舞音乐。

（6）操作规程：

① 让学员以培训师为中心围成一圈，双手搭在前面队友的肩膀上；

② 培训师告诉学员兔子舞的基本步伐，左脚跳两下，右脚跳两下，双脚向前一下，再向后一下，而后再向前跳三下，要求学员齐声喊出步伐，边喊边做，用口令表述就是“左、左，右、右，前、后，前、前、前”；

③ 第二轮活动难度加大，每人弯腰把右手从自己胯下穿过去，左手向前握住前面队友从胯下伸过来的右手，保持这个状态，而后加上兔子舞的基本步伐；

④ 第三轮难度再次加大，要求团队成员每人的脚尖靠着前一名队友的脚后跟，形成零距离接触，当培训师喊到坐的时候，所有学员要坐在后一名队友的腿上（团队可能一次不能取得成功，应给他们多一些时间和机会），坐好后仍按照兔子舞基本步伐完成挑战。

（7）安全监控要点：在最后一轮中，培训师要在外圈时刻注意学员的平衡状态，防止由于拥挤造成的摔倒。

（8）分享提示：

① 团队用什么方法让团队的动作保持一致？

② 活动进行到最后一轮时，团队发生了什么变化？

（9）小贴士：

① 在活动过程中，要有音乐配合，让学员尽量跟着兔子舞音乐完成步伐；

② 如果参与人数较多，可通过数个同心圈进行游戏组织。

15. 千手解扣（图 4-13）

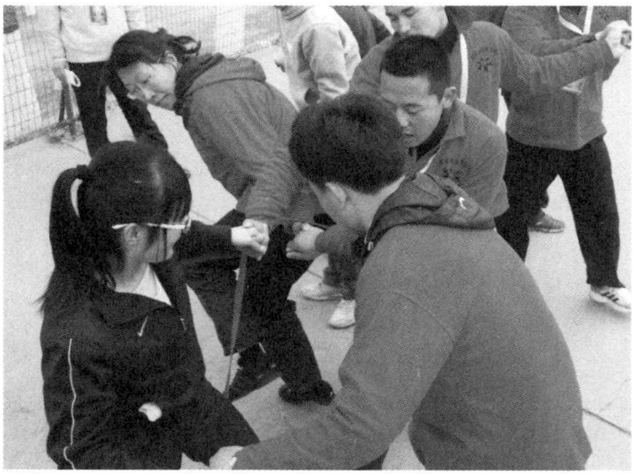

图 4-13 千手解扣

（1）其他名称：解手链。

（2）项目类型：破冰游戏。

（3）培训目的：让学员体会沟通在解决团队问题方面的重要性，了解冲突如何得到解决以及在沟通中倾听的重要性；团队建设；冲突管理。

（4）人数规模：10～12 人一组。

（5）实用时间：20 分钟。

（6）所需物品：无。

（7）操作规程：

① 开场白示例：“自信、团结协作精神是天生的，还是可以培养的？一个人的自信和团结协作精神能通过培训获得吗？”（示意大家发言或者讨论）

② 培训师将全体学员按 10～12 人分组（偶数为好），让每组围着站成一个圆圈。

③ 培训师指定任意一个学员说：“先举起你的右手，握住对面那个人的手；再举起你的左手，握住另外一个人的手。”接下来请其他学员照着第一个学员同样的方法做，直到所有学

员的手都彼此相握。

④ 这时培训师可喊“开始”，要求所有学员在不松开手的情况下，想办法把一个错综复杂的结解开。

⑤ 培训师宣布解开的标准，只要小组成员呈现一个大圈或是两个套着的环，就视为解开。

⑥ 如果实在解不开，培训师可允许学员决定相邻两只手断开一次，但再次进行时必须马上封闭。

（8）分享提示：

① 你在开始的感觉怎样，是否思路很混乱？因为每一个人都有自己的思维定势，所以会产生各自不同的想法，甚至会产生冲突。

② 在你的小组里开始沟通时是否有冲突发生，后来又是如何解决的？冲突肯定会有的，冲突是建立在不同的利益和偏好的基础上的；游戏中我们发现只要我们的目标一致，一定程度的冲突会使我们找到更多有利于解决问题的方法，关键是我们要充分利用有效的沟通方法。

③ 当解开了一点以后，你的想法是否发生了变化？当事情有了突破时，可能我们的思路会变得简单和清晰，自然会有更默契的配合。

④ 最后问题得到了解决，你认为是什么使你们的小组取得了成功？成功的关键来自小组成员良好的沟通和精诚合作。

⑤ 这个游戏对团队中的冲突和竞争合作有什么启示？合作中的冲突在所难免，关键是我们要正确认识冲突与竞争合作的关系。冲突与竞争合作的关系可以用下面三点来详细说明，以帮助企业的成员更好地了解团队沟通与合作的重要性。

（9）小贴士：

① 根据参加人数选择足够的空间，而且要有清晰的背景音乐烘托气氛，产生静动分明的效果。

② 强调每个学员要记住，在相互握手时，一定要左手和右手分别握着的是另外两个人的其中一只手。不要两人双手相握。

③ 当出现“手链”非常复杂，有人想放弃时，主持人要暗示、鼓励，一定可以解开“手链”。

④ 解“手链”过程中，可以提示学员采用各种方法，如跨、钻、套、转等，就是不能放开手。

16. 桃花朵朵开（图 4-14）

（1）项目类型：热身游戏。

（2）培训目的：热身。

（3）人数规模：人数不限。

（4）实用时间：15 分钟。

（5）所需物品：无。

（6）操作规程：

① 让学员以培训师为圆心围成一个大圈；

② 告诉学员，当培训师喊出“桃花朵朵开”时，学员要一起大声问“桃花几朵开？”，培训师会喊出

图 4-14 桃花朵朵开

一组数字,学员听到这组数字后,要立刻按照这个数字组成小组,完成后蹲下来表示你们已经完成。

(7) 安全监控要点:活动组织场地应开阔、平整,同时避免地面湿滑。

(8) 分享提示:

① 经过这个游戏后,你和队友之间的关系是否有所改善?

② 你在活动中是以怎样的方式尽量地不被淘汰?

(9) 小贴士:

① 在活动中可以先让学员跑动起来,多喊几次“桃花朵朵开”;

② 可以多进行几轮,这样被淘汰的学员就可以为大家表演节目;

③ 在最后一轮的时候,培训师可以把所有人数减掉 3~4 人,尽可能多地把人集合在一起,将活动推向高潮。

17. 巨人椅(图 4-15)

图 4-15 巨人椅

(1) 其他名称:信任后坐。

(2) 项目类型:破冰游戏。

(3) 培训目的:热身、破冰。

(4) 人数规模:人数不限。

(5) 实用时间:15 分钟。

(6) 所需物品:无。

(7) 操作规程:

① 把团队分为人数相等的几个小组;

② 各组学员站成一列,然后集中向前一名队友靠拢,标准是后一名队友的脚尖靠到前一名队友的脚后跟,双手搭在前一名队友的肩膀上,成为零距离接触;

③ 准备就绪后当所有队员听到“坐”口令的时候,要求前一名队友坐在后一名队友的腿上;

④ 坐好后,要求学员双手举过头顶,团队所有队员双手击掌,目标 50 下,看哪个团队坚

持的时间最长。

（8）安全监控要点：每组最后一名队员的身后放一把椅子，培训师或助教双手扶住椅背，以确保安全。如果没有椅子，可让最后一名队员做成弓步状充当椅子。

（9）分享提示：

① 在这个活动中，你的心里发生了什么变化？

② 作为团队的一员，你是如何利用自身的力量去帮助团队完成这个任务的？

（10）小贴士：

① 活动中可播放一首有节奏的音乐，当学员坐下的时候可以跟着节奏去击掌；

② 如果团队人数较少，可让学员围成一个圈。

18. 眉目传情（图 4-16）

（1）项目类型：热身游戏。

（2）培训目的：热身、破冰、竞技、团建。

（3）人数规模：每小组 6 人以上。

（4）实用时间：15 分钟。

（5）所需物品：无。

（6）操作规程：

① 将参加活动的学员按相同的人数至少分成两组，分别列成两个纵队。在条件允许的情况下，组队时男女相隔（即一男一女隔开站成一列）。

图 4-16　眉目传情

② 主持人示范：给大家一个数，如：534，左眼代表百位数，右眼代表十位数，嘴巴代表个位数，那我们要传递给别人时就要左眼眨 5 下，右眼眨 3 下，嘴巴作亲吻状亲 4 下。

③ 游戏开始时，除队列的第一个人外，其余学员全部向后转身。

④ 这时培训师或助教老师将写有同样数字（三位数）的纸条分别展示给各队列的第一个学员，让其记住这个数字。这个环节如用纸条不方便，可用耳语报给各队第一名学员，但不能让其他人听见。

⑤ 各队列第一名学员记住这个三位数后，转过身去拍拍后边第二个人的肩膀，让其向后转身成面对面，用眼睛、嘴巴动作将刚才记住的数字传递给她（他）。依此类推（其他没有轮到的人不能回头），看看哪一组传递的数字信息又快又准。

⑥ 活动全过程，不能用手比画，不能用嘴发音。

（7）小贴士：

① 一般情况下，比赛进行三次以上，按照各组传递到最后数字的准确度评判。

② 一般先传递简单的数字，后传递复杂的数字。

（8）分享提示：

① 在这个活动中你感觉最困难的地方在哪里？

② 这种沟通方式与正常的沟通相比，有什么可取之处？

③ 任何信息在传递过程中都会出现失真、衰减，因此工作生活中，凡事都要调查了解清

楚再作结论，切不可盲目相信传言、小道消息等。

④ 用这种形式传递信息，除了完成它本身的任务外，通过面部夸张变形的交流，用最快的时间一下让我们放松了自己，拉进了彼此间的距离，有了共同的目标，达到了团队建设的目的。

19. 蛟龙出海（图 4-17）

图 4-17 蛟龙出海

（1）其他名称：步调一致。

（2）项目类型：热身游戏。

（3）培训目的：热身、竞技。

（4）人数规模：15~20 人一组。

（5）实用时间：15 分钟。

（6）所需物品：绑腿带。

（7）操作规程：

① 培训师让团队横排站队，每两人发一根绑腿带，要求把相邻的两条腿用绑腿带绑好，设立一个起点，一个终点，共进行 3 轮；

② 团队以竞赛的形式，开始后团队步伐一致地迈向终点，但要求团队的队形是横排方向，第一轮要求团队成员齐喊口号；

③ 第二轮开始后，团队在第一轮要求的基础上，选一首所有人都会唱的儿歌（培训师也可规定一首），边唱边行走；

④ 第三轮开始后，所有成员都不允许讲话，直到越过终点；

⑤ 该项目可采用三轮两胜制。

（8）安全监控要点：

① 随着难度加大，培训师可要求各团队出一名总指挥，去指挥团队前进；

② 由于是团队集体绑腿，所以培训师要注意学员安全；

③ 活动进行中，如果有人员摔倒，必须及时停下，整理好队伍后方可继续前进。

（9）分享提示：

① 在这个活动中，团队是运用了哪些技巧去完成任务的？

② 你在这个活动中是怎样协助团队取得成功的？

③ 经常出错的队员，原因是什么？是否是因为注意力不集中？或者是注意力太集中？还是注意力集中在别人身上了？

（10）小贴士：如果时间允许，也可选择侧方位移动的方式进行项目组织。

20. 空中球舞（图 4-18）

图 4-18　空中球舞

（1）项目类型：热身游戏。

（2）培训目的：热身、竞技。

（3）人数规模：15～20 人一组。

（4）实用时间：20 分钟。

（5）所需物品：海绵球。

（6）操作规程：

① 活动开始后，给团队一个海绵球，从第一个团队成员开始，要把这个海绵球抛向空中，高度不低于一个人的身高；

② 球抛到空中后，要求海绵球不能停在某个人的手里或是掉落到地上，团队里的成员要依次向空中抛球，每人只能向空中抛一次，然后传给下一个人；

③ 如果违反了以上规则，培训师就会给团队再增加一个球，要求同样，如果犯规培训师会继续增加海绵球，直到团队成功地把球传过每一个人。

（7）安全监控要点：活动开展过程中，培训师应关注学员安全。

（8）分享提示：

① 如何提高团队的效率？

② 当团队因为球落地要增加球的时候，你们团队的人员会不会有抱怨，团队是怎么处理这些事情的？

③ 在活动过程中，什么样的角色变得尤为重要？

（9）小贴士：

① 这个项目最多可以增加到 6 个球，如果再多可能团队完成任务就比较困难了；

② 可以给团队几次练习的机会，这样团队完成任务会比较轻松。

第二节 体验教育培训场地项目

1. 信任背摔(图 4-19)

图 4-19 信任背摔

(1) 其他名称:信任倒。

(2) 项目类型:团队信任合作项目。

(3) 项目描述:要求每一个学员,依次站到背摔台边上,身体向后笔直倒下,下方其他学员用手臂结网,安全地把倒下的学员接住。

(4) 培训目的:增进互信,提升责任心。

(5) 人数规模:12~16 人一组。

(6) 实用时间:90 分钟。

(7) 所需物品:背摔台;绑手带一条(最好备 120 扁带)。

(8) 操作规程:

① 介绍项目名称和性质:各位朋友,我们将要完成的团队项目叫信任背摔。这是一个个人挑战项目,同时也是体验教育培训中的一个传统经典项目。据传说这个项目源自印第安部落一个古老的仪式,当一些外部落人员到来后,当地人要举行一个仪式,就是让他们站在约一米多高的土台上向后平直倒下,由印第安人展臂接住,这样做人才得到信任,融入当地部落生活。而今,这个古老的传说仪式演变成为体验教育培训中应用广泛的、传统经典的项目。今天,我们就一起来体验这个项目,大家有没有信心?

② 进行医学调查:为了保证大家培训正常进行,培训师要向学员询问是否有半年内做过重病手术,是否头、颈、肩、腰、骶、腿等部位有过严重受伤史,是否有严重的心脏病、高血压、癫痫病史,女士是否有怀孕的等。如果有以上情况,进一步了解核实后要告知不能参加此项目体验。

③ 安全规则要求：为了保证活动安全进行，要求学员参加活动前，把自己身上所有硬件物品（如手表、手机、钥匙链等）和贵重物品（耳环、戒指、项链等）取出，放置于储物箱（袋）内。

④ 讲解下方安全组学员动作要领：首先安排至少 12 名学员分成两组，每组 6 人面向背摔台站成两路纵队，而后要求学员向左或向右转身，成面对面队形，与对面学员的距离保持 80 厘米为宜。其次要求学员成右前弓箭步，脚内侧与对面队友脚内侧平行相接，膝盖骨下方交叉相抵，上身挺直，双手掌心向上、上下相叠，手臂与对面队友交叉后放置于对方右肩上，头向后仰，眼睛余光向上瞟着上方队友，以便他一旦倒偏了进行左右调整。另外，特别注意要在安全保护组的最外末端中间，安排一名学员成弓箭步，面向背摔台上后倒的挑战学员，双手掌向前，成为接人通道的“堵板”，防止身体较高学员或后倒学员在惯性的作用下向前冲滑出去。

视频 4-1 信任背摔

⑤ 讲解上方学员动作要领：首先，活动开始前培训师要提前上到背摔台旁边站好。其次，当学员上到背摔台上准备后倒挑战时，要指导学员背向下方安全组学员，双脚成立正姿势，站到背摔台边缘，双脚后跟跨出平台边缘 2~3 厘米距离，两手掌心向外向前伸直，而后两臂交叉，变为掌心相对十指交叉相扣，由培训师用绑手带在学员手腕处进行捆绑（一般打成活结，便于解取）后，由上向下内翻贴于胸前，收臂挺胸，下颌微收抵住拳头。

⑥ 讲解活动实施操作要领：首先当上方挑战队员和下方安全组队员按照上述要求准备就绪，培训师要发出后倒的预备号令。其次，为了引起大家的注意和渲染氛围，这时培训师要提示台上队员大声喊“我准备好了”，同时要求下方安全组队员即时回应“请相信我们，来吧”，此时培训师即可将扶在队员身后的胳膊慢慢抽回，鼓励队员保持身体笔直向后倒。

⑦ 讲解队员后倒之后动作要领：当上方队员后倒落下时，下方安全组队员必须注意力高度集中，相邻队员之间肩要靠紧，手臂用力。当队员倒下后，不能马上松手，按照先放脚后扶身的顺序，帮助挑战队员站稳，并帮助解下绑手带，共同给他一个鼓励的拥抱。

（9）安全监控要点

① 任何时候都不能让队员在没有保护或准备工作不充分的情况下后倒，以杜绝出现摔、碰伤等事故；

② 参加培训的女学员人数多时，要把男生安排在安全组的第二、第三小组接人的位置；

③ 如果参加培训学员较多时，可在安全组队员身后安排几个监护员，协助进行安全保护；

④ 下方安全组人员通常要保证 6 组队员担任，特殊情况下最少不能少于 5 组，人员不够时，由助教顶替或改换其他项目；

⑤ 下方安全组学员做好准备时，培训师或助教老师要对保护接人的手臂逐一进行试压检查，确保万无一失；

⑥ 为了防止上方学员在倒下后双脚向上反弹磕碰，培训师在学员向后倒下时，可迅速下蹲，用手按住学员双脚，防止双脚回弹；

⑦ 在整个活动中，特别注意培训师自身的安全，由于背摔台都在一平方米左右，因此培训师一定要采取用安全带（或扁带）等对自己进行安全固定保护，防止被后倒学员一起拉下或自己失足摔下。

（10）分享提示：

① 建立团队间的相互信任：一个人能够在背向未知的情况下敢于倒下，必须要相信大家，信任对方。工作中同事之间，领导与下属之间，我们分别该如何看待对方？相互的猜测会给我们造成不必要的麻烦，信任对于我们完成任务的作用非常重要。

首先，只有团队成员之间能够相互信任，才能够提升团队的凝聚力，提高团队的战斗力，提升团队的绩效。信任对于个人以及团队来说都是非常重要的，缺乏对自己的信任会对自己造成很大的负面影响，同样，团队缺乏信任也会对团队造成伤害。

其次，领导需要信任下属以及如何被下属所信任？职员如何能够获得领导的信任呢？领导相信下属，意味着能够看到和肯定下属的优点，要看到每个人在团体中的价值。

此外，值得思考，什么样的人值得你去信任？什么样的组织系统值得你去信任？那么我们要如何成为这样的人或建设这样的组织？从而成为值得信任的人或组织系统中的一员。

② 学会换位思考：通过在下方保护和上方挑战体验，会让我们产生完全不同的感觉，这种通过不同的位置获得不同的体验，培养我们换位思考，让我们在面对同事，不同部门，不同客户的时候，换个角度去为对方想一想，事情解决就会变得轻而易举。

③ 培养责任感：在活动中，大家感觉下边接人紧张，还是在上面后倒时紧张？一般情况下答案是“下面更紧张”，这就是一种责任感的驱使。不同的职位有不同的职责，从来就没有一种职位不需要负责，即使职位再渺小、工作再平凡，也伴有不可推卸的责任。需要有责任心的岗位，并不一定就马上涉及团队的生存，那些看似无大碍的小节之处经过积累，往往就注定了这个团队的命运。试想，我们在接人时若一时疏忽酿成事故，那将会是终身的痛苦。因此一些看起来是微不足道的小事，但恰恰反映了员工的责任心。而正是这种体现员工责任心的细小之事，关系着团队的信誉、信用、效益、发展，甚至生存。

（11）小贴士：

① 如果遇到有的学员心理恐惧不敢后倒时，培训师可用亲昵小动作来辅助其完成任务，如用拍拍肩、言语适时鼓励、调整台上队员的位置、用手在其后背轻扶等方法来解决。决不可在学员不知情的情况下，用手推学员后倒，这是极其危险的不规范行为。

② 为了更好地解决部分学员的恐惧心理，可在活动开始前，组织学员在地面相互做模拟后倒接人的练习。

③ 培训师在讲解各个环节的动作要领时，可用一边示范一边讲解的方法进行，这样效果会更好。

④ 培训师会在每位学员上背摔台挑战前，组织学员为其加油，不仅烘托了气氛，同时也对其他学员进行了鼓励，有效地消除了其他学员的恐惧感。

2. 有轨电车（图 4-20）

（1）其他名称：大脚板。

（2）项目类型：团队合作项目。

图 4-20 有轨电车

（3）培训目的：增进团队协作。

（4）人数规模：12～16 人。

（5）实用时间：60 分钟。

（6）所需物品：

① 两条约 3 米长的木板，每条木板上间隔一脚的距离拴起一根提绳，可准备手套；

② 比较平整的开阔场地。

（7）操作规程：

① 准备工作：将学员分成人数相等的两组，要求大家两只脚分别踩在两条木板上，手上提起绳子；

② 任务描述：要求各组人员在共同努力下，踩在木板上向前行进 30 米，然后原路返回；

③ 项目规则：

a. 参加活动的人员需将身上携带的硬物、尖锐物品等放到整理箱内；

b. 活动中所有人员必须踩在木板上，中途有人掉下木板，要原地停留 5 秒才能继续前进；

c. 活动开始前可以有 5 分钟讨论时间；

d. 第一次前进时可以讲话喊口号，返回来时不准发出任何声音。

（8）安全监控要点：

① 提醒大家有条件时要戴上手套；

② 每组行进时要有一名培训师跟随，防止人员摔倒；

③ 由于刚开始没有形成默契，很容易有人员前倾摔倒，培训师一定要特别关注第一位队员，尤其是使用带有脚套的器材，更要注意（不建议使用脚套）。

（9）分享提示：

① 团队合作精神的培养；

② 学会沟通、交流，学会如何在团队中形成默契；

③ 计划的重要性，周到完善的计划，是完成任何任务的前提；

④ 每个人参与的态度决定任务的成败，没有协作就没有团队；

⑤ 步调一致才能取得胜利，若各自为政，走出一步都异常艰难。

（10）小贴士：在学员熟练操作的基础上，除第一位学员外，让其他学员带上眼罩的方式来增加难度。

3. 穿越电网（图 4-21）

（1）其他名称：生死电网。

（2）项目类型：团队协作项目。

（3）培训目的：提升沟通、计划与执行能力。

（4）人数规模：12～16 人。

（5）实用时间：60 分钟。

（6）所需物品：

① 模拟电网器材；

② 如果没有正规器材，可选取两棵树，用来固定电网；

图 4-21 穿越电网

视频 4-2 穿越电网

③ 用来标识使用过的网洞的小铃铛。

（7）操作规程（视频 4-2）：

① 进行医学调查：询问半年内有无手术史，头、颈、肩、背、腰、骶有无受伤史，是否有严重的心脏病、心脑血管疾病、低血糖、高血压、癫痫病史，有无孕妇。如果有以上情况，进一步了解核实后要告知不能参加此项目体验。

② 情境引导：在一次战斗中，你们所有人都被敌人俘虏了，被关押在一个用电网包围的监狱中。有一天，你们突然发现这个电网有些地方的空隙比较大，用一些技巧是可以穿越电网逃出监狱获得自由的，于是你们趁敌人睡觉的时候开始行动。但是非常不幸，敌人很容易被惊醒。在穿越电网的过程中，任何人一旦碰到电网，不论轻重，警笛立马报警，蹲在远处的狙击手会直接开枪射击，导致全体阵亡。所有队员需要穿越的是一张与地面垂直的“电网”（绳网），网上的一个洞就是一条生路。通过时身体的任何部分和任何物品都不许碰到其电网，碰到即为“触电”。更可怕的是电网两侧都是悬崖峭壁，稍有不慎就会掉入悬崖。

③ 项目规则：

a. 在完成任务中，所有参与学员的任何部位，都不准碰触网绳。也可规定每组有二至三人在碰触网绳后，将被退回重过，但必须戴上眼罩；

b. 已经过去的人员可以在对面帮助其他队员通过，但不准返回出发点帮忙，未通过的队员也不能绕过去到另一侧帮忙；

c. 所有人员都要从网眼中钻过，不得从网的两边、上边和下边通过；

d. 每个网洞只能使用 1 人/次，网洞被违规使用后即封闭，别人不得再用；

e. 活动开始前每组 3 分钟讨论时间，如不够可再给 3 分钟，以此类推。

（8）安全监控要点：

① 在多个小组参加体验的情况下，让先做完项目的小组做监护员观察其他小组的游戏情况；

② 提醒大家注意安全问题，人员通过时，先放脚，后托背，保护头部不被碰撞，尤其是第一个人通过和最后一个人通过时要注意安全防护；

③ 必要时多安排几个监护员，协助做好学员安全的监护；

④ 务必让队员摘下手表、戒指或其他尖锐的物件，掏空所有衣袋；

⑤ 当有女士参加时，要提醒把上衣扎到裤带里，大家帮助通过时，女同志的面部朝上；

⑥ 天气寒冷和风雨天气，注意提醒学员不要脱衣太多，防止感冒。

(9) 分享提示：

① 确立方案、明确分工、有效的组织协调是团队成功的关键；

② 时间、空间、物资资源的合理利用；

③ 相互协调和精心操作，才能保障计划的顺利实施；

④ 感受面对困难时，应有的态度和做事的方式；

⑤ 摆正个人在团队中的位置（自我定位）是团队成功的基础。

(10) 小贴士：可在电网上悬挂一定数量的小铃铛，营造触网后更加紧张的氛围。

4. 驿站传书（图 4-22）

图 4-22　驿站传书

(1) 项目类型：团队沟通项目。

(2) 培训目的：改进沟通技巧，提升沟通效果。

(3) 人数规模：8 人以上。

(4) 实用时间：60 分钟。

(5) 所需物品：

① 每个队伍准备一支笔和一张 A4 纸；

② 信息纸条、白板、白板笔；

③ 会场椅子每人一把（也可全体席地而坐）。

(6) 操作规程：

① 任务描述：全队队员排成一列，每个人相当于一个驿站，培训师会把一个带有信息内容的卡片交到最后一位伙伴的手中，要求根据自己的理解用手势、表情等技巧把数字信息传达给最前面的伙伴，当最前面的伙伴收到信息以后要迅速举手，并把接收的信息写在纸片上交给培训师，项目总共会进行 5 轮，在信息传递的过程中会有一些规则来

约束。

② 项目规则：

a. 项目开始后所有人员不能讲话，不能回头；

b. 后面队员的任何部位不能超过前面队员的身体；

c. 当信息传到最前面伙伴手中时，这位伙伴要迅速举手示意，并把信息写下后交到培训师手中，计时以举手那一刻为截止时间；

d. 不能借用现代通信工具，也不能传递、抛、扔纸条；

e. 项目的最终解释权和裁判权归培训师（要解释清楚，某些很有争议的方法，和我们培训的整个宗旨相吻合算正确，背离则算错误）；

f. 第一轮，时间≤8 分钟（给出 8 分钟的讨论时间，然后进行 PK）；

g. 第二轮，以上规则继续生效，新的规则增加，第一轮所有方法不能再使用，不能传递和扔任何物品，第二轮时间≤6 分钟（给出 7 分钟的讨论时间，然后进行 PK）；

h. 第三轮，以上规则继续生效，新的规则增加，第一轮和第二轮所有方法不能使用，第三轮时间≤4 分钟（给出 6 分钟的讨论时间，然后进行 PK）；

i. 第四轮，以上规则继续生效，新的规则增加，前三轮所有方法不可用，屁股不可以离开椅子面或地面，第四轮时间≤2 分钟（给出 5 分钟的讨论时间，然后进行 PK）。

（7）安全监控要点：活动进行过程中培训师应时刻关注学员安全。

（8）分享提示：

① 充分沟通对团队目标实现的重要意义有哪些？

② 创新与风险意识的增强对沟通成效的决定作用是什么？

③ 如何对团队进行制度化管理？

④ 如何理解头脑风暴对沟通方法改善的帮助？

（9）小贴士：可在最后一轮传递一个笑脸，将会达到意想不到的效果。

5. 穿越沼泽（图 4-23）

（1）其他名称：过沼泽。

（2）项目类型：协作项目。

（3）培训目的：提升计划与执行能力。

（4）人数规模：12～16 人。

（5）实用时间：60 分钟。

（6）所需物品：3 个汽油桶，两块约 3 米长足够承重的木板，手套（每人一副）。

（7）操作规程：

① 情境引导：我们是一支执行任务的小分队，在行进途中，遇到了一片沼泽地，里面有鳄鱼出没，人一旦落水，将被沼泽吞没或被鳄鱼吃掉。现在我们唯一可以利用的工具是 3 个废弃

图 4-23 穿越沼泽

的油桶和两块木板。

② 任务描述：要求所有人员在规定的时间内通过这片沼泽地。

③ 项目规则：

a. 将汽油桶和木板放在起点处；

b. 活动中，人、木板都不能落入沼泽地，一旦落入沼泽地，将退回重来；

c. 活动中，油桶必须直立，不能倒下，倒下的油桶将不能再使用；

d. 不准一个人蹲在油桶上向前挪动；

e. 全体人员都过终点线，任务才算完成。

（8）安全监控要点：

① 一个油桶上禁止两块木板平铺放置；

② 如学员采取悬空办法，培训师一定要在木板悬空端做好保护；

③ 如人数超出木板的承受力，可安排不宜参加活动的人员在地面做安全监护，但不能动手帮助；

④ 时刻察看关注学员在木板上的动态，防止在活动中摔下；

⑤ 事前了解木板和油桶的使用情况，对其承重力心中有数，活动中随时察看木板承载情况，发现声响、裂缝应立即停止；

⑥ 最后通过终点时，不允许学员直接从木板上跳下，在有人帮扶的情况下才能从桶上下来；

⑦ 学员搬木板的时候培训师要提醒学员防止压手、压脚。

（9）分享提示：

① 培养团队协作，增加向心力和凝聚力；

② 加强了解沟通，激励团队实现共同目标；

③ 用创新的方法解决问题，换一种思路，问题也将迎刃而解了；

④ 人力资源的合理分配和使用。

（10）小贴士：

① 起点和终点的距离必须超过 3 块板长；

② 严格要求，效果会更好。

6. 球行万里（图 4-24）

（1）其他名称：流程管理。

（2）项目类型：团队合作项目。

（3）培训目的：改善协作技巧，提升协作能力。

（4）人数规模：10 人以上。

（5）实用时间：60 分钟。

图 4-24　球行万里

（6）所需物品：

① 按队员人数每人准备一块半圆形的球槽（50 厘米长，直径 125 毫米的 PVC 管材）；

② 每个团队一只高尔夫球和一次性水杯；

③ 平整开阔的场地。

（7）操作规程：

① 任务描述：团队每个队员手拿一根半圆形的球槽，将球连续传动（滚动）到下一个队员的球槽中，并迅速到队伍的末端就位，而后继续通过接力传递方式，将小球安全送达终点的水杯中。

② 项目规则：

a. 小组所有队员将各自的半圆形球槽相连；将球连续传动（滚动）到下一个队员的球槽中，并迅速到队伍的末端就位；

b. 当球自出发点前进时，必须经过每名队员的管道，不能让球回流；

c. 在行进过程中，当目标圆球落地后，该小组所有成员必须马上返回起点重新开始；

d. 球在运行过程中手不能碰到球，也不能让球停下来；

e. 在目标圆球不落地的情况下，到达预定目的地即为成功。

（8）安全监控要点：项目组织选择在平整开阔的场地进行，项目过程中防止人员拥挤、摔倒。

（9）分享提示：

① 我们每个学员都是项目运作中的一个"链条"，都非常重要，在任何一项工作完成时，要考虑是否能让你的下一个"链条"顺利承接；

② 不必一味贪快，控制节奏非常重要，一切只为最后的胜利；

③ 把自己的事做好，做最好的自己；

④ 在团队中如何做好承上启下的工作，当你的同伴出现问题时要及时提醒，这样才能确保共同的成功；

⑤ 补位意识在团队协作过程中的重要作用。

（10）小贴士：

① 项目进行过程中，通过约定同一时间可移动队员的数量来提升团队的精准执行；

② 如果有时间或者增加难度，也可以用 2 只球传递，但是 2 只球在传递过程中不可以接触。

7. 智拆核弹（图 4-25）

图 4-25 智取核弹

（1）其他名称：荆棘排雷。

（2）项目类型：创新思维类项目。

（3）培训目的：提升团队解决问题的能力。

（4）人数规模：12～16 人。

（5）实用时间：60 分钟。

（6）所需物品：25 米粗绳一根，20 米长粗绳两根，8 米长细绳两根，一次性水杯一只，筷子一双，小石头一块，眼罩一个。

（7）操作规程（视频 4-3）：

视频 4-3 智取核弹

① 任务描述：在一个山村里，敌方投下了一个没有爆炸的核弹头，给该地区造成了严重的安全威胁。我们作为特工人员，将去该地区执行排除核弹头的任务。培训师让学员用 25 米长粗绳拉成一个大圈，圆圈内为辐射区，所有人员都不准进入圈中。所用的防辐射物品工具就是：两根筷子，两根 8 米长的细绳，两根 20 米长的粗绳。我们的任务是必须在 40 分钟内将核弹的引信拆除。

② 项目规则：

a. 进入辐射区的排弹人员，身体的任何部位都不得与地面接触，防止中毒；

b. 进入辐射区内的人员，必须要戴上眼罩，以保护眼睛；

c. 在完成任务过程中，除提供的物品外，不得使用队员自己寻找的其他物品；

d. 协助完成任务的所有队员在工作过程中，任何人都不能碰触绳圈和进入圈内辐射区域；

e. 完成排弹的过程是进入的人员在蒙着眼罩的情况下，找到筷子，并用筷子把杯子（核弹）里的小石块（引信）取出，挪出辐射区，即算完成排弹任务，其间小石块不可以掉到地上；

f. 活动开始前给学员 3～5 分钟的讨论，制定完成任务的计划。

（8）安全监控要点：在有人进入辐射区之前，要合理分配人员借助绳索对进入人员进行保护，确保其安全。

（9）分享提示：

① 若每个人都积极动脑筋就可以有更多的好主意供选择。因此工作中面对困难和问题，我们都应该开动脑筋、集思广益；

② 团队不断创新，敢于突破固有思维模式，是基业长青的根本；

③ 要想获得成功，没有周围同事和朋友的支持协助是行不通的；

④ 计划的重要性，没有计划而盲目蛮干是出不了成绩的。

（10）小贴士：也可将石块替换成一杯水进行变通操作。

8. 无敌风火轮（图 4-26）

（1）其他名称：车轮滚滚。

（2）项目类型：场地项目。

（3）培训目的：培养团队协作和执行力。

（4）人数规模：12 人以上。

（5）实用时间：60 分钟。

（6）所需物品

① 每组报纸若干张（以每个人 2 张计算）；

图 4-26 无敌风火轮

② 每组胶带 1 卷；

③ 每组剪刀 1 把。

（7）操作规程：

① 任务描述：12~20 人一组利用报纸和胶带制作一个可以容纳全体团队成员的封闭式“履带”，将“履带”立起来全队成员站到其中间并滚动“履带”前进。从起点到折返点，再从折返点回到起点，最先回到起点的一组为获胜组。

② 项目规则：

a. 各组统一在同一起点线内站好，由培训师统一发布口令出发；

b. 行进途中，“履带”必须垂直地面，报纸必须紧密相连；

c. 所有组员必须在“履带”内，身体的任何部分不得直接接触地面；

d. 行进过程中若“履带”断裂必须在原地修复，在培训师许可后才可以继续行进。

（8）安全监控要点：活动场地应平坦，进行过程中培训师应关注学员安全。

（9）分享提示：

① 学会合理分配资源；

② 加强团队合作与沟通；

③ 体会心灵的默契是团队合作的最高境界；

④ 了解战略决策在工作中的重要性；

⑤ 体会计划—执行—检查—行动（PDCA）；

⑥ 提高管理者的组织指挥能力，认识统一指挥的意义与重要作用。

（10）小贴士：可在项目操作过程中设置一定的障碍，在更多围度考验团队。

9. 盲人方阵（图 4-27）

（1）其他名称：建绳房。

（2）项目类型：团队沟通项目。

（3）培训目的：促进团队沟通。

图 4-27　盲人方阵

（4）人数规模：12～20 人。

（5）实用时间：60 分钟。

（6）所需物品

① 眼罩若干（多于参训人数）；

② 30 米长的绳子。

（7）操作规程（视频 4-4）：

视频 4-4　盲人方阵

① 任务描述：让所有参加培训的队员戴上眼罩，而后先一起找到绳子，解开绳子上所有的结，将绳子围成一个面积最大的正方形，要求将所有队员平均分布在正方形绳子四条边上，多余的人站在正方形的中央。

② 项目规则：

a. 把学员带到场地，先让学员熟悉周围的环境，然后要求他们戴上眼罩；

b. 在项目进行的过程中，不允许问培训师任何关于项目的问题；

c. 项目开始前检查一下大家是否都已经按照要求戴好了眼罩（检查眼罩）；

d. 将绳子放在距离适当的地方，不能超出活动区域；

e. 在项目进行当中所有队员不得以任何理由摘下眼罩或偷看。

（8）安全监控要点：

① 注意绳头队员的走动，不要被绳子绊倒；

② 注意场地的平整；

③ 摘下眼罩前提醒大家注意，避免阳光刺激队员的眼睛；

④ 注意队员眼镜等物品放置的位置，不要被踩到；

⑤ 夏天要注意选择阴凉避暑的地方，以防止队员中暑。

（9）分享提示：

① 培养共同目标、默契，合理分配人力资源，纪律与协作；

② 良好的工作程序与方法（团队执行力）；

③ 使学员理解角色定位及尽职尽责地完成本职工作的重要性；

④ 复杂环境下的指挥应变能力，如何保持清醒；

⑤ 有效沟通的重要性,学会多种沟通方式,强化沟通意识;

⑥ 领导在活动中的决策作用,多头领导对于组织建设的危害性;

⑦ 理解团队领导人及其领导风格对完成任务的影响和重要作用。

(10) 小贴士:

① 长绳也可用若干根短绳代替;

② 也可将规则制成数张卡片,根据卡片数将团队分成若干小组,依次分发卡片,然后将卡片收回(中间不留时间),再让团队进行讨论,效果也不错;

③ 活动中不可将绳子多次移动让学员寻找,一旦放好就不可挪动。

10. 挑战 NO. 1

(1) 其他名称:挑战 150。

(2) 项目类型:综合协作项目。

(3) 培训目的:促进团队协作、提升团队执行力。

(4) 人数规模:12~16 人。

(5) 实用时间:90 分钟。

(6) 所需物品:

① 不倒的森林的道具:10 根 1.2 米长的 PVC 管(或竹竿);

② 集体跳大绳道具:一根长 10 米、直径 1 厘米左右的绳子;

③ 击鼓颠球道具:一只含有均匀等分 12~16 根拉绳的鼓(或有机玻璃板替代,要求板厚 5 毫米,直径 45 厘米即可,四周均匀钻孔,孔直径 10 毫米,距离板边 2 厘米);一个排球;

④ 一圈到底的道具:120 扁带一根。

(7) 操作规程:

① 任务描述:每 12~16 个人分成一组,通过完成这四个项目,考验团队成员之间的默契程度、协作能力,每组需在 150 秒内完成任务;练习时间为 20~30 分钟,然后组织比赛,评出优胜队。

② 项目规则:

A. 不倒的森林(图 4-28)

图 4-28 不倒的森林

a. 操作项目队员站成一个圆圈，保持每位队员之间 50 厘米的间距；

b. 队员每人右手拿一根 PVC 线管（或竹竿），将 PVC 线管（或竹竿）直立在地面上，用右手掌心按住 PVC 线管（或竹竿）的最上端；

c. 队员按照顺时针方向依次向前移动，按住前一位队友的 PVC 线管（或竹竿），在交接中 PVC 线管（或竹竿）不能落地，出现失误则重新开始，直至所有队员回到原来的位置。

B. 大河之舞（图 4-29）

每组队员全部参加，选出两个队员舞绳，其他队员集体跳绳，并按照要求连续跳起 8 个（由培训师规定），出现任何失误的，该项目重新开始。

图 4-29　大河之舞

C. 击鼓颠球（图 4-30）

a. 准备一个大鼓，将鼓的周围均匀地分成 12~16 等分，并接好绳子，每根绳子长度不少于 1.5 米，做成 12~16 个拉手，队员只能抓绳头；

b. 留出一名队员，其他队员每人抓住一根绳子的绳头，将鼓拉平，留出的那名队员将排球放在大鼓的鼓面上，其他队员通过手中的绳子，用大鼓将球连续颠起来 8 次（由培训师规定），球颠起的高度必须高于鼓面 30 厘米；

图 4-30　击鼓颠球

c. 没有达到规定的次数，而球落地的或球颠在绳子上的，都要重新开始，直到单次能够将球颠起规定次数，该单个项目通过。

D. 一圈到底

a. 全体队员必须手拉手围成一个圆圈，120 扁带圈套在任何一位队员的胳膊上；

b. 在不松开手的情况下，让这个 120 扁带圈通过每一个队员；

c. 在实施过程中，不得用手指接触扁带。

E. 我们是最棒的

a. 所有队员迅速围成一个圆圈,面向圆心站立;

b. 要求所有队员用最激情的呐喊声和掌声来参加这个集体挑战;

c. 所有队员用手依次左边和右边击掌,嘴里高声喊出“1”,并弯腰向下鼓掌,嘴里高声喊出“我”;

d. 所有队员用手依次左边和右边击掌,嘴里高声喊出“1、2”,并弯腰向下鼓掌,嘴里高声喊出“我们”;

e. 所有队员用手依次左边和右边击掌,嘴里高声喊出“1、2、3”,并弯腰向下鼓掌,嘴里高声喊出“我们是”;

f. 所有队员用手依次左边和右边击掌,嘴里高声喊出“1、2、3、4”,并弯腰向下鼓掌,嘴里高声喊出“我们是最”;

g. 所有队员用手依次左边和右边击掌,嘴里高声喊出“1、2、3、4、5”,并弯腰向下鼓掌,嘴里高声喊出“我们是最棒”;

h. 所有队员用手依次左边和右边击掌,嘴里高声喊出“1、2、3、4、5、6”,并弯腰向下鼓掌,嘴里高声喊出“我们是最棒的”,并高高跃起集体欢呼。每次击掌次数和喊出的数字数量要一致。

(8) 安全监控要点

① 选择开阔平整的场地组织项目;

② 防止地面湿滑;

③ 检查场地上不能有石头、木棍等硬物。

(9) 分享提示:

① 活跃团队气氛,提高全体学员取长补短、团结协作完成共同目标的能力;

② 培养学员不怕挫折、不断进取、争创佳绩的意识;

③ 感受互相鼓励对完成任务的积极作用;

④ 加强团队有效沟通;

⑤ 强化团队之间的领导核心和领导艺术。

(10) 小贴士:也可选择适合的项目进行替换,达到创新的目的。

11. 孤岛求生(图 4-31)

图 4-31 孤岛求生

（1）项目类型：综合项目。

（2）培训目的：模拟组织运营，内部配合沟通。

（3）人数规模：16 人以上。

（4）实用时间：90 分钟。

（5）所需物品：

① 三份任务书和三个大小不等的平台；

② 两块 2~3 米长的木板（救生艇）；

③ 一次性口罩 20 只（视培训人数增减）；

④ 眼罩 20 只（视培训人数增减）；

⑤ 小道具 14 个：汽油（矿泉水瓶代替）；淡水（矿泉水瓶代替）；火柴；镜子；刀具；漂流瓶（矿泉水瓶代替）；驱鲨剂（矿泉水瓶代替）；20 米长的绳索；4 平方米塑料布；一套钓鱼具；鸡蛋一枚；报纸两张；胶带一圈；筷子 10 双。

（6）操作规程：

① 情境引导：我们是一个团队，在组织一次海上活动时，突遇暴风骤雨，轮船被损坏，所有的人被海水分别冲到了三个岛上。冲到盲人岛上的人员，由于食用了某种植物，眼睛全部暂时失去了光明；冲到哑人岛上的人，食用了有毒植物，暂时全部失去了语言能力；只有冲到太平岛上的人处于安全地带，身体没有受到任何影响。

② 任务描述：有关部门派出了轮船前来营救，但由于盲人岛和哑人岛太小，轮船不能靠岸。所以，要求三个岛上的所有人员，相互协作，在规定时间内把人员全部营救到太平岛。

③ 项目规则：

a. 所有人员在活动中不得随意离开自己所在的小岛；

b. 各小岛必须严格按照各自任务书上的要求去展开活动；

c. 活动中，相邻的三个岛屿实际是很远的，利用喊话和手势来交流沟通是无济于事的；

d. 不管活动进行到何处，时间一到，活动全部结束。

（7）安全监控要点：

① 任何时候，都不能让队员游离于团队；

② 严防队员从台子上掉下摔伤；

③ 盲人岛上的人员做动作时，培训师要安排助教进行安全保护，防止意外；

④ 培训师站位在三个岛屿中间处，且要不定期地到各岛屿近处观察，进行有关情况记录；

⑤ 每个岛屿要安排一个监护员，协助做好活动安全；

⑥ 提示学员身上不得携带尖锐的物件和贵重饰品。

（8）分享提示：

① 良好的分析判断能力（主要体现在任何物品掉入水中即会冲到盲人岛）；

② 领导在团队中的重要性（主要体会“狮子与绵羊”的关系）；

③ 逐级管理与分工协作：理解组织特别是跨部门的关系中有效沟通尤其是主动沟通的重要性；

④ 学习在做判断和行动之前去了解他人和数据；

⑤ 理解在跨部门间分享信息和合作的重要性；

⑥ 学习打破思维惯性。

(9) 小贴士：

① 只有携带驱鲨剂、汽油(矿泉水瓶代替)的人才能到达盲人岛,否则将被鲨鱼和毒海蛇吃掉；

② 严格要求,效果会更好。

(10) 三个岛任务书参考：

太平岛任务书

1. 选择并运用下列生存物品求救：

(1) 汽油;(2) 淡水;(3) 火柴;(4) 镜子;(5) 刀具;(6) 漂流瓶;(7) 驱鲨剂;(8) 20米绳索;(9) 4平方米塑料布;(10) 一套钓鱼具。

2. 制定逃生方案。

3. 让鸡蛋从高处落下,还要确保鸡蛋不碎。

4. 将所有的人救援到太平岛上。

5. 制作漂流瓶,写一封求救的信。

规则：

1. 岛的周围是激流,物品一旦落水将会冲到盲人岛上。

2. 岛的周围是松软的沙地,物体受力过重可能塌陷。

3. 岛的周围是水深200米的海洋,水中有鲨鱼和毒海蛇。

哑人岛任务书

任务：

将所有的人集中到太平岛。

规则：

1. 只有哑人可以协助盲人移动。

2. 只有盲人完成了第一个任务后哑人才能移动救生艇(木板)。

3. 哑人不得开口说话,只有哑人可以移动救生艇(木板)。

4. 岛的周围是激流,物品一旦落水将被冲到盲人岛。

5. 岛的周围是水深200米的海洋,水中有鲨鱼和毒海蛇。

盲人岛任务书

任务：

1. 将一个球投入水中的一个桶内。

2. 所有的人转移到太平岛。

规则：

1. 第一个任务完成后才可以离开盲人岛。

2. 盲人不得用手触摸地面。

3. 岛的周围是水深 200 米的海洋，水中有鲨鱼和毒海蛇。

注意事项：

盲人只能行走在安全通道上。

12. 地雷阵（图 4-32）

图 4-32　地雷阵

（1）其他名称：穿越雷区。

（2）项目类型：综合项目。

（3）培训目的：突破思维定式，特殊条件下沟通。

（4）人数规模：12～16 人。

（5）实用时间：90 分钟。

（6）所需物品：

① 每对参赛者一个眼罩；

② 规范的雷阵图（36 平方米，120 个方格）；

③ 预先在地雷阵图纸上标出若干地雷，密度和通过难度视情况而定。

（7）操作规程：

① 情境引导：几天前，你和你的同伴因叛乱而被捕，被一起关在一间牢房里。黎明前，你的同伴侥幸逃了出去，可糟糕的是，他非常不熟悉牢房外面的情况。这是一个没有月亮的夜晚，外面一片漆黑，伸手不见五指。为了远离危险，你的同伴必须穿过一个地雷阵。你很清楚地雷阵的布局和每个地雷的位置，可是你的同伴不知道，你需要以喊话的方式，在他穿越的时候为他指引方向。如果你的同伴在穿越的过程中碰到或撞到了地雷阵中的其他人，他必须静止 30 秒后方可移动。如果他不小心碰了"地雷"，那么一切就都结束了，你们小组将被淘汰出局。天很快就要亮了，你的同伴必须尽快穿过地雷阵。一旦天亮，哨兵就会发现地雷阵中的人，并开枪将他们击毙。赶快开始行动吧，祝你们好运！

② 项目规则：

a. 给每对搭档发一个眼罩，每对搭档中有一个人要被蒙上眼睛；

b. 被蒙上了眼睛的队员在同伴的引导下,走到地雷阵的起点处站好,他的同伴后退到他身后两米处;

c. 在同伴的引导下,让蒙眼罩的队员通过地雷阵。

(8) 安全监控要点:活动组织过程中培训师应关注学员安全。

(9) 分享提示:

① 建立小组成员间的相互信任;

② 促进沟通与交流;

③ 培养为团队勇于奉献的精神;

④ 团队成员间如何在特殊情况下采取特殊方式进行有效沟通与协作;

⑤ 突破固有的思维定式,鼓励创造性思维。

(10) 小贴士:

① 可以分为几轮进行,每一轮失败后可以给几分钟讨论时间;

② 设计时可以增加通过难度。

13. 毕业墙

(1) 其他名称:求生墙(图 4-33)、胜利墙。

(2) 项目类型:团队协作凝聚力项目。

(3) 培训目的:检验团队士气,提升归属感和凝聚力。

(4) 人数规模:16 人以上。

(5) 实用时间:90 分钟。

(6) 所需物品:

① 求生墙(高 4.2 米,宽 4 米左右,墙后有低于墙头 1 米的平台,求生墙必须牢固),墙面前有宽阔平整的空地;

② 海绵垫两块(每块长 2 米,宽 1.5 米,厚 50 厘米)、一条 120 扁带;

③ 全身安全带 1 套,60 扁带一条(视情况备用)。

图 4-33 求生墙

(7) 操作规程(视频 4-5):

① 做好医学调查:询问半年内有无手术史;头、颈、肩、背、腰、骶有无受伤史;有无严重的心脏病、心脑血管疾病、低血糖、高血压、癫痫病史;有无孕妇;如果有以上情况,进一步了解核实后告知不能参加此项目体验。

视频 4-5 毕业墙

② 情景引导:我们全体队员乘着一艘大船,在茫茫的大海上航行,午夜时分所有人正在船舱里熟睡,突然船遇冰山,舱底进水。船长立即通知所有人员开始求生,大家相互协作从舱底攀爬到 4 米多高的甲板上逃生。而且预计船在 30 分钟后将沉没大海。大家的时间只有 30 分钟。目前梯子、绳子已经没有了,怎么办?问题要由

你们来解决。

③ 任务描述:要求全体成员按项目规则在规定的时间内翻越 4.2 米的高墙。

④ 项目规则:

a. 墙向两侧无限延长,不许从两侧攀爬;

b. 禁止使用任何身体以外的物品来辅助攀登,例如腰带、衣服等;

c. 攀爬过程中当队员感觉到不适时要即刻提出,下面队员马上松手;

d. “两不”与“两不踩”原则:不蹬墙、不头朝下;不踩头部、颈部,不踩其他关节处;

e. 拉手腕、托腋下原则:拉人时手腕扣手腕(老虎扣),要尽可能垂直往上拉,然后托住腋下;(培训师示范动作)

f. 三不撞原则:头不撞、膝不撞、脚不撞;

g. 大声示警原则:如果你拉人或被踩忍受不了了,要大声喊出来,并大声数出“1、2、3”然后撤掉;

h. 除了上方和攀登人员,其他队员呈大圆石保护法:脚呈弓步,双手向斜上方伸出,双手间隔 60 厘米左右,想象手中托着一块大圆石,如有体验队员后倒或侧倒,将他按在墙上,慢慢放下,或者将他顺势放在垫子上。保护分三个方向,即求生墙正前方和两侧;

i. 培训师的口令必须遵循,如发现危险状况,必须马上制止;

j. 除有心脏病、脑血管病、高血压等严重病患者外,要求全体学员均要完成;

k. 习惯性脱臼以及其他身体伤病的人不能参加。

(8) 安全监控要点:取下尖锐物品,并且女士应将上衣扎在裤腰内。

(9) 分享提示:

① 贝尔宾理论:不能预测一个团队一定成功,但可以预测一个团队一定失败;

② 团队没有没用的人,只有放错地方的人;

③ 强强联合,强弱联合,需要磨合,获得成功;

④ 责任感、使命感、全力以赴;

⑤ 为团队共同的目标无私奉献。

(10) 小贴士:项目操作过程中,可通过禁止讲话来增大项目难度,配合如《弥撒》等背景音乐,效果更佳。

14. 七巧板(图 4-34)

(1) 项目类型:综合项目。

(2) 培训目的:提升领导力,合理化资源配置。

(3) 人数规模:21~35 人。

(4) 实用时间:120 分钟。

(5) 所需物品:

① 场地版:户外平整场地(最小 4×4=16 平方米),七张桌子,每人一把椅子,任务书一套,计分表一张,白板笔 1 支,5 套完整七巧板道具(五种颜色各一套);

② 室内版:七张桌子,每人一把椅子,场地(最小 4×4=16 平方米)可以用来开展项目,任务书一套,计分表一张,白板笔 1 支,5 套完整七巧板道具(五种颜色各一套)。

图 4-34 七巧板

(6) 操作规程:

① 任务描述:一个团队分成 7 个工作组,模拟企业中不同部门或者各个分支机构,通过团队完成一系列复杂的任务,体验沟通、团队合作、信息共享、资源配置、创新观念、高效思维、领导风格、科学决策等管理主题,系统地整合团队;

② 把团队成员分为 7 个组,将各组成员带到指定位置坐好,宣布各组的编号;

③ 向所有成员宣布项目名称及规则;

④ 大家所坐的椅子是不得移动的,在项目进行过程中,所有人的身体不得离开所坐的椅子;

⑤ 所有七巧板和图纸可以传递,但是任务书是绝对不可以传递的,否则要扣掉 20 分;

⑥ 所有的任务写在任务书上,完成任务请举手示意培训师,经确认后会有积分;

⑦ 全队在规定的时间内,总分达到 1 000 分,团队才算挑战项目成功;

⑧ 把 35 块七巧板随机发给各组,每组 5 块,提醒学员在项目中使用七巧板时注意安全,只能手递手传递,严禁抛扔,否则会扣分;

⑨ 将所需要的图纸按顺序发给 7 个组,最后将各组任务书按顺序发给 7 个组;

⑩ 向所有成员宣布:现在项目计时开始,请大家遵守规则,注意安全。

(7) 安全监控要点:七巧板道具严禁抛掷。

(8) 分享提示:

① 培养团队成员主动沟通的意识,体验有效的沟通渠道和沟通方法;

② 强调团队的信息与资源共享,通过加强资源的合理配置来提高整体效能;

③ 体会团队之间加强合作的重要性,合理处理竞争关系,实现良性循环;

④ 培养市场开拓意识,更新产品创新观念;

⑤ 培养学员科学系统的思维方式,增强全局观念;

⑥ 体会不同的领导风格对于团队完成任务的影响和重要作用。

(9) 小贴士:项目操作过程中,培训师可适当记录学员的经典语录,项目分享将会事半功倍。

（10）各组任务书

一组任务书

你们组的任务是：

1. 用五种颜色的一套板子分别组成图4-35中的图1至图6，每完成一个图案将得到10分。

2. 用同种颜色的一套板子组成图4-35中的图7，完成后将得到20分。

3. 用三种颜色的一套板子组成一个长方形，完成后将得到30分。

每完成一个图案，请通知培训师，经培训师确认后，登记分数。

二组任务书

你们组的任务是：

1. 用同种颜色的一套板子分别组成图4-35中的1至6，每完成一个图案将得到10分。

2. 用五种颜色的一套板子组成图4-35中的7，完成后将得到20分。

3. 用三种颜色的一套板子组成一个长方形，完成后将得到30分。

每完成一个图案，请通知培训师，经培训师确认后，登记分数。

三组任务书

你们组的任务是：

1. 用五种颜色的一套板子分别组成图4-35中的1至6，每完成一个图案将得到10分。

2. 用同种颜色的一套板子组成图4-35中的7，完成后将得到20分。

3. 用三种颜色的一套板子组成一个长方形，完成后将得到30分。

每完成一个图案，请通知培训师，经培训师确认后，登记分数。

四组任务书

你们组的任务是：

1. 用同种颜色的一套板子分别组成图4-35中的1至6，每完成一个图案将得到10分。

2. 用五种颜色的一套板子组成图4-35中的7，完成后将得到20分。

3. 用三种颜色的一套板子组成一个长方形，完成后将得到30分。

每完成一个图案，请通知培训师，经培训师确认后，登记分数。

五组任务书

你们组的任务是：

1. 用五种颜色的一套板子分别组成图4-35中的1至6，每完成一个图案将得到10分。

2. 用同种颜色的一套板子组成图4-35中的7，完成后将得到20分。

3. 用三种颜色的一套板子组成一个长方形，完成后将得到30分。

每完成一个图案,请通知培训师,经培训师确认后,登记分数。

六组任务书

你们组的任务是:

1. 用同种颜色的一套板子分别组成图 4-35 中的图 1 至图 6,每完成一个图案将得到 10 分。

2. 用五种颜色的一套板子组成图 4-35 中的图 7,完成后将得到 20 分。

3. 用三种颜色的一套板子组成一个长方形,完成后将得到 30 分。

每完成一个图案,请通知培训师,经培训师确认后,登记分数。

七组任务书

你们组的任务是:

1. 领导团队在规定时间内完成任务,达到 1 000 分的目标。

2. 指挥其他各组成员,用所有的 35 块图形组成 5 个正方形,每个正方形必须由同种颜色的 7 块图形组成。每完成一个正方形,你将得到 20 分,组成正方形的那个组将得到 40 分。

3. 支持其他各组成员,在规定时间内得到更多的分数,其他各组总分的 10% 将作为你的加分奖励。

(11) 七巧板项目记分表(见表 4-1)。

示例:

表 4-1 七巧板记分表

总得分:__________

图 组	图一	图二	图三	图四	图五	图六	图七 (20 分)	长方形 (30 分)	正方形(每色记分一次,共 5 个)(40 分)	总计
一										
二										
三										
四										
五										
六										
七								组一至六除正方形外得分的 10%:	每个正方形得 20 分,本次得分:	

（12）七巧板各组拼样式（图 4-35）。

图 4-35　七巧板各组拼图

15. 罗马战车（图 4-36）

（1）其他名称：墨攻战车。

（2）项目类型：综合项目。

（3）培训目的：体验项目运作流程，培养团队合作精神。

（4）人数规模：16~22 人。

（5）实用时间：120 分钟。

（6）所需物品：17 根长短不一的木杆或竹竿（长 3 米，直径 6~8 厘米）、18 个捆扎点的绳子（长 1.5 米/根）、大勺 1 个、塑料桶 1 个、气球 50 个、气球扎口细绳（毛线）一卷、空矿泉水瓶 2 个、制作图纸 1 张。

（7）操作规程（见图 4-37）：

① 情境引导：在古罗马的战场上，一支野战部队得到攻城指令，他们需要运用指

图 4-36　罗马战车

清点器材	竹子：长短粗细若干	绳子：长短粗细若干
任务要求	任务示例	
1. 时间：1小时以内完成 2. 参加队员8~10人 3. 全体人员利用所给的竹子与绳子，搭建一个罗马战车 4. 要求罗马战车可以进行投射水弹十五米以上 5. 质量要求为：结实、稳固、整齐	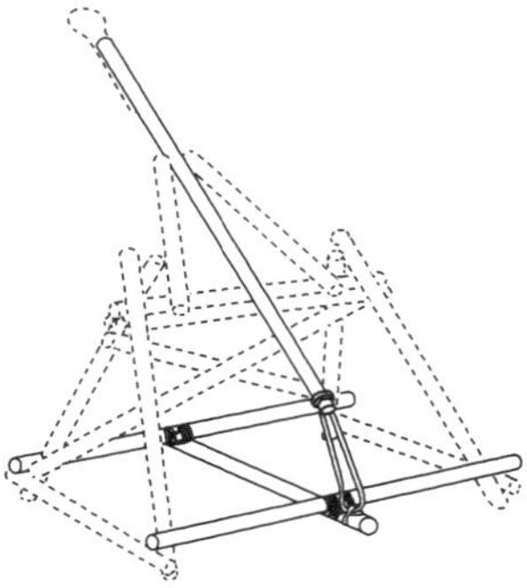 	
安全规则		
1. 培训师随时监控可能出现的风险 2. 提醒队员注意竹子，不要划伤		
材料明细 1. 1支365cm竹竿（投射杆） 2. 2支245cm竹竿（前后脚架下横杆） 3. 2支245cm竹竿（后脚架交叉固定杆） 4. 1支220cm竹竿（底座弹射装置固定杆） 5. 6支220cm竹竿（四角脚架、左右脚架下横杆） 6. 3支185cm竹竿（投射杆辊轴、前后脚架下横杆） 7. 2支140cm竹竿（投射杆左右平衡补助杆） 8. 1个投射装填勺 9. 1条120cm橡皮筋 10. 30条300cm绳 11. 30个气球		

图 4-37 罗马战车任务书

定材料搭建起宏伟的罗马炮架迅速投入战斗，发射炮弹攻击目标，并赢得战争的胜利。

② 任务描述：队员利用一些指定的器材扎成一个罗马炮架（见图 4-36），所有队员必须进入指定的活动区域，利用扎好的罗马炮架，发射“水弹”攻击敌方。小组团队先通过一系列的考验（考验由 3~5 个拓展项目组成），获得资源（道具），然后在一个固定的战场利用资源制作一尊古罗马炮架来攻击别的团队，速度快者为胜。具体任务和搭建形状参考图 4-37。

（8）安全监控要点

① 发射过程中，站立两侧并固定罗马炮架的队员要防止挤压到手；

② 负责装填水弹的队员，装填完成要迅速离开。

（9）分享提示

① 培养全体成员计划、组织、协调能力；

② 培养决策和统筹意识以及合理利用资源的能力；

③ 培养团队通过寻找问题、调整技术、改进产品质量的能力；

④ 在大自然中感受集体创造劳动成果的乐趣。

（10）小贴士：整个对攻过程可分为三个阶段，一是定点投射，二是自由攻击，三是“手榴弹”大战（允许用手投掷）。

16. 达·芬奇密码（图 4-38）

图 4-38 达·芬奇密码

（1）其他名称：超音速。

（2）项目类型：信息沟通、策划、执行项目。

（3）培训目的：挖掘团队潜能，提升团队士气。

（4）人数规模：16~22 人。

（5）实用时间：60 分钟。

（6）所需物品：平整场地，每个队伍执有一个花色的 13 张扑克牌。

（7）操作规程：

① 达·芬奇密码主要通过演绎一个变化的市场情境，从信息收集，到科学决策，再到坚决执行，从上至下考验一个团队领导者的领导力，也考验团队的执行能力；

② 把团队分成几个小组，分布在不同的位置上；

③ 各团队的队长到培训师处领取任务，传达任务和规则；

④ 培训师将 13 张牌顺序打乱放在指定区域，团队成员将依次前往该区域，按照每一轮任务的不同，将正确的卡片按顺序翻出，用时最短的团队胜出；

⑤ 在操作中，不允许任何一个学员说话，只能用肢体语言进行交流，同时也不允许学员离开自己的位置；

⑥ 项目操作用时结束，学员方可移动或说话。

（8）安全监控要点：项目操作场地应平整开阔，每个团队之间应间隔一定的距离。

（9）分享提示：

① 团队中服从的重要性；

② 团队执行力的打造；

③ 团队高效协作的关键；

④ 个人在团队中如何定位，充分发挥自身的优势；

⑤ 资源的最大化利用，真正达到双赢；

⑥ 如何将复杂问题简单化；

⑦ 如何增强信息共享，减少团队内耗。

（10）小贴士：项目操作过程中，13 张扑克牌每轮可摆放成不同形状（米字型、时钟型等），增强趣味性及挑战性。

17. 急速 60 秒（图 4-39）

图 4-39 急速 60 秒

（1）其他名称：目标市场。

（2）项目类型：沟通合作项目。

（3）培训目的：促进头脑风暴以及更高效的运转团队。

（4）人数规模：16～22 人。

（5）实用时间：90 分钟。

（6）所需物品：直径 4 米的绳圈、1～30 的数字信息卡片。

（7）操作规程：

① 以小组为单位，将所有成员集合在一起；

② 场地上有一个固定绳圈，绳圈内放置 1～30 的数字信息卡片，且卡片的正面朝上；

③ 每个队有 3 轮共 6 次进场的机会，每次进场时间为 60 秒；

④ 在 60 秒之内，把圈内数字信息卡片全部按照从小到大的顺序准确无误地交给培训师为任务完成；

⑤ 任务过程中绳圈内始终只能有一位学员并且只有这位学员才可以接触绳圈内的卡片，不允许其他人的手或脚进入绳圈内，否则判本次挑战失败；

⑥ 如挑战失败，必须在 3 秒钟之内离开卡片区，否则下次挑战要扣除 5 秒钟时间。

（8）安全监控要点：活动奔跑过程中，培训师应关注学员安全。

（9）分享提示：

① 培养团队决策与统筹意识、大团队意识，团队间的相互合作，共 3 轮，第一轮每个队有 3 次机会，第二轮有 2 次机会，最后一轮只有 1 次机会；

② 团队处理突发事件的能力；

③ 在执行过程中，当目标偏离时，怎样快速沟通重新调整计划；

④ 其间运用了怎样的沟通方式，有效的沟通方式有哪些，是否取决于具体情况，怎样改善沟通技巧，怎样运用于实际工作，信息的发出和接收是否清楚，是否直接；

⑤ 建立团队规则时是否彼此尊重，在自我辩护以前是否首先倾听别人的意见等，提出建议总比只给批评有效，所有人都应对团队有所贡献；

⑥ 摆正个人及部门在团队中的位置是成功的基础。

(10) 小贴士：目前市面上该项目器材版本较多，选择难易程度适合的器材，更有利于培训效果的提升。

18. 空方阵(图 4-40)

图 4-40 空方阵

(1) 项目类型：沟通合作项目。

(2) 培训目的：培养团队的执行力和协作精神。

(3) 人数规模：12~24 人。

(4) 实用时间：60 分钟。

(5) 所需物品：2 套空方阵塑料板、任务书。

(6) 操作规程：

① 10 人的大组中分为 3 个小组，第一组命名为“计划团队”，第二组命名为“执行团队”，第三组 2 位组员命名为“观察团队”。

② 培训师有 3 份不同的指令分别交给“计划团队”“执行团队”“观察团队”。

③ 整个任务将在 30 分钟内完成。

④ 现在开始分别给“计划团队”“执行团队”“观察团队”指令。

(7) 安全监控要点：关注队员在实施过程中的安全。

(8) 分享提示：增强小组之间个人与个人的配合，小组之间的沟通及配合，从而找出经常出现的问题以及探索出解决这些问题的方法，小组工作时是否有领导的出现及体会领导的作用。

(9) 小贴士：严格要求会效果更好。

19. 筑桥(图 4-41)

(1) 项目类型：团队协作综合项目。

(2) 培训目的：团队合作、策划与执行力的培养。

(3) 人数规模：16~36 人。

(4) 实用时间：120 分钟。

(5) 所需物品：

① 硬质纸板(29 厘米×21 厘米)4 张；

② A4 纸 3 张(或报纸数张)；

③ 胶条 2 卷、牙签 20 根、筷子 4 双、塑料吸管 10 根；

图 4-41 筑桥

④ 签字笔、尺子、剪刀各 1 个。

（6）操作规程：

① 任务描述：两个团队分别发放一定资源，在规定时间之内共同完成一座桥（每个团队只完成整桥的一半，如多个团队可以将桥拆分成多个任务段进行），在造桥过程中，两个团队只允许 3 次沟通，每次 3 分钟，最终完成建桥工作并检验桥的美观和实用；

② 桥梁的要求，符合建筑学原理，美观、耐用；

③ 每组建造整座桥的一半，要求桥的设计和制作符合任务书上的要求，同时在桥的造型、高度、宽度、装饰等各方面都要完全一致，最后拼接在一起是一座完整的桥；

④ 造桥过程中，两组队员有 3 次沟通机会，累计沟通总时间为 10 分钟，3 次机会用完或累计 10 分钟时间用完，将不能继续沟通；

⑤ 每次沟通，每队仅能派出一名队员，每次沟通请向培训师申请，培训师征求另一组队员意见并同意后，方可进行沟通。沟通时不允许携带材料、纸、笔等任何辅助工具；

⑥ 两部分桥连接时，不允许使用任何辅助工具；

⑦ 对接时应向培训师提出申请，培训师征求另一组队员意见并同意后方可进行，时间 10 分钟；

⑧ 培训师问询大家是否明确任务说明。

（7）安全监控要点：

① 在活动进行时，培训师和助教分别对活动进行监控，并做好安全防护；

② 培训师做好活动项目的全程记录；

③ 如果有不安全苗头，及时提醒学员注意安全。

（8）分享提示：

① 沟通方式和效率；

② 分工协作；

③ 合理利用资源；

④ 资源的分配和利用；

⑤ 时间和人力也是资源，其消耗是需要付出代价的；

⑥ 如何更有效地创造团队绩效。

（9）小贴士：

① 活动开始前可以做一个热身游戏，使活动在欢快的氛围中进行；

② 队员体验前，培训师要提醒队员进行自我鼓励，强化团队的契约精神；

③ 对游离于团队的队员，适时进行提醒和鼓励；

④ 可以最后用数瓶矿泉水检验桥的质量。

20. 越障

（1）项目类型：团队协作项目。

（2）培训目的：团队协作、激励奉献、创新思维。

（3）人数规模：12~16 人。

（4）实用时间：90 分钟。

（5）所需物品：4 根长短不同的竹竿，绳子 3 根。

（6）操作规程：

① 任务描述：通过队员的共同努力，在规定的时间，利用给定的物料迅速通过障碍；

② 将参加活动的学员分组；

③ 情境引导："我们在执行任务，突遇一道铁丝网挡住了去路。我们必须在规定的时间里，翻过这道 2 米多高的铁丝网，现在我们能够借助的只有 4 根长短不同的竹竿、3 根绳；

④ 所有的人员通过时，要将工具也全部挪动到另一边；

⑤ 在完成任务过程中，所有队员翻越障碍时不可以碰到铁丝网的任何部位；

⑥ 通过方式只可以从障碍网上方通过，不可从下方、两侧通过；

⑦ 随身携带的物品提前取下，放于储物箱内。

（7）安全监控要点：

① 在活动开展时，其余培训师和助教分布在外围，对活动进行指导，并做好安全监护；

② 提醒大家注意安全问题，第一个上去的学员，要有培训师跟随做保护；最后一名学员一定要注意做好保护工作；

③ 必要时多安排几个监护员，协助做好学员活动的安全；

④ 活动前，务必让学员摘下手表、戒指或其他尖锐的物件；

⑤ 出现违规操作，必须立即停止。

（8）分享提示：

① 当你们接受任务时，你们感觉到了什么；

② 当队员帮你通过时，你有何感觉；

③ 团队目标的实现需要每位团队成员的自觉奉献，你们如何找到了通过障碍的搭架方法；

④ 任何一项工作任务，都有它最佳的科学方法，创造性地工作，是现代企业发展的必由之路。

（9）小贴士：

① 活动开始前可以做一个热身游戏，使活动在欢快的氛围中进行；

② 长时间找不到方法时，可适当提醒示范。

第三节 体验教育培训高空挑战项目

1. 断桥(图 4-42)

(1) 其他名称:高空断桥。

(2) 项目类型:个人高空挑战项目。

(3) 培训目的

① 培训队员在陌生环境下的自我认知能力,挑战自我,用积极思考代替消极思考,重新认识自我;

② 对心理舒适区的认知,行动是战胜恐惧的良方;

③ 培养学员在遇到困难时,敢于接受挑战,勇于战胜自我。

图 4-42 断桥

(4) 人数规模:每 16~22 人一组。

(5) 实用时间:120 分钟。

(6) 所需物品:安全主绳 1 条;全身安全衣 2 套;半身安全衣 1 套;安全头盔 3 顶;丝扣锁 7 个(其中钢质丝扣锁 3 个);120 扁带 2 条;60 扁带 1 条;8 字环 1 只;手套 1 双。

(7) 操作规程(视频 4-6):

视频 4-6 断桥

① 准备工作:将参加体验活动的队员带至高空培训场地,进行安全常识讲解,让学员了解并掌握安全装备的使用。

② 进行医学调查:有身体不适者严禁进行此项挑战。

③ 情境引导:大家知道,在生活中我们经常会看到许许多多的桥,比如,南京的长江大桥,古老的赵州桥,漂亮如虹的玉带桥等,这些桥使我们的路途变得顺畅,承载我们通向胜利的彼岸。那么大家是否也联想到在我们的生活中还有另一种类型的桥,它看不到摸不着,但却时时刻刻影响着我们的生活,如一对夫妻间的感情之桥,团队发展需要跨越死亡之谷的经营之桥,等等。在人生道路上,桥在生活中是连接彼岸的媒介,在人与人之间是沟通心灵的通道。这些桥一旦断裂,我们就面临着一个如何"跨越"的挑战。今天我们要跨越的是悬在高空的断桥。要求每一位队员都要从立柱爬上断桥,然后从桥的一端跨越到桥的另一端,再跨越回来。下面是"万丈深渊",前方是"一线生机",我们是凌空一跃,还是无功而返?下面我们先在地面上体验一下跨越"断桥"的感觉。

④ 任务描述:要求队员在规范穿着安全装备的情况下,按照培训师的要求,从断桥一侧立柱攀登上到桥板,利用单腿跨越的姿势跳到对面桥板,而后原路返回。

⑤ 项目规则

a. 医学调查:询问队员半年内有无手术史,头、颈、肩、背、腰、骶有无受伤史,是否有严重的心脏病、心脑血管疾病、低血糖、高血压、癫痫病史,有无孕妇。如果有以上情况,请与助教老师进一步确定本项目是否可以参加；

b. 活动前所有参加挑战的队员，要将自己的贵重和尖锐物品，如手表、戒指、项链等取出，放置于储物箱（袋）中；

c. 参加挑战的队员按照要求穿戴好安全装备（安全带、头盔、锁扣等），并经过安全员或带队老师的检查；

d. 组织全队人员给即将参加挑战的队员鼓励加油，如："×××加油，加油，加油！"等；

e. 挑战队员攀爬前一定要与安全保护员进行沟通，获得安全保护准备认可方可攀登；

f. 挑战队员攀登过程中做到三不：不要太快，以免消耗过多体力；不要停顿，以免影响进程；不要向下看，以免增加恐惧感；

g. 挑战队员在任务完成过程中，不得用拉拽保护绳索方式协助自己完成任务；

h. 挑战队员在刚开始攀登在三米以下高度时，其余队员要在下方周边围成一圈，以双手向上姿势进行保护；

i. 完成任务过程中，所有的队员不得游离于团队，始终与团队在一起；

j. 通过断桥时要用单腿跨越的姿势，不可助跑跨越，不可双脚同跳，不可迈步通过；

k. 挑战队员回到地面，队长要组织其他伙伴进行迎接仪式，如拥抱、通过凯旋门等；

l. 项目挑战过程中，要求安全保护人员必须按照规范、标准的动作进行有效保护，防止出现安全问题（详情见安全知识讲解部分）。

（8）安全监控要点：

① 在活动开展时，培训师和助教分别对活动进行指导，并做好安全监护；

② 培训师必须进行医学调查，提醒大家注意安全问题；

③ 所有队员在攀登高空器械前，专职安全员或培训师必须亲自进行安全装备的检查，合格后方可允许队员攀登；

④ 培训师站位与器械中间点和安全保护人员形成等腰三角形；

⑤ 体验结束后，要求队员顺立柱脚登回到地面，未经专业组织不得速降落地。

（9）分享提示：

① 爱心能给人无限力量，让我们人人都献出一点爱，团队会变成美好的大家庭；

② 断桥一小步，人生一大步。断桥体验告诉我们，决不轻言放弃。任何时候只有相信自己，战胜自我，才能体验自我挑战的成就感；

③ 当我们面临困难时，其实最大的敌人不是困难本身，而是我们自己，战胜了自我，就战胜了一切；

④ 克服心理障碍，增强自我控制能力，学会用平常的心态，对待严峻的挑战，是我们每个人成功的最关键因素；

⑤ 引发我们的换位思考，大家开始在地面做跨越 1 米的距离，都能轻松跨过，面对 8 米高空的断桥，我们做起来就相当困难。这就告诉我们，同样一件事在不同的环境、不同的条件下，采取的方式方法、考虑的各种因素也是不同的。

⑥ 要懂得相对成功，并不是每个人都必须跳过去才叫成功，只要超越了自己、实现新的突破就是成功；

⑦ 个人的成功离不开团体的支持帮助，我们面对困难时，要有一颗坚强的心，享受成功时也要有一颗感恩的心；

⑧ 勇于抓住生命中任何一个机遇，机遇对于有的人也许一生只有一次，错失了就会造成永久的遗憾，成功也一样，宁可千日无机会，不可一日不准备，机会和成功永远青睐有准备的人。

（10）小贴士：

① 活动开始前可以做一个热身游戏，使活动在欢快的氛围中进行，以减轻学员的心理压力；

② 每位队员体验前，培训师要召集其他队员（安全保护人员除外）进行鼓励；

③ 一般让队员自己排序完成任务，比强制排序和规定完成任务效果要好；

④ 对一时产生恐惧心理的队员，适时进行心理辅导和鼓励加油。

2. 空中单杠（图 4-43）

图 4-43　空中单杠

（1）其他名称：跳出真我、心灵飞跃。

（2）项目类型：个人高空挑战项目。

（3）培训目的：

① 培训队员在陌生环境下的自我认知能力；

② 挑战自我、激发潜能；

③ 培养在挫折和打击面前鼓起勇气，敢于接受挑战，勇于战胜自我。

（4）人数规模：每 16~22 人一组。

（5）实用时间：120 分钟。

（6）所需物品：安全绳 2 条；全身安全衣 2 套；半身安全衣 2 套；安全头盔 6 顶；丝扣锁 8 个（其中钢质丝扣锁 4 个）；120 扁带 1 条；60 扁带 1 条；8 字环 2 只；手套 2 双。

视频 4-7　空中单杠

（7）操作规程（视频 4-7）：

① 准备工作：将参加体验活动的队员带至高空培训场地，进行安全常识讲解，

让学员了解掌握安全装备的使用。

② 进行医学调查：有身体不适者严禁进行此项挑战。

③ 任务描述：在培训师的统一指挥下，挑战队员从单杠立柱攀登至顶端，双脚站在小圆盘上慢慢直立，而后跳跃出去，双手抓住上前方垂吊的小三角杠，用速降的形式下降到地面。

④ 规则要求（通用部分可参照断桥项目安全规则要求内容）

a. 参加体验的队员，攀爬到立柱顶端时，要保持平衡，站立起来；

b. 要用双腿力量跃起，不能跨出和单脚起跳，严禁触摸上方安全绳；

c. 下降时双腿微弯，双手掌心朝外护住面部，在安全员的保护下，平安降到地面；

d. 保护人员要时刻关注上方的队员，以免发生坠落；

e. 组织空中单杠项目时，有条件的情况下一定要使用双绳索前后保护技术；

f. 使用单索保护时，为防止队员跳出去后发生摆荡碰伤，可在队员安全带前方另系一条辅绳，用于尽快让队员在空中停止摆动。

（8）安全监控要点：

① 在活动开展时，培训师和助教分别对活动进行指导，并做好安全监护；

② 安全员保护时比较合理的位置是在单杠器材 5~6 米的中点，与两边立柱形成等腰三角形，这样可防止队员跳出去后发生侧滑碰伤；

③ 让队员速降时，一定要提前提醒保护队员，做好准备后方可操作。

（9）分享提示：

① 人的潜能是无限的，超越自我，体验成功；

② 相信自己是最优秀的；

③ 任何成功来之不易，都需要付出相应的代价；

④ 人生最大的敌人不是别人，而是自己，战胜了自己，就战胜了一切；

⑤ 成功离不开科学的方法与技巧。

（10）小贴士：

① 活动开始前可以做一个热身游戏，使活动在欢快的氛围中进行，以减少恐惧感和心理压力；

② 每位队员体验前，培训师要召集其他队员（安全保护人员除外）进行鼓励；

③ 一般让队员自己排序完成任务，比强制排序完成任务效果要好；

④ 对一时产生恐惧心理的队员，适时进行心理辅导和鼓励加油。

3. 天梯（图 4-44）

（1）其他名称：巨人梯。

（2）项目类型：双人高空挑战项目。

（3）培训目的：

① 培养队员特殊条件下的协作沟通；

② 开发自我潜能；

③ 团结、鼓励、协作；

④ 挑战自我，战胜恐惧。

图 4-44　天梯

（4）人数规模：16～22 人一队，每组 2 人。

（5）实用时间：120 分钟。

（6）所需物品：安全绳 2 条；全身安全衣 4 套；半身安全衣 2 套；安全头盔 6 顶；丝扣锁 12 把（其中钢质丝扣锁 6 个）；120 扁带 4 条；60 扁带 2 条；8 字环 2 只；手套 2 双。

（7）操作规程（视频 4-8）：

视频 4-8　天梯

① 准备工作：将参加体验活动的队员带至高空培训场地，进行安全常识讲解，让学员了解掌握安全装备的使用。

② 进行医学调查：有身体不适者严禁进行此项挑战。

③ 情境引导：在生活中，我们经常讲到天梯，其实天梯在人间是不存在的，我们只是希望会有捷径出现，今天我们就是要体验一下模拟的天梯，是怎样把我们送上人生的顶峰的。

④ 任务描述：所有体验队员相互协作，在培训师的统一指挥下，完成下列任务。

a. 每组两位队员通过相互协作，从天梯第一杠开始，依次攀登到顶端，而后分别速降下来。

b. 挑战队员完成任务后速降时，下方队员把梯子推向一边，将速降下方留出一定空间。

⑤ 项目规则：

a. 进行医学调查：询问队员半年内有无手术史，头、颈、肩、背、腰、骶有无受伤史，是否有严重的心脏病、心脑血管疾病、低血糖、高血压、癫痫病史，有无孕妇。如果有以上情况，进一步核实后告知不能参加此项目体验；

b. 活动前，所有参加挑战的队员，要将手表、戒指、项链等身上的尖锐物件和贵重物品取出，放置于储物箱（袋）中；

c. 参加挑战的队员按照要求穿戴好安全装备（安全带、头盔、锁扣等）；

d. 组织全队人员给即将挑战的队员鼓励加油；

e. 挑战队员攀爬前一定要与安全保护员进行沟通，获得认可后方可攀登；

f. 任务挑战过程中，挑战队员不可以借助拉拽保护绳索来完成任务；

g. 在攀登过程中,两人相互协作,可以踩的部位是肩部、双手掌、大腿,不准踩头部、颈椎、腰椎一线及膝盖;双手提拉时必须是“老虎扣”互相握住对方手腕的姿势;

h. 两人协作攀登,下方队员可借助上方队员的安全带,但拉拽的部位一定是腿带部位,并用四指与拇指成满把抓的形式;

i. 团队内所有队员在任务完成过程中,不得游离于团队,始终与团队在一起;

j. 挑战队员回到地面,要组织伙伴进行迎接仪式,如拥抱、通过凯旋桥等;

k. 项目挑战过程中,要求安全保护人员必须按照规范、标准的动作进行有效保护,防止出现安全问题(详情见安全知识讲解部分)。

(8) 安全监控要点:

① 在活动开展时,培训师和助教分别对活动进行指导,并做好安全监护;

② 必须进行医学调查,提醒大家注意安全问题;

③ 安全员保护时比较合理的位置是在单杠器材 5~6 米的中点,与两边立柱形成等腰三角形,这样可防止队员跳出去后发生侧滑碰伤;

④ 让队员速降时,一定要提前提醒保护队员,做好准备后方可操作。

(9) 分享提示:

① 增加自信,克服恐惧。天梯正像人生旅途,一步一个台阶。越往上,攀登越困难。随着高度的提升,恐惧心理不断强化。此时可能是你产生放弃的想法,也是你前进的关键时刻。如何选择将影响你今后成功的程度,影响你冲击新目标的信心。实际工作生活中不是因为有些事情难以做到,我们才失去自信,而是因为我们失去了自信,有些事情才显得难以做到。

② 命运掌握在你自己手中。心理学家认为,性格与成功息息相关。仔细研究,我们遭遇的很多困难和失败都是来自自己性格的缺陷。什么样的性格往往决定了你会采取什么样的处事方法。但面对同一事情,你还是可以选择自己的处理方式。许多成功者,他们都有一个共同的特点——勤奋。在这个世界上,投机取巧者无法成功,偷懒者更是永远没有出头之日。

③ 关爱,友谊,力量。只有一起经历过磨难的朋友才会懂得更加珍惜友情。在活动中,你和同伴不分彼此,相互鼓励,终于艰难地到达了顶峰,这时你会由衷地感到队员、同事之友爱。

④ 每个人的成功离不开团队的支持帮助。

(10) 小贴士:

① 活动开始前可以做一个热身游戏,使活动在欢快的氛围中进行,以减少恐惧感和心理压力;

② 每位队员体验前,培训师要召集其他队员(安全保护人员除外)进行鼓励;

③ 一般让队员自己排序和寻找搭档完成任务,比强制排序和规定搭档完成任务效果好;

④ 对一时产生恐惧心理的队员,适时进行心理辅导和鼓励加油。

4. 合力桥(图 4-45)

(1) 其他名称:团队桥。

(2) 项目类型:团队高空挑战项目。

图 4-45 合力桥

（3）培训目的：

① 培训学员团结协作精神；

② 成员之间，部门之间的相互支持、默契配合。

③ 科学的方法与技巧。

（4）人数规模：16~22 人一组。

（5）实用时间：120 分钟。

（6）所需物品：安全绳 1 条；全身安全衣 2 套；半身安全衣 1 套；安全帽 3 顶；丝扣锁 6 个；120 扁带 2 根；60 扁带 1 根；8 字环 1 只；手套 1 双。

（7）操作规程：

① 准备工作：将参加体验活动的队员带至高空培训场地，进行安全常识讲解，让学员了解掌握安全装备的使用。

② 进行医学调查：有身体不适者严禁进行此项挑战。

③ 任务描述：所有体验队员相互协作，在培训师的统一指挥下，完成下列任务。

a. 所有队员按规定穿戴安全装备，依次攀爬到 8 米高空，从吊板的一端通过到另一端。

b. 除体验队员外，其他人员将合力使桥面拉平，让体验队员顺利通过。

c. 完成任务后，从合力桥的另一边顺梯子返回。

④ 项目规则（通用部分可参照断桥项目安全规则要求内容）

a. 上方队员依次通过三块桥板，体验队员严禁触摸上方安全绳；

b. 保护人员要时刻关注上方的队员，以免发生坠落；

c. 不准爬着通过桥板；

d. 所有队员每人拉住一根平衡绳，尽量将桥板保持平稳。

e. 地面保护队员和拉绳队员严禁用拉绳荡秋千。

（8）安全监控要点：

① 在活动开展时，培训师和助教分别对活动进行指导，并做好安全监护；

② 必须进行医学调查，提醒大家注意安全问题；

③ 检查丝扣锁是否拧紧并回旋 1/4 圈；

④ 在活动前，务必让队员摘下手表、戒指或其他尖锐的物件，掏空衣兜，防止体验过程中物品滑落；

⑤ 安全保护人员在项目进行过程中，在保持规范姿势动作的基础上，要同步与上方队员位移；

⑥ 体验结束后，严禁体验队员速降落地。

（9）分享提示：

① 学会适应不同的陌生环境；

② 个人在团队中的角色及责任；

③ 团队成员间沟通协作；

④ 为完成任务，尽量创造一个良好的沟通条件和环境；

⑤ 学会平衡和处理各种关系。

（10）小贴士：

① 活动开始前可以做一个热身游戏，使活动在欢快的氛围中进行，以减少恐惧感和心理压力；

② 每位队员体验前，培训师要召集其他队员（安全保护人员除外）进行鼓励；

③ 与下方队员配合严重失调时，应暂停活动进行引导或进行技术提示；

④ 提示下方队员注意，避免被拉绳下端的铁环类物品碰伤。

5. 荡木桥（图 4-46）

（1）其他名称：风雨桥。

（2）项目类型：个人高空挑战项目。

（3）培训目的：

① 建立目标；

② 培养自信和勇气；

③ 锻炼身体各部位配合，掌握平衡点；

④ 学会创新思维。

（4）人数规模：每 16~22 人一组。

（5）实用时间：120 分钟。

（6）所需物品：安全绳 1 条，全身安全衣 2 套，半身安全衣 1 套，安全头盔 3 顶，丝扣锁 6 个（其中钢质丝扣锁 3 个），120 扁带 2 根，60 扁带 1 根，8 字环 1 只，手套 1 双。

图 4-46　荡木桥

（7）操作规程：

① 准备工作：将参加体验活动的队员带至高空培训场地，进行安全常识讲解，让学员了解掌握安全装备的使用。

② 进行医学调查：有身体不适者严禁进行此项挑战。

③ 情境引导：当我们来到沟边时，发现有当地人用藤条和废轮胎架设的一个荡桥，每次只可通过一个人。现在经检查，这个荡木桥还处于良好状态，可以使用。

④ 任务描述：所有体验队员相互协作，在培训师的统一指挥下，依次从器材一侧立柱向上攀爬，到达小平台后利用垂吊的几个荡筒，协调身体各个部位通过到另一端，顺蹬梯而下。

⑤ 项目规则（通用部分可参照断桥项目安全规则要求内容）

a. 体验过程中，体验队员不可触摸安全绳；

b. 体验队员可脚踏荡木，手抓吊绳通过；

（8）安全监控要点：

① 必须进行医学调查；

② 队员上下过程中的监控；

③ 严防队员在荡木桥下方活动；

④ 队员通过中，提醒防止荡木碰伤；

⑤ 不允许跳跃式通过，防止坠落。

（9）分享提示：

① 最初你自己的目标是怎样设定的？

② 在完成任务过程中，和自己之前想象的有什么不同？

③ 当队友给你鼓劲加油时，你有何感想？

④ 学会平衡。人在上方通过时要保持整个身体各部位的平衡才容易通过，生活中也是这样，你要想事业发展、生活愉快，也要学会与不同的人打交道，并处理好各方面的关系，保持一个总体上的平衡。

⑤ 遇到困难时我们应当以什么样的心态去面对？坚定信念，相信自己。

⑥ 荡木是障碍，但也是我们可以利用的脚踏板，如何把障碍和困难踩在脚下，关键是我们的态度。

⑦ 每个人通过时，这是他自己的事还是团队的共同责任？

（10）小贴士：

① 活动开始前可以做一个热身游戏，使活动在欢快的氛围中进行，以减少恐惧感和心理压力；

② 每位队员体验前，培训师要召集其他队员（安全保护人员除外）进行鼓励；

③ 整个体验活动要做到不急、不慢、不停；

④ 对难以通过的学员，可以让其到达一定距离时中途速降下来。

6. 独木桥（图 4-47）

（1）其他名称：高空独木桥。

（2）项目类型：个人挑战项目。

（3）培训目的：

① 培训学员挑战自我，超越自我的勇气；

② 培养学员在困境面前，如何处变不惊，泰然面对；

③ 感悟人生路上独木桥；

图 4-47 独木桥

④ 调整心态,阳光快乐。

(4) 人数规模:每 16~22 人一组。

(5) 实用时间:120 分钟。

(6) 所需物品:安全绳 1 条;全身安全衣 2 套;半身安全衣 1 套;安全头盔 3 顶;丝扣锁 6 个(其中钢质丝扣锁 3 个);120 扁带 2 根;60 扁带 1 根;8 字环 1 只;手套 1 双。

(7) 操作规程:

① 准备工作:将参加体验活动的队员带至高空培训场地,进行安全常识讲解,让学员了解掌握安全装备的使用。

② 进行医学调查:有身体不适者严禁进行此项挑战。

③ 任务描述:所有体验队员相互协作,在培训师的统一指挥下,体验队员穿戴好保护装备,爬到离地面 8 米高的横梁上,利用身体平衡,从独木桥上直立行走到另一端,而后从另一端立柱顺梯回到地面。

④ 活动规则(高空项目通用规则部分参见高空断桥项目中内容)

a. 体验队员上到独木桥上时,要双腿用力,双臂伸展,眼睛平视前方,保持身体平衡,直立向前行走。

b. 通过时不可爬行、骑行和跳跃。

c. 不得借助上方安全绳通过。

(8) 安全监控要点:

① 在活动开展时,培训师和助教分别对活动进行指导,并做好安全监护;

② 活动前必须进行医学调查,提醒大家注意安全问题;

③ 行进中关注队员保持平衡状态,防止坠落;

④ 活动前,务必让队员摘下手表、戒指或其他尖锐的物件,掏空衣兜,防止体验过程中物品滑落,发生意外事件;

⑤ 安全员保护时,要随着上方队员的行进,保持同步位移;

⑥ 体验结束,如采取速降方式则必须保证规范操作。

(9) 分享提示:

① 人的潜能无限,相信自己是最优秀的。

② 其实,在人生的道路上,我们常常会遇到各种各样的独木桥要通过,这个时候我们只要冷静面对、坚定信念,勇敢迈出第一步,目标实现就尽在掌控之中。

③ 通过独木桥,最重要的不是你能不能,而是敢不敢。人生最大的敌人不是别人,而是自己。战胜了自己,就战胜了一切。

④ 平衡是通过独木桥的科学方法与技巧,同样也是我们日常工作和生活中处理各种关系的技巧。

⑤ 通过时你把视线看向远方和看脚下会产生什么不同的反应,与我们工作生活联系起来有什么启发。

(10) 小贴士:

① 活动开始前可以做一个热身游戏,使活动在欢快的氛围中进行,以减少恐惧感和心

理压力；

② 此项目也可以按照双人项目操作，即两人同时从两头向中间走，会合后可两人相交转换位置继续前进，也可会合后从桥中间分别速降到地面；

③ 对一时产生恐惧心理的队员，适时进行心理辅导和鼓励加油。

7. 悬崖绝壁（图 4-48）

（1）其他名称：壁虎墙。

（2）项目类型：个人高空挑战项目。

（3）培训目的：

① 个人心理挑战；

② 培养个人充满自信、勇气；

③ 培养学员学会在困境中生存。

（4）人数规模：每 16~22 人一组。

（5）实用时间：120 分钟。

（6）所需物品：安全绳 1 条；全身安全衣 2 套；半身安全衣 1 套；安全头盔 3 顶；丝扣锁 6 个（其中钢质丝扣锁 3 个）；120 扁带 2 根；60 扁带 1 根；8 字环 1 只；手套 1 双。

图 4-48 悬崖绝壁

（7）操作规程：

① 准备工作：将参加体验活动的队员带至高空培训场地，进行安全常识讲解，让学员了解掌握安全装备的使用。

② 进行医学调查：有身体不适者严禁进行此项挑战。

③ 情境引导：我们在执行任务过程中，遇到了一道悬崖绝壁必须通过。现在我们没有任何工具，迂回道路也已经被敌人封锁了，我们必须在规定的时间内，靠自己的勇气从悬崖绝壁的边缘上通过。

④ 任务描述：所有体验队员相互协作，在培训师的统一指挥下，体验队员穿好保护装备，攀爬到离地面 8 米高的悬崖绝壁旁，背靠壁板，横向通过到另一端，而后顺另一端立柱蹬梯下降到地面。

⑤ 项目规则（高空项目通用规则部分参见断桥项目中内容）

a. 参加体验的队员，攀爬到悬崖绝壁旁，后背紧贴崖壁，保持身体平衡，横向移动；

b. 体验队员在移动时，眼睛平视远方，可降低恐惧感；

c. 如果时间充足，可要求队员到达目标后，身体向后转，面朝崖壁，再横移回出发点，顺原路返回地面。

（8）安全监控要点：

① 活动开展时，培训师和助教分别对活动进行指导，并做好安全监护；

② 必须进行医学调查，提醒大家注意安全问题；

③ 队员在横移过程中如发现身体失衡，要立即拉紧保护绳索，采取措施；

④ 活动前，务必让队员摘下手表、戒指或其他尖锐的物件，掏空衣兜，防止体验过程中

物品滑落，发生意外事件；

⑤ 安全保护员的站位点，要随着上方队员的横移而进行同步横移，以保证一旦出现情况，马上起到保护作用；

⑥ 不准学员在器械下方随意走动，防止重物下坠，出现意外。

（9）分享提示：

① 人的潜能是无限的，相信自己是最优秀的；

② 不找任何借口，不断超越自我；

③ 面对困难，坚定信念，处变不惊；

④ 坚持到底，不放弃、不抛弃，就一定能够实现目标；

⑤ 保持一个平和的心态，就能面对困难，从容应对；

⑥ 平衡，是通过悬崖绝壁的科学方法与技巧，同样也是我们日常工作和生活中处理各种关系的技巧。

（10）小贴士：

① 活动开始前可以做一个热身游戏，使活动在欢快的氛围中进行，以减少恐惧感和心理压力；

② 此项目也可以双人同时体验，即两人各自从两端向中间横移，相遇后各自再横移回各处出发点，返回地面，这样可以节省近一半时间；

③ 对一时产生恐惧心理的队员，适时进行心理辅导和鼓励加油。

8. 高空绳网（图 4-49）

（1）其他名称：绳网挑战。

（2）项目类型：个人高空挑战项目。

（3）培训目的：

① 个人心理挑战；

② 培养个人充满自信、勇气；

③ 锻炼学员在高空困境中的应变能力；

④ 培养学员学会在困境中生存。

（4）人数规模：每 16~22 人一组。

（5）实用时间：120 分钟。

（6）所需物品：安全绳 1 条；全身安全衣 2 套；半身安全衣 1 套；安全头盔 3 顶；丝扣锁 6 个（其中钢质丝扣锁 3 个）；120 扁带 2 根；60 扁带 1 根；8 字环 1 只；手套 1 双。

图 4-49　高空“X”绳网

（7）操作规程：

① 准备工作：将参加体验活动的队员带至高空培训场地，进行安全常识讲解，让学员了解掌握安全装备的使用。

② 进行医学调查：有身体不适者严禁进行此项挑战。

③ 任务描述：所有体验队员相互协作，在培训师的统一指挥下，依次攀爬高空绳网到最

顶端,而后翻越过去,从另一面攀爬回到地面,或从原来一面原路返回地面。

④ 项目规则(高空项目通用规则部分参见高空断桥项目中的内容)

a. 参加体验的队员攀爬过程中,可用手抓和脚蹬绳网的方式进行;

b. 攀登线路按培训师规定的要求行进,如培训师没有明确,则可自己选择最快的线路进行。

(8) 安全监控要点:

① 在活动开展时,培训师和助教分别对活动进行指导,并做好安全监护;

② 必须进行医学调查,提醒大家注意安全问题;

③ 特别关注安全员不要因为队员有绳网抓攀而忽略了保护;

④ 特别注意体验队员翻越绳网顶端时的安全。

(9) 分享提示:

① 人的各部分机能协调配合;

② 挑战个人心理极限;

③ 用怎样的技巧才可以高效地完成任务,工作中如何找到科学的方法,做到事半功倍;

④ 面对横七竖八的网绳,人就像在大海里漂荡,很容易迷失方向,往往为了快而偏离了最佳路线。联系工作和生活实际,如何面对繁杂的事务保持头脑清醒,方向明确,坚持到底。

(10) 小贴士:

① 活动开始前可以做一个热身游戏,使活动在欢快的氛围中进行,以减少恐惧感和心理压力;

② 此项目可双人同时操作。

9. 风雨彩虹

(1) 其他名称:高空波浪。

(2) 项目类型:个人高空挑战项目。

(3) 培训目的:

① 培养永不放弃、坚持到底的精神;

② 个人潜能激发;

③ 学会在运动中平衡;

④ 历经艰难困苦,体验成功喜悦。

(4) 人数规模:16~22 人一组。

(5) 实用时间:120 分钟。

(6) 所需物品:安全绳 1 条;全身安全衣 2 套;半身安全衣 1 套;安全头盔 3 顶;丝扣锁 6 个(其中钢质丝扣锁 3 个);120 扁带 2 条;60 扁带 1 根;8 字环 1 只;手套 1 双。

(7) 操作规程:

① 准备工作:将参加体验活动的队员带至高空培训场地,进行安全常识讲解,让学员了解掌握安全装备的使用。

② 进行医学调查:有身体不适者严禁进行此项挑战。

③ 任务描述:所有体验队员相互协作,在培训师的统一指挥下,体验队员穿戴好安全保

护装备，爬到离地面 8 米高的平台上，利用下垂的绳索，从起点出发通过到另一端，而后沿立柱梯回到地面。

④ 活动规则（高空项目通用规则部分参见空中断桥项目中的内容）

a. 参加体验的队员攀爬到平台旁，脚踩垂吊的弧绳，手抓上方钢丝，从起点出发通过到另一端，而后沿立柱梯回到地面。

b. 体验队员在移动通过时，严禁触摸上方安全保护绳。

c. 保护人员要时刻关注上方的队员，以免发生坠落。

（8）安全监控要点：

① 此项目消耗体力大，时刻关注挑战队员的状态，必要时可暂停休息一下或在中间位置速降下来；

② 本项目为横移式项目，安全员必须在保持规范动作的情况下，随上方队员的横移进程而同步横移保护位置，防止冲坠时出现摆荡碰伤；

③ 如有条件队员可戴手套进行挑战。

（9）分享提示：

① 人生之路艰辛；

② 付出总有回报；

③ 不放弃、不抛弃，就一定能够成功；

④ 阳光总在风雨后。

（10）小贴士：

① 活动开始前可以做一个热身游戏，使活动在欢快的氛围中进行，以减少恐惧感和心理压力；

② 如果参训队员身体素质普遍很好，可禁止队员手抓钢丝，只能抓绳子通过；

③ 此项目可按双人项目同时组织两个人进行，即两人分别从两端相向而行，相遇后各自原路返回，或在中间分别速降到地面。

10. 高空步步高（图 4-50）

（1）其他名称：高空升级。

（2）项目类型：个人高空挑战项目。

（3）培训目的：

① 挑战个人心理极限；

② 培养超越自我、战胜自我的勇气；

③ 体验人生之路的艰辛。

（4）人数规模：每 16~22 人一组。

（5）实用时间：120 分钟。

（6）所需物品：安全绳 1 条，全身安全衣 2 套，半身安全衣 1 套，安全头盔 3 顶，丝扣锁 6 个（其中钢质丝扣锁 3 个），120 扁带 2 条，60 扁带 1 根，8 字环 1 只，手套 1 双。

图 4-50　高空步步高

（7）操作规程：

① 准备工作：将参加体验活动的队员带至高空培训场地，进行安全常识讲解，让学员了解掌握安全装备的使用。

② 进行医学调查：有身体不适者严禁进行此项挑战。

③ 任务描述：所有体验队员相互协作，在培训师的统一指挥下，每位队员穿戴好保护装备，依次攀爬到高空平台上，从最低桩出发，走向最高桩，而后从最高桩再走回到最低桩，原路返回地面。

④ 活动规则（高空项目通用安全规则要求参考高空断桥活动规则的内容）

a. 体验队员只能迈步行走，不可蹦跳或跨越；

b. 任务完成的顺序是从低到高，再从高到低。

（8）安全监控要点：

① 防止队员在行进中脚踩空失衡；

② 从高到低返回时，密切关注队员的体力；

③ 体验结束后，严禁体验队员速降落地。

（9）分享提示：

① 体会上山容易下山难的哲理；

② 信心和毅力是成功者的重要因素；

③ 排除杂念，坚定目标，实现目标；

④ 人生目标实现，要一步一个脚印，踏踏实实。

（10）小贴士：

① 活动开始前可以做一个热身游戏，使活动在欢快的氛围中进行，以减少恐惧感和心理压力；

② 队员在体验前，可提示自己眼睛向远处看，不要低头向下看。

11. 高空跷跷板（图 4-51）

（1）其他名称：高空平衡木。

（2）项目类型：双人高空挑战项目。

（3）培训目的：

① 战胜心理恐惧；

② 人员之间特殊条件下的沟通；

③ 个人目标与团队目标的关系；

④ 心灵默契的培养。

（4）人数规模：每 16~22 人一组。

（5）实用时间：120 分钟。

（6）所需物品：安全绳 1 条；全身安全衣 2 套；半身安全衣 1 套；安全头盔 3 顶；丝扣锁 6 个（其中钢质丝扣锁 3 个）；120 扁带 2 条；60 扁带 1 条；8 字环 1 只；手套 1 双（双人加倍）。

图 4-51 高空跷跷板

（7）操作规程：

① 准备工作：将参加体验活动的队员带至高空培训场地，进行安全常识讲解，让学员了解掌握安全装备的使用。

② 进行医学调查：有身体不适者严禁进行此项挑战。

③ 任务描述：在培训师的统一指挥下，队员两两结对，在按规定穿戴好安全保护装备的情况下，依次攀爬到高空平台上，两个人分别从平衡木的两端相向而行，相遇后反向各自返回。任务完成过程中，要保持平衡木板基本保持水平。

④ 活动规则（高空项目通用安全规则要求参考高空断桥活动规则内容）

a. 体验队员只能迈步行走，不可蹦跳；

b. 平衡木板如果在任务过程中发生倾斜，一头接触到撑梁，活动可重新开始；

c. 严禁队员在行进中故意晃动平衡木板；

d. 必须直立行走，不得爬行、骑行。

（8）安全监控要点：

① 特别要注意保持两个队员之间的平衡，防止重心偏移坠落；

② 保持平衡木板板面摩擦力，出现湿滑立即停止。

（9）分享提示：

① 活动中你是如何与你的搭档沟通的；

② 行动的一致性来自顾全大局；

③ 个人在实现目标时团体目标的相互促进和制约；

④ 凡事不能光为自己着想，相互理解，不责怪、不埋怨；

⑤ 不找任何借口，踏踏实实做好自己的工作。

（10）小贴士：

① 活动时如果让队员上升到高空时可用眼罩，效果会扩展，但必须保证安全；

② 一般让队员自己排序和寻找搭档完成任务，比强制排序和规定搭档完成任务效果好。

12. 泸定桥（图 4-52）

（1）其他名称：空中漫步。

（2）项目类型：单人高空挑战项目。

（3）培训目的：

① 个人自信、勇气的建立；

② 拓展心理舒适区，调整个人心态；

③ 培养学员在遇到困难时，敢于接受挑战，勇于战胜自我的信念；

④ 学会在困境中前进。

（4）人数规模：16～22 人一组。

（5）实用时间：120 分钟。

（6）所需物品：安全绳 1 条；全身安全衣 2 套；半身安全衣 1 套；安全头盔 3 顶；丝扣锁 6 个（其中钢质丝扣锁 3 个）；120 扁带 2 条；60 扁带 1 条；8 字环 1 只；手套 1 双。

图 4-52 泸定桥

（7）操作规程：

① 准备工作：将参加体验活动的队员带至高空培训场地，进行安全常识讲解，让学员了解掌握安全装备的使用。

② 进行医学调查：有身体不适者严禁此项挑战。

③ 任务描述：所有体验队员相互协作，在培训师的统一指挥下，每位队员穿着保护装备，依次爬到高空项目小平台，沿空中“泸定桥”通过到另一端。

④ 项目规则（高空项目通用安全规则要求参考高空断桥活动规则内容）

a. 参与的队员只能迈步快走，不可蹦跳；

b. 手不可以抓住上方安全绳通过；

c. 必须直立行走，不能跪、爬通过。

（8）安全监控要点：

① 提醒队员行进速度不要太快，避免踩空；

② 行进中尽量脚踏在桥板中点位置，防止踩偏摔下；

③ 队员不可跑步通过。

（9）分享提示：

① 人的潜能无限，不放弃、不抛弃，就一定能够成功；

② 坚强高效的执行力，当年红军飞夺泸定桥时，就是依靠高效坚强的执行力最终战胜了敌人；

③ 处理好速度、效率、质量的关系；

④ 泸定桥正如人生之路，脚下永远不会平直，充满了曲折、变化，我们应该如何面对。

（10）小贴士：

① 活动开始前可以做一个热身游戏，使活动在欢快的氛围中进行，以减少学员的心理压力；

② 对行进比较困难的学员，可适当将保护绳拉紧辅助。

13. 空中相依（图 4-53）

（1）其他名称：高空八字、心心相印。

图 4-53 空中相依

（2）项目类型：双人挑战项目。

（3）培训目的：

① 建立人与人之间的相互信任；

② 促进沟通与交流；

③ 培养责任意识；

④ 掌握平衡技巧。

（4）人数规模：16~22 人一组。

（5）实用时间：120 分钟。

（6）所需物品：安全绳 2 条；全身安全衣 4 套；半身安全衣 2 套；安全头盔 6 顶；丝扣锁 12 个（其中钢质丝扣锁 6 个）；120 扁带 4 条；60 扁带 2 条；8 字环 2 只；手套 2 双。

（7）操作规程：

① 准备工作：对器械进行安全检查，将参加体验活动的队员带至高空培训场地进行安全常识讲解，让学员了解掌握安全装备的使用。

② 进行医学调查：有身体不适者严禁进行此项挑战。

③ 任务描述：每组 2 位队员，在穿着规范安全装备的前提下，从器械立柱一边攀登到小平台，而后双手相托，脚踩钢丝协调配合横移到另一端，沿立柱梯子回到地面。

④ 项目规则（高空项目通用安全规则要求参考高空断桥活动规则内容）

a. 让每个队员找一个搭档。

b. 挑战队员在完成任务的过程中，两手掌相向对合，禁止手指相扣，以保证其中一人冲坠时不出现拉拽现象；

c. 相互配合中将身体重心前倾，倒向对方；

d. 与对方保持沟通，尽量将身体站直保持平衡。

（8）安全监控要点：

① 在活动开展时，培训师和助教分别对活动进行指导，并做好安全监护；

② 必须进行医学调查，提醒大家注意安全问题；

③ 关注队员间手的姿势；

④ 特别关注安全员保护动作和要求。

（9）分享提示：

① 你是如何在完成任务的过程中与队友保持沟通的；

② 你充分相信对方了吗？

③ 默契是怎样形成的？

④ 人与人之间是要相互扶持的；

⑤ 增强合作意识，“众寡同力，则战可以必胜，而守可以必固。”（管仲《管子 · 重令》）。“同力”则为现在所说的凝聚力。战场上如此，平时工作也一样。团队成员心情舒畅，关系融洽，大家互相关心、爱护、帮助，力量就会充分发挥出来，就能顺利完成任务；

⑥ 在生活和工作中，处理平衡好各种关系，如家庭关系、同事关系以及对外人际关系；

⑦ 速度与成功：正确处理速度与成功的关系，要在保证质量的前提下提高速度，否则欲速则不达，团队中要避免无效劳动和零效益。

（10）小贴士：

① 活动开始前可以做一个热身游戏，使活动在欢快的氛围中进行，以减少学员的心理压力；

② 每位队员体验前，培训师要召集其他队员（安全保护人员除外）进行鼓励；

③ 一般让队员自己排序和寻找搭档完成任务，比强制排序和规定搭档完成任务效果好；

④ 对一时产生恐惧心理的队员，适时进行心理辅导和鼓励加油。

14. 天使之手

（1）其他名称：双人钢索（图 4-54）。

图 4-54 双人钢索

（2）项目类型：双人挑战项目。

（3）培训目的：

① 培训学员之间特殊条件下的沟通；

② 相互协作，抱团取暖；

③ 团结、鼓励、协作；

④ 沟通挑战自我，战胜恐惧；

⑤ 培养学员在遇到困难时，敢于接受挑战，勇于战胜自我。

（4）人数规模：15～20 人一队，每组 2 人。

（5）实用时间：100 分钟。

（6）所需物品：安全绳 2 条；全身安全衣 4 套；半身安全衣 2 套；安全头盔 6 顶；丝扣锁 12 个；120 扁带 4 条；60 扁带 2 条；8 字环 2 只；手套 2 双。

（7）操作规程：

① 准备工作：将参加体验活动的队员带至高空培训场地，进行安全常识讲解，让学员了解掌握安全装备的使用。

② 进行医学调查:有身体不适者严禁进行此项挑战。

③ 情境引导:我们是一支侦察小分队,在完成任务返回途中,敌人把我们的必经之路炸坏了,唯一可以利用的就是脚下这一根钢索和上方垂下的藤条,经过侦察没有其他道路可以返回,现在必须争取时间,迅速通过。

④ 任务描述:所有体验队员相互协作,在培训师的统一指挥下,完成下列任务。

a. 要求每次两位体验队员在穿着保护装备的情况下,依靠上方垂下的“藤条”和脚下的钢索,两人充分沟通、密切配合,平安到达对面;

b. 完成任务后,两位体验队员可从立柱梯子安全返回地面;

c. 按照规范要求,做好安全保护。

⑤ 项目规则:

a. 体验队员只能利用安全衣和自己的身体,攀爬过程中不得借助安全绳;

b. 安全保护的人员要时刻关注上方的队员,以免发生坠落;

c. 体验队员相互拉安全衣时,必须四指与拇指成满把抓的形式,防止滑落。

d. 队员相互帮助时,用手、臂和安全带保护重要部位。

(8) 安全监控要点:

① 在活动开展时,培训师和助教分别对活动进行指导,并做好安全监护;

② 必须进行医学调查,提醒大家注意安全问题;

③ 检查丝扣锁是否拧紧并回旋 1/4 圈;

④ 在活动前,务必让队员摘下手表、戒指或其他尖锐的物件,掏空衣兜,防止体验过程中物品滑落,发生意外事件;

⑤ 培训师站位与器械中间点和安全保护人员形成等腰三角形;

⑥ 体验结束后,严禁体验队员速降落地。

(9) 分享提示:

① 增加自信,克服恐惧;

② 努力了不一定成功,但是不努力,断然与成功无缘;

③ 命运掌握在自己手中;

④ 关爱、友谊、力量;

⑤ 每个人的成功离不开朋友的支持和帮助。

(10) 小贴士:

① 活动开始前可以做一个热身游戏,使活动在欢快的氛围中进行,以减少恐惧感和心理压力;

② 每位队员体验前,培训师要召集其他队员(安全保护人员除外)进行鼓励;

③ 一般让队员自己排序和寻找搭档完成任务效果更好;

④ 对一时产生恐惧心理的队员,适时进行心理辅导和鼓励加油。

15. 高空十字网

(1) 其他名称:十字人生。

(2) 项目类型:单人挑战项目。

（3）培训目的：

① 培训学员自强自信；

② 敢于挑战，勇于战胜自我；

③ 选择大于努力。

（4）人数规模：15～20 人。

（5）实用时间：120 分钟。

（6）所需物品：安全绳 2 条；全身安全衣 2 套；半身安全衣 1 套；安全头盔 3 顶；丝扣锁 4 把；120 扁带 2 条；60 扁带 2 条；8 字环 2 只；手套 2 双。

（7）操作规程：

① 准备工作：将参加体验活动的队员带至高空培训场地，进行安全常识讲解，让学员了解掌握安全装备的使用。

② 进行医学调查：有身体不适者严禁进行此项挑战。

③ 情境引导：生活中，我们常常面临十字路口，对此如何选择无所适从。今天，我们要挑战的是高空十字网，它会让我们面临人生十字路口时，对如何选择、如何决策、如何通过，给予良好的启示。

④ 任务描述：体验队员在培训师的统一指挥下，完成下列任务。

a. 要求每位体验队员在穿着保护装备的情况下，从高空器材一侧立柱攀登到小平台，而后利用空中十字网，攀爬通过到另一端；

b. 完成任务后，体验队员可从另一端立柱梯子安全返回地面；

⑤ 项目规则：高空项目通用规则要求参照高空断桥项目中安全规则内容。

a. 体验队员只能利用十字网通过，不得借助安全保护绳完成任务；

b. 安全保护的人员要时刻关注上方的队员，以免发生坠落；

（8）安全监控要点：

① 在活动开展时，培训师和助教分别对活动进行指导，并做好安全监护；

② 必须进行医学调查，提醒大家注意安全问题；

③ 活动前，务必让队员摘下手表、戒指或其他尖锐的物件，并掏空衣兜，防止体验过程中物品滑落，发生意外事件；

④ 体验结束后，严禁体验队员速降落地。

（9）分享提示：

① 人生不可能事事如意，处处鲜花。人生之路充满了曲折、坎坷，我们应该正确面对，战胜困难；

② 在人生前进的瓶颈处，决不能被困难吓倒，而是要奋力拼搏；

③ 应该选择前进，面前的道路会越走越宽。

（10）小贴士：

① 活动开始前，可以做一个热身游戏，使活动在欢快的氛围中进行，以减少恐惧感和心理压力；

② 每位队员体验前，培训师要召集其他队员（安全保护人员除外）进行鼓励；

③ 一般让队员自己排序完成任务效果更好；

④ 此项目是目前的一个创新项目，大多数培训师都没有操作经验，因此项目体验前最好提前进行实践操作。

第四节　沙盘模拟体验项目

沙盘模拟培训源自军事上的战争沙盘模拟推演。战争沙盘模拟推演通过红、蓝两军在沙盘模拟战场上的对抗与较量，发现双方战略战术上存在的问题，提高指挥员的作战能力。英、美知名商学院和管理咨询机构很快意识到这种方法同样适合企业对中、高层经理的培养和锻炼，随即对军事沙盘模拟推演进行广泛的借鉴与研究，最终开发出了企业沙盘实战模拟培训这一新型现代教学模式。目前，沙盘模拟培训已风靡全球，该课程已成为欧、美工商管理硕士的核心课程之一。欧、美、日等发达国家的众多大中型企业将其作为中高层管理人员的常设必修课程，成为世界500强企业中高层管理人员经营管理能力培训的首选课程。

沙盘实战模拟培训课程完全不同于传统的灌输式被动学习。它是通过引领学员进入一个高度竞争的模拟环境，由学员分组成立的若干“企业”，在严酷的市场竞争中，进行若干年度的模拟经营活动，学员在主导各自“企业”的系统经营管理活动中，完成体验教育培训。培训主题不同，系列课程的设置不同，侧重的管理活动不同，学习内容也不同。在每一年度模拟经营结束之后，学员都要通过认真反思与讨论，总结经营成败，体验管理得失。最后经过培训师高屋建瓴的点评解析，进一步领悟科学管理规律，提高经营管理能力。总结起来，沙盘模拟培训具有极强的体验性、互动性、实战性、竞争性、综合性、有效性等特点。

1. 沙漠掘金

情景模拟：“沙漠掘金——从无到有的智慧”体验培训课程是加拿大著名培训公司20世纪创造开发的培训工具。

（1）其他名称：挖金子、掘金之旅。

（2）项目类型：团队运营体验项目。

（3）培训目的：

① 体会树立远大目标对团队绩效的影响；

② 感悟团队凝聚力的重要；

③ 学会团队合作的方法和技能技巧；

④ 在团队游戏中，可以感悟到在工作中可能存在的沟通、协作、心态、执行、细节等方面的问题，以便在以后的工作中加以改善。

（4）人数规模：8～12人一队。

（5）实用时间：180～300分钟。

（6）所需物品：物资卡（水、食物、帐篷、指南针、骆驼），现金卡，地图，笔和纸，各种表格。

（7）操作规程：

① 准备工作：

a. 地图(羊皮卷),对整个沙漠地区地形地貌的了解;

b. 地理情况(大本营、村庄、绿洲、沙漠、国王古墓、宝山);

c. 天气情况(晴天、高温、风暴、高温加风暴);

d. 物资卡管理;

e. 现金卡管理;

f. 当地人文情况了解。

② 情境引导:当我们来到一个新“公司”的时候,充满了理想和希望,想用自己的双手和聪明才智为“公司”的飞速发展贡献我们的力量,实现“公司”的战略目标。然而,一个几乎是难以逾越的障碍横在我们的面前,“公司”资金匮乏。开发新产品,需要大笔的资金投入,但是目前“公司”的现金流短缺,无法拿出足够的资金投入此项目的开发,而短时间内筹借这么多的钱,也几乎是不可能的事。就在大家焦虑、几乎绝望的时候,一个千载难逢的机会飘然而至。有消息传来,有人在一个遥远沙漠国家的尽头——宝山发现了金矿,由于该国家属于极不发达国家,本来就没有能力开采金矿,况且又处在战争状态,急需购买军火。因此,他们正在考虑推出一个联合开发金矿的方案。即允许他国来人挖掘金子,但前提是必须向政府交纳掘金税。经过认真核对,信息真实可靠。“公司”经过慎重的考虑后,决定在企业内部抽调一批优秀的骨干学员去该国挖掘金块,作为购买原材料和其他投入的资金。你们就是“公司”承担此重任的优秀骨干和学员。当你们来到这一区域的时候,发现这个地区是一个地形复杂、气候恶劣的沙漠地区,要想到达宝山,必须要穿过这片大沙漠。而且,从现在开始,还有 25 天,此地就要进入冬季,而冬季没有人可以在沙漠地区里存活,因此必须争分夺秒。你们是众多掘金队伍中的一支,尽管已经得知并预见到了可能发生的困难和险阻,但是努力拼搏,成就单位百年大业是你们矢志不渝的人生理想,因此你们下定决心,发扬单位的“创业精神”,一定要挖到最多的金块回来,成为众多掘金队伍中获利最多的队。

③ 任务描述:所有体验队员相互协作,在队长的统一指挥下完成下列任务。

a. 按照游戏规则,在规定时间内活着回来;

b. 在存活的前提下,尽可能挖到更多的金块;

c. 返回后在“交易中心”用金块换回现金。

④ 项目规则:

a. 地图上的每个格子代表一天的路途,每天只可在地图上移动一格,不能跳越跨格,只能移动到相邻的格子内;

b. 出发前有规定的决策时间和规定的交易时间,到时没有准备好的掘金队只好在大本营停留一天;

c. 每天讨论的时间不得超过规定时长,到时而没有行动的队,只好在原地停留一天;

d. 在绿洲必须是先消耗,再补水;

e. 只有队长可以到交易中心进行交易;

f. 各队之间在沙漠中的同一地点可以交易,但不允许扔掉买多的食物和水;

g. 每天必须按要求填报各种表格。

(8) 安全监控要点:在活动开展时,培训师监督各队完成自己的任务,其过程中防止出现打闹、哄抢等不安全因素。

(9) 分享提示:

① 为什么没有获得最大收益? 原因是什么?

② 在出发前,你们是否已有明确的目标和愿景?

③ 有没有最大限度地收集和分析信息? 为什么?

④ 是否使用了科学的决策方法?

⑤ 队长在决策过程中是否进行了有效的控制?

⑥ 团队成员有没有最大限度地融入和贡献? 为什么?

⑦ 面对最终的结果我们有什么感悟,对未来的工作有哪些启发和联想?

(10) 小贴士:

① 活动开始前可以做一些益智的热身游戏,使活动在欢快的氛围中进行,以减少心理压力,开拓“发散性思维”;

② 活动开始时,必须给每个队一定的讨论时间;

③ 培训师在活动进行中,尽可能让每位队员参与整个过程,发现游离队员,及时提醒队长;

④ 实际操作此项目,需自己制作或采购项目道具。

2. 牧羊

(1) 其他名称:赶羊、牧童放羊。

(2) 项目类型:团队挑战项目。

(3) 培训目的:

① 在短时间内如何进行有效可行的团队决策;

② 不同职能部门之间的有效沟通;

③ 在存在沟通障碍的情况下,如何进行有效沟通;

④ 有效的沟通机制与执行;

⑤ 团队完成任务过程中,意外情况的处理;

⑥ 领导力和执行力。

(4) 人数规模:10~15 人一组(通常分两组以上)。

(5) 实用时间:90 分钟。

(6) 所需物品:眼罩,任务书。

(7) 操作规程:

① 准备工作:将参加体验活动的队员带至模拟场地,进行安全常识讲解,让学员了解熟悉模拟场地。

② 情境引导:你们将扮演“哑吧”牧童,在“牧羊犬”的协助下,将自己放牧的羊群赶回“羊圈”。

③ 任务描述:所有体验队员相互协作,在规定的时间内,完成下列任务。

a. 体验队员分为“牧羊犬”和“羊”;

b. “牧羊犬”在规定时间内将“羊”赶回“羊圈”；

c. “牧羊犬”按任务书要求将“羊”分布在“羊圈”的指定位置。

④ 项目规则：

a. 体验队员每人一只眼罩，但是在讨论时间里不用戴眼罩；

b. 整个活动中不允许发出任何声音，但是可以使用你们讨论时确定的无声沟通方式；

c. 讨论时将任务书 A1 发给各队，并选出你们的“牧羊犬”；

d. 讨论结束后，所有体验队员先都戴上眼罩，但之后担任“牧羊犬”的队员不用再戴眼罩；

e. 将任务书 A2 发给“牧羊犬”，“牧羊犬”按任务书 A2 的要求，将“羊”赶回“羊圈”并进入规定位置；

f. 活动中不允许偷看，不允许有身体的接触；

h. 完成后举手，示意培训师任务完成。

任务书 A1

你们是 A 组，由一位成员扮演“牧羊犬”，其他成员扮演“羊”。你们组的任务是，按照《任务书 A2》的要求，由“牧羊犬”指挥本组所有“羊”进入羊圈，并按照相应的位置分布。由于“牧羊犬”和“羊”之间不存在语言交流，所以你们全组共同协商确定“牧羊犬”和“羊”之间进行沟通的声音代码。当两组都确定好声音代码后，请所有成员戴好眼罩。培训师将在你们组内选择一名队员摘下眼罩，扮演“牧羊犬”，并将《任务书 A2》交给“牧羊犬”。当“牧羊犬”拿到《任务书 A2》后，到项目结束前，请你们务必严格遵守以下规则。

1.“羊”戴好眼罩，保持盲人状态，不得摘下眼罩或偷看，但可以说话。请你们在行动中注意安全。

2.“牧羊犬”保持哑人状态，不得说话，只能用确定好的声音代码进行沟通。

3.“牧羊犬”和“羊”之间禁止任何身体接触。

任务书 A2

你扮演你们 A 组的“牧羊犬”，你的任务是指挥 A 组的所有“羊”进入羊圈，并按照相应的位置分布。在完成任务的过程中，请务必严格遵守《任务书 A1》中规定的规则。你们 A 组的所有“羊”进入羊圈后，请按照以下要求分布：

1. 羊圈的门口坐着一头“羊”；

2. 你们 A 组的一头“羊”和 B 组的两头“羊”，要在羊圈中央围成一个边长为两米的等边三角形站好。在这个等边三角形的中心，要蹲着一头你们 A 组的“羊”，且面向羊圈门口。

3. 你们 A 组其余的“羊”均匀分布在羊圈的一条边上。

（8）安全监控要点：

① 在活动进行时，培训师和助教分别对活动进行监控，并做好安全防护；

② 及时提醒牧场的边界，防止“羊”出界遇到危险；

③ 活动结束后，慢慢摘下眼罩，防止强光刺激眼球。

④ 如果有不安全苗头，及时提醒注意。

（9）分享提示：

① 团队决策。一是团队头脑风暴和快速有效决策，二是团队决策机制。

② 跨部门以及不同角色成员之间的有效沟通。一是如何制定沟通规则，二是如何结合各自沟通优势而进行有效沟通。

③ 如何解决沟通障碍。一是如何打破常规沟通定势，二是如何运用综合的方式解决沟通问题。

④ 团队完成任务过程中，意外情况的处理。一是面对意外情况，如何及时调整计划做到随机应变，二是如何协调计划与变化的关系。

⑤ 领导力与执行力。一是如何理解领导与执行的关系，二是行之有效的领导方法和执行措施是什么。

（10）小贴士：

① 活动开始前，可以做一个热身游戏，使活动在欢快的氛围中进行，以减少学员的心理压力；

② 队员体验前，培训师要提醒队员进行自我鼓励，强化团队的契约精神；

③ 对游离于团队的队员，适时进行提醒和鼓励。

3. 财富明天

（1）其他名称：大富翁。

（2）项目类型：个人挑战项目。

（3）培训目的：

① 在短时间内如何将财富倍增；

② 如何在沟通中积累你的财富；

③ 提高自己的说服能力；

④ 在活动过程中了解什么是“单干、合作社、公司、垄断”等概念；

⑤ 明确“20、80”定律在现实生活中的运用；

⑥ 提高个人的财商。

（4）人数规模：4 人一组，三组以上。

（5）实用时间：60～120 分钟（特殊培训可延长时间）。

（6）所需物品：

① 每个人“现金”六百元（可用扑克牌、白纸片、银行练功券替代）；

② 每个人四种颜色的筹码各一枚（也可用四种颜色的彩纸替代）。

（7）操作规程：

① 准备工作：

a. 将参加体验活动的队员带至模拟场地，进行安全常识讲解，让学员了解熟悉模拟场地。

b. 给每一个体验人员发六百元“现金”（面值 100 元的钱币 6 张），四种颜色的筹码各一枚。

c. 播放 PPT 课件。

② 情境引导：你们都渴望成为比尔·盖茨一样的富翁，也曾幻想成为巴菲特式的人物。但是你们了解他们创业的历史吗？你们知道他们奋斗中的苦难经历吗？现在通过一个活动

项目，来检验一下你们的财商。真实地体验一下“20、80”定律在现实生活中的作用。

③ 任务描述：所有体验队员在规定的时间内完成下列任务。

a. 在规则允许的情况下，让自己的财富越多越好；

b. 不断增加同种颜色的筹码数量。

④ 项目规则：

a. 只允许利用课程规定的筹码和钱币进行交易；

b. 项目中筹码单独存在价值仅为 100 元，但是如果你能收集到 3 个和 3 的倍数的同种颜色筹码，这些筹码将按照下面的规则升值。

1 个 = 100 元

3 个 = 300×2 = 600 元

6 个 = 600×4 = 2 400 元

9 个 = 900×6 = 5 400 元

12 个 = 1 200×8 = 9 600 元

……按规律以此类推！

c. 除倍数以外其他单独存在的筹码价值还是 100 元，如“4 个”相同颜色的筹码计算方法如下：3×100×2+100 = 700；

d. 交易时严禁采用暴力手段，不允许抢夺或偷窃他人筹码或者现金，其他一切方式均可。

（8）安全监控要点：

① 在活动进行时，培训师和助教分别对活动进行监控，并做好安全防护。

② 及时记录交易过程中的所作所为。

③ 及时制止交易中的“违法”行为。

④ 如果有不安全苗头，及时提醒注意。

（9）分享提示：

① 你为什么没有成为富人？一是你的决策对吗？二是你把握住机会了吗？

② 你创造财富的目的是什么？一是自然规律，二是为家庭提供生活保障，三是追求高品质的生活（实现理想）。

③ 如何才能创造财富。一是如何提高你的财商（学习），二是如何运用赚钱的规律（实践）。

④ 如何避免创造财富中的风险。一是努力学习知识，不断在实践中运用，积累经验。二是了解市场变化规律，制定科学合理的方案。

（10）小贴士：

① 活动开始前，可以讲一些创造财富的故事，使活动在欢快的氛围中进行，增加创造财富的欲望；

② 可以将活动项目分为几个阶段进行，如“原始创业阶段”“公司发展阶段”“企业卓越阶段”等，每个阶段给体验者一定的讨论时间；

③ 对游离于团队的队员，适时进行提醒和鼓励。

4. 取筹码

（1）其他名称：挑战大脑、争分夺秒。

（2）项目类型:团队挑战项目。

（3）培训目的:

① 在短时间内如何进行团队决策;

② 不同团队之间如何进行有效沟通;

③ 在保证团队秘密的情况下,如何进行有效沟通;

④ 有效的沟通机制与执行;

⑤ 团队完成任务过程中,意外情况的处理;

⑥ 领导力和执行力。

（4）人数规模:10~20 人一组。

（5）实用时间:60~120 分钟(特殊培训可延长培训时间)。

（6）所需物品:筹码若干枚(保证参加体验人员每人一枚)。

（7）操作规程:

① 准备工作:将参加体验活动的队员带至模拟场地,进行安全常识讲解,让学员了解熟悉模拟场地。

② 情境引导:你总是认为自己有能力,领导没有重用你;你总是感觉自己很有业绩,但是提升得太慢。下面这个活动项目,就让你来充分展示一下你的才能和水平。

③ 任务描述:所有体验队员相互协作,在队长领导下和规定的时间内完成下列任务。

a. 体验队员每个人取到一枚筹码。

b. 活动开始前给体验人员讨论时间,在每次“处罚”完成后也给体验人员时间讨论。

④ 项目规则:

a. 体验队员每人都必须亲自取回属于自己的那一枚筹码,不允许传递、分发和代取;

b. 整个活动中不允许发出任何声音;

c. 整个活动中不允许任何筹码掉落在地上,不允许拥挤和出现“霸道”行为;

d. 讨论结束后,告诉培训师你们选择的挑战时间;

e. 如果挑战时间内完不成任务,要做必要的“处罚”(深蹲起、俯卧撑等)。

（8）安全监控要点:

① 在活动进行时,培训师和助教分别对活动进行监控,并做好安全防护;

② 做好活动的全程记录;

③ 及时提醒动作不要过于激烈,防止出现不安全苗头。

（9）分享提示:

① 团队决策。一是团队快速而有效决策,二是团队决策的依据。

② 挑战时间制定的依据是什么。一是如何制定挑战时间,二是为什么要给自己留有余地。

③ 如何解决沟通障碍。一是如何打破常规沟通定势,二是如何与上、下、平级相互沟通。

④ 团队完成任务过程中,意外情况的处理。一是面对意外情况,如何及时调整计划,随机应变。二是如何协调计划与变化的关系。三是在意外情况出现时,如何调整心态。

⑤ 民主与集中。一是如何理解和把握民主与集中的关系,二是在规定的时间内如何正确运用民主与集中。

(10) 小贴士:

① 活动开始前,可以做一个热身游戏,使活动在欢快的氛围中进行,以减少心理压力;

② 可将整个体验活动分为四个阶段:第一个阶段为“舒适”阶段,第二个阶段为“挑战”阶段,第三个阶段为“选择”阶段,第四个阶段为“超越”阶段,每个阶段都可以给体验者一定的讨论时间;

③ 队员体验前,培训师要提醒队员进行自我鼓励,强化团队的契约精神;

④ 对游离于团队的队员,适时进行提醒和鼓励。

5. 钻石大拍卖

(1) 其他名称:大钻竞拍、大钻拍卖。

(2) 项目类型:团队挑战项目。

(3) 培训目的:

① 在短时间内如何进行有效可行的团队决策;

② 在规定时间内快速判断取得最多的钻石;

③ 在活动中理解什么是“博弈”,如何运用“博弈’;

④ 在现实生活中如何闹中取静,调整心态;

⑤ 团队完成任务过程中,意外情况如何处理。

(4) 人数规模:5 ~7 人一组。

(5) 实用时间:90 分钟。

(6) 所需物品:扑克牌,五颗“钻石”(道具)。

(7) 操作规程:

① 准备工作:

a. 将参加体验活动的队员带至模拟场地,进行安全常识讲解,让学员了解熟悉模拟场地。

b. 每 5~7 人成立一个“公司”,选出总经理、财务总监、运营总监、公关总监和“智囊团”成员。

c. 每个公司都有 A~K 共 13 张扑克牌,分别代表 1~13 万元钱。

d. 每次拍卖前,必须先明确拍卖钻石的重量,然后各公司开始讨论、押价。

② 情景引导:你们是等待拍卖钻石的不同公司,拍卖公司将对五颗重量不同的钻石分五次进行拍卖,现在你们根据现场实际情况进行拍卖,尽可能拍得最多的钻石。

③ 任务描述:拍卖公司现有 9 ~13 克拉的钻石 5 颗,所有体验队员相互协作,在公司总经理的领导下,在规定的时间内,完成下列任务:

a. 拍得最多的钻石;

b. 总经理有一票决定权;

c. 财务总监负责现金的收支,前提是总经理必须同意;

d. 运营总监负责拍卖过程中的押价;

e. 公关总监负责对外联络与沟通。

④ 项目规则：

a. 拍卖共分五次，每次一颗钻石，重量随机抽取；

b. 每个公司每次只能押 2 张牌，成交与否都不再退回所押牌；

c. 每次拍卖的钻石，押价最高的公司获得；

d. 一次拍卖中如果有两个相同的最高价，本颗钻石本次拍卖流拍，将与下一次拍卖的钻石同时再拍，如果有公司获胜，将同时得到两颗钻石；

e. 每次拍卖押价前，将有 3 分钟讨论时间。

（8）安全监控要点：

① 在活动进行时，培训师和助教分别对活动进行监控，并做好安全防护。

② 如果有不安全苗头，及时提醒注意。

（9）分享提示：

① 公司决策。一是公司决策的依据是什么？二是公司决策时有正确的分析判断吗？

② “博弈”在现实生活和工作中的运用。一是现实生活中的“博弈”都有哪些？二是现实生活和工作中的“博弈”和“赌”有什么本质的区别？

③ 科学的判断、缜密的分析、合理的投资是企业发展的基础。一是如何科学判断，打破常规定势。二是如何缜密分析，注意细节。三是如何不贪大求全，合理投资。

④ 运用公关功能，获取全面信息。一是面对复杂情况，运用公关功能，了解同行信息。二是如何分析判断所得信息，合理制定投资方案。

（10）小贴士：

① 活动开始前，可以做一个热身游戏，使活动在欢快的氛围中进行，以减少学员心理压力；

② 培训师要对活动项目的过程进行记录；

③ 队员体验前，培训师要提醒队员进行自我鼓励，强化团队的契约精神；

④ 对游离于团队的队员适时进行提醒，鼓励全员参加体验。

6. 商战

（1）其他名称：企业战、企业淘汰。

（2）项目类型：团队挑战项目。

（3）培训目的：

① 在短时间内如何进行团队决策；

② 如何运营使企业能够生存下来；

③ 通过信息收集、分析、判断、决策让企业发展壮大；

④ 在活动过程中，慢慢了解和摸索企业的发展规律；

⑤ 在市场经济中企业的生存与发展需要把握什么样的机遇。

（4）人数规模：4～6 人一组（最好分成 8 个以上的公司）。

（5）实用时间：60～120 分钟。

（6）所需物品：红黑牌（每个公司红、黑牌各 1 张），表格，白纸，笔。

（7）操作规程：

① 准备工作：

a. 将参加体验活动的队员带至模拟场地，进行安全常识讲解，让学员熟悉模拟场地；

b. 将各个公司安排在场地周围。

② 情境引导：你们是现实社会中同一行业的不同公司，现在你们将在残酷的10年竞争中为自己的企业"杀"出一条"生存"之路。否则，你们将被其他公司"收购"，祝你们幸运！

③ 任务描述：所有企业学员在"总经理"领导下，相互协作在规定的时间内，遵照"市场规律"完成下列任务。

a. 保证企业能够生存；

b. 尊重"市场规律"，使企业变强变大。

④ 项目规则：

a. 市场规律：这个规律A、B、C三点是不让体验人员知道的，在整个活动中，必须严格遵守。

A、各个公司统一举黑牌时，每个公司+15万元（正15万元）；

B、各个公司统一举红牌时，每个公司-15万元（负15万元）；

C、有举黑牌、有举红牌时，举红牌的每个公司+15万元（正15万元），举红牌（赢利）所有公司的收入总和由举黑牌公司平均分担。

b. 每个公司根据公司的发展决定举什么样的牌，"市场规律"会根据每个公司举牌的颜色，决定公司"盈亏"。

c. 每个公司如果连续三年亏损，则被其他公司兼并，接收公司只接收人员，不接收债务。

d. 第七轮（年）赢利的公司利润都将翻两番，每八轮（年）翻三番，每九轮（年）翻四番，每十轮（年）翻五番。

（8）安全监控要点：

① 在活动进行时，培训师和助教分别对活动进行监控，并做好安全防护；

② 培训师做好活动项目的全程记录；

③ 如果有不安全苗头，及时提醒注意安全。

（9）分享提示：

① 团队决策。一是信息的分析判断是决策的关键，二是不按"市场规律"发展，迟早将被淘汰。

② 现代市场经济的发展需要"共赢"。一是如何理解"共赢"，二是如何建立"共赢"机制，三是如何坚守"共赢"的法则。

③ 如何利用"市场规律"的"空隙"。一是如何把握"市场规律"的"空隙"，二是如何运用"市场规律"的"空隙"。

④ "想当然""碰运气""赌一把"是企业发展的大忌。一是面对"市场"一定要科学判断，冷静分析；二是把握"市场"变化的规律，对症下药。

⑤ 怎样认识"垄断"。一是如何理解"垄断"，二是怎样使用"垄断"，三是在现代经济市场中如何规避"垄断"。

（10）小贴士：

① 活动开始前，可以做一个热身游戏，使活动在欢快的氛围中进行，减少心理压力；

② 队员体验前，培训师要提醒队员进行自我鼓励，强化团队的契约精神；

③ 对游离于团队的队员，适时进行提醒和鼓励。

第五节　攀岩运动体验项目

一、攀岩运动的起源和发展

攀岩运动（图 4-55）是从登山运动中衍生出来的竞技运动项目。国外攀岩运动于 20 世纪 50 年代兴起于欧洲，最初它是军队中作为一项军事训练项目而存在的。1947 年苏联首先成立了攀岩委员会，1948 年苏联在国内举办了首届攀岩锦标赛，这也是世界上第一次攀岩比赛，从此以后攀岩运动开始在欧洲盛行。它在 1974 年被列入世界比赛项目。进入 20 世纪 80 年代，以难度攀登为代表的现代竞技攀登比赛开始兴起，并引起人们的广泛兴趣，1985 年在意大利举行了第一次难度攀登比赛。1987 年在欧洲举行的一次攀岩比赛中，主办者革命性地把比赛场地移到人工岩场上。至此，一种更富竞技性的攀岩形式"运动攀登"出现了。1988 年 6 月国际竞技攀登比赛在美国举行。1989 年首届世界杯攀登比赛分阶段在法国、英国、西班牙、意大利、保加利亚和苏联举行，运动员参加各地比赛，最后累计总成绩进行排名。世界杯攀登比赛每年举行一次。

图 4-55　攀岩运动

国内攀岩运动的发展，1987 年中国登山协会派出 8 名教练和队员去日本长野系统学习攀岩。回国后，于当年 10 月在北京怀柔大水峪水库自然岩壁举办了第一届全国攀岩比赛。1990 年在怀柔国家登山队训练基地的人工场地上第一次举办了攀岩比赛。1993 年，攀岩比赛被国家体委列入正式比赛项目，此后每年都举行一次全国锦标赛。同年 9 月，第一届全国攀岩锦标赛在长春举行；10 月在武汉举行了国内首届国际邀请赛；12 月在长春成功地举办了第二届亚洲锦标赛。到目前，全国攀岩锦标赛已经举办了 10 届。

二、攀岩运动的分类

攀岩运动按攀登方式分类，可分为传统攀登、自由攀登、辅助攀爬、徒手攀爬、运动攀登、抱石；按保护方式分类，可分为顶绳攀爬、先锋攀爬。

三、攀岩运动相关技术

（一）手法

攀登中用手的根本目的是使身体在岩壁上移动和贴近岩壁。岩壁上的支点形状很多，常见的有几十种。攀登者对这些支点的形状要熟悉，知道对不同支点手应抓握何处，如何使力。根据支点上突出（或凹陷）的位置和方向，有抠、捏、拉、攥、握、推等方法。但也不要拘泥于此，同一支点可以有多种抓握方法。

（二）脚法

攀岩要想达到一定水平，必须学会腿脚的运用。腿的负重能力和爆发力都很大，而且耐力强，攀登中要充分利用腿脚力量。攀岩一般都穿特制的攀岩鞋，这种鞋的鞋底由硬橡胶制成，前脚掌处稍厚，鞋身由坚韧的皮革制作，鞋头较尖，鞋底摩擦力大。穿上这种鞋，脚踩在不到一厘米宽的支点上，都可以稳固地支撑全身重量。

（三）重心移动

在攀登中，应明确地意识到自己重心的位置，灵活地控制重心的移动。移动重心的主要目的是在动作中减轻双手负荷，保持身体平衡，避免一心只想高度。初学者最好不要急于爬高，做一段时间的平移练习，体会重心平衡、手脚的运用等基本技术。在最基本的三点固定，单手换点时，一般把重心向一侧移动，使手在离开原支点之前就已经没有负荷，可以轻松地出手。横向移动时，要把重心向下沉，使双手吊在支点上而不是费力地抠拉支点。一般情况下，应把双脚踩实，再伸手够下一支点，而不要脚下虚踩，靠手下拉使身体上移。一定要注意体会用腿的力量顶起重心上移，手只是在上移时维持平衡。身体要尽量贴近岩壁，保持攀爬过程中自身的平衡。

（四）侧蹬

侧蹬是一项很重要的技术动作，它能极大地节省上肢力量，使一些原本困难的支点可以轻易达到，在过仰角地段时尤其被大量采用。其基本技术要点是身体侧向岩壁，以身体对侧手脚接触岩壁，另一只腿伸直用来调节身体平衡，靠单腿力量把身体顶起，抓握上方支点。以左手抓握支点不动为例，是身体朝左，右腿弯曲踩在支点上，左腿用来保持平衡，右腿蹬支点发力，右手伸出抓握上方支点。侧蹬动作有以下方面应当注意：

身体侧向岩壁，踩点脚应以脚尖外侧踩点，不要踩得过多，以便换脚或转身。发力前把腰肋顶向岩壁，体重传到脚上，千万不能松垮垮地坠着，这点在攀仰角时尤其应注意。

移动手应在发力前就向上举起，把肋部贴向岩面，否则蹬起后再把手从下划到头上，中间必会把身体顶离岩壁，加大固定手的负担。侧蹬主要在过仰角及支点排列近于直线时使用。

（五）注意脚上手点

脚上手点的情况是指当一些手点高度在腰部附近时，把同侧脚也踩到此点，身体向上向前压，把重心移到脚上，发力蹬起，手伸出抓握下一支点，这期间另一手用来保持平衡。这时一般岩壁上的支点较少，且身体上升幅度大，做此动作时需要注意以下几点：若支点较高，应把身体稍侧转，面向支点，腰部贴墙向后顶腰，腾出空间抬腿，不要面向岩壁直接抬腿；脚踩实后，另一只脚和双手发力，把重心前送，压到前脚上，单腿发力顶起身体，出手抓握下一支点，另一只手固定不动调整身体平衡。

（六）线路规划

一面岩壁安装着众多的支点，选择不同支点可以形成多条攀登线路，各人身体条件不同，都有各自不同的最优路线。练习时可以先看别人的攀登路线，根据自己的身体条件选择一条最优路线，并锻炼自己的眼力，发现、规划新的线路。在正式比赛时，是不能观看别人路线的，必须自己规划。这就要对自己的身高臂长、抬腿高度、手指力量等有全面的了解。在练习当中，一面岩壁，在已经能够登顶后，往往还有无尽的利用价值。可以通过规划不同的线路来增加难度，一般是自觉地限制自己，放弃一些支点。

（七）手与脚的配合

凡优秀攀岩者，上、下肢力量是协调运用的。对初学者或技术还不熟练的队员来说，上肢力量显得更为重要，攀登时往往是上肢引体，下肢蹬压抬腿而移动身体。如果上肢力量差，攀登时就容易疲劳，表现为手臂无力、酸疼麻木，逐渐失去抓握能力，而失去抓握能力后，即使有好的下肢力量，也难以维持身体平衡。所以学习攀岩，首先要练好上肢力量，上肢又要以手指和手腕、小臂力量为主，再配合以脚腕、脚趾以及腿部的力量，使身体重心随着用力方向的不同而协调地移动。

四、攀岩运动的基本器材

（一）攀岩绳

绳子是确保攀登者安全的重要工具之一。它是由高强度的尼龙按特殊的方法编织而成，结构上由绳心、绳壳两部分组成。它具有较大的延展性，可以吸收大部分跌落时所产生的冲击力，从而减低对攀爬者的伤害。其按用途分类可以分为动力绳与静力绳，同时还有各种不同的尺寸和长度，一般用于攀岩的主绳为 9~11 毫米。

（二）安全带

穿着安全带是为了方便与绳子连接，而不用把绳子直接绑在腰上，使之更加舒适、安全（可以把跌落的冲击力分散到腰、腿上，而不单集中于腰上）。

（三）攀岩鞋

一种专门为攀岩而设计的“小鞋”，用特殊（高摩擦力）的橡胶包裹着可能用到的脚部的各个部分（脚尖、脚掌内外侧、脚跟）。这种鞋是有意识地做小一点，变形变曲一点，使之更加贴脚，增加脚与岩面的触感。

（四）主锁

主锁是用来连接绳子与保护点、安全带与攀岩下降器、携带器材等。总之攀岩是离不开保护锁的。主锁分为大锁和小锁两大类。在攀升和下降时，必须保证主锁扣是锁紧的。

（五）攀岩下降器

攀岩下降器是利用器械与绳子产生摩擦力，让绳子因磨擦而减速以至停止滑动，保障跌落者不会继续下坠，下降者能减速下降的一种设计。

（六）镁粉和粉袋

使用碳酸镁（$MgCO_3$）粉末，主要作用是吸收手汗和增加手指的摩擦力，粉袋是挂于腰后，双手可随时沾取。有不少刚学攀岩的人不喜欢镁粉，但其实不少真正喜欢攀岩运动的人没有粉袋就一定不会上场的。使用粉袋的好处有好多，如岩壁上沾粉的动作其实就是一种放松与休息，习惯了就会觉得很舒服的。

五、攀岩运动伤害的处理和避免

（一）运动伤害的处理

在治疗伤处时，要注意是“新伤”还是“旧伤”，两者的处理方式是不同的。首先，要确定受伤程度（患部外观是否正常，如肌肤破裂，骨头外露或异常突出），然后根据医疗原则采取相应的措施，如：

（1）休息：停止运动。

（2）冰敷：可阻止毛细血管的继续破裂，降低出血程度；冰敷还可以降低伤者疼痛的程度。

（3）包扎：起到固定、止血的功能。

（4）抬高：通常需要抬高患部，然后依其需要决定是否请医生来，或送医院治疗。

（二）运动伤害的避免

体验活动过程中，做好实质性的工作可以避免攀岩运动的伤害：

（1）逐步提升训练强度，给予身体足够的适应期；

（2）倘若把点不在指力负荷范围内，切勿逞强；

(3) 培养正确的训练方式,改正易受伤的攀登风格或习惯;

(4) 在受伤时须尽快变更计划,勿因求胜心切而使病情加重;

(5) 尽量将攀登动作做到平衡,使压力由各肌群平均分担;

(6) 勿因观众之压力或期许,做出超出体能负荷之动作;

(7) 避免将关节伸展至极限,否则将对周围肌腱或组织造成伤害;

(8) 确实依照个别能力决定训练强度;

(9) 为使肌肉平衡发展,须同时训练与肌纤收缩相反之力量;

(10) 对锻炼中之肌肉施以柔软度训练,可避免伤害;

(11) 勿忽略发炎肿痛之症状,否则将延缓患部之复原;

(12) 勿过度依赖止痛剂,因其在消肿止痛的同时,亦将掩饰患部所发出之警讯,并减少了自我免疫力;

(13) 无论症状多么细微,皆须保持警觉和积极防范;

此外,在攀登过程中,绳子要与其他保护装备,固定点、攀登者及绳子自身保持各种连接,以解决各种实际需要。在攀登装备中绳子是最重要的,但是关于如何选择绳子,如何整理绳子,攀登者往往掌握得还不够,用绳技巧也很重要。攀岩绳的保护效果经常因为使用者的用绳技术而受到限制,如果绳结打错,绳子再好也会发生危险。因而,用绳技术(主要是绳结技术)是确保攀登者安全的最基本技术。

第五章

体验教育培训安全管理

自20世纪90年代初体验教育培训导入我国培训领域以来，这种利用户外环境、模拟场景，强化团队熔炼、突破自我局限的培训形式便备受欢迎，迅速发展并风靡至今。但与此同时，体验教育培训的安全问题也一直成为社会关注的热点伴随。可以这样讲，在国际范围内，凡开展体验教育活动的国家和地区，无论业内还是业外，都把安全放在了首要考虑的地位。特别是在国内，由于社会认识、制度理念等的不同，更是需要把安全问题解决处理好，否则体验教育发展就会步履艰难。

第一节　体验教育培训安全管理概述

“安全”一词在各种现代汉语工具书中有着基本相同的解释，即没有危险、不受威胁、不出事故。正如《辞海》中的“无危则安，无缺则全”，对“安”和“全”作了最好的诠释。“安全”意味着没有危险，且尽善尽美。确保体验教育培训安全，要保证体验教育培训基地设施的合理规划建设，保护器材的装备精良，安全措施的严格监控，培训师及参训队员予以高度重视。其中最重要的因素是人，只有确保人在体验教育培训过程中操作的准确无误，才能真正做到体验教育培训的绝对安全。

为了实现对体验教育培训安全风险的控制，世界各地的体验教育培训在各国不同的法律、社会道德等因素的约束下，根据具体情况与积累的大量实践经验，总结出许多涉及培训安全的原则和具体操作方法。一些体验教育培训较为发达的国家和地区，还通过相关的行政组织制定了较为完善的、具有指导性的行业规范，为从业者提供参考和借鉴。

一、体验教育培训安全方针

体验教育培训安全管理的基本方针是遵规守法、安全第一、防患在先、优质服务、不断完善。

1. 遵规守法

从事体验教育培训的机构、人员必须遵守《中华人民共和国安全培训法》的要求，在培训和服务中杜绝忽视安全的管理工作。

2. 安全第一

安全是行业的生命。所有体验教育培训从业人员都应牢固树立安全第一的思想,保障行业健康发展。

3. 防患在先

任何需要安全防护的环节及器械都应事先检查,并进行备份,确保万无一失;所有的安全保护在准备完成后都要再复查一遍,消除操作失误的可能性;对培训项目进行中可能遇到的安全问题进行提前分析预测,做出预案,将任何不安全隐患消灭在萌芽状态。

4. 优质服务

在安全第一的前提下,确保提供的教育培训和各类体验活动策划组织服务能让顾客感觉到安全、满意、放心。

5. 不断完善

不断完善行业内部安全管理工作,在安全方针的指导下,开拓新的服务项目和内容,规范组织操作流程,提高从业机构、从业人员提供的产品和服务的安全和质量,是行业持续健康发展的重要保证。

二、体验教育培训的安全目标

1. 重大培训安全事故为零

体验教育培训项目普遍具有一定难度,特别是高空和户外控险类体验项目更突显了对人心理的考验,需要受训队员克服自身弱点,向自己的极限能力发起挑战。对安全保障提出了更高的要求,学员要在近 8 米的高空,完成各种攀登、跳跃、行进、下降等动作,稍有闪失将危及生命。因此,必须确保培训安全事故为零,确保在年度内,不出现安全方面的任何问题和事故。

2. 单位员工安全培训为 100%

在体验教育培训中,确保 100%的安全是培训过程的核心要求,坚持预防为主,把所有安全隐患和各种不安全苗头消灭在萌芽状态,是每个体验教育从业工作者必须坚持的原则。要保证这些原则的落实,实现安全的最终目标,最基本的要求就是做好经常性的安全教育培训,了解掌握安全管理常识。同时强化管理者、从业者、学员等全员安全意识,使安全理念成为参训队员培训体验和习惯养成的重要组成部分。

三、体验教育培训安全操作原则

1. 备份原则

备份,即备选方案。从事体验教育培训,无论何时何地都要做两手准备。任何人员再如何清醒,也难以避免意想不到的事情发生。如高空拓展项目所有上方保护点或连接保护作用的装备位置,训练过程前后都要做好保护措施的备份,以确保高空训练的万无一失。

在组织体验教育培训之前,就要对所需要准备的设备器材、材料、方案等进行充分准备,一般情况下，除了正常使用数量外，还需要根据具体情况加以备份，千万不要觉得烦琐，尽可能做到万无一失。

2. 复查原则

复查，即随时随地地反复检查。反复检查也是在体验教育培训过程中为“清醒头脑”所做的一个备份原则，具体方法分为手触检查，相互检查，两次以上的检查等。完成体验教育培训项目所有安全保护前期准备工作后，培训师要进行复查，以消除操作隐患。

体验教育培训需要百分之百的安全保障。安全在体验教育培训中没有过渡，只有安全与危险，因此必须按检查流程严格操作。三层检查包括学员自己检查、学员之间相互检查和培训师的最后检查，缺一不可。

开展体验教育活动之前必须购买意外医疗保险，确保一旦发生意外事故能够得到相应的治疗赔偿。安全不仅意味着完善的体系，严密的制度，更是要融入日常工作和生活习惯中。

3. 监护原则

监护，即对培训过程进行监控和保护。在体验教育培训过程中，培训师要针对参训队员可能遇到的各类安全问题，进行全程监控并实施保护，做到早发现、早排除，力争能够将潜在的安全隐患消灭在萌芽状态。富有经验的培训师会严格依照安全程序指导、监控活动的全过程。

在体验教育培训工作中，工作人员要有强烈的责任心和热情，要时刻保持清醒的状态；全程监控学员行为，全程监控器材安全，全程监控工作人员行为和全程监控周围环境，正确熟练地操作和运用安全保护技术，不断学习和丰富安全保护经验，整个训练过程中保持在监控状态下进行，保证培训在绝对安全的条件下顺利进行。

4. 分享原则

分享，即强化沟通并予以借鉴。针对体验教育培训中出现的事故、安全隐患和异常现象以及改进思路等内容，培训师要向主管部门或相关领导主动反映，及时沟通，相互借鉴，彼此分享。必要时，培训师或相关工作人员可根据高空体验培训具体出现的问题做出认定。

第二节　体验教育培训安全风险管理

安全风险管理是保证体验教育培训工作正常开展和推广普及的重要前提。体验教育活动包含人、装备、环境和管理四个方面，这些因素各自发挥着自己的作用，它们之间具有相互联系、相互影响的关系。整个体验教育培训活动过程的安全不仅取决于人的行为，还取决于物的状态和管理的状态，即取决于人、装备、环境三者之间的联系，而这三者又受管理状态的制约。体验教育活动的风险因素主要包括个人风险因素、装备器材风险因素、环境因素和组织管理因素。

一、个人风险因素

体验教育培训的个人风险因素具有广泛性,无论是组织教学的培训师,还是作为培训教学对象的参训队员,在高空训练的过程中都存在着一定程度的安全风险。从培训师的角度,风险来自自身的安全意识和责任、高空拓展器械的操控水平和高空训练的驾驭能力等;从参训队员的角度,风险来自队员与环境(天气、场地等)、队员与物品(训练设施、保护装备等)、队员与培训师(如训练与监控的依存关系)等之间的关系。在保障设施、器械安全的前提下,确保人为因素的安全是体验教育培训的重要标志。

1. 人的不安全行为

有人曾做过调查发现,发生一般的工伤事故,其中有98%是可以预防的。也就是说在可预防的事故中,因为操作者、参与者、管理者等人的因素占据了主要原因。即使个别少量的事故中直接原因是由器材等引起,但从根源上讲,还是由于责任人在安装、检查这些器材中不够专业和仔细而导致的。在人的不安全因素中,从多年积累的情况分析,有的是安全意识淡漠,安全责任意识差;有的是从业者由于没有经过专业的培训,不懂安全知识和操作导致;有的是不按规定操作,私自修改流程和操作要求所致;有的是不按客观规律办事,一味强调拓展历炼,让学员体验消耗超出极限;还有的培训师私离岗位让学员自行操作,等等。

当然,目前我国的体验教育培训发展过程中,普遍存在上岗前培训不规范、不正规的问题,造成相当多的从业人员,特别是安全管理人员未经过专业培训就直接上岗,因此在实际培训过程中常常出现违规操作或操作失误。

人的失误行为的一般表现,比如遗漏或遗忘现象,把事情弄颠倒,没有按要求或规定的时间操作;无意识动作,调整错误失误,进行规定外的动作等。同时失误行为也与人对外界信息刺激的反应,与人的心理紧张程度等有关。心理紧张导致大脑意识水平降低,直接引起信息处理能力的降低,影响人对事物注意力的集中,降低警觉程度。意识水平的降低是发生失误行为的内在原因。信息处理失误的表现较复杂,一般表现为简单化、依赖性、选择性,以及经验主义,简单推断、粗枝大叶等。

在对体验教育活动进行设计时,采取一些预防失误倾向的措施,对克服失误倾向是极为有利的。经常进行教育训练,合理安排工作,消除心理紧张因素,有效控制心理紧张的外部原因,使人保持最优的心理状态,对消除个人失误行为现象是十分重要的。

2. 体验教育培训中的安全意识与行为要求

开展体验教育培训,不论是培训师等相关人员,还是参加培训的学员,都要时时刻刻树立人身安全意识,建立“安全无小事”思维模式,培养各种安全操作能力,养成安全保障的行为和习惯。

人的安全意识的高低取决于两方面的因素:人对危险的认识能力和对安全的需要。也就是人在做某一件事之前,会有两方面的心理活动:一方面是对外在客观环境的人与物,进行认知、评价和结果决断;另一方面是在认知、评价和结果决断基础上,决定个人行为,并进行适当心理调节,以保障人身安全。

安全在体验教育中是首要问题，这种安全意识、行为、能力一定要根植在每一个从事体验教育培训人员的脑海中，一定要形成体验教育行业的一种文化，因为它将潜移默化地影响着整个体验教育行业的持续与发展。增强安全意识，时刻保持警觉性，这是非常重要的安全理念，从业人员必须具备专业的安全操作控制素质。人的因素是整个体验教育建设过程中的关键所在，但又是最容易出现漏洞的环节，粗心大意是安全事故的根源。有时当我们认为越是安全的时候，反而越是容易出事故的时候；当我们认为越是安全的地方，反而越是有可能埋下隐患的地方。加强自我保护意识，安全是自己的，也是大家的。往往因为个人失误，会伤害自己，也会伤害他人，甚至给国家造成不可估量的损失，危及社会的稳定。树立安全意识最主要的一点就是严格执行安全操作规程，执行安全规程不打折扣、不变样。

“预防为主”是实现安全第一的前提条件，也是重要手段和方法。虽然目前还不可能完全杜绝事故的发生，实现绝对安全，但只要积极探索规律，采取有效的事前预防和控制措施，就可以做到防患于未然。

二、装备器材风险因素

物的不安全因素主要是指在体验教育活动中，涉及使用的场地器材、安全装备、道具等。

在体验教育活动过程中，物的不安全状态极易出现。所有的物的不安全状态，都与人的不安全行为或人的操作、管理失误有关。往往在物的不安全状态背后，隐藏着人的不安全行为或人为失误。物的不安全状态既反映了物的自身特性，又反映了人的素质和人的决策水平。

针对活动中物的不安全状态的形成与发展，在进行体验教育活动设计、安排、组织与具体操作时，采取有效的控制措施，把物的不安全状态消除在活动进行之前，或引发为事故之前，是体验教育活动安全管理的重要任务之一。消除活动中物的不安全状态，是活动所必需的，又是“防患在先”方针落实的需要，同时，也体现了组织者的素质状况和工作才能。正确判断物的不安全状态，控制其发展，对预防、消除事故有直接的现实意义。

体验教育培训项目需要借助必要的专业设施和保护装备，尤其是高空项目，每项训练设施都要结合人的身体结构和运动状态及培训目的进行专业设计，因此体验教育培训设施设计的合理性与安全性至关重要。体验教育培训装备器材的设计、选材、规格及制作工艺等都有严格的规定和要求，必须符合国家相关行业标准，并经过专业机构生产、安装和检测。另外，体验教育培训的保护装备应为优质的专业装备或户外产品，采用不同类别的装备进行保护，如跳水求生训练项目所使用的救生衣，枪战对抗训练项目所使用的头盔和防护服等，各类装备的安全系数指标均不应低于专业保护装备标准。

三、组织管理因素

组织管理不当是事故发生的间接原因，是事故的直接原因得以存在的条件。它包括活动组织上的漏洞，对安全隐患整改不力，救援系统不完善，缺少风险预警机制，安全管理教育培训力度不够等。组织管理中主要包括以下几个方面。

1. 安全组织机构

安全组织机构的职责是负责体验教育培训项目应急预案设计、保护设备器材的安全评估,培训危险等级的划分与界定等,对培训各环节进行安全监控。

2. 文件规范制度

建立健全体验教育培训安全管理规范、培训装备设施使用规范、安全操作规范等。通过规范性文件并以安全制度的有效管理,最大限度地降低体验教育培训的潜在安全风险。

3. 安全培训制度

严格考核、资质上岗是落实安全培训的重要环节。作为体验教育培训的培训师,要具备相应权威机构颁发的行业资质证书等,具有强烈的安全责任意识,具备熟练的高空操作技能及全面的安全管理能力。

4. 安全检查制度

严格落实体验教育培训各项安全检查制度,按照相应规定对培训设施、保护装备定期进行检查。

另外,就是存在于培训机构管理层中的问题。管理者的失误行为,如表现为决策失误,这种失误具有更大的危险性。

四、环境因素

体验教育培训与环境有着天然的紧密联系,可以说体验教育培训效果一定程度上就是依赖独特的环境实现的。开展体验教育活动必然受到环境因素的影响,包括自然环境、社会环境等。自然环境是开展体验教育活动的必要条件,对于独特的地理环境,复杂变化的天气状况以及野外动植物等因素所包含的风险因素的把控,对于体验教育活动的成败与否十分重要。在活动开展期间,社会环境因素对活动的安全性也会具有很大的影响,如预期开展活动的某地发生传染病疫情,显然就不再适合在此地进行活动。要重视周边环境,它是指开展活动的周边状况对活动的影响,包括开展活动周边的危险源、人口集中状况及交通环境等因素。选择活动地点首先要避开危险源,其次选择人口相对较少,交通环境相对有利于人群流动、疏散的环境。

第三节 体验教育培训安全风险管控

从安全观念和安全控制的角度来看,瞬间的疏忽极有可能让我们为此付出惨重的代价。细节决定安全,体验教育培训要培养每个人注重安全措施的细节,将安全付诸行动。对于安全培训管理风险管控,进行科学的风险评估和识别是防患安全事故发生的前提。

单位、个人在组织进行体验教育培训安全风险评估时,根据风险评价结果及具体体验教育培训项目、场地和培训对象的不同情况等,确定不可接受的风险,制定并落实控制措施,将风险尤其是重大风险控制在可以接受的程度。

一、体验教育培训主要风险源识别

在选择风险控制措施时，主要考虑可行性、安全性、可靠性。主要内容包括器械安装及使用技术措施、器材场地管理措施、培训教育措施和个体防护措施。

在组织对风险进行评价结束后，要将结果及所采取的控制措施对组织实施人员和参训对象进行宣传、提醒、培训，使其熟悉工作岗位和作业环境中存在的危险，对有害因素进行掌控，落实应采取的控制措施。

1. 个人因素的风险源识别

在体验教育活动过程中，实施者和对象以及活动过程中所遇到的人，均存在一定的风险因素，主要表现在心理状况、身体状况、知识经验积累，还有技能操作情况等风险。具体参见表 5-1。

表 5-1 个人因素的风险

风险种类	风险因素	风险分析
心理状况	紧张、兴奋、沮丧、恐惧、期待、高兴、热烈、冷漠、积极、消极、肯定、否定、怀疑、信任、尊敬、鄙视等	极端心理状况，极易引发风险事故
身体状况	精力不充沛、态度不积极、不善于休息、应变能力弱、反应迟缓	健康状况直接影响行为
知识经验	野外定向、迷途处理、紧急避险、野外救护、扎营、给养、寻找水源、防虫防蛇、攀岩、下降、溜索、拓展、自行车、滑雪、登山等内容相关的知识和从事活动的经验积累	专业知识经验的不足导致不正确判断
技能操作	绳索技能，方向辨别及定向技能，动植物鉴别，取水，取火，攀登与保护技能，领导时间技能，自行车骑行技能，皮划艇技能，滑雪技能，野外避险技能，野外下降与溜索操作，保护与安全防范等技能	技术操作失误，操作不准确

2. 装备因素的风险源识别

装备是体验教育培训活动中经常使用到的技术器械，这些装备器械的维护与保养、操作数量及装备的认证等也存在一定的风险因素。具体参见表 5-2。

表 5-2 装备因素的风险表

风险种类	风险因素	风险分析
装备的认证	UIAA、CE、ISO9001/9002、sigma test、无证	假认证、无认证的装备质量是不能得到保障的，可能出现质量问题
装备的保养	保养不专业、保养无计划、保养不及时、保养不到位、报废无处理	绳锁损坏未发现、报废后仍然使用，已超过使用年限
装备的操作	操作不规范或错误使用，操作不熟练	操作失误、损害装备，减少使用年限
装备的数量及使用频率	数量不足，使用频率不记录	已超过使用频率，使用频率过高，损伤过重

3. 管理因素风险源识别

体验教育培训活动中管理的风险种类包括教师与领队的技能与素质、户外活动计划及应急预案、教学基地与时间的选择、交通运输资质、实践活动管理规定等。具体参见表5-3。

表5-3 管理因素的风险表

风险种类	风险因素	风险分析
教师与领队的技能与素质	计划组织、自信心、技术水平、决策力、交流能力、守法意识、解决冲突问题、团队意识、预见性等	计划组织不详细、责任感不强、无专业素养、专业技术不强
户外活动计划及应急预案	活动参与人群分析不明确、活动目标设定不明、活动资源测评不准确、活动计划未评估、实施未准备	无详尽的活动计划、信息收集不全面、无预案,事故发生无准备
活动时间与基地选择	教学时间过于分散或集中,活动基地不合时宜	未评估好教学场地的安全性,教学场地危险因素过多
交通运输资质	具有交通运输资质,无资质	不守交通规则、驾驶速度过快、违规运营
实践活动管理规定	管理规定陈旧,实践活动场地和器材管理,对教师或领队监管	管理规定不详细,相关规定执行力差

4. 环境因素风险源识别

关于环境因素风险源识别,具体参见表5-4。

表5-4 环境因素的风险表

风险种类	风险因素	风险分析
自然灾害	地震、崩塌、泥石流、陡坡滑坠、落石、地裂缝、地面沉降、林火、洪水	地质灾害多发区、山区雨季易发生泥石流、秋季易发生林火等
天气状况	高温、寒潮、雷电、暴雨、雾霾、雾、台风、沙尘暴	季节的不同,均可能发生极端天气
交通状况	车况、路况、车祸	交通工具过于陈旧,路况不佳
植物伤害	割伤、刺伤、划伤、过敏、中毒	食用有毒植物,过敏体质等
动物伤害	狗、毒蜂、蛇、野猪、熊、鼠、蚊虫、蚂蚁、牛虻	招惹野兽、鼠害、毒虫多发区
人文伤害	少数民族风俗、文化古迹、内部冲突、外部冲突	挑衅少数民族风俗,破坏文化古迹,人文素质低
流行性疾病	鼠疫、伤寒、禽流感、口蹄疫	食用带有病毒的水源或食物

二、风险评估

体验教育活动中的风险一经确认,就要进一步区分风险,并评估户外风险的频率与强度，要把风险和损失控制在可接受程度内，并完成既定的活动计划。

活动风险评估描述原则，是用事件（事故）发生的可能性和影响程度表述，以定性为主的基本原则，通过风险矩阵排列区域，确定风险程度。

1. 风险可能性

体验教育活动风险发生的频率是指一定时期内风险可能发生的次数，可分为经常、可能、偶尔、很小、不可能等五个等级。具体参见表 5-5。

表 5-5 风险可能性分级标准表

不可能	很小	偶尔	可能	经常
A	B	C	D	E
没有发生的理由	在特殊情况下才会发生	有理由说明将来会发生	在一定条件下会发生	发生完全符合逻辑

经常——指该事件在本次活动中可能重复发生，并在以往的活动中经常发生。

可能——指该事件在本次活动中可能独立发生的事件，并在以往的活动中曾经发生过，它也可能在已经具备的威胁源和薄弱点的某个或极少数几个条件共同作用下发生。

偶尔——指该事件在本次活动中有时可能发生，并在以往的活动中曾经发生过，或在具备多个威胁源和薄弱点的条件共同作用下发生。

很小——指该事件不太可能发生，并在以往的活动中极少发生过，或具备多个的威胁源和薄弱点的条件共同作用下，强制性突然攻击才发生。

不可能——指该事件在本次活动中不会发生，并在以往的活动中不曾发生过。

2. 风险严重性

评估危险的严重性时，要了解危险发生的背景。例如，如果有人爬到一个高处，他从上面坠下来摔伤的程度跟爬的高度有关。而且，如果摔下来正好砸在人群密集区域的话，造成的后果将更为严重。风险的强度依据发生风险的损失程度而定，可分为高度、较高、中度、较低、低度五个等级。

高——表示除非受某种特定原因否则活动不能取消，应当再次组织严密的防范措施，否则将采取措施停办或调整项目、地点、规模。

较高——表示非常有必要立即加强对威胁源的阻止和薄弱点的防范，采取更加严密的防范措施，对于不可改变的活动计划继续实施活动，但对可改变活动计划，且计划的改变不会造成重大影响包括社会影响、经济损失的，应当采取延缓或停止活动的实施计划。

中度——表示需要采取一定系统措施，防止事件（事故）的发生，对于不可改变的活动计划继续实施活动，但对可改变的活动计划，且计划的改变不会造成重大影响包括社会影响、经济损失的，应当采取延缓活动的实施计划。

较低——表示通过局部的、个别的计划方案、防范措施（预案），采取制定、细化修补措施，可不需改变活动计划的实施。

低——指此项事件发生，是一般性枝节问题，只会给整体活动带来轻微的经济损失与社会影响，表示采取常规措施，就可满足防范要求，活动可按期实施。

3. 风险等级

在评估体验教育培训活动潜在的风险，以及选择风险处理方式时，风险严重程度分级标准表能够提供很好的帮助（见表5-6）。该表综合了形势的严重程度，以及可能出现意外事件的频率，据此可分为风险极高、风险高、风险中、风险低四个等级。

表 5-6 风险严重程度分级标准表

较小的	小的	大的	严重的	灾难性的
1	2	3	4	5
不适，擦伤，瘀伤等	人受到伤害	严重损伤住院治疗	人员死亡	多人死亡

三、风险管理的原则

在整个风险管理中，按照风险的大小、性质的不同，其处置方法也不一样，主要包括规避风险、转移风险、弃权、保留风险、降低风险等几种方式。

1. 规避风险

风险规避是指中断风险源，遏止风险事件的发生，主动放弃或终止体验教育培训活动，从而避免承担风险。若发现某些风险发生损失的可能性很大，或者一旦发生损失其损失的程度很严重时，可以采取主动放弃原先承担的风险或完全拒绝承担该种风险的行动方案，这就是规避风险。规避风险适用于以下几种情形：发生频率和损失程度都有较大的特定风险；损失频率虽不大，但损失后果严重且无法得到补偿的风险等。

面对灾难性风险时，采用回避风险的方式是比较有效的，但是体验教育活动的高风险、强刺激的体验往往是活动者参与的价值，有时候放弃承担风险，意味着可能放弃某些高峰体验，放弃高收益。所以在某些情况下，风险规避也是一种消极的风险处理方式。

2. 转移风险

转移风险是将个人或集体的风险转移到其他人或保险公司。当风险的发生频率处于偶尔和经常发生时，处理风险的方式是转移风险。在风险有可能发生的情况下，体验教育活动的参与者或组织者要将保险费支付给保险公司，把风险转移到保险公司。

还有一种方式是将风险从体验教育活动组织者转移到参与者的身上。可以通过签订相关的协议将风险转移到签约使用人，但所签内容不能和国家有关法律相冲突，否则就属于无效的条款。

3. 弃权

弃权是将风险从体验教育活动组织者转移到参与者的身上，可以通过签订《风险承担与权利放弃协议》等相关的协议将风险转移到签约使用人身上，但所签内容不能和国家有关法律相冲突，否则属于无效的条款。

4. 保留风险

保留风险也称自担风险，就是将风险保留，自身为各种风险负责。保留风险分为主动的和被动的,即有计划、有意识的和无计划、无意识的。当风险管控人员没有觉察到所面临的风险,或者觉察到风险的存在,但没有做出对付风险的决策,这样的保留风险是被动的。当风险管控人员觉察到风险的存在,并采取了相应的对付风险的办法,这种保留风险就是主动的。当风险的发生频率较低,强度较小时,可采用保留风险。在采取保留风险时,组织者需要制定各种事件的紧急预案,以保证能够处理各种情况。

5. 降低风险

降低风险就是尽最大努力将风险降低或限制风险。最好是把风险降到可承受的范围之内。这就要求组织者制订严密的计划或采用各种措施,以降低风险产生的危害。

组织者采取各种预防措施,杜绝风险的发生,以及发生后通过有力措施控制风险损失的蔓延,降低损失的程度。例如:通过隔离风险因素,遏制风险势头继续恶化,限制其扩张范围,使其不再蔓延。

四、风险应急预案

应急预案又称为"事故预防和应急处理预案""应急计划",主要是针对可能发生的事故或风险事件,为保证迅速、有效、有序地开展应急与救援行动,降低事故损失而预先制定的有关计划或方案。应急预案是在风险识别、分析,评估潜在的风险值、风险类型、可能概率,以及风险转换事故的条件、事故后果及严重程度的基础上,对执行应急计划相关的负责人、其他人员、技术、装备和应急行为等方面预先做出的具体安排。

第四节　体验教育培训安全装备器材

体验教育培训中的高空体验培训项目最直接的危险来自高空的意外坠落,使用安全保护器材是解决这一问题最有效的手段。安全保护器材主要包括绳索、扁带、安全带、主锁、保护器、头盔、救生衣、上升器、止坠器、保护垫等。高空体验培训必须严格遵循各种保护器材的正确使用方法,所有保护器材均不得用于规定训练项目以外的任何用途。

一、主要安全装备器材及使用维护

(一) 绳索

高空项目培训所用的绳索是攀岩绳。它的作用是使挑战者无论任何原因坠落时,都能保护挑战者。它是由高强度的尼龙按特殊的方法编织而成,结构上由绳心、绳壳两部分组成。攀岩绳有不同的直径可供选择,常见的有 9 毫米、10 毫米、10. 5 毫米、11 毫米。高空拓展项目建议使用 10. 5~11 毫米直径的动力绳做保护。

1. 相关数据

(1) 坠落系数:坠落系数=坠落高度/有效保护绳长。坠落的能量靠绳索的自身延展性来吸收。坠落是否严重,不在于坠落高度,而在于坠落系数。在使用绳索情况下从 20 米的高空坠落,不一定比 2 米高的坠落更危险。

(2) 冲力:冲力是指运动中的物体对另一物体发生碰撞时所产生的作用力,在跌落试验中必须要考虑冲力。国际登山联合会标准(UIAA)对第一次跌落时,冲力的最高标准数值要求是 985 千克。

(3) 静态伸长:绳索保持静止状态,一端吊 65 千克的重物,测量其长度。动力绳在负载此重量时,会被拉伸伸长。国际登山联合会标准(UIAA)的标准是静态伸长距离在绳索长度的 8%以内。在跌落试验中,绳索伸长标准为 20%~30%。

2. 绳索构造

绳索可以由纤维多且柔软的材料制成,将其结合在一起就能够形成足够的长度和强度。现在许多绳索是由尼龙或其他人造纤维制成,其强度大且承受压力均匀,重量轻、抗水和抗腐蚀的能力强。但尼龙材质的绳索摩擦受热易软化,遭遇潮湿易变滑,如果承受拉力过强,而接触物边缘又较为锋利时,绳索可能会突然发生断裂。

3. 技术参数和指标

(1) 技术参数:绳索的安全性能主要从两个方面判断:一是看绳索的首次最小冲击力(Impact force),二是看连续下坠次数(UIAA falls)。

绳索的首次最小冲击力,是以坠落物体重 80 千克时对绳索形成首次冲击所产生的下坠力,这一数值反映的是绳索对保护队员和固定点造成拉力的负荷值。该数值不得大于 12 千牛,对攀登者的坠落保护可提供参考依据。绳索的连续下坠次数,是一定重量的物体以间隔 5 分钟的连续坠落(5 次以内,坠落系数为 2),绳索不发生断裂。连续下坠次数越多,意味着绳索在一次次坠落后所保持延展性的能力就越强,使用寿命也越长。需要强调的是,同样标识有国际登山联合会标准(UIAA)认证的绳索性能差别大,使用寿命差异明显。

(2) 技术指标:了解绳索的相关技术指标非常重要。在有动力冲坠可能性的高空体验培训中,一定要使用动力绳(图 5-1),因为冲坠过程主要是靠动力绳的延展性来吸收能量。静力绳的延展性近似为 0,不可用于攀登等项目的使用。高空体验培训所使用的动力绳单绳直径为 10.5 毫米,而登山所选用的绳索直径可略小一些,一般选用直径为 9.5~9.7 毫米即可。绳索的坚韧性固然重要,但登山过程中绳索直径的增加,对绳索的负重也会增加。

图 5-1 动力绳

4. 绳索使用分类

体验教育培训中通常使用最多的为动力绳和静力绳。

(1) 动力绳(图 5-1):通过国际登山联合会标准(UIAA)认证的动力绳直径一般为 10.5 毫米,具有 8%的延展性。高空体验培训通常使用的都是动力绳,动力绳用于对攀登者的保护,能够减缓冲坠对人带来的伤害。人体所能承受的最大冲击力为 15 千牛,动力绳作为主绳传递给攀登者的力量为 12 千牛。动力绳可代替静力绳使用。

（2）静力绳（图 5-2）：通过国际登山联合会标准（UIAA）认证的静力绳，按绳索的直径和 A、B 类来区分，延展性小于 1%。高空体验培训坠落系数小于 0.3 的冲坠可以使用静力绳。统一选用 10.5 毫米单绳，仅用于冲坠系数小于 0.3 的项目保护、单纯下降操作，以及作为通过性保护的固定保护绳（如路绳）。静力绳决不可代替动力绳使用。

图 5-2　静力绳

5. 绳索的使用规范

（1）使用相关品牌的绳索前，要仔细阅读并保存好对照说明书。

（2）成捆的新绳索首次使用时，要按照正确的方法放开绳索，以避免因绳索缠绕或旋拧而造成过大的摩擦。使用新绳索时，绳索摩擦力较小。

（3）如需要将一根绳索进行切割使用，应在每段绳索的新绳头处，重新制作绳头保护和绳索的身份标记。

（4）不要使用情况不明的绳索。绳索属于个人保护装备，一般不予外借，借给别人使用后有可能出现自己无法察觉到的损坏。

（5）放置绳索时，不要随意扔在地上，应在下面垫上物品保持整洁。

（6）准备及训练过程中，任何人严禁踩踏绳索及在绳索附近吸烟。

（7）绳索外皮聚酰胺材料的熔点为 230℃，绳索的快速摩擦，会致使表面有可能达到此极限温度，造成绳索外皮的磨损。

（8）设置保护点及保护队员收绳的过程中，要充分考虑到动力绳在制动时的延展性，避免攀爬队员摔落地面。

（9）在顶绳攀登或下降过程中，要注意绳索长度应至少为路线长度的两倍，且不包含绳索打结所需要的长度。

（10）在使用机械制动保护器时，确认绳索的直径及性能与保护器的要求相吻合。

（11）在有可能发生坠落的情况下，使用绳索与安全带直接连接，而不能使用锁扣为连接工具。

（12）绳索不可直接穿过挂片、扁带等器材。同这些器材的摩擦会对绳索造成伤害，挂片的边缘在受力的情况下有刀割的效果。另外，不要把绳索绑在树上使用。

（13）绳索不能进行高速下降，否则摩擦产生的热量会破坏绳套。而跳跃式的下降，则会对保护点和绳索造成非常大且不必要的冲击。

（14）必须防止绳索与尖锐岩石墙角之间的摩擦，以及落石、冰镐、冰爪等尖利物对绳索护套和内芯的伤害。标记有“UIAA 耐切割测试”标志的绳索，并不意味其能够承受任何尖锐岩石的摩擦。如果需要通过尖锐岩石墙角等，最好将绳索和尖锐部位之间用布或绳套垫住使用。

（15）使用过程中，禁止使两根绳索直接相互摩擦，否则可能造成绳索断裂。除双绳外，不要将两条绳索穿过同一个主锁，尽量避免两条绳索之间的摩擦。

（16）在潮湿的环境下应该使用经防水处理的绳索，被打湿的绳索强度降低，磨损也快。

受到水和冰的影响后,绳索的摩擦系数会增大,且强度会有所降低。

(17) 使用过程中绳索会逐渐变粗,且最多可缩短 10%的长度。

(18) 掌握绳索使用状况,必须做好每条绳索的使用记录。记录使用次数、使用环境、承受坠落的次数和坠落情况,以及是否被人踩过,与绳索连接器材的状况等。

6. 绳索使用其他注意事项

高空体验项目所选用的绳索,一定要具有国际登山联合会标准(UIAA)的认证,以确保绳索质量的百分之百安全。

(1) 固定绳索末端(图 5-3):正规渠道购买的绳索都已做过相应处理,使用起来安全保证应该没有问题。但以米单位所购置的绳索,裁剪至适当长度使用时,必须将绳索的新端重新加以固定。

(2) 使用前检查绳索(图 5-4):训练使用前必须对绳索进行检查,如发生扭结情况必须将其复原并捋顺。绳索有伤痕或者发生扭结,绳索都有可能会在使用时发生突然断裂。

图 5-3

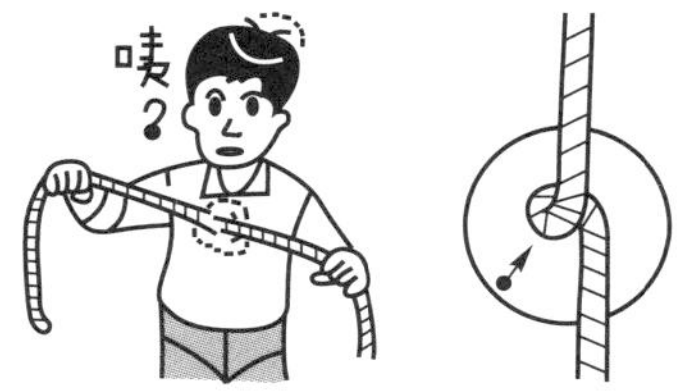

图 5-4

(3) 保持绳索清洁:培训使用绳索时不要将绳索直接放置于地面,避免绳索上附着油渍等污物。

(4) 严禁踩踏绳索:任何情形下不得踩踏训练用绳索。踩踏会导致绳索产生伤痕或劣化,容易使细微的石子、沙砾等进入绳索内部,引发并导致绳索因负重而发生断裂的危险。

(5) 绳索避免潮湿(图 5-5):绳索的保存和使用应保持干燥,即使是防水加工处理过的绳索,也要尽量避免绳索在潮湿状况下使用。

(6) 绳索的安全负重:绳索所能承受的重量由绳索的粗细、材质、使用条件等情况决定。在使用绳索时,一定要根据训练使用的目的,再选择足以承受该用途重量的安全绳索。

(7) 避免接触锐利物(图 5-6):绳索承受较重负担时,一定要避免碰触岩石棱角等锐利物,否则易引发绳索断裂。特殊情况下不得不使用时,需用毛巾、海绵等软制物品垫在绳索和锐利物之间,避免让绳索直接接触锐利物。

图 5-5 绳索

图 5-6

（8）避免突然施加重量：绳索在承受较大重力时，突然对该绳索施加其他重量容易使该绳索产生伤痕。

（9）绳索要在视野内：避免将自己的绳索借给他人使用，或是向别人借曾经使用过的绳索。

（10）不使用问题绳索：绳索是消耗品，再坚韧的绳索使用起来也不可能做到一劳永逸。此外还应注意以下问题。

① 绳索必须要经常检查，发现擦伤、割伤或者磨损等问题要立即更换。

② 两年以上被过度使用的绳索，即使没有明显的伤痕也必须进行更换。

③ 曾经承受过重负荷的绳索，不可再做安全保护使用。

④ 产生扭结的绳索可能会因重量的冲击而断掉，必须多加留意。老旧的绳索、较新的编织绳索、捻制绳索容易发生扭结。绳索一旦发生扭结，必须在使用前拉住绳索的一端将扭结处恢复捋顺，使用后采取捆绑法存放绳索。

7. 绳索捆绑的方法

绳索捆绑是为了便于携带和使用。在不产生扭结的情况下，将绳索平均分至左右两边。分绳索时，绳索打开一次的长度以两手体前水平张开的最大距离为宜。分绳过短，捆起来的绳索体积可能会变得过大而不易携带；分绳过长，捆起来的绳索会因为两端的过度低垂而影响到高空操作时与其他保护器械的应用。

8. 绳索的保养和整理

（1）绳索的保养：绳索的日常存放应盘绕成圈进行放置，这样既便于使用，又可避免自身因缠绕不清或发生扭结，需要时可及时抽出绳索。为防止意外磨损，纤维绳索的末端可编织成鞭状、打绳头结或末端进行捆扎，以预防绳索末端松散。纤维绳索应储存于格架上或采用其他方法悬挂绳盘，并保持摆放空间空气的流通。

绳索尽量避免放置在潮湿地面或强烈阳光下，以防止啮齿类动物、昆虫的啮噬和因过度暴晒而老化。如果绳索因存放不当而受潮，切勿放置于火上强行进行烘烤，也不要将其拉直放置于地面，避免赃物及沙砾的渗入，致使绳索内部受损。必须对脏污的绳索进行清洗时，一定要在清水中洗净，然后在适宜的天气晒干或风干。

除了在遇险、求生等极其特殊的情况下一条绳索不得不做多用途使用外，绳索的使用应注意在不同条件下选取不同型号的绳索，避免混搭使用。

（2）绳索的整理：

① 绳头固定的方法。具体方法：裁剪绳索前（仅限主绳，扁带不用缠），根据需要在准备截断处使用医用胶布缠紧固定，中间留出一定的裁剪缝隙（约 1 厘米），使用锋利的裁剪刀（专业方法使用切绳器）从中间点截断绳索，注意刀口不得触及绳索其他部分。用酒精灯等火源点燃火苗，将裁剪开的两个截面用火烧化压平，注意火焰不得靠近绳索其他部位。

绳头固定后，要做好绳索的档案标记。在胶布端做好裁剪后绳索的档案记录，如裁剪时间、标记绳长、用途、使用单位等。为便于绳索的保管和应用，可使用白色透明热缩管（约 4 厘米）套住两个绳头端胶带部分，用火苗微燎热缩管，使固定的绳头产生收缩，最终形成绳头的固定保护。

② 绳索的盘绕及放开。新绳索通常盘成绳捆，各绳捆加以绕扎并用麻布加以包裹。要打开新绳盘，可剥去麻布在绳盘内找出绳头（绳头通常在绳盘底部），截去绳盘的捆索，经绳盘中心将绳头向外拉出。

③ 绳索的整理检查。新绳索一经使用后，由于拉伸的作用会变软。此外，搬运方式的不当、保存环境的影响、使用的受力程度以及摩擦等情况，均可使绳索的安全性能逐渐变弱。因此，针对绳索的使用务必要加强定期检查，以确定其使用的安全状态。

9. 绳索的报废更换

绳索的使用寿命=存储时间+使用时间。

一般来说在良好的储存条件下，绳索首次使用前可存储 5 年，且不会影响其性能和实际使用寿命；绳索每周偶尔使用，使用期为 3 年，需要每半年仔细检查一次；绳索经常使用，需要每 3 个月检查一次，并根据具体情况在 1 年内进行更换。

如绳索出现以下情形，必须立即报废。

① 经受过坠落系数接近 2 的坠落。

② 绳索内芯暴露或结构发生变化。

③ 绳索外皮严重磨损。

④ 接触过对绳索有可能造成损坏的化学制剂。

⑤ 使用过程中对绳索的性能产生怀疑。

（二） 扁带

扁带（图 5-7）是用来连接快挂、主锁和上升器的户外用具。扁带具有高强度的抗拉性与耐磨性，与保护支点直接接触，减少绳索的磨扭。作为攀爬辅助工具，增强了保护系统的安全系数。

通过国际登山联合会标准（UIAA）或欧洲标准（CE）认证的扁带，延展性近似于 0，用于保护时间不长、避免冲坠系数过大的高空项目。扁带可随意裁截，可根据需要截取连接成为长短不一的绳套，用于器材之间的连接、保护点的设置或固定空中参训队员，其使用简便，安全系数高。扁带使用时，必须在其连接处打好安全结。

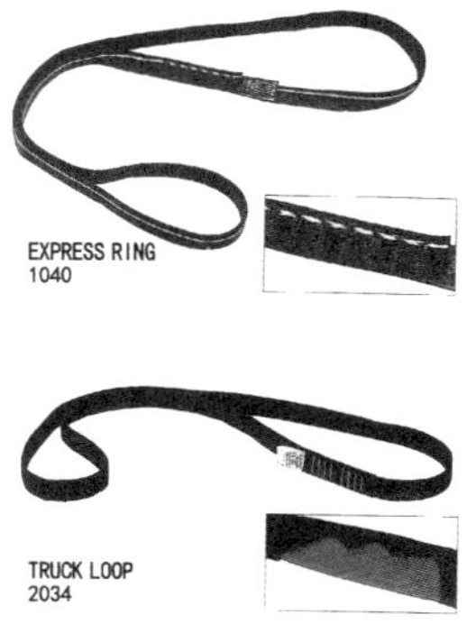

图 5-7　扁带

1. 扁带的分类

根据扁带的使用方式一般可分为三种：

（1）散扁带：可根据需要进行裁剪，打结后使用。

（2）快挂扁带：连接两个主锁，形成快挂的连接使用，长度一般为 10~25 厘米。

（3）成型扁带：根据需要制作好的成型扁带，长度一般为 60~120 厘米，常称为 60 扁带和 120 扁带等。成型扁带出厂时已通过相关检测，安全系数高。

2. 技术标准

(1) 最大冲击力:冲击力是坠落被制止住时,传递给攀登队员的力量。冲击力能够沿着扁带传达到保护点、主锁和保护人员。80 千克物体发生坠落,扁带系数为 2 的坠落过程中最大不能超 12 千牛,其原因在于人体腰部所能承受的最大冲击力为 12 千牛。

(2) 打结能力:一个承受 10 千牛拉力的单结,内径必须小于绳径的 1.1 倍。这个数值越小,表明绳索、扁带越柔韧。

(3) 下坠次数:进行扁带相关安全测试,要求必须能够连续承受 5 次以上、系数为 2 的坠落。可连续承受的坠落次数越多,表明此类绳索可使用越久。

3. 扁带的使用规范

(1) 散扁带制作好后,留出的端头使用胶布捆绑好,以免松脱。自制扁带在高空体验培训使用中,应经常进行检查。

(2) 如果不是机制扁带,如自制扁带,一定要在使用前仔细打好相应的结,避免因人为因素造成危险。

(3) 使用过程中应避免扁带使用状态发生扭曲现象。与固定支点连接时,最好使用两根扁带以确保安全。

(4) 扁带的尺寸有所不同,一般每增加一个长度都是以前长度的倍数增加,这样有利于配套使用。

(5) 与上升器等装备连接过程中,使用的扁带要检查其长度是否合适,如果不合适可通过打结的方式调节其长度。

(6) 携带扁带可斜挎在肩上,或打几个结放置在便于取放的地方,要避免多出的绳头绊倒自己。

4. 扁带的检查测试

扁带的使用寿命取决于使用频率和使用情况。扁带是消耗品,不可能终身使用,如果发现存在问题应该立刻更换,不可掉以轻心。报废的扁带可做日常其他用途或彻底销毁,避免其他人在未知情况下使用。

使用人员应养成定期检查扁带的习惯。在每次使用前和发生滑坠之后,都要采取目测和手触的方法对扁带进行检查。使用人员应该凭借自己的判断,决定能否继续使用。

(1) 目测方法:检查扁带是否发生变形。如扁带径宽正常、无肿块和鼓包、无膨胀变粗,表面无严重的细毛,不变形;下垂后,直、顺,不扭曲,垂性好;机制扁带接口上缝合线是否出现挑线现象等。

(2) 手触方法:柔软度正常无变硬;触感平滑,无挑线、无磨损及割破、刺穿;清洁无泥沙,无化学制剂(如油漆、酸碱溶剂等)污染。

5. 扁带的维护保养

(1) 避免扁带与化学物品接触,尤其是酸类物质会侵蚀扁带纤维。扁带被侵蚀,表面往往观察不到。

(2) 避免不必要的紫外线照射,远离潮湿和暴晒,使用温度在摄氏零下 5℃ 至 80℃ 之间,将扁带储存在干燥、通风的地方,且避免直接接触热源。

（3）清洗时，要使用30℃以下的清水。如扁带过脏时，可使用专用洗涤剂清洗。切勿使用有可能伤害扁带纤维的清洗剂。

（4）清洗或受潮后的扁带，应尽快放置在通风、干燥、阴凉处自然干燥。切忌在太阳下暴晒或使用暖气烘烤。

（三）安全带

安全带（安全衣）是各种保护装备与人体的连接装置，需要能够承受一定强度的冲击力。安全带的主要作用是为参训队员提供舒适、安全的固定。

1. 结构

安全带（安全衣）主要由腰带、腿带、装备环和绳环组成。全身式安全带（安全衣）另含肩带。

2. 分类

分为坐式安全带（安全衣）和全身式安全带（安全衣）。

（1）坐式安全带：坐式安全带使用时系于人体腰部，由腰带和腿带组成。腰带上有保护环，其主要受力部位为腰部，腿部可以分担一部分力量。根据腰带能否打开的标准，坐式安全带又分为开放式和封闭式两种。

① 半身开放式安全带：安全带舒适性好，便于携挂其他装备，适合培训师使用（图5-8）。

② 半身闭合式安全带：安全带带头不易磨损，操作穿插较为便捷，半身闭合式安全带使用状态容易确认，适合参训队员操作。

（2）全身式安全带：全身式安全带是在坐式安全带的基础上增加了一根背带（图5-9）。通过两肩在前胸和后背交叉，使得主要受力点在胸部或背部。全身式安全带用于参训队员在空中翻滚需要从身后进行保护的项目。如空中单杠、高空相依等项目。

图5-8 半身开放式安全带

图5-9 全身式安全带

3. 特征

所有安全带的调节带扣（肩带和腿带）都能充分进行调节，确保其穿戴的安全、舒适。安全带的器械环和腿带承担重力有限，不得用于坠落制动。

根据安全带设计的差异，不同款式、不同品牌的安全带均有所差异。

4. 技术标准

安全带上的绳索和金属配件要符合破坏负荷指标。腰带必须是一体的设计，护腰带宽度不小于 50 毫米。安全带一般至少能承受 20 千牛的拉力。金属配件表面光洁，边缘呈圆弧形并防锈。

5. 安全检查

每次使用安全带前，应采取目测和手触两种方法检查整条安全带。

（1）目测方法：外观正常，无严重扭曲；腰带钢扣无磨损、裂纹。安全带接口缝线处均正常，无开线、无挑线、无断线，无磨损及割破、刺穿等现象。

（2）手触方法：柔软度正常无变硬；检查安全带腰带头是否紧固无散开；触感平滑，清洁无泥沙，无化学制剂（如油漆、酸碱溶剂等）污染。

6. 维护保养

（1）避免安全带与化学物品接触，尤其是酸类物质的侵蚀。

（2）清洗或受潮后的安全带，应尽快放置在通风、干燥、阴凉处自然晾晒。切忌在太阳下暴晒或使用暖气烘烤，且避免直接接触热源。

（3）保持安全带清洁，每半年应视使用情况清洗一次。清洗时，要使用 30℃ 以下的清水，使用中性洗涤剂清洗。切勿使用有可能伤害安全带纤维的清洗剂。

（4）安全带虽不怕雨水，但收存前必须在阴凉通风处晾干。不得向地上抛扔安全带，不得踩踏、垫坐安全带，不得在安全带附近吸烟。

7. 报废与更换

安全带应定期进行检查，严禁在超过规定时间而未进行例行检查的情况下使用，严禁在未消除隐患的情况下使用。

安全带的寿命一般为 10 年。每天使用，寿命为 3~12 个月；每个周末和节假日使用，寿命为 1~2 年；偶尔使用，寿命为 2~5 年；使用超过 5 年的安全带，必须报废进行更换。

在极端情况下，安全带即使仅使用过 1 次也要进行更换。例如，安全带曾接触过化学物品，在极端温度条件下使用过，接触过锋利物体或载重过重。

8. 使用要求

（1）使用相关品牌的安全带前，要仔细阅读并保存好对照的说明书。

（2）严禁使用情况不明的安全带。安全带属于个人保护装备，一般不予外借。借给别人使用时，有可能会出现自己无法察觉到的损伤。

（3）准备及训练过程中，严禁任何人踩踏安全带。

（4）每次使用前均应仔细对安全带进行检查。检查安全带是否有缝线脱落、缺口，铁件有无变形和其他的损坏情况。

（5）每款安全带的固定方法都不相同，所以参训队员一定要熟悉所穿戴安全带的使用方法和程序。

（6）参训队员选择大小合适的安全带号码。

（7）调整好腰带和腿带的长度。穿戴半身式安全带时，腰带略紧，腿带要松紧合适；穿戴全身式安全带时，系紧腰带的同时，腿带也一定要系紧。这是全身式安全带与半身式安全带的不同之处。

（8）安全带的腰带顺向插入环扣后，一定要折回来再反向插入环扣，形成腰带反扣。打腰带反扣的目的是增大摩擦力，防止腰带的意外滑脱。

（9）所有安全带必须打反扣收紧，使用前调整好松紧度，多余的带子可以别起来。使用过程中，严禁解开安全带。

（10）安全带装备环不得用于任何形式的保护。如天梯项目，队员可能会抓握同伴安全带的腰带用力攀登，但安全带腰带上的器械环不能承受较大重量，绝对不能抓握做攀登使用。

（11）安全带使用过程中，要避免冲坠、摩擦岩壁、砂石侵入、踩踏和阳光直射等情况。

（四）主锁

主锁又称丝扣锁，是户外活动用途最广、不可或缺的基本装备之一。主锁多采用合金材质，质量轻且坚固，主要作用是攀登时用来连接保护系统的各个点，或替代烦琐的绳结。

1. 结构

主锁由锁体及丝扣组成，通常以铝合金、钛合金和钢为主要材质。

2. 分类

登山用主锁依据其形状、开口方式及材质不同，区分为不同种类。为便于操作，高空体验培训选用以下种类主锁。

（1）以形状划分：D 形锁、改良 D 形锁、O 形锁、梨形锁等。

① D 形锁（图 5-10）：外形类似一个“D”字。铝合金或钛合金材质，全部负荷由开口对面的长边承担，安全系数高，坚固耐用，使用方便，是目前较为常见的一种锁扣。

② 改良 D 形锁（图 5-11）：铝合金或钛合金材质，体积小，开口大，不带丝扣，操作简便。

③ O 形锁（图 5-12）：外形类似一个“O”字。材质分为钢质与铝质，钢制虽然较重，但耐磨性好。其左右对称、两侧受力均等，不会改变方向随意移动，适用于上升器、下降器或滑轮的使用。

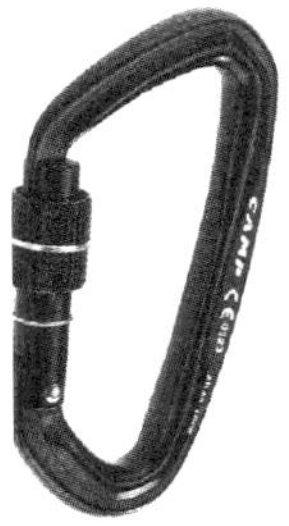

图 5-10 D 形锁

图 5-11 改良 D 形锁

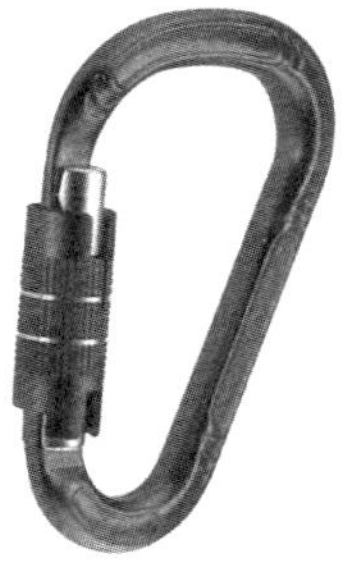

图 5-12 O 形锁

④ 梨形锁(图 5-13):外形类似梨子的形状,属于改良主锁。梨形锁锁扣内部空间较以上几种锁小,但开口较大,方便挂扣。相同材料下,重量比 D 形锁更轻,强度更大。适于用意大利半扣做确保,也适于连接安全带,常用其作为上方保护点的主锁,主要与 8 字环、绳索等器材配合用作保护或者下降。梨形锁的优势较为明显,正逐步取代 D 形锁使用。

(2) 以开口划分:丝扣锁和自动锁。

① 丝扣锁(图 5-14):轻巧耐用,易于挂取,避免钩住绳索或挂片。用于连接绳索、安全带、保护点,连接和携带各类器材等。适合各类攀登、救援、高空作业、拓展项目等。

② 自动锁(图 5-15):操作复杂,易损坏,但使用更安全。适用于广泛的保护装置,可与保护防坠系统结合使用。

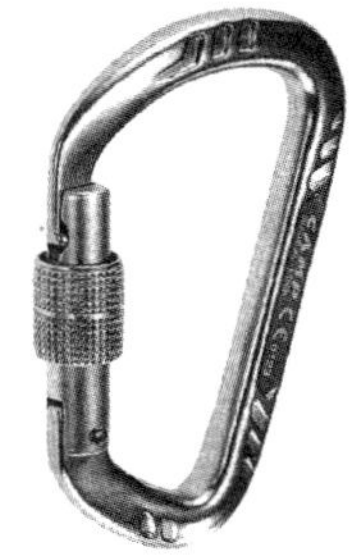

图 5-13 梨形锁

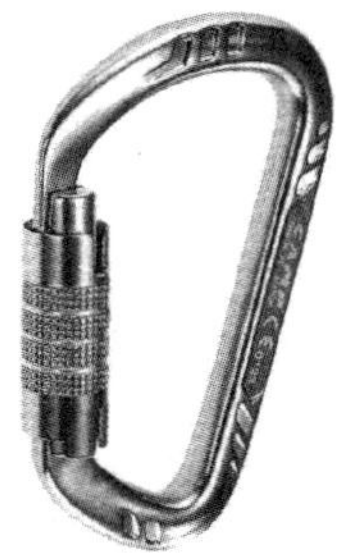

图 5-14 丝扣锁

图 5-15 自动锁

3. 特征

通过欧洲标准(CE)认证的 D 形锁、改良 D 形锁和梨形锁,体积小,腰果形,开口大,几乎全部负荷是由开口对面的长边承担,承受拉力大,正常受力大于 15 千牛。

这里特别提示,高空体验培训应选用大尺寸、带丝扣的 D 形和梨形铝合金主锁。要求丝扣深度在 2 周以上,最好选开口处非钩形的主锁,以减少主锁对安全带的钩刮。

通过欧洲标准(CE)认证的 O 形锁,体积小,开口大,负荷由两边平均分担。优点是摩擦力小,圆动性好双边受力,缺点是承受拉力小。由于 O 形钢锁具有耐磨的特点,在设置移动式的上方保护点时,采用在加黄油润滑的钢缆上悬挂 O 形钢锁的方式使用。

快挂(图 5-16)是用扁带将两个主锁连接起来的一种攀登用器材,两把扣锁,弯门适用于挂绳,直门适用于挂片的连接。在攀登的过程中使用者需要快速、便捷地连接绳索和保护点,而快挂的作用就在于此。作为保护系统的一部分,快挂能够承受的冲击力不能低于整个系统的最低承受力,一般快挂垂直方向的承受力是 22 千牛。

4. 技术标准

根据国际登山联合会的坠落试验,保护绳索至少能够承受 1 200 千克的拉力。由于绳索在主锁上制动摩擦,主锁的承受负荷是 ULAA 坠落试验中保护绳索承受负荷的 1 倍以上,所以主锁至少能够承受 1 500 千克以上的冲击拉力。铝合金主锁的正常拉力一般在 2 000~3 000 千克。

图 5-16 快挂

通过欧洲标准(CE)认证的D形锁、改良D形锁和梨形锁,在严重的坠落过程中能承受起15千牛的负荷。铝合金主锁的正常拉力一般在20~30千牛,钢制主锁承受的拉力会更大,适用于攀岩及其他户外拓展训练。

通过欧洲标准(CE)认证的O形锁能够承受起纵向拉力20千牛,横向拉力6千牛,开门拉力6千牛的负荷,O形钢制主锁承受的拉力会更大。

5. 检查测试

每次使用主锁前,应采取目测和手触两种方法检查。

(1) 目测方法:主锁外形正常无变形,开口无弯曲;被绳索磨损厚度小于1毫米;丝扣正常,无溢扣,无脱轨;开口、丝扣、枢纽、弹簧清洁无污物,无锈蚀。

(2) 手触方法:表面无龟裂及伤痕;开口的开启、闭合平顺无阻碍,承重时能开闭。

6. 保养方法

若主锁锁口有细微的损伤磕边,可用锉刀小心磨掉;开口生锈或枢纽、弹簧处有污物,可用煤油、汽油等溶剂滴在开关处,反复开闭,直到开闭平顺,然后除去清洁油。

7. 报废更换

定期对主锁进行检查,严禁在超过规定时间而未进行例行检查的情况下使用,严禁在未消除隐患的情况下使用。

主锁在2米以上的高度掉落至坚硬地面或物体表面后必须报废,不应再继续使用。

8. 使用规范

(1) 使用相关品牌的主锁前,要仔细阅读并保存好对照的说明书。

(2) 不要使用借来的或者使用情况不明的主锁,也不要向他人借出自己的主锁。

(3) 使用前要检查主锁的状况,如是否有裂痕,锁扣的使用是否顺畅等。如果对用的主锁状况持有怀疑,宁可更换新主锁进行使用。

(4) 使用主锁时,严禁抛掷、磕击主锁。

(5) 主锁经常在钢缆上滑动的项目,必须使用钢锁。

(6) 主锁的随身携带以方便取用为原则。使用主锁开门朝外、大头朝上。

(7) 主锁闭合时所能承受的拉力要远远大于开启状态。在进行攀登、垂降或保护之前,一定要确认身上的主锁是锁上的,即便是自动式锁也要进行检查和确认。

(8) 使用带丝扣主锁时,应将丝扣拧好。丝扣主锁锁紧时,注意不要太紧,可以在锁紧后再回半扣,避免丝扣主锁在强力冲击下被锁死。

(9) 使用过程中,要求主锁的丝扣深度在2周以上。最好选用开口处非钩形的主锁,以减少主锁对安全带的钩刮。

(10) 为了减轻绳索摩擦和保证安全,可以采用双主锁固定的方法。

(11) 一个保护点上需挂两把主锁使用时,要使两把主锁的开口方向左右相反。

(12) 主锁挂在安全带上与8字环组合使用时,应大头朝上,开口向内或向右。

(13) 主锁挂在保护点上,要将开口方向朝下(大头朝下)。这样做既可便于挂绳,又可以避免丝扣的意外开启。

(五)保护器

保护器是高空体验项目攀登、极限下降等活动中保护队员广泛使用的器械,它是通过增大对绳索(钢缆、轨道)的摩擦力,控制队员下降的速度来加强缓冲效果,从而达到"慢速下降"的目的。

1. 结构

如8字环是左右对称的封闭金属环,无制动端和攀爬端之分。单绳自动制停保护下降器主要由金属主体、偏心轮、操作把手等组成,分为制动端和攀爬端。

2. 分类

通常用作下降的保护器主要包括:8字形下降器(8字环)、单绳自动制停保护下降器(GRIGRI)、单绳自动制停下降器(STOP)和ATC管状保护器。

(1)8字形下降器(8字环):8字环下降器(图5-17)是攀登者发明的第一代保护器,它的特点是结构简单,省力、安全,且操作简便。8字环对绳索的适用范围相对比较大,所以它的应用范围非常广泛,可用于高空体验拓展,登山、攀岩、溪降、救援、工程等方面。缺点是略显笨重,同其他保护器相比,8字环制动锁定性能略差。

图5-17 8字环

(2)单绳自动制停保护下降器(GRICRI):单绳自动制停保护下降器是利用偏心轮自锁功能锁定绳索的下降保护装置,用于单绳的攀登保护和下降,对单绳使用性能卓越且保护高效。单绳自动制停保护下降器具有自动制停系统,其设计完全从安全性能出发,在很大程度上提高了操作的安全性。缺点是双绳保护使用性能不佳,体积大、自重大,在保护或距离较长的下降过程中容易出现扭绳,摩擦力小,所以不适合初学者使用。

(3)单绳自动制停下降器(STOP)。单绳自动制停下降器(图5-18),内有两个小滑轮,绳子缠绕在滑轮之间,制动将手松开即停,方便使用者腾出双手应付紧急事件,多用于探洞、溪降等垂直下降及工业用途。单绳自动制停下降器一般不用于高空体验培训的攀登保护,只用于高空体验培训的单绳下降使用。单绳自动制停下降器具有操作把手,当放开把手时,自动制停系统即开始运作。适当握住把手,并拉住绳尾,便可控制下降速度。由于单绳自动制停下降器只针对下降,所以这类下降器的下降及锁定功能比较优越。

图5-18 STOP

3. 特征

8字环呈8字形,利用四点摩擦制动,省力、安全、操作简便。8字环没有复杂的机械装置,在使用的时候不会出现机械性故障,便于初学者掌握。

单绳自动制停保护下降器(GRICRI)利用偏心轮进行自锁,具有自锁功能,完全不用保护者的手施力来制造摩擦力,其作用同汽车安全带,但承受突然外力时易出现锁死现象。

单绳自动制停下降器（STOP）的下降及锁定功能优越。具有操作把手，放开把手即产生制动。

4. 技术标准

8字环、CRIGRI、STOP、ATC管状保护器等承受拉力25～30千牛。8字环适用绳索的直径大于等于8毫米且小于等于13毫米；GRIGRI适用绳索的直径为10～11毫米；STOP适用绳索的直径为9～12毫米；ATC管状保护器对所使用绳索的直径要求严格，一般在8.3～12毫米，例如E/F/H型。如果ATC管状保护器需要和小直径的绳索相匹配，需选择小口径的。例如G和H，G的口径是7.5～8.2毫米，H的口径是8.1～11毫米。

5. 检查测试

每次使用保护器前，应采取目测和手触两种方法检查。

（1）目测方法：使用保护器前，着重检查各类器械有无明显撞击痕迹，磨损的具体情况，观察器械表面有无酸碱等化学制剂的腐蚀。检查该保护器的使用档案情况，是否有接触火焰和承受大于其标定拉力等情形的记录。如出现以上状况，保护器不得再继续使用。

（2）手触方法：外形正常无变形，表面无龟裂及伤痕，被绳索磨损的厚度小于1毫米。

6. 保养方法

保护器使用后要进行检查，长时间储存需要清洁。保护器在雨、泥、冰雪环境中使用后，一定要及时检查，尤其是对结构复杂的保护下降器，一些细小的泥沙容易落入活动部位的缝隙中，不及时清理会失去作用。保护器上有锐利或不平处，易产生磨损。若保护器有细微的损伤磕边，可用锉刀小心磨掉。严禁用锉刀去锉保护器上粗糙的地方，如果要磨平，可用220～400等级的砂纸。

7. 报废更换

定期对保护器进行检查，严禁在超过规定时间而未进行例行检查的情况下使用，严禁在未消除隐患的情况下使用。出现如表面有明显的裂纹或者出现严重腐锈、金属件磨损严重超过本身直径或厚度的五分之一、保护器凹槽磨损变形、坠落高度超过3米并撞击到硬物等情况时，应立即予以报废。

8. 使用要求

（1）各种类型和型号的保护器均有自身适合的用途和使用环境。8字环做保护和下降均可，主要应用在冰雪、粉尘较少的整洁环境；ATC管状保护器做保护使用，且适用于双绳，主要应用在冰雪环境；单绳自动制停保护下降器做保护和下降均可，但只能用于单绳且对绳索的直径有很严格的要求。

（2）下降过程绳索要保持平顺，用8字环下降和保护时，不要与主锁形成一定角度或发生扭拧，否则可能被主锁硌断。

（3）ATC管状保护器分为制动端和攀爬端，主要靠制动端下压产生绳索的形变而增大摩擦力，在装绳时要注意保护器上绳索的走向。

（4）保护器是保证攀登队员生命安全的器材，错误操作会产生很大的危险，此类危险远远大于器材质量本身的原因。

（5）每次使用前同其他器材一样，使用者要仔细检查，确定没有问题后才能使用。

（6）使用前一定要熟练掌握保护器的使用方法，也要保证传授给每名保护队员正确、熟练地使用保护器的方法。

（7）要注意穿绳的方向，切忌穿错或穿反，否则保护器存在很大的危险性。

（8）每种保护器都有其相适应的绳索直径，不得使用在范围之外的绳索。如单绳自动制停保护下降器必须在单绳的情况下使用，绳子的直径在10~11毫米之间。

（9）自锁型的保护器可以先用力拽下绳索，检查是否可以锁定。如单绳自动制停保护下降器利用偏心轮进行自锁，不需要通过保护者手的施力来制造摩擦力，其作用同汽车安全带。训练使用单绳自动制停保护下降器时，避免出现动作的突然上移，突然发力会致使单绳自动制停保护下降器出现锁死现象。如果绳索结冰或被浸湿，会导致其无法使用。

（10）使用保护器进行长距离下降，主要控制好速度避免过快。绳索摩擦产生过多的热量容易损坏绳索，甚至导致生命危险。

（六）头盔

头盔是用于防止在高空项目中直接磕碰头部，以及在场地和自然环境中避免主动磕碰头部及被意外坠落物伤及头部的保护装备。专业的登山头盔，能够在很大程度上防止头顶和侧面的冲击，防止尖锐物砸伤头部，以及减缓重物对颈椎和脊椎的冲击。

1. 结构

头盔（图5-19）主要由外壳、内胆和悬挂装置三部分组成。外壳采用聚乙烯材料，比较坚硬，可有效保护头部；内胆采用尼龙材料，可调节，以适应头部大小。外壳与内层之间采用无铆钉连接，使佩戴舒适感增加，具备简单快速的颈部收紧系带。贴皮肤处采用速干、透气材料，两侧有通风孔；悬挂装置可配有头灯卡座、耳机、话筒、摄像头、照明电筒等附加设备。

图5-19 头盔

2. 分类

以用途划分为工业用、登山用、高空作业及救援专用头盔。体验培训一般选用登山用标准的运动防护型头盔，头盔不得带有明显的帽檐。

以材质划分为轻质头盔、坚硬头盔和混合式头盔。

3. 特征

头盔具有佩戴简单，重量轻，舒适且透气性好等特点。

4. 技术标准

必须具有国际登山联合会标准（UIAA）和欧洲标准（CE）认证。头盔外壳较为坚硬，受到冲击后通过外壳形变及其自身的破碎吸收和分解冲击力，以保护头部和颈椎。

5. 安全检查

每次使用头盔前，应采取目测和手触两种方法检查。

（1）目测方法：外观正常无严重磨痕、破损；插扣、黏带、中枢等各连接环节齐全无缺损；尼龙固定带无挑线、磨损，带头无散开，缝线无开线、断线等情况。

（2）手触方法：插扣、黏带、中枢等各连接环节的使用是否正常；头盔内各支撑点均牢固无松动;尼龙固定带手触柔软、平滑。

6. 维护保养

避免高温、潮湿的环境;严禁将头盔置于阳光直射的车厢内,避免高温暴晒;严禁在头盔上画图、粘贴贴画;避免接触化学制剂;头盔表面可用清水擦拭,内胆的尼龙垫可拆下清洗。

7. 报废与更换

头盔的使用周期较长,但仍然要做好定期检查,严禁在超时限或未经例行检查下使用。

8. 使用要求

(1) 尽管头盔使用周期长但也有使用寿命,最长使用年限一般为 10 年。根据产品说明达到使用期限后,无论头盔是否有损伤或是否受到过撞击,都要进行更换。

(2) 高空体验培训选用的头盔与户外登山运动所选用的头盔相同,不得用自行车运动头盔或工业用安全帽等代替。

(3) 高空体验培训选用的头盔不得带有明显的帽檐,头盔内不得再佩戴有帽檐的运动帽。

(4) 严禁将头盔摔掷或垫坐。

(5) 凡进行攀登、下降、空中行进、跳跃等高空项目,穿越、探洞等野外训练,以及处于可能有上方坠物的区域时,必须佩戴保护头盔。

(6) 高空体验培训要求培训师和参训队员必须按照训练要求佩戴与之相适的保护头盔。

(7) 佩戴头盔前,要仔细检查头盔系带扣点是否有松脱,否则不能起到预期的防护效果。

(8) 头盔的佩戴方法要严格遵循标准。佩戴好后,头左右晃动时以头盔不随之晃动为适宜状态,注意有效护住前额、后脑及侧面。头盔应完全扣住头部,前沿要盖住前额并和眉毛平行,不要向上翘起。要将下颌护带系好,头部前低头时不勒,系带不影响呼吸,后仰抬头时头盔不会脱落。

(9) 女队员应将长发盘在头盔内。当参训队员发长过肩时,须将长发盘在头盔内并由后向前戴。只有因头发过长,盘入头盔后影响到头盔正常佩戴时,才允许将头发系紧,发髻置于颈后。

(10) 坠落物体出现在头部上方位置,千万不要仰视观望或以手抱头,此时应相信头盔的保护作用。

(11) 使用头盔过程中,要做到轻拿轻放,避免硬物敲击到头盔外壳。摆放时应将头盔向上放好,避免头盔顶部朝下放置。

(12) 如果头盔经受过强烈撞击,请勿继续使用。

(七) 救生衣

救生衣的设计类似背心,因此又称为救生背心,是一种水上救护生命的服装。救生衣穿在身上具有足够浮力,能够使落水者的身体在水中漂浮且头部露出水面。

1. 结构

救生衣(图 5-20)主要由尼龙面料背心(含反光材料)、浮力材料(合成材料或木棉)、救生口哨、缚带等组成。

2. 分类

救生衣的种类多种多样，按照适用范围划分，可分为航空救生衣、航海救生衣、水上运动救生衣、水上作业救生衣和工作救生衣；按照使用对象划分，可分为民用救生衣和军用救生衣；按照结构形式划分，可分为背心式救生衣、套头式救生衣和连身式救生衣；按照浮力材料划分，可分为固有浮力式救生衣、气胀式救生衣和混合式救生衣。

图 5-20 救生衣

3. 特征

高空跳水项目选用的救生衣为背心式救生衣。背心式救生衣以木棉或软质闭孔泡沫塑料作为浮力材料，颜色鲜艳，两肩头处带有荧光反射板。救生衣表面耐水，透气性好，尖领无袖，胸部、腰部及救生衣底端均有固定缚带。

4. 技术标准

按照标准规格生产的救生衣，都有其浮力标准。救生衣的用途不同，浮力大小的要求也不相同。如一般成人为 7.5 千克/24 小时，儿童则为 5 千克/24 小时。救生衣在水中浸泡 24 小时后，浮力损失应小于 5%。

固定缚带破断强度须不少于 1.4 千牛。合成材料的固定缚带须能在系缚时，提供同棉带所能提供的同等稳固程度。救生衣材料须按适用情况具备防腐、耐腐蚀性，且不受海水、油类等物质的不利影响，暴露于阳光下不发生变形。

5. 安全检查

救生衣表面材质是否完好，挑选检查时注意浮力是否能够达到训练要求。救生衣缚带接口是否有破损，以防止入水后无重力上浮。

6. 维护保养

救生衣应在空气温度零下 30℃ 至 65℃ 范围内保存，一般使用年限为 5~7 年。为确保使用寿命，应在每次使用后用刷子将其内外刷一遍，然后用清水冲洗干净，放在通风处晾干。应定期对救生衣进行检查，严禁在超过规定时间而未进行例行检查的情况下使用，严禁在未消除隐患的情况下使用。

7. 使用要求

（1）救生衣适用于所有体验培训的水上项目，包括跳台跳水、扎筏泅渡、舟渡，以及在水面以上高空进行的绳桥、飞降等。

（2）凡是在水中或存在落水可能的训练项目，无论参训队员是否会游泳，训练全程都必须穿着救生衣。

（3）选择救生衣要大小合适，要根据身材的高矮、胖瘦等进行选择。

（4）救生衣口哨袋朝外，各条连接带均在救生衣的正面，穿着时要将救生衣正面放置在外。

（5）穿前应检查救生衣有无破损，救生衣上的各部位缚带是否完好。

（6）穿救生衣，要将其颈部、胸部和腰部的各条连接带系紧、缚牢。

（7）在进行水上训练项目前，再次确认救生衣肩部、腋下等部位活动自如，避免穿尺码不合适的救生衣影响训练。

二、安全装备器材的定期检查与保养

应定期进行检查及保养的训练器材包括绳索及扁带、安全带、主锁、下降器、上升器、头盔等。所有教学人员均有责任对任何可能造成安全隐患和事故的安全装备器材进行必要检查，在发现安全隐患的情况下，应立即向培训负责人报告，或建议暂停培训活动。

安全装备器材安全检查工作由培训总监负责领导，指派专人按照规定时间、项目和程序具体实施，并填写相应的表格（如《训练器材定期检查记录表》，内容可参考表5-7）。填好的表格应于三日内交本机构负责人存档。如发现不正常情况，须立即汇报给培训总监，并视问题性质、程度，协调相关部门和人员及时妥善地解决。

如果出现《训练器材定期检查记录表》中所列正常标准之外的任何情况，以及有危险使用史的情况，必须更换装备器材。

表5-7 训练器材例行检查工作表

器材	检查项目	正常标准	检查时间	维护保养
绳索及扁带	外观及触感	直径正常无膨胀变粗，不变扁，下垂后直、顺，不扭曲，垂性好	每次使用前后均由挂摘该项目器材的教练进行检查，每两周由专人仔细检查一次，并填写《训练器材定期检查记录表》	绳索每次使用后要解开所有绳结，整理平顺并收拢好，妥善贮存于阴凉、干燥的地方。保持清洁，每半年应视情况清洗一次，在清水中用中性洗涤剂清洗，然后将绳索摊开在干净的地板上，让其自然阴干
		柔软度正常无变硬		
		触感平滑，无挑线、磨损及割破、刺穿		
		清洁无泥沙，无化学制剂（如油漆、酸碱溶剂等）污染		
		绳头紧固无散开		
		护套与内芯的相互滑动小于1%		
	危险使用史	无长时间阳光直接曝晒史		
		无接触热源，无化学制剂（如油漆、酸碱溶剂等）污染		
		无踩踏、坐卧、乱扔乱拖史（谨防岩屑、细砂留存纤维之间而造成缓慢切割）		
		无严重磨损（如将绳子跨在尖利的岩角或岩面上负重，或横向摩擦）及重砸、重压史		
		无滥用史（如拖拉汽车或捆包货物）		
		无遭坠落系数大于2的严重冲坠史		
		无接触火焰史		

续表

器材	检查项目	正常标准	检查时间	维护保养
安全带	外观及触感	外观正常，无严重扭曲	每次使用前后均由挂摘该项目器材的教练进行检查，每两周由专人仔细检查一次，并填写《训练器材定期检查记录表》	（清洗方法同绳索）
		各缝线处均正常无开线、断线		
		无挑线、磨损及割破、刺穿		
		柔软度正常无变硬		
	危险使用史	清洁无泥沙，无化学制剂（如油漆、酸碱溶剂等）污染		
		腰带头紧固无散开		
		腰带钢扣无磨损、裂纹		
		（同绳索各项）		
主锁	外观及触感	外形正常无变形，开口无弯曲		若主锁锁口有细微的损伤刻边，可用锉刀小心磨掉；开口生锈或枢纽、弹簧处有污物，可用煤油、汽油等溶剂滴在开关处，反复开闭，直到开闭平顺，然后除去清洁剂
		表面无龟裂及伤痕		
		被绳索磨损厚度小于1毫米		
		丝扣正常，无溢扣，无脱轨		
		开口的开启、闭合平顺无阻碍，承重时能开闭		
		开口、丝扣、枢纽、弹簧清洁无污物，无锈蚀		
	危险使用史	无严重撞击、磨损史		
		无接触酸碱等腐蚀性化学制剂史		
		无接触火焰史		
		无滥用史（如承受大于其标定拉力）		
下降器	外观及触感	外形正常无变形	每次使用前后均由挂摘该项目器材的教练进行检查，每两周由专人仔细检查一次，并填写《训练器材定期检查记录表》	
		表面无龟裂及伤痕		
		被绳索磨损厚度小于1毫米		
	危险使用史	无严重撞击、磨损史		
		无接触酸碱等腐蚀性化学制剂史		
		无接触火焰史		
		无滥用（如承受大于其标定拉力）史		
上升器	外观及触感	（同主锁）		（同主锁）
	危险使用史	（同主锁）		

续表

器材	检查项目	正常标准	检查时间	维护保养
头盔	外观及触感	外观正常无严重磨损	每次使用前后均由挂摘该项目器材的教练进行检查，每两周由专人仔细检查一次，并填写《训练器材定期检查记录表》	头盔表面可用清水擦拭，内里的尼龙垫可拆下清洗
		插扣、黏带、中枢等各联接环节齐全无缺损并使用正常		
		头盔内各支撑点均牢固无松动		
		尼龙固定带柔软、平滑，无挑线、磨损，带头无散开，缝线无开线、断线		
	危险使用史	无严重撞击、磨损史		
		无接触酸碱等腐蚀性化学制剂史		
		无接触火焰史		
		无滥用史（如盛物或被坐）		

第五节 户外活动实用绳结技术

绳结是绳索与绳索之间、绳索与其他装备、攀登者身体或其他物体相互连接和固定的方式。结绳技术运用是否得当，直接影响绳索使用的质量和效果，更关系到攀登者的安全。

由于体验教育培训中许多体验活动项目的组织和实施大都在户外环境中进行，随着近几年原生态理念的不断深入，不少教育培训主办单位将原来相对固定的体验教育培训营地，转向原生态的自然环境。在这种情况下，临时性的保护和安全措施就成为体验教育师必须要掌握的技能和能力要求。而户外常用的绳结技术的掌握则是户外安全保护技能中一个重要的内容。

在户外开展的相关体验教育培训活动中，经常使用绳结技术的绳索为动力绳和静力绳。这两种绳索的性能和使用维护常识在本书其他章节中已做过详细的介绍。这里主要介绍一些户外体验教育培训中经常用到的部分绳结技术。

一、盘绳的方法

人们通常不太注重绳索的整理方法，用一般的环形缠绕法捆绑的绳索，在使用时常会绳索缠绕在一起。若能用规范的方法进行盘绳，不仅美观更可以让绳索得到更好的维护，延长使用寿命，确保安全。目前最常用的盘绳方法为登山者盘绳法和蝴蝶盘绳法。

（一）登山者盘绳法

登山者盘绳法（图 5-21）是最传统的盘绳方法，盘完后很美观，因此深受使用者的欢迎。在行军过程中，可以用这种盘绳方法将绳子放在背包上。这种盘绳方法也可用于搬送伤员。

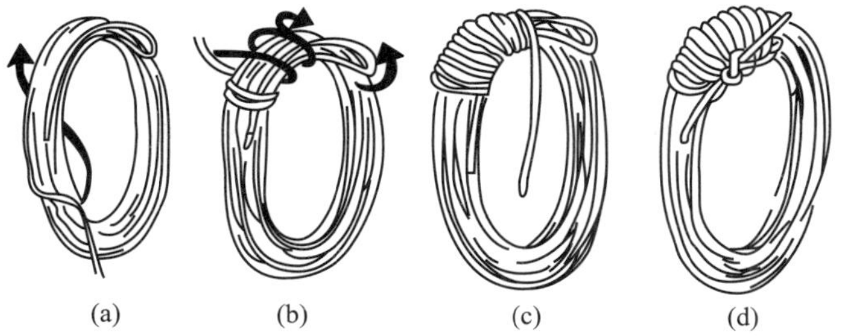

图 5-21　登山者盘绳法

a. 将一绳端反折，拉住另一绳端在它附近穿过绳盘；b. 将绳索缠绕绳盘数圈；c. 将活动端绳头穿过反折绳端的绳圈；d. 打一个平结，使它不致松开

（二）蝴蝶盘绳法

蝴蝶盘绳法由于其盘绳速度快而又不容易打结等优点，成为现在广为流行的盘绳方法（图 5-22）。

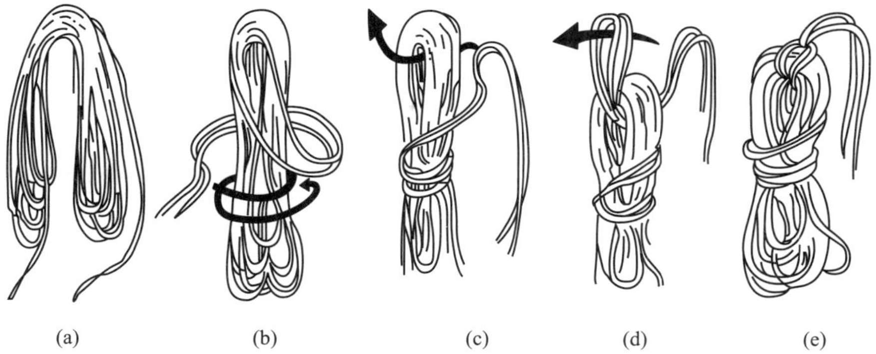

图 5-22　蝴蝶盘绳法

a. 将绳索盘成马鞍状；b. 拿住两绳端，缠绕绳盘中段数次；c. 将绳索穿过绳盘上部的绳圈形成另一个绳圈；d. 抓住绳索穿过此绳圈；e. 将剩下的绳段完全穿过此绳圈就可以了

蝴蝶盘绳法也可作为背绳的方法。具体方法为在盘绳结束时，将最后的两个绳端适当留长至 1.2~1.5 米，然后把打好盘绳的绳圈绳结头朝上背在背上，将留出的两条绳端分别从自己左右两个肩膀上面拉到胸前（相当于双肩背包的上方背带部分），尔后通过两臂腋下，绕到背后，穿绕过背后绳盘的下方大圈（相当于双肩背背带下方部分），将两绳头沿腰部拉到腹部前面（相当于双肩背包腰际固定带），最后打个平结即可背绳。

二、绳结的打法

体验教育户外活动中运用到绳索的机会很多，当然就不可避免地要运用到各种各样的绳结，以下介绍几种常用的绳结的打法。

（一）布林结的打法

布林结具有构造简单，宜结宜解，变形多，用途广，安全性高的特点。具体打法见图 5-23。

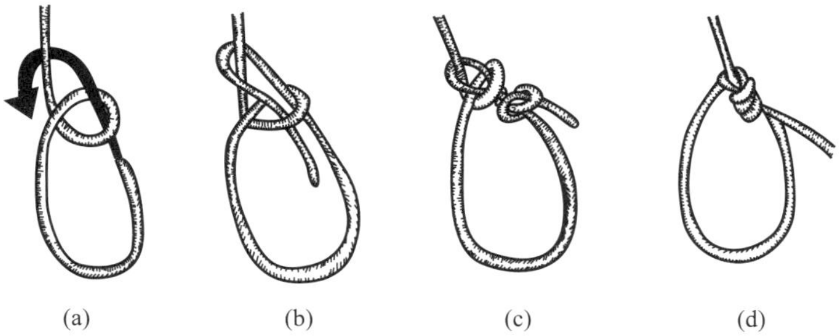

图 5-23 布林结的打法

a. 在绳索的中间打一个绳环，将绳头穿过绳环；b. 把绳头绕过绳索后穿过绳环的中间；c. 把绳头拉紧并再打个单结；d. 将打结处拉紧

尽管我们把布林结称作绳结之王，但它并不是万能的。在使用布林结时，一定要在绳头处打个单结，否则的话容易使绳结翻转而导致绳结松开。

（二）渔人结的打法

渔人结的构造也非常简单，但其强度也很高，一旦拉紧后就不用再担心会被打开。具体打法见图 5-24。

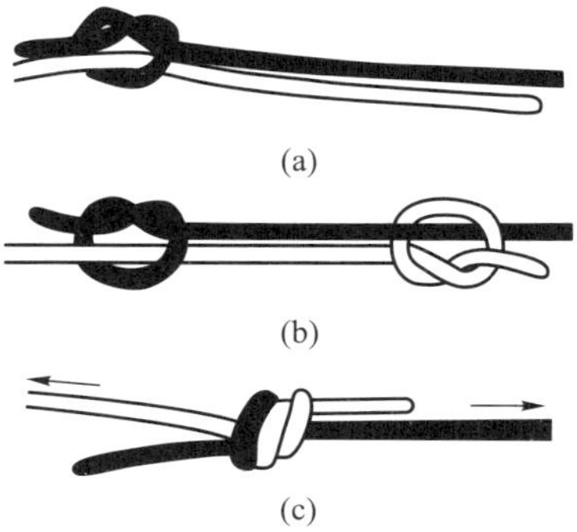

图 5-24 渔人结的打法

a. 将两条绳索的前端交互并列，用一条绳头卷住另一条绳索打个单结；b. 另一条绳头卷住绳索再打个单结；c. 将两条绳头用力向两边拉紧即可

（三）8 字结的打法

8 字绳结因打成绳结后的形状酷似数字“8”而得名。8 字结是广泛应用于体验教育培训安全保护，特别是高空体验项目安全保护的主要绳结之一。它具备耐力强、牢固等优点，在安全方面非常值得信赖；8 字结是户外活动中最常用的绳结，尤其是在攀登以及下降活动中，常用于绳索和安全带的连接，以及其他的安全保障。具体打法见图 5-25。

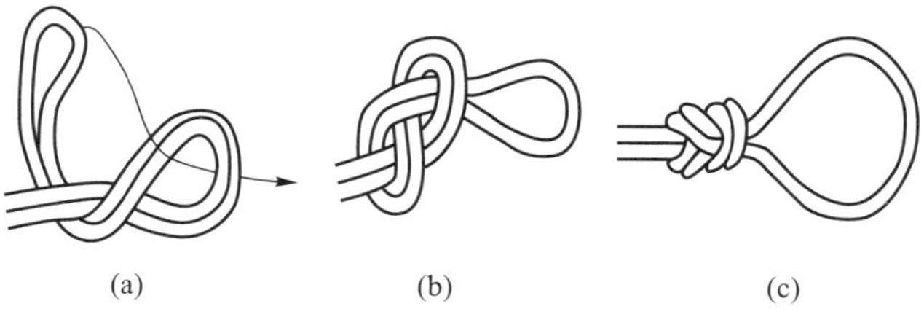

图 5-25 双 8 字结的打法

a. 把绳子的一头折回约 1 米，将折返端绳头压在双手间的绳段上缠绕一圈，将绳头穿过前面形成的绳环，使中间的结形成一个“8”形，然后拉紧各绳段；b. 绳结打好后，进行整理，使绳子走向有序，松紧均衡；c. 8 字形前端的绳环即可与锁扣连接

渔人结不太适用于太粗的绳索,或是用在容易滑动的绳索上,那样会很容易就自动解开了。一般情况下,在渔人结受力后不容易解开。

在使用过程中双 8 字结的绳圈大小很难调整,而且当受力过重或承受冲击力时会造成绳结被拉得很紧,或是在绳索沾到水的时候,要想解开绳结必须花费一番工夫。更多的体验教育师则喜欢使用在“8”字绳结基础上发展而来的双“8”字结。由于双 8 字结绳圈由单绳变成了双绳,因而使用更安全,同时,在解开绳结时,也比单 8 字结更容易些。体验教育培训师可根据实际情况和自己的习惯选择使用。

(四) 双套结的打法

双套结俗称“猪蹄扣”,目的是将绳索卷绕在其他物品上。双套结的打法和拆解都很容易,它具有较高的安全性,而且双套结的打法可以因不同情况分开使用。就这点而言,它是个非常实用的绳结。具体打法见图 5-26、图 5-27。

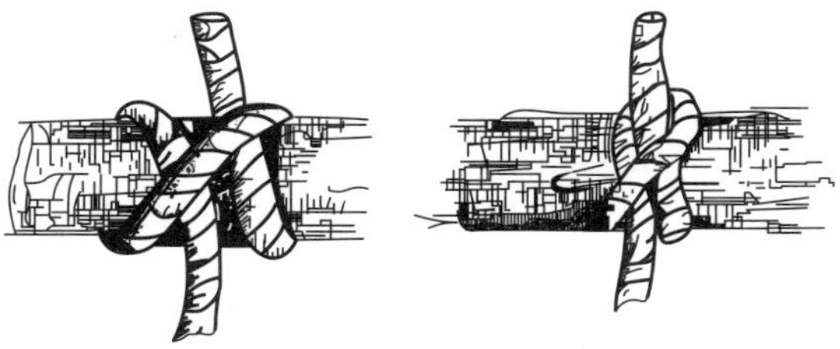

(a)　　(b)

图 5-26　双套结的打法一

a. 左手握住一端绳头,绳头留出的长度根据缠绕的物体直径大小留出,一般 1 米;用左手拇指将绳按到将要缠绕的树或钢管上;右手拉住另一绳端头在树或钢管上顺时针缠绕一圈,压住原绳子后继续缠绕第二圈;b. 将缠绕第二圈后的绳端头从第一圈缠绕的绳子下穿过,与另一绳端形成反向平行,左右手分别握住两个绳端,反向拉紧即可

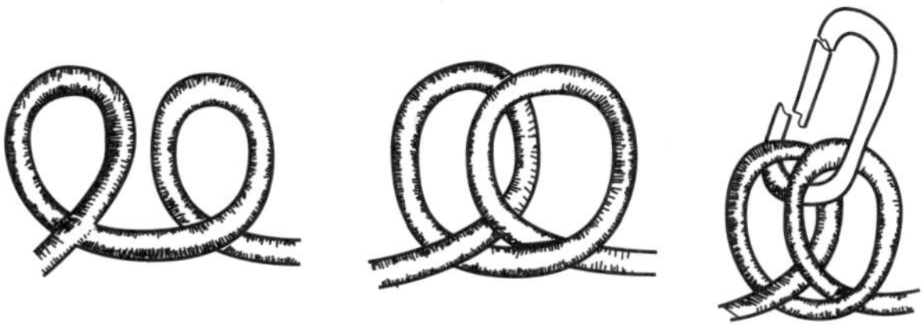

(a)　　(b)　　(c)

图 5-27　双套结的打法二

a. 打出两个绳圈;b. 将左边的绳圈拉到右边绳圈的后面;

c. 用主锁扣住两个绳圈即可使用

在使用双套结的打法有一点要注意的是,如果只在绳索的一端使力的话,则双套结很可能会乱掉或松开。为了避免这一缺点,双套结通常应用在两端施力均等的物品上。

（五）蝴蝶结的打法

蝴蝶结的用途比较广泛，蝴蝶结的牢固性和安全性也很高，不必担心会松散。可用于绑在人身上以作保护，在露营时可用来装吊一些小东西等。但蝴蝶结在受力后也容易解开。具体打法见图 5-28。

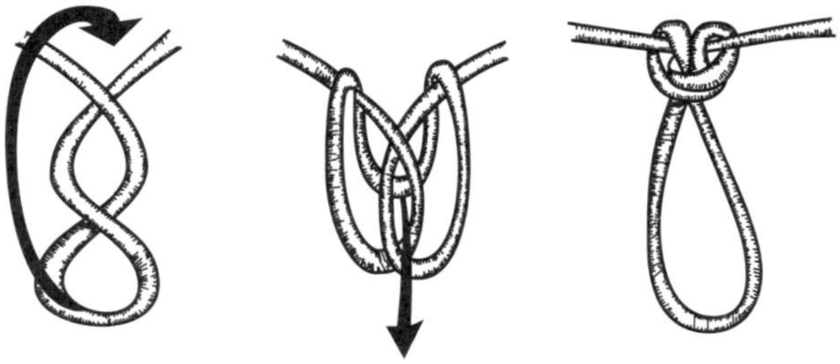

(a) (b) (c)

图 5-28 蝴蝶结的打法

a. 打出两个绳圈；b. 将下方绳圈向上拉到后面穿过上方绳圈；
c. 把绳结拉紧即可

（六）抓结的打法

抓结在两条绳子连接时使用。一般情况下把固定的绳子称为主绳，后期使用的绳子称为辅绳。抓结具有结绳速度快，简单易学等优点。绳结受力无方向限制，可以从各个角度拽拉绳索。若将两条辅绳用抓结绑在主绳上，便可沿着主绳上升或下降。在救援时亦可利用抓结将人员和装备拉上或降下。具体打法见图 5-29。

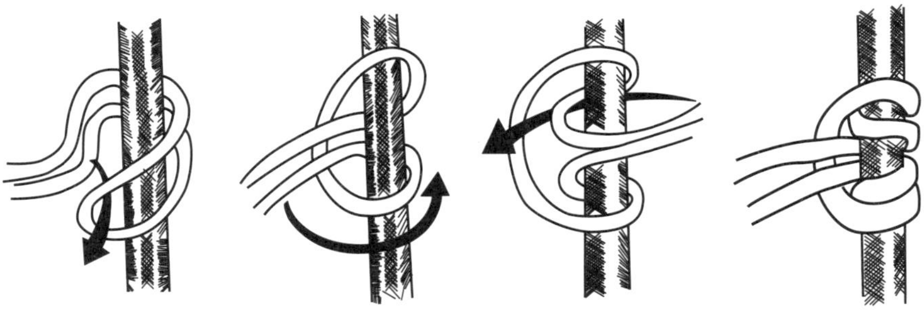

(a) (b) (c) (d)

图 5-29 抓结的打法

a. 辅绳一端绕过主绳穿过绳圈；b. 将辅绳端拉到绳结与主绳后方；c. 将辅绳端再次穿过绳圈缠绕主绳（也可绕主绳缠绕多次）；d. 拉紧辅绳一端即可

（七）方回结的打法

方回结是将两根木材组合成十字架的方法，组合的开始和收尾通常都用双套结固定。方回结是捆绑垂直相交的竿子的最好方法。在户外无论是扎筏渡河，还是搭建庇护所都离不开方回结。在使用方回结时要注意每步都要系紧，否则的话容易变形。具体打法见图 5-30。

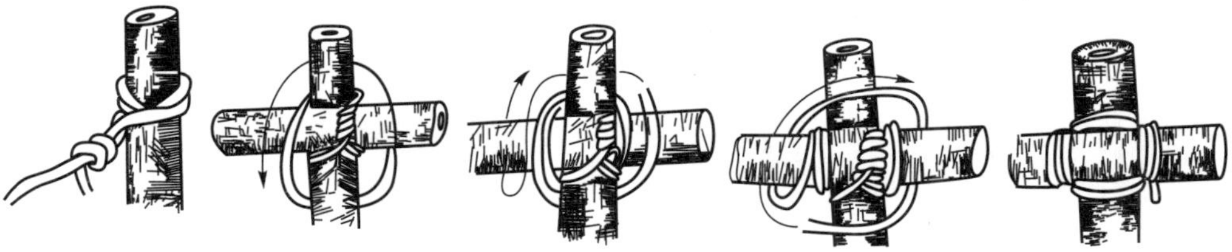

(a)　(b)　(c)　(d)　(e)

图 5-30　方回结的打法

a. 先在竖杆下方系打一个双套结，然后把绳头逆时针在两根木杆上纵方向缠绕二圈，这时双套结会滑向竖杆的一侧；b. 将绳索继续朝纵方向缠绕三到五圈，每绕一圈就用力拉紧一次；c. 接着朝横方向顺时针绕绳索三到五圈，每缠一圈就用力拉紧一次；d. 将绳索朝横方向用力绑紧；e. 最后用双套结固定

（八）十字结的打法

在捆绑斜交叉的圆木时可以使用十字结。十字结的特征是开始时用系木结，结束时用双套结固定。具体打法见图 5-31。

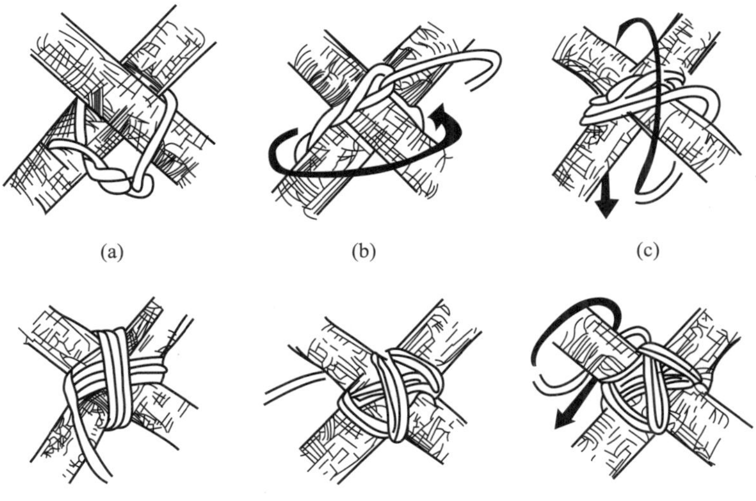

(a)　(b)　(c)

(d)　(e)　(f)

图 5-31　十字结的打法

a. 在圆木的交叉部分打个系木结；b. 用力拉紧，朝横方向绕两圈；c. 接着转到纵方向；d. 朝纵方向绕两圈；e. 再朝斜方向绕两圈；f. 最后打双套结固定

（九）剪力结的打法

剪立结是将两根圆木平行绑在一起的方法，经常用来架接断了的竿子。剪立结开始时用双套结固定，然后把绳子绕圆木，最后仍用双套结收尾。具体打法见图 5-32。

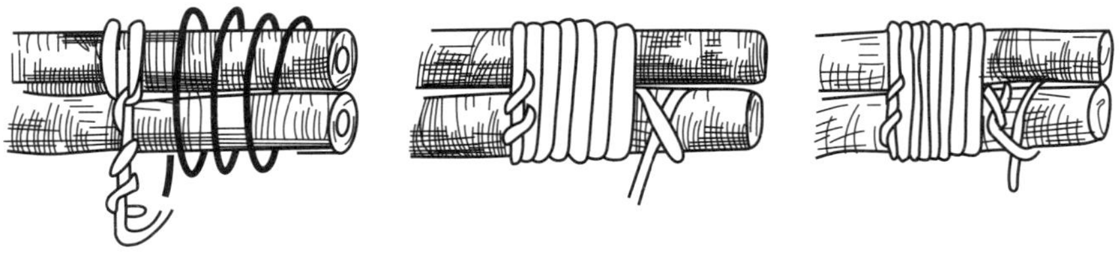

(a) (b) (c)

图 5-32 剪立结的打法

a. 在两根圆木的其中一根上打一个双套结;将两根圆木并排在一起;b. 将长一头的绳端绕两根圆木杆子缠绕 8 圈左右,每缠绕一圈都要尽量拉紧绳子,最后一圈后绳头从两根圆木杆中间穿过,并用力拉紧绳子;c. 最后在其中另一根圆木杆上系一个双套结固定即可

第六节 户外活动安全急救基本技能

户外活动急救技术主要包括止血、包扎、固定和运送等技术。在户外特殊条件下,不管是什么性质的伤,也不管是什么部位的伤,最基本的急救处理都靠这些技术。这些技术若能得到及时、正确、有效的应用,往往在挽救伤员生命、防止病情恶化、减少伤员痛苦以及预防并发症等方面有良好的作用。因此,止血、包扎、固定和护送技术是每一个户外活动急救人员必须熟练掌握的技术。

一、必备的急救用品

急救包(含急救药品)是参加户外活动必备的装备之一。它能满足我们对一些常见外伤处理需要,如烧伤、各种皮肉伤等。除此之外,它还能满足对一些常见疾病的治疗。在户外不可忽视任何的小病,否则会造成大麻烦,如发烧、感冒、伤口细菌感染、各种疮、冻伤与低温症等。在急救包里我们需要准备一些绷带、三角巾、消毒用品等处理外伤,还需要止痛片、扑热息痛、感冒药等应对常见的疾病。

(一) 急救包

急救包主要是用来装急救用具和常用药品的,急救用具和药品的特殊性要求急救包要有防水、防污染、便携和结实等特点。急救包的材质主要有尼龙、塑料和金属这三种。目前常用的急救包多是由尼龙布和防水涂层制作而成的,具有易携带等特点;用塑料制成的塑料盒也是不错的选择,尤其是带盖的盒子可以起到很好的防水作用,且具有一定的抗挤压能力,可以装一些易碎的药品;金属材质的急救盒具有塑料盒同样的优点,在紧急需要时,可以用来烧水或融化雪水。不同材质的急救包具有不同的优点,在购买时根据实际的使用情况进行选择。

（二）外伤处理器具

外伤处理器具主要用于对外伤进行消毒、包扎和固定等。外伤常用处理器具清单见表5-8所示。

表 5-8　外伤处理器具

器具名称	作用
绷带	用于关节扭伤
三角巾	外伤包扎及固定
创可贴	处理小伤口
医用粘胶布	用于固定其他急救用品
消毒纱布	用于覆盖和包扎伤口，止血
橡皮止血带	止血
卫生棉	可吸收血液，亦可作消毒棉球
酒精	可用于防腐杀菌，也当燃料使用
酒精片	杀菌消毒
消毒棉球	蘸取消毒液后可用于消毒和清洗
湿巾	简单的清洁皮肤
医用剪刀	急救时裁剪医用敷料，伤口处衣物等
医用镊子	用于取拿其他急救用品及取出伤口内的异物
安全别针	可用于固定绷带和纱布
手术针	可进行简单的缝合
外科手术缝合线	和手术针配合使用，进行缝合
人工呼吸面罩	用于口对口呼吸，防止交叉接触感染
医用橡胶手套	供急救人员使用，防止交叉感染
体温计	用于测量体温
夹板	骨折固定

（三）常用药品

参加户外活动时常会患上如感冒、头痛和发烧这类小病，因此急救包里不能少了这些常用药：

（1）抗生素类药物。抗生素一般是指由细菌、霉菌或其他微生物在繁殖过程中产生的，能够杀灭或抑制其他微生物的一类物质及其衍生物，用于治疗敏感微生物（常为细菌或真菌）所致的感染。其中的青霉素类药物容易产生过敏反应，不推荐作为户外急救用药。

（2）感冒药。感冒是参加户外运动的常见病，穿衣不恰当和气温变化等因素都会导致感冒的发生。因此要携带感冒药。目前市面常见的感冒药主要有中药和西药这两大类，建议都要携带一些，如速效伤风胶囊和维 C 银翘片等。

（3）消化系统常用药。户外活动饮食不规律和饮食条件不够好，都可导致消化系统疾病的发生，常见的有胃酸、胃痛、胃胀、呕吐和痢疾等。所以，需要携带消化系统常用药。

（4）蛇伤药。参加户外活动时一定要带些蛇伤药，有备无患。蛇伤药不仅可以用来治疗蛇伤，还可用来治疗毒虫咬伤。

（5）抗过敏药。过敏反应是指已免疫的机体在再次接受相同物质的刺激时所发生的反应。诱发过敏反应的抗原称为过敏原。户外常见的过敏原有花粉、柳絮、粉尘和动物皮屑等，这些过敏原常可引起过敏反应。一般通过服用抗过敏药物就可有效防治过敏反应。

（6）跌打损伤药。跌打损伤主要包括由于跌扑、刀伤、殴打、闪压、擦伤以及运动损伤等导致局部或者全身的疼痛、肿胀、伤筋、出血、皮肤青紫等外伤，也包括呼吸时内部刺痛等内脏损伤。可以外敷或内服药物治疗跌打损伤，如正红花油可外敷，云南白药胶囊可以内服或外敷。

（四）其他附件

急救包里面的急救药品不应只局限于上述内容，可以根据实际需要进行调整。此外，急救包里面还可以带上纸和笔，记录治疗情况和服药情况，也可以装上手电筒、急救毯（用于挡风、防雨）、塑料袋、多功能小刀和其他工具或药品。

二、止血技术

血液是维持生命的重要物质，若出血量约为总血量的 20%（800~1 000 毫升）时，会出现头晕、脉搏增快、血压下降、出冷汗、肤色苍白、少尿等症状；若出血量约达总血量的 40%（1 600~2 000 毫升）时，就有生命危险。出血伤员的急救，稍拖延几分钟就会危及生命。因此，出血是最需要急救的危重症之一，止血技术是外伤急救技术之首。出血分为内出血和外出血，内出血主要到医院救治，外出血是现场急救重点。理论上将出血分为动脉出血、静脉出血、毛细血管出血。动脉出血时，血色鲜红，有搏动，量多，速度快；静脉出血时，血色暗红，缓慢流出；毛细血管出血时，血色鲜红，慢慢渗出。若当时能鉴别，对选择止血方法有重要价值，但有时受现场的光线等条件的限制，往往难以区分。

现场止血技术常用的有五种，使用时要根据具体情况，可选用一种，也可以把几种止血方法结合在一起应用，以达到最快、最有效、最安全的止血目的。

（一）指压动脉止血法

适用于头部和四肢某些部位的大出血。方法为用手指压迫伤口近心端动脉，将动脉压向深部的骨头，阻断血液流通。这是一种不要任何器械，简便、有效的止血方法，但因为止血时间短暂，常需要与其他方法结合进行。

1. 头颈部指压动脉止血法

（1）指压颞动脉：适用于一侧头顶、额部的外伤大出血，方法如图 5-33a 所示。

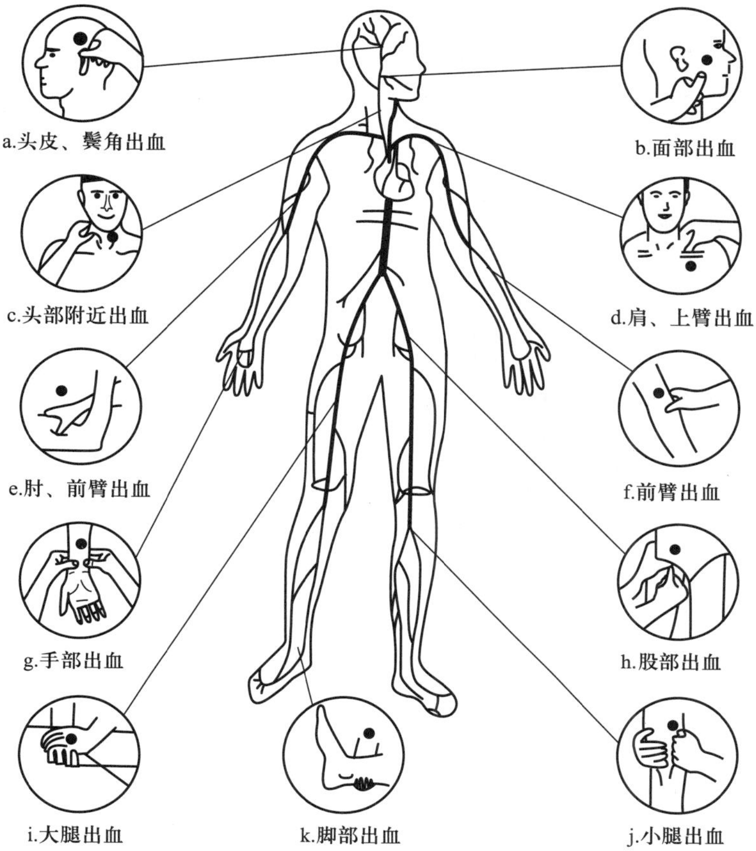

图 5-33　指压动脉止血法

（2）指压面动脉:适用于颜面部外伤大出血,方法如图 5-33b 所示。用一只手的拇指和食指,或拇指和中指分别压迫双侧下额角前约 1 厘米的凹陷处,阻断面动脉血流。因为面动脉在颜面部有许多小支相互吻合,所以必须压迫双侧。

（3）指压椎动脉:适用于颈椎附近外伤大出血,方法如图 5-33c 所示。

（4）指压锁骨下动脉:适用于肩、上臂出血,方法如图 5-33d 所示。

2. 四肢指压动脉止血法

（1）指压肱动脉:适用于一侧肘关节以下部位的外伤大出血,方法如图 5-33e 所示。用一只手的拇指压迫上臂中段内侧,阻断肱动脉血流,另一只手固定伤员手臂。

（2）指压肘动脉:和指压肱动脉类似,适用于一侧肘关节以下部位的外伤大出血,方法如图 5-33f 所示。

（3）指压尺桡动脉:适用于手部大出血,方法如图 5-33g 所示。用两手的拇指和食指,分别压迫伤侧手腕两侧的桡动脉和尺动脉,阻断血流。因为桡动脉和尺动脉在手掌部有广泛吻合支,所以必须同时压迫双侧。

（4）指压指(趾)动脉:适用于手指(脚趾)大出血。用拇指和食指分别压迫手指(脚趾)两侧的指(趾)动脉,阻断血流。

（5）指压股动脉：适用于一侧下肢的大出血，方法如图 5-33h 所示。用两手的拇指用力压迫伤肢腹股沟中点稍下方的股动脉，阻断股动脉血流。伤员应该处于坐位或卧位。

（6）掌压股动脉：作用和指压股动脉相似，方法如图 5-33i 所示。

（7）指压腘动脉：适用于一侧膝关节以下部位的外伤大出血，方法如图 5-33j 所示。

（8）指压胫动脉：适用于一侧脚的大出血，方法如图 5-33k 所示。用两手的拇指和食指分别压迫伤脚足背中部搏动的胫前动脉，以及足跟与内踝之间的胫后动脉。

（二）直接压迫止血法

适用于较小伤口的出血，方法如图 5-34 所示。用无菌纱布直接压迫伤口处，压迫约 10 分钟。

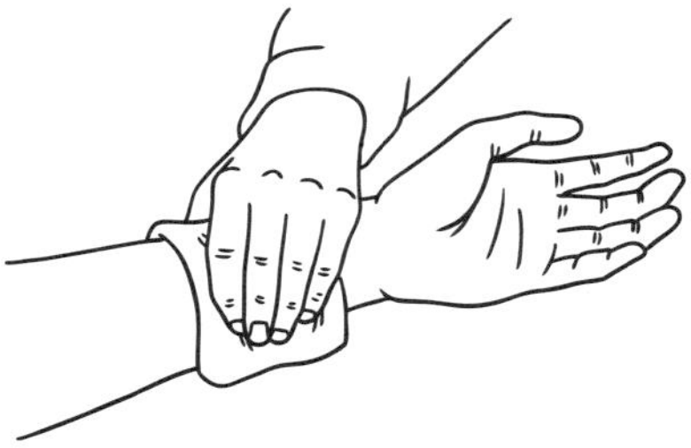

图 5-34 直接压迫止血法

（三）加压包扎止血法

适用于各种伤口，是一种比较可靠的非手术止血法。先用无菌纱布覆盖压迫伤口，再用三角巾或绷带用力包扎，包扎范围应该比伤口稍大。这是一种目前最常用的止血方法，在没有无菌纱布时，可使用消毒卫生巾、餐巾等替代，包扎如前不再详述。

（四）绞棒止血法

方法如图 5-35 所示，将三角巾折成带状绕伤肢一圈，打结；取一根小棒穿在布圈内，提起小棒拉紧，将小棒依顺时针方向绞紧，将绞棒用另一条布条扎紧固定。

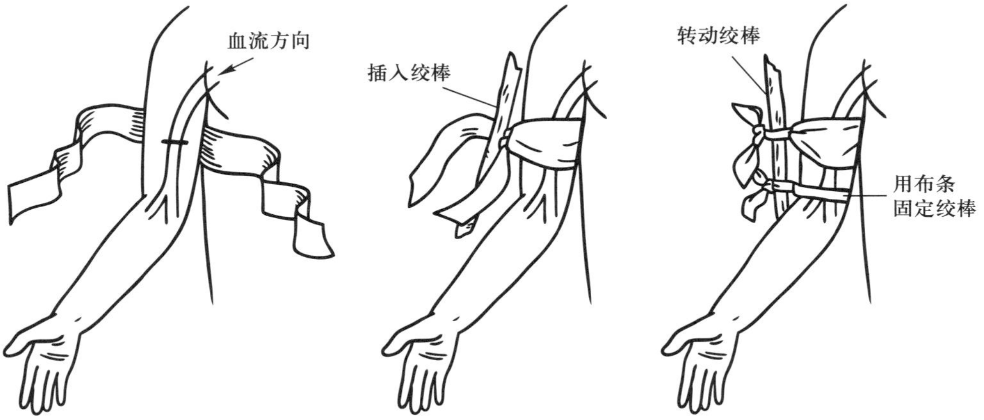

图 5-35 绞棒止血法

（五）加垫屈肢止血法

根据出血部位的不同，可在腋下、肘窝等出血部位放入软的卷状物，然后将关节屈曲，用绷带、三角巾或布条等紧紧地缠住，即可起到止血的作用（图 5-36）。

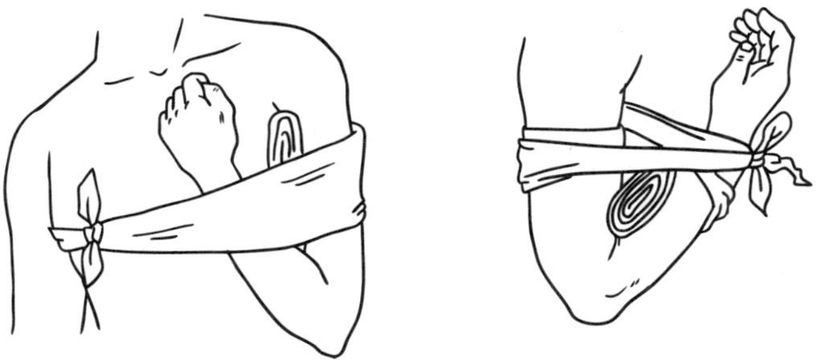

图 5-36　加垫屈肢止血法

三、包扎技术

伤口包扎在急救中应用范围较广,可起到保护创面、固定敷料、防止污染和止血、止痛等作用,有利于伤口早日愈合。包扎应做到动作轻巧,不要碰撞伤口,以免增加出血和疼痛感。接触伤口面的敷料必须保持无菌,以减少伤口感染的机会;包扎要快且牢靠,松紧度要适宜,打结应避开伤口和不宜压迫的部位。

(一) 包扎材料

1. 三角巾

为了方便不同部位的包扎,可将三角巾折叠成带状,称为带状三角巾,或将三角巾在顶角附近与底边中点折叠成燕尾式,称为燕尾式三角巾。

2. 绷带

它是用长条纱布制成,长度和宽度有多种规格。常用的有宽 5 厘米 、长 600 厘米和宽 8 厘米 、长 600 厘米这两种。

(二) 包扎方法

1. 头部包扎

三角巾帽式包扎,适用于头顶部外伤,方法如图 5-37 所示。先在伤口上覆盖无菌纱布(所有的伤口包扎前均先覆盖无菌纱布,以下不再重复),把三角巾底边的正中放在伤员眉间上部,顶角经头顶拉到枕部,三角巾下方边缘经耳朵上方后拉紧压住顶角,然后抓住两个底角在枕部交叉返回到额部打结。

2. 颈部包扎

颈部包扎适用于颈部外伤,分三角巾和绷带包扎:

(1) 三角巾包扎:让伤员举起与颈部受伤部位较远一侧的手臂,将三角巾折叠成三四指宽的带状,中段压紧覆盖的无菌纱布,围绕颈部并绕过举起手臂的腋下缠绕,两端在健侧手臂根部打结固定。

(2) 绷带包扎:方法基本与三角巾包扎相同,只是改用绷带环绕数周再打结。

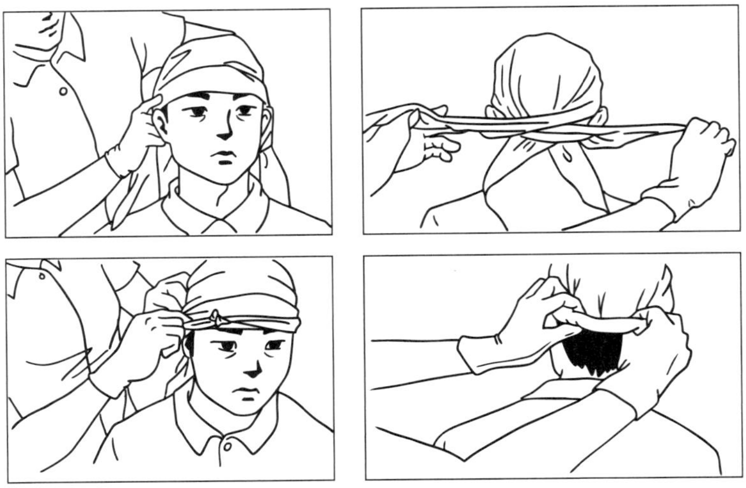

图 5-37 头部包扎

3. 胸、背、肩、腋下包扎

（1）胸部三角巾包扎：适用于一侧胸部外伤，方法如图 5-38 所示。将三角巾的顶角放于伤侧的肩上，使三角巾的底边正中位于受伤部位的下侧，将三角巾底边两端绕胸部至背后打结，然后将三角巾顶角跨肩后与三角底边固定打结。

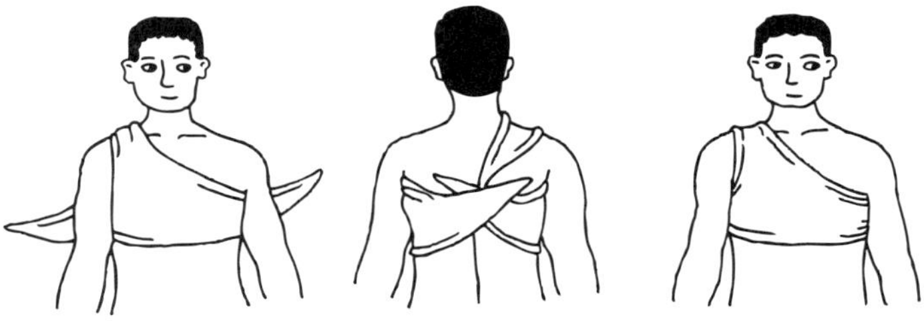

图 5-38 胸部三角巾包扎

（2）背部三角巾包扎：适用于一侧背部外伤。方法与胸部包扎相似，只是前后相反。

（3）侧胸部三角巾包扎：适用于单侧侧胸外伤，方法如图 5-39 所示。将燕尾式三角巾的夹角正对伤侧腋窝，双手持燕尾式底边的两端，紧压在伤口的敷料上，利用顶角的系带绳（如三角顶角处没有系带，可另取一截布条或绷带与三角巾顶角打结连接）环绕胸部固定三角巾燕尾式底边后打结，再将两个燕尾角斜向上拉到对侧肩部打结。

（4）肩部三角巾包扎：适用于一侧肩部外伤，方法如图 5-40 所示。将燕尾三角巾的夹角对着伤侧肩部，巾体紧压在伤口的敷料上，燕尾底部包绕上臂根部用三角巾顶角系带打结固定，然后两个燕尾角分别经胸、背拉到对侧腋下打结固定。

（5）腋下三角巾包扎：适用于一侧腋下外伤，方法如图 5-41 所示。将带状三角巾中段紧压腋下伤口敷料上，再将三角巾的两端向上提起，于同侧肩部交叉，最后分别经胸、背，斜向对侧腋下打结固定。

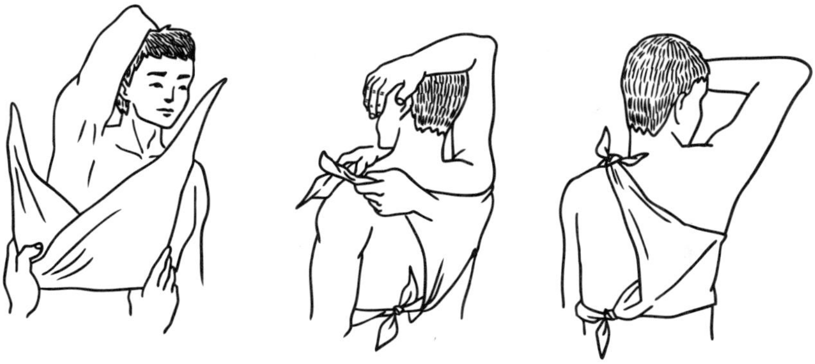

图 5-39　侧胸部三角巾包扎

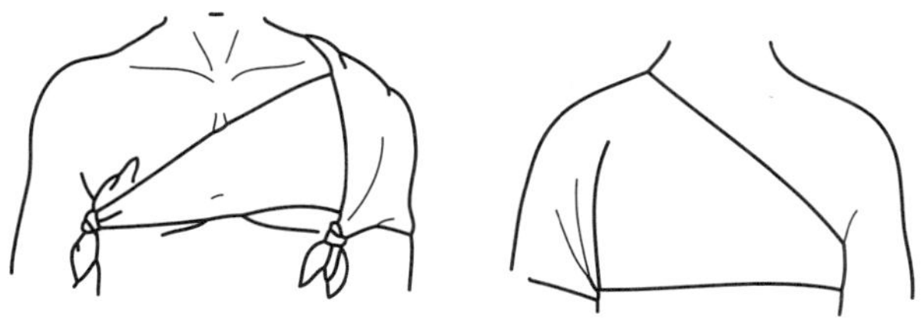

图 5-40　肩部三角巾包扎

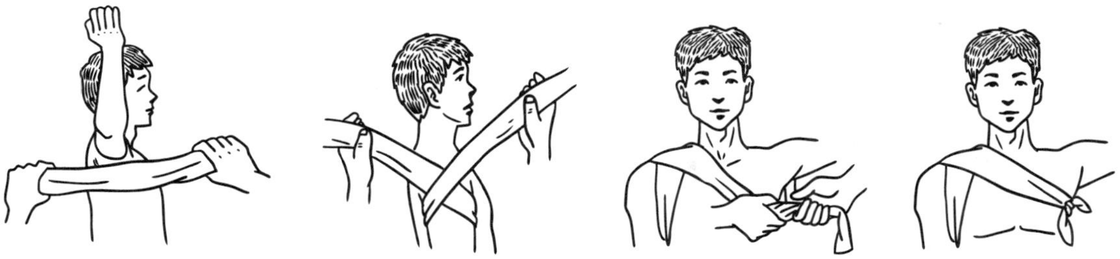

图 5-41　腋下三角巾包扎

4. 腹部包扎

腹部三角巾包扎适用于腹部外伤,方法如图 5-42 所示。双手持三角巾两底角,将三角巾底边拉直放于胸腹部交界处,顶角置于会阴部,然后两底角绕至伤员腰部打结,最后顶角系带穿过会阴与底边打结固定。

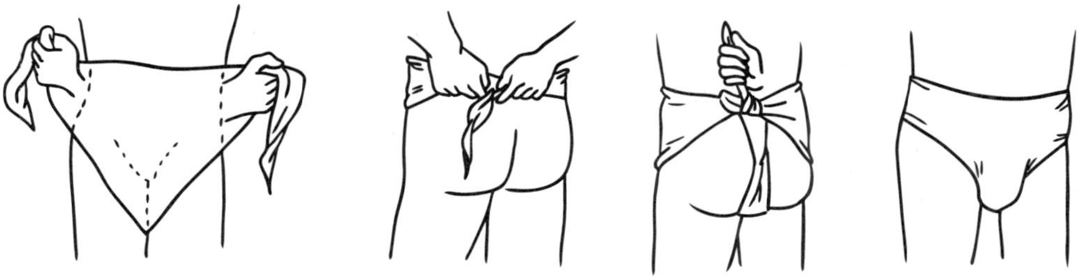

图 5-42　腹部包扎

5. 四肢包扎

上肢、下肢绷带螺旋形包扎适用于上、下肢除关节部位以外的外伤，方法如图 5-43 所示。先在伤口敷料上用绷带环绕两圈，然后每缠一圈盖住前圈的 1/3 或 1/2 成螺旋状，最后剪掉多余的绷带，然后用胶布固定或打结固定。

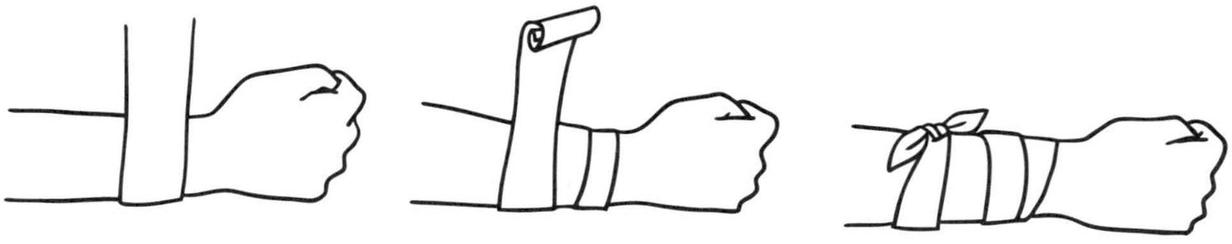

图 5-43 上肢、下肢绷带螺旋形包扎

6. 肘、膝关节包扎

8 字形包扎适用于肘、膝关节及附近部位的外伤。先用绷带的一端在伤口的敷料上环绕两圈，然后斜向经过关节，绕肢体半圈再斜向经过关节，绕向原开始点相对应处，再绕半圈回到原处，每缠绕一圈覆盖前圈的 1/3 至 1/2，直到完全覆盖伤口。

四、骨折固定方法

户外常有意外伤害导致骨折，可出现局部疼痛、畸形、功能障碍等。骨折一般分为闭合性骨折和开放性骨折两种类型。骨折处没有皮肤或黏膜破裂，骨折断端与外界不相通称为闭合性骨折。骨折处有皮肤或黏膜破裂，与外界相通称为开放性骨折。

进行骨折固定可避免骨折断端刺伤皮肤、血管和神经。固定肢体可使伤员安静以减轻疼痛，便于运送，避免在搬动与运送中增加受伤者的痛苦。对于身体的不同部位可采用不同的固定方法。

（一）肱骨（上臂）骨折固定法

1. 夹板固定法

方法如图 5-44 所示，用两块夹板分别放在上臂内外两侧（如果只有一块夹板，则放在上臂外侧），用绷带或三角巾等将上下两端固定。肘关节屈曲 90 度，前臂可用三角巾等悬吊。

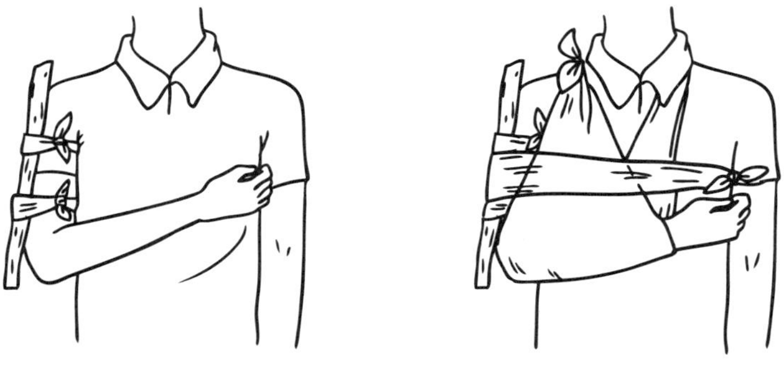

图 5-44 肱骨骨折夹板固定法

2. 无夹板固定法

方法如图 5-45 所示，将三角巾折叠成 10~15 厘米宽的条带，其中央正对骨折处，将上臂固定在躯干上，在对侧腋下打结。屈肘 90 度，再用三角巾等将前臂悬吊于胸前。

（二）尺、桡骨（前臂）骨折固定法

1. 无夹板固定法

方法如图 5-46 所示，适用三角巾等固定，用大悬臂带将骨折的前臂悬吊于胸前，手略高于肘。也可再用一条三角巾将悬臂带一起固定于胸部，在健肢的腋下打结。

图 5-45　肱骨骨折无夹板固定法

图 5-46　尺、桡骨骨折无夹板固定法

2. 夹板固定法

方法如图 5-47 所示，用两块长度超过肘关节至手心的夹板分别放在前臂的内外侧（只有一块夹板，则放在前臂外侧），并在手心放好衬垫，让伤员握好，以使腕关节稍向背屈，再固定夹板上下两端。屈肘 90 度，用三角巾等悬吊，手略高于肘。

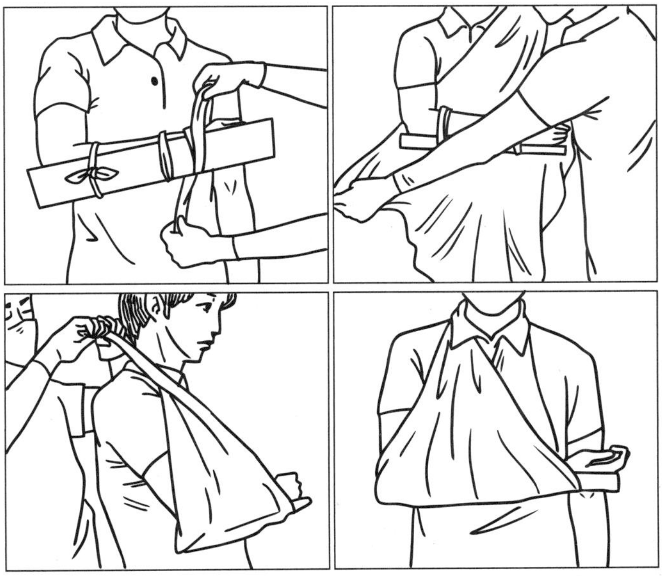

图 5-47　尺、桡骨骨折夹板固定法

（三）锁骨骨折固定法

方法如图 5-48 所示，预先做好“T”形夹板（竖板长 50 厘米，横板长 55 厘米）。将“T”字形夹板贴于背后，在两腋下与肩胛部位垫上棉垫，再将腰部扎牢，最后固定两肩部。

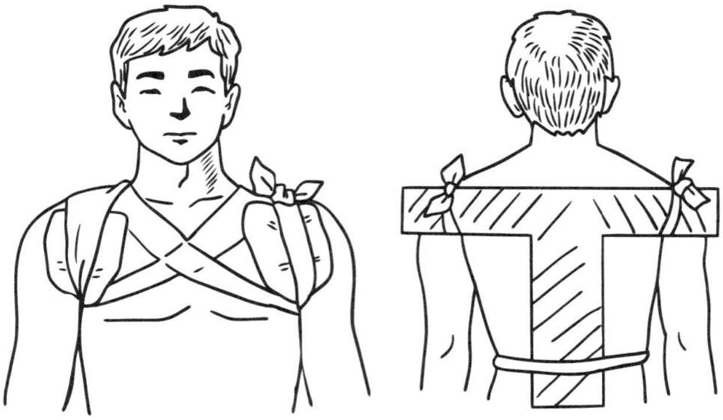

图 5-48 锁骨骨折固定法

（四）颈部骨折固定法

方法如图 5-49 所示，将伤员放在硬板上，伤员静卧，头部可稍垫高。头部两侧放两个大而硬实的保护体，然后用布、衣服或毛毯等物将其固定住，以免搬动、转运时发生局部晃动。

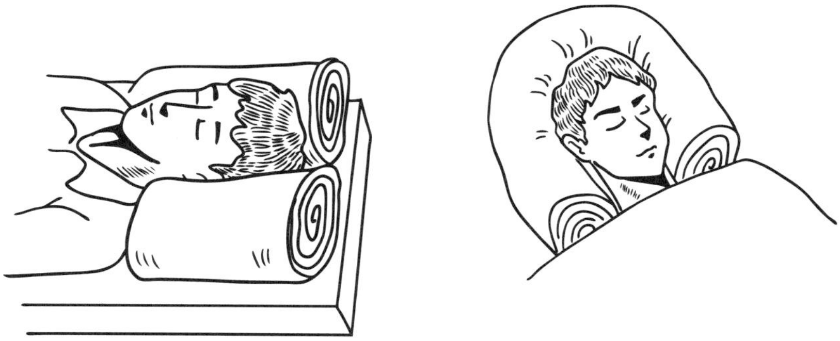

图 5-49 颈部骨折固定法

（五）手指和手掌骨折固定法

1. 手指骨折固定法

方法如图 5-50 所示，可利用薄金属片、细木棍或短筷子作小夹板，将受伤手指用胶布缠绕后固定在夹板上。若没有固定物，也可将伤肢固定在健肢上。

2. 手掌骨折固定法

方法如图 5-51 所示，可将手掌伸展，用木板、硬纸等夹住手掌，外面垫着毛巾或其他柔软物品，再用绷带或布条固定。

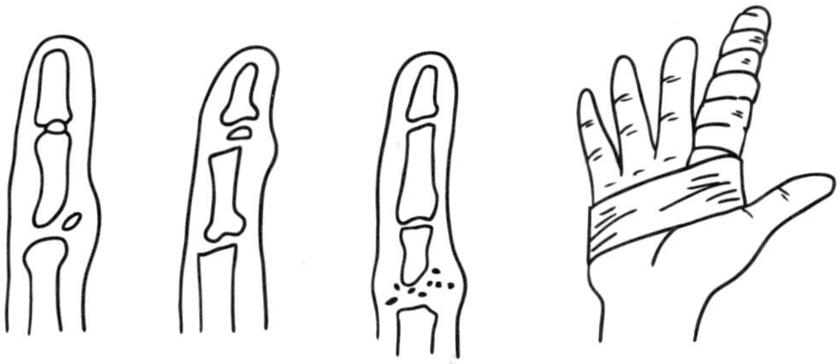

图 5-50　手指骨折固定法

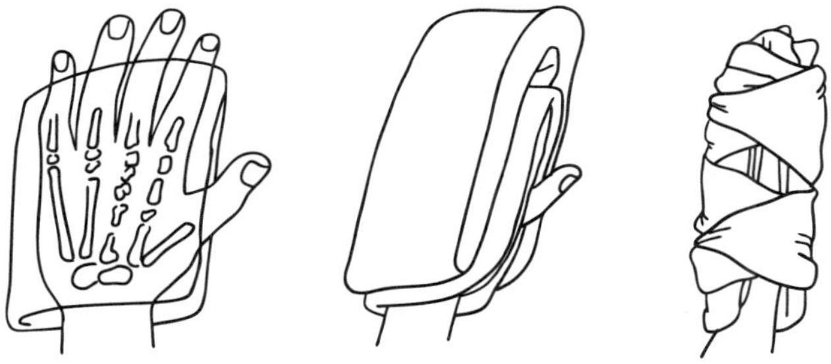

图 5-51　手掌骨折固定法

（六）小腿骨折固定法

方法如图 5-52 所示，取与脚跟至大腿等长的夹板两块，放在伤腿的内外侧，然后在夹板两头及骨折上下端用布带捆绑后打结固定。下肢骨折无夹板时，可将伤肢绑在健肢上，分别在髋、膝、踝关节及骨折上下端打结固定。膝关节及踝关节骨突部之间要加布垫。

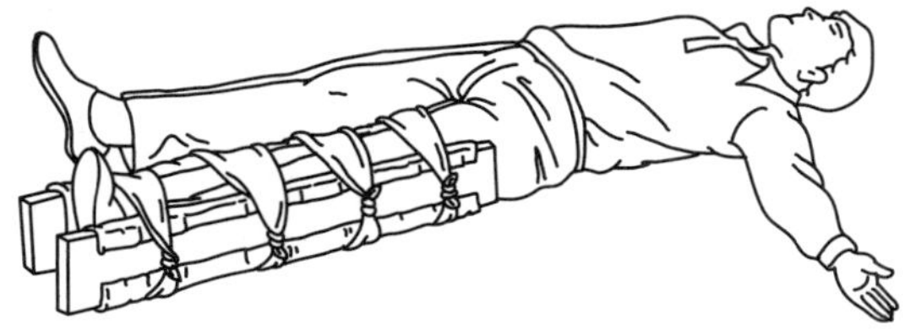

图 5-52　小腿骨折固定法

（七）大腿骨折固定法

方法如图 5-53 所示，将一块自腋窝到脚跟长的夹板放在伤肢外侧，再用一块自腹股沟到脚跟长的夹板放在伤肢内侧，关节突出部位加垫，先固定骨折上、下两端，再依次固定踝、膝关节及腰、腋部。

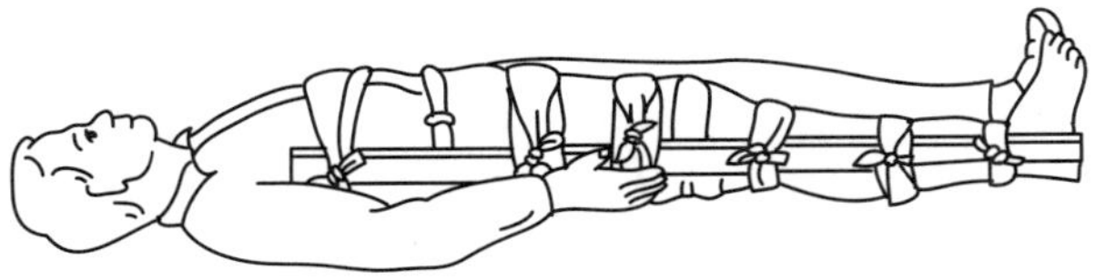

图 5-53　大腿骨折固定法

五、伤病者的护送

严重的伤病者在做完紧急处理后就可以进行转移了,正确的护送方法不仅省时、省力,而且还能避免伤病者受到进一步伤害。下面将讲述正确的搬运方法及简易担架的制作。

(一) 常用搬运方法

1. 扶持法

扶持法,如图 5-54 所示,适用于病情较轻、能够站立行走的伤员。由一个或两个救助者托住伤员的腋下,也可由伤员将手臂搭在救助者肩上,救助者用一只手拉住伤员的手腕,另一只手扶伤员的腰部,然后与伤员一起缓慢移步。

2. 徒手背负法

徒手背负法,如图 5-55 所示,适用于搬运清醒且体重轻、可站立,但不能自行行走的伤员。救助者背对伤员蹲下,然后将伤员上肢拉向自己胸前,用双臂托住伤员的大腿,双手握紧腰带。救助者站直后上身略向前倾斜行走(注意呼吸困难的伤员,如哮喘以及胸部创伤的伤员不宜用此法)。

图 5-54 扶持法

图 5-55 徒手背负法

3. 拖行法

拖行法,如图 5-56 所示,适合于拖行仰卧的伤员,或是处于坐姿的伤员。救援者轻轻地把双手插到伤员的腋下,分别抓住两边的衣服,将伤员的头支撑在救援者的前臂间。将伤员向后拖行到最近的安全地方。这种搬运方式容易造成伤员肢体弯曲,故有胸部创伤、四肢骨折、脊柱损伤以及呼吸困难的伤员不宜用此法。

4. 拖毯法

对于可以采用拖行法移动的伤员,如果有毯子,救助者也可将伤员移到毯子上进行拖拉,称为拖毯法(如图 5-57 所示)。

5. 绳盘背负法

方法如图 5-58 所示,将绳子盘起,调整绳圈的大小以符合伤者腋下到胯下的距离,将伤者的腿穿过绳环下部,救援者再将双臂穿过绳圈即可。为了让伤者坐得更舒服些也可在绳圈上加些垫着物。

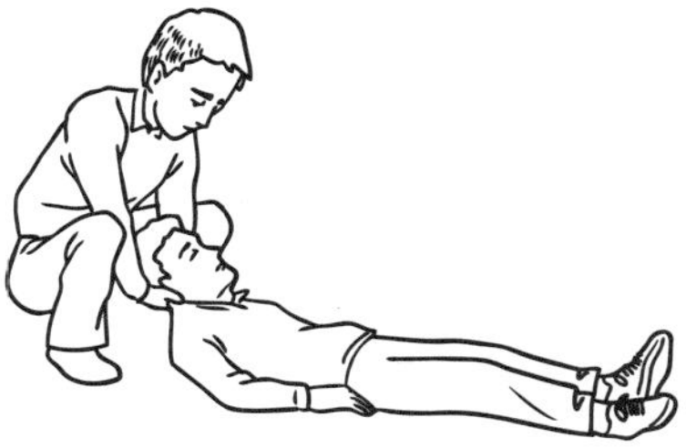

图 5-56　拖行法

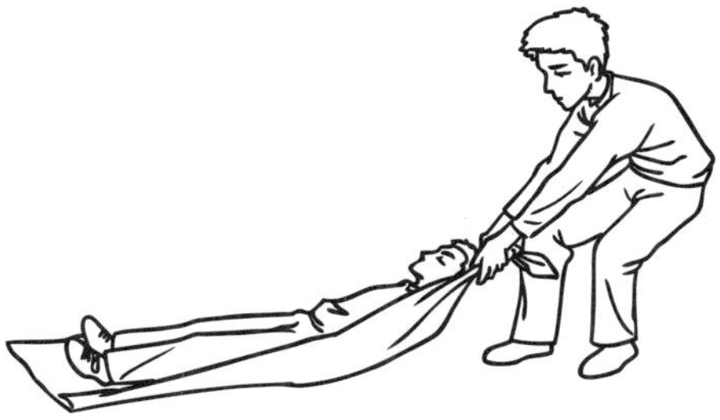

图 5-57　拖毯法

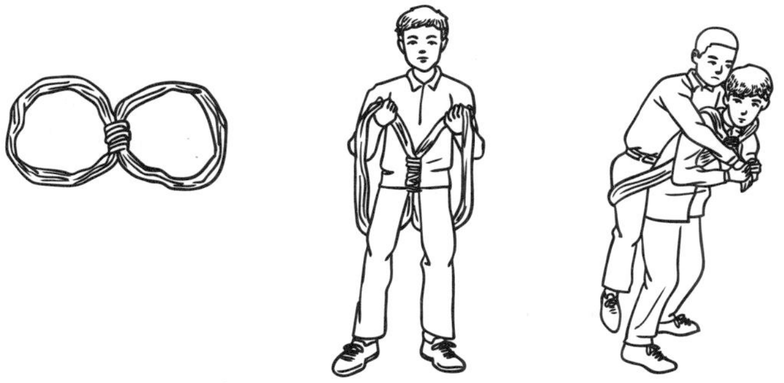

图 5-58　绳盘背负法

6. 双手坐抬法

双手坐抬法,如图 5-59 所示,适用于伤者意识清醒,但不能行走或支撑上身时,所能采用的一种搬运方法。两位救援人员将双手的十指向手掌内弯成钩状,并互相钩住对方的手指。尽可能佩戴手套,可使双手不被对方抓伤。

7. 四手坐抬法

四手坐抬法,如图 5-60 所示,适用于意识清醒并能配合救助者的伤员。两救助者右手紧握自己的左手手腕,左手紧握另一救助者的右手手腕,以形成口字形。此法的要点是两人的手必须握紧,移动步子时必须协调一致,且伤员的双臂必须分别搭在两个救助者的肩上。此法适用于搬运意识清醒,可以使用双手和手臂支撑身体的伤者。

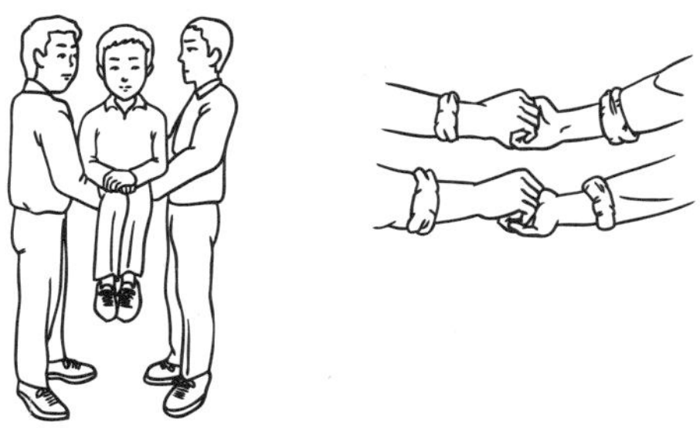

图 5-59　双手坐抬法

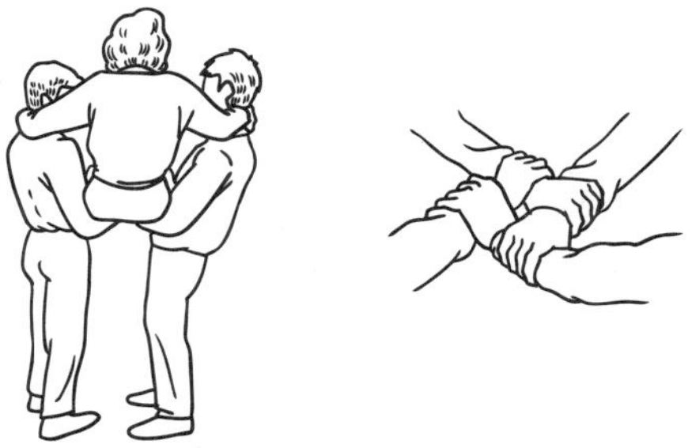

图 5-60　四手坐抬法

8. 毛毯搬运法

方法如图5-61所示,可分为以下四个步骤:

(1) 将毛毯的边缘向内卷至宽度的一半。

(2) 在伤员的肩膀旁跪下,并在伤者腰部垫上东西,以帮助伤员侧起,伤员身体未受伤的一侧要在下面。翻转时,将伤员作为一个整体转动,这样伤员身体就不会发生扭曲。

(3) 把伤员的背部滚到毛毯上,使其面部朝上。展开毛毯,重新将毛毯的边卷向伤员两侧。搬运者在伤者头、肩、臀、腿的位置抓住毛毯卷边,准备好将伤员抬起。

(4) 在伤员被抬起并放上担架的过程中,要保持毛毯绷紧。

特别要注意当伤者头部或脊柱可能受伤时,请不要使用这种搬运法。

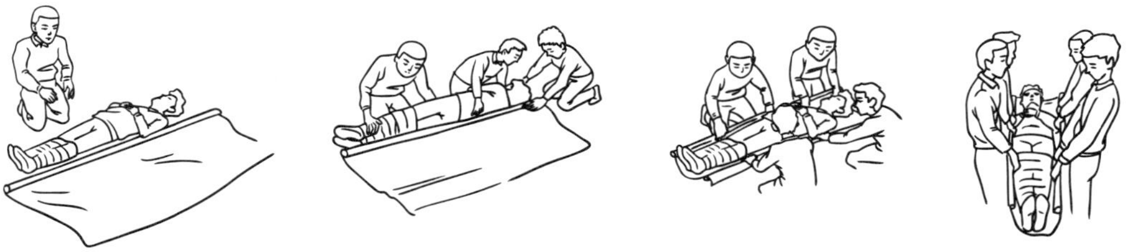

图5-61 毛毯搬运法

(二) 特殊伤员的搬运方法

对特殊伤员的搬运应采用以下正确方法:

(1) 脊柱、脊髓损伤伤员的搬运。对高空坠落等严重损伤和怀疑颈椎、腰椎损伤的伤员,不可随意搬运或扭曲其脊柱。应多人用手臂共同将其平行搬运至水平木板上,注意必须托住颈、腰、臀和双下肢。

(2) 颅脑损伤伤员的搬运。颅脑损伤者常有脑组织暴露和呼吸道不畅等表现。搬运时应使伤员取半仰卧位或侧卧位,使呼吸道保持通畅。颅脑损伤常合并颈椎损伤,搬运时须注意保护其颈椎。

(3) 腹部损伤伤员的搬运。伤员取仰卧位,下肢屈曲,防止腹腔脏器受压而脱出。此类伤员宜用担架或木板搬运。

(4) 胸部损伤伤员的搬运。胸部受伤者常伴有开放性血气胸,需进行包扎,以座椅式搬运为宜,伤员取坐位或半卧位。有条件者最好用坐式担架、靠背椅或将担架调整至靠背状。

(5) 昏迷伤员的搬运。伤员取平卧位,垫高背部,头稍后仰,如有呕吐,须将其头朝向一侧,或采用脚高头低位,搬运时用普通担架即可。

(6) 呼吸困难伤员的搬运。伤员取坐位,不能背驮。用软担架(床单、被褥)搬运时,注意不能使伤员躯干屈曲。如有条件最好用折叠担架(或椅)搬运。

(三) 搬运伤员的注意事项

在伤员搬运过程中要特别注意以下几个方面:

（1）如果事故现场有再次发生伤害的危险，如在崩塌的崖壁，滑坡体的前端等时，需要立即将伤员搬运至远离事发点的安全区域。

（2）在现场较安全时，需对伤员进行止血、包扎、固定等处理。

（3）救助者在器材未准备妥当时，切忌搬运伤员，尤其是搬运体重过重或神志不清者。否则，途中可能发生滚落、摔伤等意外。

（4）在搬运过程中要随时观察伤员的状态，如面色、呼吸等。

（5）搬运时尽量避免碰到伤口，以减少感染。

（6）在车载搬运过程中，应使伤员的脚朝车行方向，头朝车行的相反方向。

（四）简易担架

1. 用毯子和长杆制作担架

如图 5-62 所示的方法制作一个简易担架。

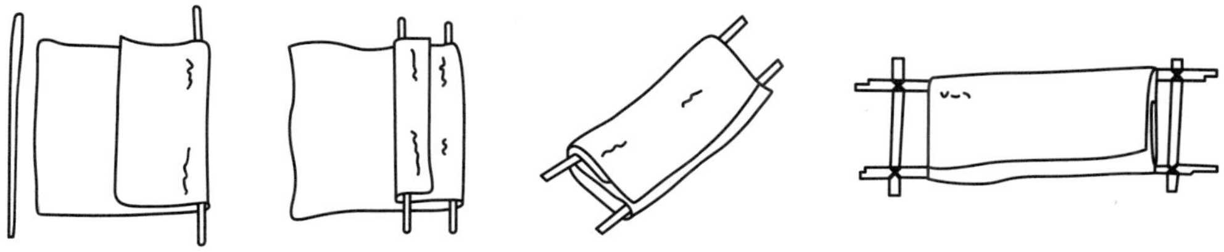

图 5-62 用毯子和长杆制作担架

2. 用衣服做担架

如图 5-63 所示的方法制作一个简易担架。

3. 用绳和长杆制作担架

如图 5-64 所示的方法制作一个简易担架。

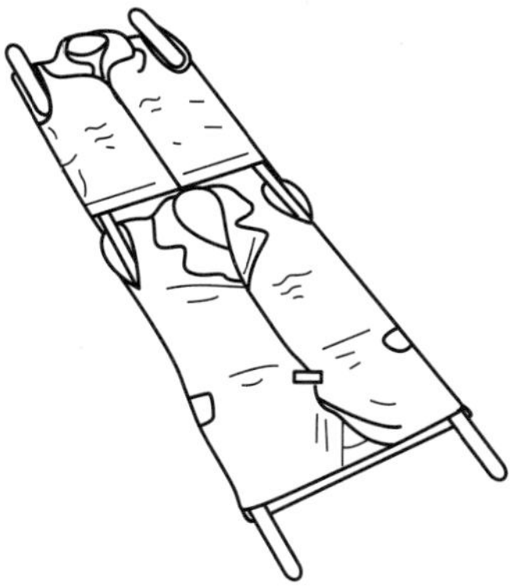

图 5-63 用衣服制作担架

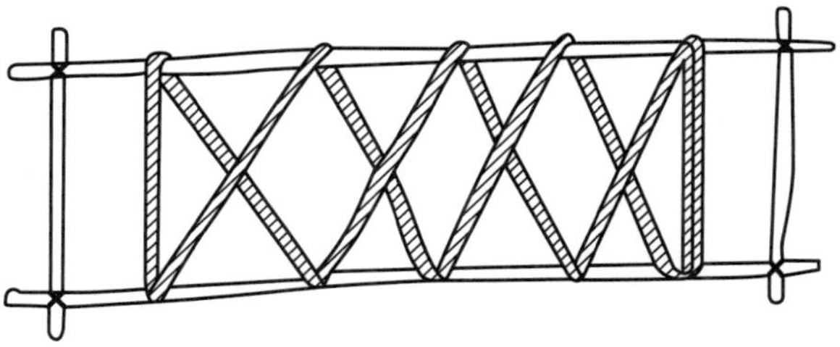

图 5-64 用绳和长杆制作担架

第六章

体验教育营地

体验教育营地是实施体验教育课程的重要组成部分，也是体验教育培训活动开展的重要基础。体验教育营地设施的健全、安全与科学管理，是顺利完成体验教育课程、激发学员内在动力、提高参与和学习兴趣、确保教育培训效果的前提。合理科学地设计规划体验教育营地，掌握体验教育营地基本常识，对于促进行业规范健康发展，为社会提供优质高效的教育培训服务具有积极的作用。

第一节　体验教育营地概述

体验教育营地是指在自然或规划的区域内，按照一定的标准依据策划而建设的体验教育活动场所。通常也称综合实践营地或素质拓展营地。其主要目的是为组织体验教育培训活动提供场地场所、设备器材、安全保障、生活服务等。在体验教育培训组织实施过程中，体验教育营地占据着十分重要的地位，发挥着独特的作用。

一、体验教育营地发展历史

在美国、日本等发达国家，青少年户外营地已有百年历史。据记载，最早出现的教育型营地活动是 1885 年在美国纽约城郊举行的 YMCA（基督教青年会）露营。随后在 YMCA 的带动下，各类青少年团体相继开展有组织的露营活动。1892 年女子露营首次举行，1900 年开始举办残疾青少年露营。20 世纪前期，营地教育进入快速发展的阶段，不仅在美国成立了许多青少年露营组织，并且传入加拿大、新西兰、英国、澳大利亚、日本、马来西亚等国家。二战后，青少年营地教育进入了世界范围的普及发展阶段。各国相继成立了全国性的露营协会和露营联盟。为促进营地教育的国际交流和发展，1983 年在伦敦举办了首届国际露营会议，国际露营联盟于 1987 年宣告成立。此后，三年一届的国际露营会议如期顺利举行，对青少年营地教育的发展起到了很好的推进作用。

最初的营地教育是以徒步、登山、划船、游泳等身体运动和培养青少年远离都市的野外生活技能为中心，重视青少年在自然环境中获得的身心锻炼。随着参加露营的青少年日益增多，营地活动的团队性也日益突现。20 世纪中期，户外营地教育开始将团队性的冒险、紧张、挑战的体验活动作为营地活动的首要内容。在 20 世纪 60 年代后期，随着环境破坏和环

境污染的问题受到全球注目,在自然环境中开展的营地活动开始重视环境教育。国外学者将营地教育划分为三个发展阶段:

20世纪70年代开始,由信息技术创新引发的产业革命,使人类社会发生着日新月异的急剧变化。物质文明的高度发展也带给我们许多无法回避的现实难题,如严重的环境破坏、都市生活的高度紧张和压力、信息化社会的间接性体验导致青少年的生活体验稀薄化等。人类已有数万年的生存历史,从出现文化意识开始也有数千年。在长达一万年的时间里,人类都是在与严酷的自然环境做斗争、克服生活的不便和食物的贫乏中生生不息,并不断通过遗传优化自身。但是,由于机械化的产生,我们的生活变得方便和光明、多信息的文明化及获得食物的便利和丰富性,但是这样的状况还不足半世纪,甚至应该怎么样正确对待也是没有判断的未知世界。怎样在社会高度文明的进程中使人类身心健康得到更佳的发展已经成为一个全球性问题。变化激烈的文明社会现象与几乎不变的人类本质之间的良好协调成为现代青少年教育的深层思考。面对这些问题,各国的营地教育都开始探索和实施与现代文明社会相适应的营地教育新理念。国际户外学校,简称OBS学校,作为英国营地教育的代表,学校的常设课程是以徒步穿越、登山、越野自行车等内容的远征,单次课程时间为1周以上。OBS学校的教育宗旨是在原始的自然环境或逆境中,运用挑战自我的体验式学习手段,实现发现自我、认识自我、超越自我的教育目的。OBS学校的成功运营使冒险教育的思想广为传播,各国各地区的青少年营地都积极将冒险教育的要素组合到自己的活动计划中。通过在原始自然环境和逆境中的亲身体验,获得的自我发现和自我认识,以及对他人的体谅和对自然环境的理解和关心,将对参与者的人生和日常生活起到积极影响。冒险教育的这一基本理念得到了广泛认同。

20世纪60年代后期,环境问题开始成为全球关注的焦点,联合国于1970年将每年的4月22日设立为“世界地球日”,也反映出人们对环境保护的认识急速提高。在自然环境中开展的营地活动是否能为环境保护做出贡献?美国户外教育者的思考促进了营地教育与20纪70年代进入高潮的自然保护教育运动的融合,从自然保护的角度出发,培养青少年对自然的态度、价值观,理解人与自然的关系,逐渐成为美国户外营地教育的主导思想。与此前相比,营地课程并没有太大的改变,依然是以野外生活、户外运动为主,增加了自然观察等与环境密切相关的内容。虽然课程的主体结构变化不大,但户外教育的焦点从重视个人余暇休闲及团队性教育转向了自然保护,以美国为代表的环境保护型营地教育对各国营地教育产生了深远影响。

经过百年发展和各国教育界的努力,21世纪营地教育进入了稳定成熟的发展阶段。特别是改革开放以来,短短40年的时间,我国的营地体验教育已经有了长足的发展。与国外的营地体验教育相比,我国的营地体验教育更具中国特色。主要是通过在自然和人工营造的情景环境中开展各类体验活动,促进身心的健康成长和人格的完善;在集体生活中,培养团队协作精神和人际交往能力;运用“从做中学”的体验教育手段培养解决问题的能力;对自然的关心,正确认识人与自然、人与人的关系,提高对未来社会的适应力。根据我国营地教育的特点与目标,制定出的户外营地课程体系分为基础项目、高级项目和特色项目三大类。因此,了解青少年户外营地教育产生和发展的历史,用科学的教育理念指导营地设置和实施课程教学,是户外营地教育健康有序发展的必要前提。

二、营地建设的意义和性质

随着社会的发展和对青少年素质教育的不断重视,适应我国社会经济全面发展、教育改革不断深入,无论是政府、社会还是家长都越来越认识到让青少年在阳光下、大自然中参加体验活动是改善青少年学习方法,提高和增强综合素质的有效手段和渠道。因此,改革开放以来,特别是近几年,各级政府、共青团、学校和民间机构,都投入了大量资金建设各类青少年体验教育营地,使我国的各类体验教育营地建设达到了前所未有的高速发展阶段,各类体验教育营地像雨后春笋在各地纷纷建立。这些青少年体验教育营地在运营过程中,都充分利用自身优势和特色,利用我国多种多样的地理环境资源,为广大青少年课外体验教育、素质拓展提供多样化选择,开展丰富多彩的活动,从而引导广大青少年从室内走向户外,认识大自然、拥抱大自然、保护大自然,在大自然中强健体魄、陶冶情操、转变观念,促进青少年全面健康成长,对培养 21 世纪新型人才起到了巨大的推动和促进作用。

同时,国内建立的大量体验教育营地,除了为青少年素质教育提供服务外,还承担了社会上各类的培训。随着国家和行业协会等机构对营地的指导管理不断加强,在今后一段时期内,各类体验教育营地的建设和发展对于全面深入贯彻落实中共中央和国务院关于加强青少年素质教育的有关要求,全面推进我国全民创新创业进一步发展,将青少年体验教育纳入系统化、整体推进的轨道上来,推动中国梦想的实现,具有十分重要的意义。

三、体验教育营地的作用

第一,体验教育营地设施建设是保证体验教育课程设计、组织、实施和保证效果必不可少的基础载体和物质条件,通过体验教育营地设施,让教育培训真正实现体验化,从而增强教育效果和质量。

第二,体验教育营地设施的建立,为学校开辟了社会综合实践的第二课堂,为青少年增强自身素质,全面健康成长提供了场所保障,为我国教育从应试教育转变为素质教育奠定了良好基础。

第三,体验教育营地与设施是社会培训行业的重要有机组成部分。同时也是青少年学校课堂基本教育的重要补充,极大地拓宽了社会教育培训新渠道、新形式。

第四,体验教育营地同时还承担了目前户外休闲活动的功能,以适应新形势下大众向往阳光、亲近自然、体验绿色的需求,提高了国民生活品质和质量。

第五,体验教育营地与设施建设是检查、督促、评估、规范体验教育培训行业服务效果和质量的重要标志。

四、体验教育营地的分类

体验教育营地按照不同的依据和标准,分类也有所不同。比如,社会上承建机构大多以建设规模大小进行分类,主要依据的是建设面积、投资金额、项目设置数和接待量等标准。本节重点从体验教育营地的主要功能及目前国内不同的主管机构管理为依据,介绍部分体验教育营地的类型。

1. 全国青少年户外体育活动营地

主要功能为青少年户外阳光体育活动场所。青少年户外体育活动营地建设,是为贯彻落实《中共中央国务院关于加强青少年体育增强青少年体质的意见》和《全民健身条例》,拓展青少年参加体育活动的空间,促进全国青少年户外体育健身活动的开展,探索适合我国青少年的户外体育活动场地设施建设模式而启动的一项青少年校外体验实践工程。

青少年户外体育活动营地的建设管理的主体是国家体育总局青少年体育司,并负责营地建设的发展规划,各省(区、市)体育行政部门负责本地区营地建设的选址工作,并对营地进行监督管理和业务指导。营地运营管理模式为建设机构自行运营,亦可由营地依托单位(如团属青少年活动营地、风景名胜区管委会等)代为运营管理。该项目的建设必须经各省级体育行政部门审核后,报国家体育总局审批。

全国青少年户外体育活动营地的资助资金从体育彩票公益金中支付。每个“营地”国家一次性资助资金 80 万元,国家、省(区、市)两级体育彩票公益金按照一定的比例共同投入(约 80 万元)。西部地区按 5∶3 比例共同投入(总局资助 50 万元,地方匹配 30 万元),其他地区按 3∶5 比例共同投入(总局资助 30 万元,地方匹配 50 万元)。资金只能用于营地的体育活动设施建设和器材购置。营地建设完成运营后,可悬挂“全国青少年户外体育活动营地——中国体育彩票赞助”的牌匾。

2. 青少年示范性综合实践营地

主要功能是为学生提供综合型的社会各类实践活动服务。青少年示范性综合实践营地,是按照中央和国务院要求,“十二五”期间,中央财政安排中央专项彩票公益金 30 亿元在全国支持建设 100 所青少年示范性综合实践营地。每个营地建设通过青少年示范性综合实践营地项目审核,中央财政将支持 3 000 万元的建设资金。2011 年上半年,由教育部、财政部联合正式启动了青少年示范性综合实践营地建设项目。国家要求青少年示范性综合实践营地应包含室内综合活动区、室外劳动实践区、综合训练区、生活区等功能区域,由所在地政府无偿提供土地,独立设置、独立建设,占地面积在 6 万~10 万平方米,按同时容纳至少 1 000人进行规划。该项目的启动和建设,一定程度上不仅能够满足全国各地中小学生开展以学工、学农、学军、生命安全教育等为主要内容的校外综合实践活动的需要,同时也将成为全国加强青少年思想道德建设、实施素质教育的靓丽风景线。

3. 大学生实践教学营地

主要功能是为在校的即将毕业的大学生提供就业社会实践服务。大学生实践教学营地主要是以各高校和职业院校主导投资建设的,以本校学生为主要服务对象的综合性学生实践体验营地。一般建设在校园内或合作的特定区域。通过建设大学生实践教学营地,承担高校学生的校外实践教育教学任务,促进高校和行业、企事业单位、科研院所、政法机关等联合培养人才新机制的建立。推动高校转变教育思想观念,改革人才培养模式,加强实践教学环节,提升高校学生的创新精神、实践能力、社会责任感和就业能力。大学生实践教学营地规划建设一般包括以下内容:组织机构、管理办法、师资队伍、实践条件、实践形式、实践内容、建设规模等。

4. 国防教育体验实践营地(少年军校)

主要功能是为青少年及社会提供国防教育的活动场所。青少年国防教育体验实践营地,主要是为了深入贯彻落实《中华人民共和国国防教育法》,进一步加强青少年国防教育,掌握国防知识,增强国防观念,激发爱国热情,提高整体素质,面向中小学生开展国防教育实践活动的场所。营地的主要任务是以党中央、国务院和中央军委关于加强青少年国防教育的重要指示为指导,以《中华人民共和国国防教育法》相关规定为依据,充分发挥国防教育营地服务功能,有计划地组织中小学生开展内容丰富、形式多样的系列国防教育和军事科目训练活动,让中小学生在活动中经受锻炼、养成良好的行为习惯、培养优良品质。从而让青少年体验军旅生活,促使青少年掌握基本国防知识,关心国防建设,增强国防意识,激发爱国热情,提高综合素质。国防教育实践体验营地主要指导管理机构是全国国防教育办公室、中国少年事业发展中心少年军校办公室和各地人民武装部门。

实践体验活动的重要形式为开展国防知识讲座,素质拓展体验,军事科目训练,模拟军事活动,参观国防主题展室等。

通常情况下,各地的国防教育主题营地,除了主要针对当地青少年开展活动外,还承担着当地民兵训练、学生军训、预备役人员的军事训练任务。

5. 野外露营营地

其主要功能是为户外体验活动爱好者提供野营、露营活动服务。露营体验营地,是为青少年进行野外旅行、登山探险、自我生存等教育户外活动提供场所。近几年,与它近亲的房车露营营地也在各个大城市周边大量发展起来,为青少年和社会户外体验教育提供了新的途径。野营露营体验营地的建设,相对比较简单(综合性的大型房车露营营地除外),一般情况下,选择一块相对平整的场地,清除石块、矮灌木等各种不平整、带刺、带尖物的东西,按照帐篷宿营区、用火区、就餐区、娱乐区、用水区(盥洗)、卫生区等区域划分,进行合理科学设置即可。

6. 科普体验教育营地

其主要功能是向青少年及社会公众提供科学知识教育、普及科学知识、科普体验活动等服务。该项目是为进一步贯彻落实《中华人民共和国科学技术普及法》,促进全国科普教育营地的建设,规范全国科普教育营地的管理,提高营地的科普服务水平,带动和推进各地社会科普事业的发展,更好地发挥营地在科普宣传教育方面的作用,为充分调动社会各方面科普工作的积极性,发挥社会科普资源的作用,面向公众开展科普教育活动,积极推进科普工作的社会化、群众化、经常化，为实施“科教兴国”战略和提高公众科学文化素质服务。中国科协于1999年开展了创建全国科普教育营地的工作，并且通过全国性学会、省级科协推荐，经有关专家评审，中国科协命名了首批201个全国科普教育营地。目前，中国科协命名的全国科普教育营地已达到几百个，其中包括天文、动物、植物、水族、农业、工业、航天等各种不同主题的科普场所。

7. 农耕文化体验教育营地

主要功能是为青少年提供农耕文化教育，培养热爱劳动习惯，学习了解农业知识等服务。农耕文化教育营地是教育部、农业部、国土资源部为贯彻落实《国务院关于进一步加强农村教育工作的决定》(国发〔2003〕19号)精神，于2003年共同下发《关于加强农村学校劳动实践场所建设的意见》而启动的校外活动营地项目。营地主要通过组织青少年参加体验活动，培养学生的劳动观点、劳动技能和创新精神，养成动手和热爱劳动的好习惯，服务农村社会的责任感；是深化农村教育改革、提高教育为农服务能力的有效载体。同时营地可充分利用现有农业示范场所、科技推广营地等多种资源，积极开展适应当地经济社会发展需要的各种劳动实践活动；充分发挥劳动实践场所为农服务功能，大力推广先进农业科学技术，培养实用技术人才和农业技术信息咨询等为农村经济社会发展服务。营地建设经过申请立项，可享受政府支持和优惠政策。

8. 生活(生命)体验教育营地

主要功能是为青少年学生提供课堂以外的，未来的生活生存体验服务场所。这类教育营地包括如生命体验馆，儿童历奇乐园等。生活(生命)体验教育营地目前主要以商业机构建设为主，向社会提供有偿服务。这些营地有的建在城市周边，更多的则是建在大型商场超市内和周边的公共活动区域，或城市商业密集区域。服务项目主要集中在儿童历奇体验教育，亲子教育方面。

9. 应急自救体验教育营地

其主要功能是为青少年提供各种应急逃生、自救自护体验教育服务。应急自救营地主要是通过消防逃生、人防、地震模拟、心肺复苏、交通安全等实际体验训练等方式，借助高科技手段，让青少年在真实的模拟场景中，学习应急逃生技能，培养与提升青少年的法制观念、生命安全防护意识，提高生命自救自护与处理伤害事故的能力。这类营地的建设和管理主要由当地消防、交通和人防部门负责或指导，经过申报批准，可以得到政府政策和资金上的支持。

10. 综合型体验教育营地

其主要功能是为青少年及社会机构提供体验教育培训服务。这类营地，也就是我们通常讲的拓展体验培训营地。是目前社会上数量最多的营地类型，营地的建设主体一般以学校、景区景点、培训机构及个人投资建设，是适应社会培训需求和学生素质教育要求而开设的体验教育培训场所。项目内容的设置一般以综合型进行规划，体验项目的模块与设备数量一般根据培训规划、场地面积、运营规模和投入资金而定。本章主要针对这种类型的营地进行阐述。

五、评价合格营地的标准

1. 安全保障

这是评价一个营地的首要标准。作为体验教育师，在使用营地前，要仔细观察营地位置有无潜在的自然灾害隐患。因此，在选择承建机构时，要考察承建单位对营地及器材的设计和施工，有没有足够的技术力量支持和安全质量保证措施。

2. 规范标准

营地规划按照一定的标准规划设计，制作器材全部采用正规国标规格的材料。

3. 设计科学

营地设计策划是由专业机构或专业设计人员设计。营地建设按照基本条件选择适合的场地，并经过当地政府机关用地手续。体验项目模块设置科学，具有挑战性、新颖性和前瞻性。

4. 服务配套

营地的硬件设施完善，相应的软件配套。如有科学的管理机制，专业的管理人员，合格的安全装备，具备资质的教学师资等。

5. 美观实用

营地设备结构科学合理，项目搭配协调，美观实用。

6. 专业承建

委托承建机构具有相应的权威的专业资质，具备承建的技术力量，经过质量管理体系认证、安全管理体系认证，所提供的器材经过国家相关机构的检测认证，并履行了拓展器材质量安全保险手续。

7. 档案完整

营地具备完整的营地建设档案资料，主要包括营地建设策划方案、施工方案、施工图纸、器材使用手册、日常维护手册、产品合格证、施工机构相关资质证书等。

8. 管理严格

营地有严谨规范的管理规章制度，有专门的管理部门及专业管理负责人员。

六、体验教育营地未来发展趋向

纵观国内外体验教育营地的发展，不难看出，未来各种类型各种功能的营地会越来越多地在各地建立，青少年体验教育营地的功能会越来越丰富，越来越趋向于向多个方面发展，走高端化和科技化路线。

1. 安全保障化

无论建设商业性教育营地，还是以政府、学校、培训机构等主体管理建立的教育营地，安全将仍然是所有营地的首要发展标准和条件。未来的体验教育营地将更注重安全，管理更科学严谨。

2. 标准规范化

随着我国体验教育培训行业协会组织的建立发展,体验教育培训行业将告别管理空白或发展无序化的状态。各项规范标准将不断完善出台,体验教育营地系统化的建设标准也将随之公布,因而各类体验教育营地将严格按照一定的标准规格设计建设。

3. 设计人性化

未来的体验教育营地将更注重人性化的需求,更多地把使用者的感觉作为规划建设的要素去考虑,在设备选择、安装施工、活动应用中更多地体现人本主义精神。

4. 体验网络化

目前“互联网+”已成为社会各类商业模式发展的主流。不难想象,不远的将来互联网也将渗透到营地教育当中,部分体验活动虚拟化的场景开始大量地在营地教育中使用,而参与体验活动的人员不仅可以与同时在一个营地体验的其他学员进行互动,甚至还可以与千里之外的其他不同主题功能营地的学员进行互动体验。

5. 大小两极化

同其他大多数产业一样,未来我国的营地教育也会向集约化和集团化发展,国家各政府机构的各项政策和资金支持将更多地集中指向那些规模型的营地,各项优势资源将向具有规模化的营地倾斜集中,凸显优势的营地将得以壮大,承担起本区域或一个地区的服务责任。同时,另一方面,作为大而全的规模营地的补充,各小型的、袖珍式的功能单一的体验营地也将获得新的发展机遇。

6. 环境自然化

贴近自然、亲近自然,这是体验教育营地最鲜明的特色。而情景化的体验方式,也是各类体验营地规划时考虑的重点。未来的体验营地会更注重情景的逼真和环境的真实化,力求通过自然、逼真的环境的氛围营造,让参与者更角色化,更全身心地投入到体验活动的角色中,让扮演化、模拟化的痕迹越来越少,有效增强教育的效果。

7. 功能综合化

随着政府介入青少年营地教育的力度不断增强,营地的集约化程度也会越来越高,同时向社会提供的功能也会呈现多元化的局面。未来的大型综合教育营地,将会更多地整合优化,满足不同类型社会人员、不同规模团队的需求。

8. 设施景观化

目前大多数体验教育营地项目设施、结构设计局限于功能型定位。随着社会的发展和市场的需求,未来的体验教育营地在设计项目和设施时,除了保证它应有的功能外,会更多地从多元效果出发,结构和整体布局会更加多彩和人性化,在保证项目功能的同时,让项目外观及造型更多体现景观效果,让教育营地成为各地周边的另一道独特风景。

9. 内外兼容化

目前,我国的各体验教育营地大多数规划建在城市中心的周边。这种情况还会在一定的时间内延续。但随着体验教育行业自身的发展及人们对体验教育认识的不断深入,体验教育的内涵与外延也将不断扩展。单一的体验教育营地户外化的理念将被多维空间体验教育的理念替代,未来的体验教育营地,将不再局限于户外,更多的城市中心地带,场馆、室内的空间,不同类型、不同功能的体验教育场所将纷纷涌现,人们选择体验场地的空间会越来越大,类型会越来越多。

10. 软硬配套化

就我国目前的各类教育营地而言,同国外相比,除了硬件上的差异外,更多地体现在软件配套上。很多营地硬件设施完成后,管理却没有跟上,加上国内不少营地设计承建机构本身对体验教育并不熟悉,只是机械地按照图纸施工,给使用单位提供不了相应的配套软件,致使不少营地安全没有保障,管理严重滞后,设施潜能和利用率低下,最终成为摆设,导致大量资源的浪费。随着市场的规范发展,未来营地建设中一些规模小、不正规、无资质的建设机构将会被淘汰,营地建设软硬配套供应的局面将成为主流。

第二节　体验教育营地规划与建设

一、营地建立条件

体验教育营地的建设,总的原则是因地制宜,根据规划场地的地理环境和当地的社会风土人情,以及培训规模和投入预算资金等因素来规划建设。主要的基础条件必须考虑以下几个因素。

1. 方位选择

所选营地位置周边环境良好,无山体滑坡、泥石流、台风、海啸、山洪等自然灾害隐患。

2. 交通便利

营地应选择自然山川、湖畔海滨、草原沙漠或已经开发的成熟景点景区等,大中城市一般前往营地不超过 1.5 小时的路程,中小城市不超过 1 个小时的路程。全年开放或具有明显独特的季节性特征的地域。

3. 资源丰富

具备必要的水、电、通讯、网络等基本生活设施,周边有可供体验学习的自然景观、古迹遗迹,历史文化景观、生态园区或工农业生产基地。

4. 环境要求

视觉通透,地貌独特,活动场地须地势平缓。

5. 营地面积

根据实地情况,投资预算和未来培训规模,按照一定的面积进行规划。一般情况下,作为一个体验教育综合型活动营地,经济型的建设面积一般最小不低于 600 平方米,生活保障设施面积不少于 200 平方米;规模型的建设面积一般在 2 000 平方米左右,生活保障设施面积不少于 800 平方米;大型综合营地的建设面积一般在 4 000 至 5 000 平方米,生活保障设施面积不少于 1 500 平方米。

二、营地功能模块构成

目前国内大多数情况下，综合型体验教育培训营地的项目功能模块由以下几方面构成。

1. 高空体验项目（图 6-1）

图 6-1 高空体验项目

高空体验培训项目器材是体验教育培训中主要组成部分。高空器材主要应用于个人励志拓展、个人心理挑战。主要项目有空中单杠、空中断桥、天梯、独索、空中独木桥、飞夺泸定桥（空中索链桥）、浮云桥、凌云飞步、风雨彩虹、高空十字网、生命历程、心路、勇往直前、空中相依、缅甸桥、合力桥、空中荡木桥、空中丛林绳桥、速降、速滑、绳网、大摆荡等。

2. 中空综合体验项目（图 6-2）

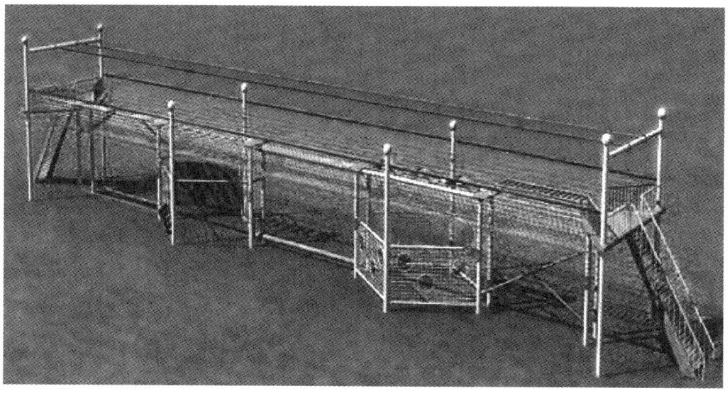

图 6-2 中空综合体验项目

中空综合体验项目，是近年来由国内器材供应商推出的一组高低空结合、挑战冒险与体验培训相结合的系列组合项目，共包含五个高空项目，十一个场地项目，可以满足不同层次人员的团队拓展体验活动需求，特别适合团队体验活动使用。

3. 人工攀岩挑战体验项目(图 6-3)

图 6-3　攀岩项目

人工攀岩挑战体验项目是一种“人造的攀登结构”,人工岩场模拟了天然岩石环境之多样性与变化度,同时通过工程力学分析,将所有天然环境中的不确定因素与危险因素排除,进而形成一个可控制的人造环境,提供给攀登者一个安全无虞的攀登空间。攀岩本身是一种正规的体育竞技比赛项目,近年来成为体验教育培训机构开发用来进行体验培训的项目,属于高空类挑战体验项目。人工攀岩场大小根据不同的使用需求来进行设计。目前一般建造攀岩场地通常用国际通用的 900 毫米×900 毫米岩板拼装。攀岩宽度按照攀登道数数量确定,一般情况下按照速度道、训练道和难度道来设计。

4. 场地体验项目(图 6-4)

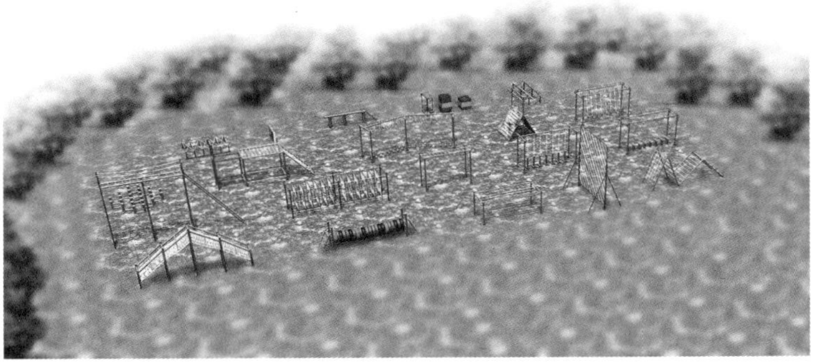

图 6-4　场地体验项目

作为一个综合型的体验教育营地,从内容构成上来讲,高空项目是标志,场地项目是支撑,培训组织是灵魂。场地体验项目在体验教育培训中大多承担着团队项目的重任,团队的打造是体验教育培训的核心,是整个体验教育培训中的精华所在。主要项目包括逃生墙、信任背摔、模拟电网、有轨电车、孤岛求生、飞行转轮、依存共渡、雷阵、智闯敌营、激流勇进、穿越沼泽、穿越弯桥、巧过网阵、困绝墙、地面荡木桥、跨越高网、跨越巅峰、悬降塔、网攀架、梅花桩、金字塔、夺宝奇兵、横木、罗马战车、人生棋盘、障碍台、无舟强渡、共赴前程等。

5. 水上体验项目(图 6-5)

图 6-5 水上体验项目

水上体验项目一般为水面上架设的拓展体验活动项目,是体验教育培训活动的一个重要组成部分。该活动器材的特点是体验培训与娱乐休闲相结合,可以作为景区的景观,又可作为体验培训活动的项目,操作方便,安全可靠。它适应了人类自有的亲水性,特别是夏季,深受参与者的喜爱。目前国内各机构开发的各类水上项目近 50 多个,主要项目为单索桥、好汉桥、五环桥、栈道网、缅甸桥、千秋桥、水幕溪降墙、抽板过河、水上梅花桩、浮桶架桥、水上单索、跨越大峡谷、水上拉练、水木囤、勇渡天堑、借力索、山盟海誓(同心锁)、溯溪、扎伐、泅渡、划艇、漂流溪降等。

6. 青少年体验项目(图 6-6)

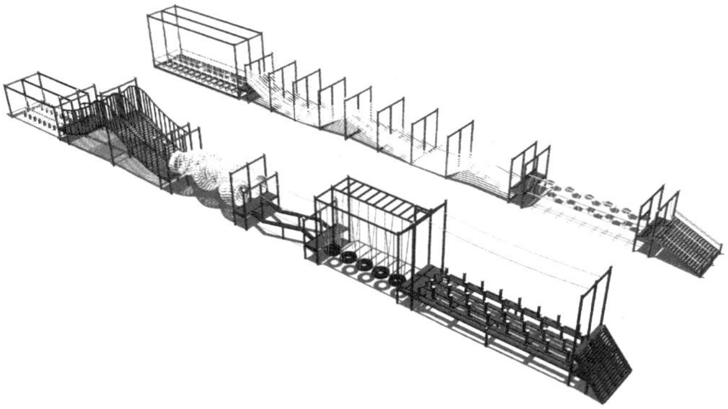

图 6-6 青少年体验项目

青少年体验项目是专门针对青少年的身体、心理状况而开发的一系列适合青少年身体和心理健康的体验活动。青少年体验项目设施集挑战、体验和娱乐为一体,通过攀、爬、跳、钻、跨、平衡、机灵、耐力等体验活动,以培养青少年团队精神、勇敢顽强的意志力、勇于进取的精神,以及克服困难、战胜困难的信心,同时锻炼身体,强健体魄。让青少年在活动之中尽情发挥天性,在快乐中得到锻炼,在体验中成长,是提高青少年综合素质的有效途径。

7. 儿童历奇项目(图 6-7)

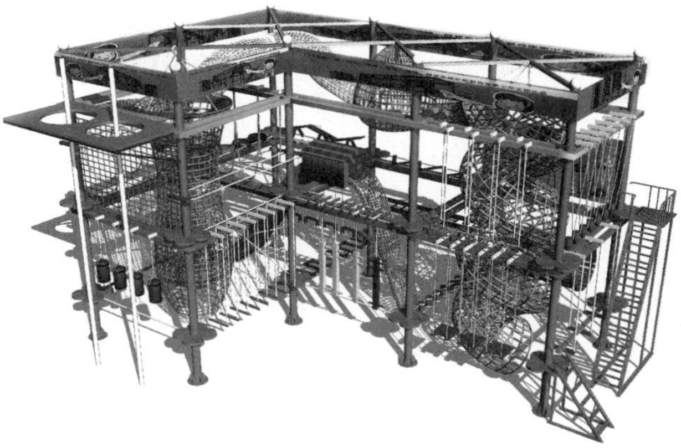

图 6-7　儿童历奇项目

儿童历奇项目模块是锻炼学龄前儿童和低学龄儿童身体和心理健康的系列组合项目。该项目是引进和借鉴国外最前沿的儿童心理行为训练科技成果,针对国内适龄儿童的情况,充分吸收近年来青少年素质教育经验,经过国内儿童教育专家、心理专家和体验教育专家研究、试验,推出的专门为适龄儿童量身打造的历奇探索组合项目。它通过设置并搭建各种难易不同、风格迥异、超强刺激的历奇项目,让儿童亲身感觉三维历奇体验,感受日常生活和环境中难以体验的独特经历。项目设计科学合理,内容新颖,感悟深刻。通过参与活动,锻炼儿童攀、爬、跳、钻、跨、平衡、机灵、耐力等体力及智力的配合能力,培养儿童阳光心态,让儿童在快乐中锻炼身体,增强意志力,培养克服困难的信心,是有效促进儿童健康成长,全脑开发的最佳途径。

8. 青少年障碍道体验项目(图 6-8)

图 6-8　青少年障碍道体验项目

青少年障碍道体验项目原本是为部队提高军事技能素质的主要训练项目之一"障碍训练"。在现代高新科学技术在军事领域的广泛介入和未来高技术战争的特殊需要的今天,障碍训练仍然是提高单兵耐力素质,培养官兵三大能力(体能、智能、技能)的重要组成部分之一。

“障碍训练”变通应用到体验教育培训当中后，它的作用得到了多元化的拓展，通过障碍项目的挑战体验，能有效提高参与者的耐力素质，培养吃苦耐劳、勇敢顽强、坚韧不拔的意志品质，为在快节奏、高压力的新的生活环境下调节情绪心态，体验快乐人生奠定良好的心理素质基础。

9. 丛林穿越体验项目(图 6-9)

图 6-9 丛林穿越项目

丛林穿越体验是一项健康而又时尚的绿色户外生态体验。此活动起源于欧洲，至今已经有十多年的发展历程，并逐渐成为一种引领户外休闲体验的新时尚。它科学地利用丛林的自然环境和条件，营造各种不同的穿越式体验项目，感受丛林间攀爬穿越的刺激。丛林穿越开创了一种全新的户外自然绿色体验活动新方式，顺应了时下人们勇于挑战自我，热爱大自然，追求低碳出行，回归自我，亲近生态自然，健康开放的美好愿望；丛林穿越挑战人的体能与胆量，激发人的潜能，展现人的勇敢和机智，让人在喧闹的城市中尽情体验树上探险，在拥抱绿色、回归自然的同时，挑战自我的心灵极限。

10. 滑索极限体验项目(图 6-10)

图 6-10 滑索极限体验项目

滑索也称“速滑”“溜索”“空中飞人”等，最早用于高山自救和军事突击行动。后演化为体验娱乐项目，是一项具有挑战性、刺激性和娱乐性的现代化体验游乐项目，可跨越草地、湖泊、河流、峡谷，借助落差从高处以较高的速度向下滑行，使游客在有惊无险的快乐中感受刺激和满足。

11. 地面体验项目

主要项目有雷阵(狭路相逢)、盲阵(盲人方阵)、交通阻塞、连环手、盲人摸号、木头的体积、囊中探物、齐眉棍、人体多米诺、铁钉、橡皮筋、牙签游戏、圆球游戏、筑塔游戏、荆棘排雷、气球总动员等。

12. 野外体验活动项目

主要内容包括露营、野炊烧烤、定向越野、野外生存、神秘拼图、崖降、峡谷探幽、登山、定向探宝、模拟探雷、洞穴探秘、峡谷穿越、登山、溯溪等。野外体验活动项目模块中,有些项目受到当地地貌、气候等环境条件的限制。

13. 露营活动体验项目

露营体验活动是青少年户外体验教育的主要内容之一。在场地面积许可的情况下,营地应辟出专门的场地,设置露营场地。通常情况下,如条件允许,可按照能满足 33~400 人的规模设置露营场地。露营区要有足够的空地,除有厕所、盥洗台、清洗台、必要的照明设施等最基本的设施外,尚需要有整洁的卫生环境、安全警报系统。

14. 其他体验项目

除了通常体验教育营地设置的上述项目模块以外,有条件的情况下,还可酌情设置科普、农艺、手工、CS 野战、劳动实践、生命体验、自救逃生、野外生存、防恐自救等体验项目,以不断适应和满足青少年和社会不同体验活动的需求。

15. 综合服务区项目

综合服务模块是保障体验教育营地安全、体验教育课程组织正常进行的基础,除能够提供营地体验活动必需的物品和相关服务外,还要设置满足营地最大接待量的餐厅、日用品商店、淋浴设施、消防急救设施、医务室、休闲生活空间、便利的交通网,以及丰富的临近游憩点等服务设施、休闲设施以及相关的附属设施。

另外,在中关村体验教育培训科技协会指导下,为进一步规范体验教育培训活动,根据实际需要而研发出一套适合室内外各种环境使用的全能型体验教育培训全能工具包,它是学校老师进行体验培训教学的得力助手,具备“流动”“全天候”的特性。目前工具包整合了国内通常体验教育组织培训活动的 70 多个项目内容,可以配合不同的教育课程系统,实施多个不同的培训内容(团队建设、沟通、领导力、决策、创造力和执行力等),可以满足2~5天的体验培训课程。包内附送 70 个体验活动项目的详细操作流程说明书,使用者无需经过培训,就可轻易组织 70 多个包含国内最新的体验培训项目。

三、营地建设原则

1. 安全第一

体验教育营地是青少年进行素质教育和各机构组织体验培训活动的场所,人员密集,使用率高,必须把安全放在首位,场地必须平整,设施必须牢固,无安全隐患。

2. 因地制宜

各类体验教育营地的建立和项目设置,应该根据当地的实际情况和自身的条件,因地制宜、科学设计、合理安排,避免超出条件或不切实际的追求高大上。

3. 科学有效

体验教育营地设计建设要尊重科学,一切以实际效果和效益为衡量标准,合理规划建设。

4. 和谐统一

营地规划设计,要合理规划地域,科学设计,巧妙布置各种场地和器材,合理搭配,合理布局,以达到和谐统一。即从功能区域布局上,要整体科学设置,模块之间既要有一定有机联系,还要体现相对的独立性;在视觉透视上遵循由低到高的格局设置;在项目内容上一般按照儿童历奇项目、青少年体验项目、成人体验拓展项目、水上项目、攀岩挑战项目等次序布局;整体环境上,营地器材的结构和色调要与营地内或周边的其他建筑设计风格相一致;营地名称和主题,与当地的社会背景、文化、风俗习惯等相近或相符。

四、营地建设标准

关于体验教育营地建设,国内还没有一个权威、完整的标准体系,大多数建设机构和承建单位所依据的是企业自身的标准或参考国外相关的标准要求。还有一部分单位在规划体验教育培训营地时,采取模仿已建成的基地进行设计,缺乏科学性、安全性和权威性。目前,国内体验教育营地建设标准正在建立和完善过程中,在已有标准依据体系中,比较权威的是2011年6月1日实施的《中华人民共和国国家标准 GB 19079. 19—2010》中规定的拓展场所开放条件与技术要求和攀岩场所国家标准及检查办法(详见附录二)。

第三节 体验教育营地管理

体验教育营地的管理是营地运营的重要内容,但不少机构“重建轻管”的现象比较普遍,造成了国内的很多户外教育活动营地由于管理不善,安全隐患较大,设施闲置。一方面导致了大量的资源资金浪费;另一方面又给运营机构和使用单位带来了不必要的安全风险。体验教育营地管理,必须从多面齐抓共管,建立完善严格的管理体系。

一、建立高效专业的管理队伍

管理的第一要素是人,在体验教育营地的管理运营中,首先要建立一支高效专业的管理队伍。

1. 营地管理机构

主要由营地主任负责,由行政办公室、人力资源等部门组成,其主要职责是:

(1) 负责营地的总体策划、运营,组织制定营地长期发展规划和年度运营计划;

(2) 负责为营地管理层提供支持,并负责跟踪落实营地管理层作出的各项决定和下达的各项任务；

（3）负责制定和完善营地运营内部的管理体系和各项管理制度；

（4）负责营地，工作人员的招聘、培训和日常管理；

（5）负责督促管理制度的有效执行，负责评估和监督营地内部管理的规范性和有效性；

（6）负责营地的整体运营、宣传形象设计和推广实施。

2. 营地运营机构

主要由营地副职负责，由市场、营销、策划等部门组成，其主要职责是：

（1）根据上级主管部门要求，协调营地各管理部门开展工作；

（2）根据上级主管部门的安排或要求，开展与学校、企业、机关、培训机构等互动沟通，联系开拓业务，保证营地正常运营；

（3）在活动前一周，及时落实每期来营地参加体验活动机构的领导、带队教师及其他负责人以及学员数量和名单，并及时了解掌握学员成分构成、性别比例、生活习俗等，协助有关部门安排好教学体验活动的内容和食宿事宜；

（4）协调与领导、带队教师的关系，尽量协助他们解决工作、生活中的难题，检查并落实各种规章制度的执行情况，严肃纪律；

（5）根据营地领导的要求起草对上、对外信函，报告及营地工作计划、总结，做好营地宣传工作，及时报道营地动态、活动情况，做好营地的文化建设，营造营地良好的文化氛围；

（6）充分利用空闲时间，如寒暑假对外开放，组织联系各种学生夏令营体验活动，以增加营地的运营绩效。

3. 营地教学培训机构

由营地主要领导负责，由培训、市场等部门组成，其主要职责是：

（1）根据营地活动周程表及各类体验活动项目预报的人数、人员情况，设计制定有针对性的课程，做好详细的日程安排，编制活动组织实施执行流程，配备相应的师资教练，制定应急预案，以应付不可预见的情况变化；

（2）负责制定作息时间表、体验实践活动表和工作日程表；

（3）负责组织教学管理人员、专业教师跟踪活动全过程，做好体验活动的组织、指导、管理工作；

（4）组织教师、教练进行教学、教研活动，认真研究，探索体验教育改革的新路子；

（5）及时聘请行业专家、学者和一线资深教师等人员来营地举办讲座，项目研发，现场指导等；

（6）管理好营地各种活动所需的教学用具，制作用具等。

4. 营地后勤保障机构

由营地主要领导负责，由财务、行政等部门组成。其主要职责是：

（1）按照政府有关规定制度，制定营地财务管理计划，严格按照财经制度把好财务关；

（2）配合有关部门，严格经济核算，努力降低各种费用成本，广泛开展增产节约的活动；

（3）认真做好各种账目，把好专款专用关，及时准备做好各种财务报表，做到每期结算一次，每个月递交一次盈亏报表；

(4) 负责营地安全保卫工作,树立安全无小事的观念,杜绝重大安全事故的发生;

(5) 随时巡查营地,注意防火、防盗、防爆,积极维护营地人员、财产、设施的安全,发现安全隐患及时向营地负责人报告;

(6) 做好营地卫生防疫工作,针对季节性发病情况,做好定期卫生宣传,在流行病发现或流传期间及时做好消毒预防工作,及时做好营员伤害事故及其他疾病的处理工作;

(7) 妥善采购和管理好营地各种物品,协助其他部门的工作,按时完成上级卫生部门下达的工作任务,履行学员安全管理职责。

二、设置科学的体验课程

目前,无论是国外的各类户外营地,还是国内的各种体验营地,都会根据自身的特点及不同的理念,设置有自身特点的各类体验型课程。但是从目前国内外各类户外体验营地课程的体系上看,大多基本一致,都是在此基础上添加一些特色课程来体现本身特点。目前,较为通用的课程体系大致可分为野外生活、户外运动、自然观察、社会文化学习四个部分。

野外生活课程包括露营装备的使用、野外生存技巧、野外安全学习等内容。户外运动作为核心课程历来都是营地活动不可缺少的部分,它包含了众多的户外运动项目。这些户外运动项目与其他体育项目的最大区别在于运动场地的独特性,户外运动的场地都是使用非人工的自然环境,如登山、徒步穿越、攀岩、山地自行车、自然水域游泳、定向越野、体验培训、划船、滑雪等。在自然环境中进行的营地活动是青少年亲近自然、了解自然、学习自然的理想场所,动植物观察、星空观察、生态调查等课程,能帮助青少年将室内课堂上学到的知识通过亲身体验进一步深化。日常的学校教育使青少年难以得到深入了解社会传统文化和参加社会实践学习的机会,而户外营地大都建立在城市郊外或山野乡村,在参加营地活动期间,传统手工制作、村寨探访、农业体验等学习内容能让青少年深入了解各地区的自然、历史、文化,并丰富社会知识。

三、完善严谨的管理制度

1. 体验培训器材检查维护规程

为顺利完成体验教育培训任务,必须制定具体的器材检查维护规程:

(1) 体验培训器材在安装完毕后应有专人负责管理,并建立使用、维护记录。在训练前应彻底检查各部件结构是否完好后,方可进行训练。

(2) 每经过约 100 人(次)使用后,应立即检查器械各部件结构是否还能达到训练要求,如果出现螺丝松动或损伤等情况,应立即排除,完善后再进行训练,尤其是横梁及高空重挂件的连接须重点检查。

(3) 每次使用前,由专职人员对立柱拉耳、弓形卸扣、钢丝绳、钢丝夹、滑车、锁紧销、钢锁、梨形环、花兰螺丝等安全系统部件进行仔细检查,松动的部位要紧固并锁紧,磨损超过原件 1/10 的要及时更换。钢丝绳有过载迹象、直径减少 1/10、腐蚀、打结、绳芯伸出、电击等现象的必须更换。支撑立柱、横梁应每半年做一次防腐处理，钢丝绳拉耳的焊接部位六个月做一次防腐，锈蚀超过钢管壁厚 1/10 时，应予更换。

（4）器械地脚、拉线环每半年做一次防腐处理，锈蚀超过直径 1/10 时，应更换。

（5）攀岩板及岩点每次使用前要有专人检查安全杆焊接部位，岩板及岩点是否有裂痕，螺丝是否松动，攀岩螺丝每半年紧固一次。

（6）钢丝绳每半年抹一次黄油，单杠滑车、断桥丝杠每半年涂一次黄油。

（7）所有器械的边角及焊缝每年春秋各做一次防腐处理。

（8）所有器械每两年做一次防腐处理。防腐处理时，必须先用 300 目纱布将器械打磨干净，再刷底漆 2 遍，面漆 2 遍。每道漆涂刷前必须等前道漆干后再刷。

（9）检查维护人员应系安全带，戴安全帽，并且要求检查者攀爬上去，与被检的装备近距离接触进行检查。

（10）检查维护报告含检查日期、器械名称、器械状态、维修项目、更换配件名称及数量等。

2. 体验培训营地安全使用规定

为确保体验教育培训顺利进行，维护体验教育培训营地的绝对安全，避免发生各种问题和事故，在平时维护和活动组织中必须严格遵守下列规定：

（1）所使用安全装备必须是经国际登山协会和 ACCT 认证的安全装备。所有组织拓展活动的操作人员，必须严格遵守《训练器材的安全标准》和《训练器材的使用方法、例行检查、保养及报废》以及操作安全要求，并且责任到人，定期对落实情况进行检查。

（2）组织培训的老师和安全人员，必须经过严格正规的相关培训，并持有体验教育培训师资证书。

（3）体验教育培训场地利用绳网、围墙等进行相对隔离封闭式管理，不组织培训时，严禁无关人员进入。

（4）在每一组培训器械旁边设置警示牌，内容如：“各位朋友：此器械为体验拓展培训专用设施，须由专业人士操作。为了您和他人的安全，严禁擅自攀爬玩耍。”

（5）每次活动前，对所有器械作安全检查。

（6）对所有参加活动的人员，为其购买一份户外活动保险。

（7）每次培训前，对所有培训人员进行安全提示和要求。提前向受训单位发放《参训学员须知》，对着装及培训期间的纪律明确提出要求。

（8）实施培训中，每个项目都要严格按照程序操作，严禁为了图省事而减步骤。

（9）在承接对外单位的培训时，事前一定要签署培训合同，明确责任。

（10）对大型活动，每次在活动前要做出安全应急处理预案，一旦出现意外情况，即刻按照预案处理。

（11）体验教育基地安全员要参加国内体验教育培训行业组织的体验教育安全管理和中国红十字会在各地组织的急救培训，并持有《安全管理师》和《红十字会急救员证书》后方可上岗。

3. 营地环境卫生管理

环境卫生的优劣反映了一个集体的人员素质状况，保持环境整洁是项目培训部每一名员工的责任和义务。员工应尊重保洁人员的劳动成果，共同创造一个清洁、优美、舒心的工作和生活环境。对营地的卫生标准要求如下：

（1）室内应做到干净整洁，各种物件须摆放有序，严禁乱丢乱放。门、窗、玻璃、门框等应定期擦洗，做到干净无浮尘。

（2）墙壁应干净，墙角应无灰尘，墙壁上钉挂、张贴必须整齐有序，不得乱接铁丝、绳索，乱挂杂物。

（3）在营地各场所合理布置垃圾箱，场内任何角落不得堆放垃圾、不得随地丢弃废物和烟头。应及时清理垃圾箱，严禁出现垃圾箱溢出现象。

（4）对供水进行管理，严禁出现长流水现象。

（5）员工必须重视卫生间、浴室的清洁卫生，做到无异味、无积水、无杂物。

（6）对营地卫生难点、死角，如公共卫生间、屋后、下水沟、垃圾箱，以及职工就餐场所等，应经常组织采取消毒（如洒石灰粉、喷洒消毒药水等）措施。消毒所需用品由培训项目综合部统一管理。

（7）培训项目部设置有环卫工作人员，他们主要负责营地的公共卫生，其人员由综合部统一管理。环卫人员工作范围包括：

第一，项目部办公室区域的清扫工作；

第二，公共活动场所的卫生清洁工作（包括体验培训活动场所、娱乐场所，以及公共卫生间、食堂等），做到无污垢、无尘土，窗明几净；

第三，在营地内发现污物应及时清理，对破坏环境卫生的现象要及时制止，做到及时发现，及时交涉，及时监督清理。

（8）每月定期组织环境卫生检查评比工作。

4. 营地食堂管理

营地食堂管理应该做到：

（1）食堂从业人员每年必须进行健康检查，新参加工作和临时参加工作人员，都必须进行健康检查，取得健康证明后方可参加工作。

（2）凡患有痢疾、伤寒、病毒性肝炎等疾病（包括病原携带者），活动性肺结核，化脓性或者渗出性皮肤病，以及其他有碍食品卫生的疾病的人员，不得从事食堂工作。

（3）食堂从业人员在出现咳嗽、腹泻、发热、呕吐等有碍于食品卫生的病症时，应立即脱离工作岗位，待查明病因，排除有碍食品卫生的疾病或治愈后，方可重新上岗。

（4）食堂工作人员在工作时，穿戴必须整齐、清洁，工作期间不得吸烟、吃东西和穿戴金银首饰等。

（5）食堂工作人员应养成良好的卫生习惯，不得有随地吐痰，乱丢废弃物、留长指甲和涂指甲油等有违饮食行业卫生的不良行为和嗜好。

（6）食堂应当保持内外环境整洁，采取有效措施，消除老鼠、蟑螂、苍蝇和其他有害昆虫及其孳生条件。食堂的设施设备布局应当合理，应有相对独立的食品原料存放间、食品加工操作间及用餐场所。

（7）堂管理人员必须经常检查食堂的安全和卫生工作，要保证房间、用具、人员的清洁卫生。需要消毒的用具如刀、案板、洗涮用具、盛装食品的用具等,应定期进行消毒处理,对食品采购、下料、制作、配送等各个环节进行监督。

(8) 所使用的洗涤、消毒剂必须符合卫生标准或要求。洗涤、消毒剂必须有固定的存放场所,并有明显的标记。

(9) 对于采购食品,尽量按照有关规定进行索证,同时应相对固定食品采购的场所,以保证其质量。禁止采购腐败变质、油脂酸败、霉变、生虫、污秽不洁、混有异物或者其他感官性状异常,含有毒有害物质或者被有毒、有害物质污染,可能对人体健康有害的食品,检验不合格的肉类及其制品,超过保质期限或不符合食品标签规定的定型包装食品。

(10) 食品储存应当分类、分架、隔墙、离地存放,定期检查、及时处理变质或超过保质期限的食品。食品贮存场所禁止存放有毒、有害物品及个人生活物品。生食品、半成品和熟食品应分柜存放。

(11) 用于食品加工的刀、墩、板、桶、盆、抹布以及其他工具、容器,做到分开使用,定位存放,用后洗净,保持清洁。

(12) 食堂炊事员必须采用新鲜洁净的原料制作食品,不得加工或使用腐败变质和感官性状异常的食品及其原料。加工食品必须做到熟透,加工后的熟制品应当与食品原料或半成品分开存放,食品不得接触有毒物、不洁物。

(13) 食堂剩余食品必须冷藏,但冷藏时间不得超过 24 小时,在确认没有变质的情况下,必须经高温彻底加热后,方可食用。

(14) 所有项目部人员就餐时,必须自觉维护公共卫生和秩序,不得有剩饭菜随处乱扔等有违公共卫生的行为。

5. 营地宿舍管理

营地宿舍管理条例的制定:

(1) 职工宿舍的分配由综合部统一管理,项目部所属各单位应认真管理职工宿舍。员工对所居住宿舍,应负有管理人责任,不得随意改造或变更房屋结构。员工不得将宿舍部分或全部转租,或借予他人使用,也不得随意留宿外来人员。若遇员工亲属探亲则必须报告项目部,由项目部统一安排住宿,不得自行调整。否则将视情况给予一定得经济处罚。

(2) 项目部领导及相关负责人应经常视察员工宿舍,员工不得拒绝,并听从有关指示。宿舍现有的器具设备(如空调、卫浴设备、门窗、床铺等),如有疏于管理或恶意破坏,酌情由现住人员负担该项修理恢复费用,并视情况给予一定的经济处罚。

(3) 住宿员工应遵守下列规则:

第一,服从相关管理人员的管理与监督。

第二,室内禁止明火照明、烧煮、烹饪,或私自接配电线及装接电器。

第三,室内不得使用或存放危险及违禁物品。

第四,室内物品摆放必须整洁,严禁乱钉乱挂。

第五,不得有影响他人休息的行为,电视音响设备的使用不得妨碍他人休息。

第六,垃圾等应集中于指定场所倾倒,不得随意丢弃。

第七,水、电的使用,应做到随完随关,不得有长明灯、长流水现象。

第八，对于违反本条例的员工，给予口头警告；屡教不改的，项目部将视情况给予一定的经济及行政处分。

6. 营地消防安全管理

营地消防安全管理措施如下：

（1）消防及防盗安全管理的主管部门为项目部综合部。综合部在项目部的领导下认真履行其职责，项目部建立一支兼职消防队，消防队由综合部统一管理。

（2）项目部所有营地必须按照消防安全的要求设置消防设施，如消防管路、灭火器等。消防设施必须按要求进行定期检查和检验，保证设施的有效性。

（3）重点防火部位必须备有足够的消防器材等，同时要加强消防安全检查、监督和管理。重点防火部位必须张贴专项防火管理制度，闲杂人员不得进入重点防火部位。

（4）项目部各单位在综合部的统一组织下，通过各种形式开展经常性的消防安全教育，全体员工每年必须经过一次消防安全培训，消防队员和重点防火部位的工作人员，每年必须定期进行两到三次消防安全培训。消防安全培训的内容主要包括：

第一，消防法规、消防安全制度和保障消防安全的操作规程。

第二，项目部以及本岗位的火灾危险性和防火措施。

第三，有关消防设施、器材的性能和使用方法。

第四，报火警、扑救初起火灾以及自救逃生的知识和技能。

（5）项目部每季度组织一次消防安全大检查，对消防安全重点部位必须建立巡察制度，综合部应确定巡查人员、内容、部位和频次。检查内容主要包括：

第一，用火、用电有无违章情况。

第二，安全出口、疏散通道是否畅通，安全疏散指示标志、应急照明是否完好等。

第三，消防设施器材和消防安全标志是否在位、完好。

第四，消防重点部位的人员在岗情况，以及员工掌握消防知识的情况。

第五，火险隐患的整改情况，以及防范措施的落实情况。

第六，其他消防安全情况。

（6）防火检查（巡查）人员应当及时纠正违章行为，妥善处理火灾隐患，对无法当场处理的应当立即报告主管部门或相应责任人。

（7）消防设施器材的采购必须严格按照《项目部物资管理规定》实施对供方的评价、采购及验证，供方应具备销售许可证。

（8）各种消防设施器材要分布合理，摆放在便于取用、通风良好的地方，室外消防设施器材应摆放在防雨并防晒的箱、架、柜内，严禁与油类、酸、碱等腐蚀性的化学物品接触。

7. 营地奖励和处罚制度

实行营地奖励和处罚制度：

（1）项目部营地的管理以划分的责任区对责任人进行考核并实施奖惩，具体考核及奖惩标准另行发文。

（2）违反上述条款的行为，项目部将视情况给予一定处罚；酿成安全事故者，按项目部各类事故处理办法执行。

第七章

体验教育户外常识

第一节　户外常用装备选择的技巧

户外体验培训中常需要的装备有帐篷、睡袋、背包、户外灯具、动力绳等。这些装备对活动的顺利进行起着辅助性的作用，选择这些装备也有着一定的学问。

一、帐篷的选择

帐篷从总体上可以分为四季帐篷和三季帐篷，从具体的结构来说可以分为单层帐篷、双层帐篷，从使用范围来说有高山帐篷等。四季帐篷一般在冬季使用，具体结构为双层帐篷；而三季帐篷主要在夏季、春季、秋季使用，常为单层帐篷。

单层帐篷、双层帐篷与高山帐篷的特征如下：

（1）单层帐篷特征：结构简单、轻便，最大的缺点为防雨、防风性能差，不适于在冬季使用，因为冬季的寒冷风雪会使帐篷内部的装备潮湿。

（2）双层帐篷特征：帐篷质薄、透气且外帐防水，最特别之处是内帐开口外还可以支起一个小门厅，可放背包或做饭。其防寒、防风性能较好。

（3）高山帐篷特征：较矮小，抗风雪能力强。

帐篷主要由支竿、外帐、内帐、帐钉组成，支竿的作用尤为重要，帐篷能否支起来，主要靠它的强度起作用。一旦支竿折断，帐篷的作用也就随之消失了。内帐与外帐所起的作用不一样，一般外帐主要用于防风雪、防雨水，内帐更加保温且可以单独使用。帐钉则用于固定帐蓬。选择帐篷时可参考的标准是重量、大小及高度等。帐篷的原材料主要有玻璃钢和铝合金两种，相比之下铝合金的强度更高。帐篷的大小一般要容纳两人以上，相同原材料的帐篷，选择的标准为越轻越好。

二、睡袋的选择

睡袋分为普通型、专业型两种。普通型睡袋适用于一般的露营，大多在春、夏、秋三季使用，而专业型睡袋则主要用于较寒冷的季节，甚至可供探险队使用，所以专业型的睡袋在原料、设计等方面都较普通型要好。

睡袋最主要的功能为保温，但不同质量的睡袋的保温性能各不一样。这主要缘于睡袋的保温层采用的原料，档次较低的睡袋表面常采用一般的尼龙绸，保温层则采用人造晴纶棉，这种睡袋保暖性较低，且压缩性差。档次较高的睡袋表面采用原料为具有透气功能的尼龙，保温层则采用微纤维棉，保暖性强且重量轻、压缩性强，易于携带。

睡袋的款式设计也是选择标准之一，适当的款式有利于入睡。一般的睡袋款式有木乃伊型、信封型和混和型。木乃伊型带有头套，上大下小，符合人体的形状，睡袋的侧面装有拉链便于出入，这种睡袋保温性较好且重量轻，便于携带。信封型睡袋的空间较木乃伊型睡袋大，改善了睡眠舒适度，但保暖性不及木乃伊睡袋，还比较重。混和型睡袋则介于木乃伊型和信封型之间。

睡袋的填充物也各不相同，有些是采用人造材料进行填充，保温性差。保温填充物较好的为鸭绒，最佳的填充物为鹅绒，如果绒的纯度保证在 90% 以上，蓬松度及保温度都会较强。

三、背包的选择

我们可以从自己的具体要求来考虑选择相应的背包：

（1）装载数量：如果携带物品较少，可以选择较小容积的背包，这种背包除主袋之外，还附有几个小口袋，以利于将物品分类装放。

（2）运动方式：攀岩所用的背包，一般不设计硬支撑，为的是便于随身而变形，同时外挂点比较多，方便悬挂器材，有的款式还专门装配了整理器材的垫布。自行车运动所需的背包根据其具体要求，可分为背行包、架挂包、前把包、背挂两用包、驮袋等。登山包或野营背包，设计上考虑了各种运动形式的特点和长途旅行的需要，适用于登山探险和林地穿越活动。

（3）结构设计：良好的结构设计是体现背包功能的标准之一。现今流行的背包都采用尼泊尔背篓的原理，采用了双“V”型设计，一是内衬铝架呈“V”字型，设一横杠在肩部定位，并根据人体曲线对铝架做定位处理，使用者还可根据自己身体微调；二是背包装载部分呈“V”字型，上宽下窄，上厚下薄，装物后呈篓型。这样的结构更便于受力传递。

（4）背包的材料：从织带上看，普通的织带和优质的织带价格可差 3～5 倍，优质尼龙织带的承重力可达到 200 千克以上。从面料上看差别也很大，同为 420D 的面料，普通面料每码重 280 克，而高密度的面料每码重 410 克，因此两种面料从强度和耐磨度上都会有较大差异。从涂层上看，低档背包多用 PVC 涂层，其受冷会变硬，而高档背包多用 PU 涂层面料，其遇冷硬度没有明显变化，四次 PU 涂层的面料防水度可达 1 500 毫米以上。

（5）身形与背包的契合度：背包如与背部的身形相契合，可减轻背负者的承受力量，身形较弱小的人不宜背负大尺码的背包，背包的腰部受力点应在尾骨上方的腰窝上。肩带的支点应略低于肩部（10 厘米为宜），这样才便于受力带的调整和受力，背起来也才感觉舒服。

四、户外灯具的选择

户外宿营是一项极具乐趣的活动,可是在黑暗中活动会受到限制,事前准备好备用的灯具是最好的办法。灯具有很多种,而且各具有特点。

(1)手电筒:手电筒是我们常见的照明工具之一,它轻巧、光线足,易于携带。但如果利用手电筒在夜间照明做饭,那是不太现实的,这正是手电筒的缺点之一。

(2)营地灯:专为照亮较大面积的地方而设计,它适合于长途旅行,而且可供参加培训人数较多时使用,但这种灯一般较大、较笨重。营地灯有使用电池和使用燃料的,使用电池的操作较方便,但使用时间较短;虽然使用燃料(天然气、煤油、酒精或汽油)的操作比较麻烦,但往往发光亮度高,使用时间长。

(3)头灯:头灯是利用电池供电的灯具。顾名思义是利用在头部的灯,照亮前方的道路。优点是可以解放双手,缺点是照亮面积较小,且使用时间较短,需要不时更换电池。

(4)燃气灯:体积较小易携带,照明强度高,大都使用天然气。因为天然气气罐已事先加压,而不像使用煤油时需要加压,多用于人数不多的小型团队。

(5)蜡烛:古老的照明方式之一,虽方便但照明强度不高,不适用于人多时照明。

五、动力绳的选择

动力绳是攀岩的重要工具之一,动力绳的质量如何,直接影响了活动的安全。绳索一般被分为动力绳与静力绳两种,两者的区别在于吸收冲力的大小,相比之下,动力绳较为出色。从不同的方面来看,动力绳具有以下特点:

(1)长度:绳子长度一般以米来计算,现在通用的规格长度是 50 米、55 米、60 米、70 米。

(2)直径:动力绳直径一般用毫米表示,直径为 10.5 毫米和 10 毫米的动力绳为常用规格,部分单绳的直径是 9.6 毫米,直径大的绳子保险系数和耐用性相对较好。

(3)重量:一般来说户外拓展所带的工具是越轻越好,但动力绳的重量一般按克/米计算,一般来说越重的动力绳安全系数越高。

(4)构造:攀登绳是由绳芯和绳皮所构成,里层的绳芯是绳子承受力量的主要部分,外层的绳皮紧紧环绕着绳芯编织,避免绳子使用时绳芯受到磨损。

(5)柔软性:柔软性较强的绳索易打成绳结,但受力后不宜解开,较硬的绳索能够轻易地穿过不同的器材,但绳结易解开。

六、其他装备的选择

(1)防潮垫的选择标准:隔绝性、舒适度、使用体积和耐用度等。

(2)水壶的选择标准:材料、工艺、容积等。

（3）登山杖的选择标准：构造、活动需要、长度、材质等。

（4）刀具的选择标准：材质、功能等。

第二节 地图使用的技巧

无论是定向越野还是野外宿营，可以随身携带一张地图以明确自己所在的位置。并不是所有的人都可以明确地图所表现出来的信息，如何正确察看地图以获取正确信息呢？只需要抓住地图的几个重要方面进行分析即可。

一、地图的方向

标准地图是按上北、下南、左西、右东的方位绘制的，少数地图是按特定要求绘制的，由方向标注明方向。从周围环境的目标物，对照地图，应该能够知道自己的方位，这是使用地图的基本技能。

二、地图的比例尺

由于地图的功能不同，地图所采用的比例尺也各不一样。为了能更好地识别地图，应该明确地图绘制时采用的比例尺大小。比例尺意谓着图上长度与实际距离缩小的倍数。例如，1∶50 000 表示图上的 1 厘米代表实际距离的 500 米。因此，根据地图的比例尺和图上的长度可测算出目前所在位置与终点之间的实际距离。

三、地图的图例

公路、桥梁、湖泊、草原、河流、行政区等在地图由不同的符号和颜色表现，地图图例是地图上表示地理事物的符号，是地图上各种符号和颜色所代表内容与指标的说明，集中于地图一角或一侧。通过图例可以帮助我们选择正确的行进路线。

四、等高线

等高线指的是地形图上高度相等的相邻各点所连成的闭合曲线。在等高线上标注的数字为该处的海拔高度。通过看等高线的分布及密疏情况，可以知晓地形地貌。等高线密集之处，表明这一带的地势较陡；等高线稀疏之处，这一带的坡度较缓。在彩色地形图上，表示等高线的色块随海拔的变化而出现颜色的变化，通常海拔高度是从浅棕色、深棕色到深褐色逐渐变化的，海拔越高颜色越深，而在平原地带则显示绿色，一般海平面用蓝色表示。

五、如何在户外保护好地图

一般地图多为纸质，为防止地图破损，可用塑料便利文件夹固定，既可以防止地图破损，又不会影响查看地图的清晰度，同时可以防止被雨淋湿。

六、地图无法显示的道路

尽管地图能够显示绝大部分的道路，但总有一些窄小道路即使地图也无可奈何。例如：地图发行后新修建的道路、山间的捷径小路、营救性临时开辟的路、积雪期使用的道路等。对于这些通过地图也无法确认的道路，可以向本地人询问，如果实在掌握不了明确的信息，不宜冒险前行。

第三节　天气判断的技巧

鉴于体验教育与环境的密切关系，往往从事体验教育培训的人员比其他人会更关注天气的变化。我们常说户外天气早知道可以保证户外训练的顺利进行，是防止突发状况的有效方法之一。除收听天气预报之外，我国从古代开始就流传一些关于预测天气的谚语，即使发展到了今天，这些谚语依然能够帮助我们识别恶劣天气的突然袭击。除了这些谚语之外，我们还可以通过观察云的形状，或是一些事物的自然形态判断天气的变化情况。

一、判断天气

（一）通过谚语判断天气

1. “月光带枷，大雨落下。”

“月光带枷”就是月亮周围有环，因为此时空气潮湿，天空中有小冰晶凝结，月光折射才造成月亮有环。日华和月华可以用来准确预告天气。日环变大是天气晴朗的预兆，这表明水蒸气正在蒸发，蓝天会更清晰。缩小的日冕意味着将要下雨。午后太阳如果闪烁绿光，表明天气相当不错，这样的状况至少可以维持 24 小时。天空的薄云，往往是天气晴朗的象征；那些低而厚密的云层，常常是阴雨风雪的预兆。

2. “朝霞不出门，晚霞行千里。”

这是一句古老的天气谚语。因为日落时分空气中水汽很少，在随后的两个小时内不大可能下雨或下雪。但如果朝霞红了半边天，通常会有一场暴风雨。另外，灰色的天空，因为灰尘和水汽混杂在一起，很容易降雨。

3. “烟囱不出烟，烟扑地。”

这两种现象都是天将下雨的预兆，因为草木燃烧后排出的气体中含有二氧化硫，它会跟空气中的水分子发生反应,变成液滴,浮在空中。因此,烟似乎就变重了,不易升腾。

4. “久晴大雾阴,久阴大雾晴。”

指的是久晴之后出现雾,说明有暖湿空气移来,空气潮湿,是天阴下雨的征兆。反之则可能是一个晴天。

(二) 通过动物行为判断天气

动物对环境变化非常敏感,可以通过观察它们的反应来判断天气:

(1) 傍晚,鸡迟迟不愿入窝,是下雨的预兆。由于雨前住在洞里的小虫因为闷热而爬出地面附着在草叶上,给鸡造成了觅食的好机会。

(2) 蚂蚁过马路,预示有雨。在地面挖洞生活的蚂蚁,感觉要下雨时害怕洞会被水淹,则会在下雨之前逃之夭夭。蚂蚁垒窝,天气转坏。有时蚂蚁显得非常忙碌,有的忙于往高处搬家,有的则来回运土垒窝,这时预示天气转坏。一般来说,垒窝越高,降水也就越大。还有一种大黑蚂蚁垒的窝,往往在次日风的来向部分垒得更高些。

(3) 分辨蝉鸣知天气。蝉的叫声是由它的腹部发音器的薄膜振动而发出的。据一般观察,夏天由雨转晴前 2 小时左右,蝉就叫;而晴天转阴雨时,蝉就不叫。这是因为下雨前,它的发音薄膜潮湿,振动不灵;相反,天气转好,空气干燥,薄膜振动有力。

(4) 黄鹂似猫叫天转阴,猫头鹰连叫快下雨。当天气即将转阴雨的时候,黄鹂鸟会发出类似猫叫的声音;夏秋季节,日出或黄昏时,猫头鹰两三声连叫,并在树枝东跳西跳,很不安宁,叫声低沉像哭泣,这是天将下雨的象征。

(5) 蜜蜂是天气的预报者。蜜蜂最适宜于天气晴朗,气压较高的情况下飞行。另外,天气愈好,植物花蕊分泌的汁液愈多,诱惑蜜蜂的效果也愈大。早晨蜜蜂都出窝采蜜,天气晴,傍晚迟迟不回窝,明天继续晴朗;反之,则预示阴雨天将来临。

(6) 乌鸦栖落在树枝上时,头总是迎着风向。因此,在地面风力很微弱的早晨,观察高枝上栖停的乌鸦头的朝向,可确定空中的风向。傍晚,乌鸦满天回旋飞翔,且呱呱叫,表明天空风向不定,而风向不定是天将有风雨的一种征象。

(7) 云雀叫声提高表示天晴。从远方传来云雀轻快的叫声,就可知道这是天气干燥的好天气。

(8) 燕子低,披蓑衣。这是由于燕子是以捕食小虫为主要食料的。当天气转坏而要下雨时,空气湿度增大,小虫的翅膀上附着小水滴而不能高飞。燕子为了捕食小虫,也就跟着低飞。

(9) 鹁鸪鸟在不同天气里叫声不一样。晴好天气,它不急不慢地叫着“咕咕咕……”,声音清脆,没有拖音。天转阴雨时,就连叫“咕——咕……”,声叫得重,拖音长。

(三) 通过其他方法判断天气

观察篝火也可以预测天气变化,如果烟火缓缓上升,表明天气不会有太大变化;如果烟火闪烁不定,或者升起又降下,可能会有暴风雨。

第四节　方向辨别的技巧

野外生存就必须学会空间方向的辨别，我们可以采用专业的工具进行辨认（如指北针、指南针等），也可以通过大自然的提示或其他资料的暗示获取有效信息。

1. 利用太阳判定方向

可以用一根标杆（直杆），使其与地面垂直，把一块石子放在标杆影子的顶点 A 处；约 10 分钟后，当标杆影子的顶点移动到 B 处时，再放一块石子。将 A、B 两点连成一条直线，这条直线的指向就是东西方向。与 AB 连线垂直的方向则是南北方向，向太阳的一端是南方。

2. 利用指针式手表判定方向

具体方法是将手表水平放置，将时针指示的（24 小时制）时间数减半后的位置朝向太阳，表盘上 12 时刻度所指的方向就是北方。假如现在时间是 16 时，则手表 8 时的刻度指向太阳，12 时刻度所指的就是北方。

3. 利用北极星判定方向

在夜间天气晴朗的情况下，可以利用北极星判定方向。寻找北极星首先要找到能熊星座（俗称北斗星）。该星座由七颗星组成，头像一把勺子。当找到北斗星后，沿着勺边 A、B 两颗星的连线，向勺口方向延伸约为 A、B 两星间隔的 5 倍处一颗较明亮的星就是北极星。北极星指示的方向就是北方。

4. 利用地物特征判定方向

利用地物特征判定方向，是一种户外活动时方向判定的一种辅助方法。使用时，应根据不同情况灵活运用。独立树通常南面枝叶茂盛，树皮光滑，树桩上的年轮线通常是南面稀、北面密；农村的房屋门窗和庙宇的正门通常朝南开；建筑物、土堆、田埂、高地的积雪通常是南面融化得快，北面融化得慢；大岩石、土堆、大树南面草木茂密，而北面易生青苔；蚂蚁的洞口大都是朝南等。

第五节　时间判断的技巧

野外体验培训中，除了运用手上现有的工具判断时间之外，如果具备了依据大自然判断时间与距离的技巧，无疑是如虎添翼。同时，大自然给予我们的提示还需要我们经过思考得出正确的结论。

1. 用太阳月亮判断时间

在野外若没有钟表而想知道时间时，白天时可由太阳的移动，晚间可由月亮的移动来判断正确的时间，但这与季节、经纬度等有关，所以也不是非常准确。在夜间可以用月亮判明时间，月亮从东转到西约需 12 小时，平均每小时约转 15 度，可结合当时的月相和月亮的位置观测时间。

2. 用指北针或罗盘判断时间

如果携带有指北针或罗盘，可在指北针或罗盘中心立一根火柴，指北针或罗盘指针转至正北正南方向,观察火柴杆影指的方向,杆影指向西(W)则是上午,杆影指向东(E)则是下午,杆影指向正北(N)则是正午,这样按杆影的移动轨迹可大致判断出早六时至下午六时的时间。

3. 自制日晷

也可以自己制造简便的日晷:用厚纸板两块,按照当地纬度的余角安置,在上面一块厚纸板按顺时针方向从 1 至 24 画好字盘,将针插在字盘中央。安置日晷时字盘应向北。在 3 月至 9 月可按上法安置字盘,10 月至 2 月,应自下而上将针反插在上面纸板上并在其背面按照反时针方向画出字盘。

第六节 距离判断的技巧

一、夜间利用光源或声源判断距离

在夜间,可以利用光源和声音判断距离。根据一般人的听力和视力,夜间人在 1 公里以内可以看见香烟头火光;在 1.5 公里以内可以看见擦燃火柴的火光及手电筒的光亮;右 2 公里以内可以看见步枪射击的火光。0.5 公里以内可以听到人的谈话声;在 1 公里以内可以听到人的呼喊声和马蹄声;在 1.5 公里以内可以听到汽车开动的声音;在 2 公里以内可以听到汽车喇叭声和马叫声;在 5 公里以内可以听到枪声;在 8 公里或 12 公里以内可以听到飞机声。

二、步测

在野外没有其他测量工具时,可以用我们的脚步进行测量。通常情况下,一个身高在 1.7~1.8 米的人,一单步长约 0.75 米,走两个单步为一复步,也就是一复步长约为 1.5 米。测距时以两单步为一“复步”,如果步测距离为 100 复步,那乘以 1.5 就等于这段路的距离。如行走了 100 复步即距离约等于 150 米。需要注意的是用脚步测距时,一是要步幅大小均匀,不要刻意迈大步或小步,保持正常即可(保持 75 公分一步);二是行走过程中尽量保持速度均匀;三是尽量保持走直线;四是用脚步测量的距离只能是作为近似数参考,不是精确数字。

三、目测

同样在野外组织活动,又没有携带测距仪器的情况下,我们还可以利用目测的方法,获得不太准确的近似数据。具体方法有以下几种:

1. 利用行人作参照物直接目测距离

要牢记并使用以下口诀观察行人目测距离:“五清六不清,七空八不空,千米看劳动”。具体目测判断的方法是:人在 500 米时可以通过其衣着和体态动作分清男女,在 600 米时就分不清男女了,所以叫“五清六不清”;人在 700 米行走时可以看到其迈步时两腿形成的空间,但在 800 米时就看不到两腿形成的空间了,叫“七空八不空”;人在 1 000 米的时候只能看到坐、站和劳动弯腰等大一点的动作变化，其它就分不清了，所以人们把它归纳为“千米看劳动”；在2 000米的时候人体只是一个小黑点，什么也分不清了。

需要注意的是，为了防止人们视觉上的误差，还要记住“低误远，高误近”，就是说人体目标在比较低的地形上时容易误远，人体目标在比较高的地形上时容易误近。

2. 利用电线杆作参照物目测距离

野外两个电线杆之间的距离一般是50米。城镇两个电线杆之间的距离一般是100米。高压电线两个电线杆之间的距离一般是200米。微波接力塔两塔之间的距离一般是50 000米(50公里)。可以根据它们之间的距离来目测判断你要寻找目标的距离。

在这里需要说明的是，由于电力技术的发展和电线杆的制作工艺及质量的提高，电线杆之间的间隔距离逐步加大，这是在目测距离时应该注意的。

3. 利用眺远法根据三角函数原理目测距离

这种方法主要是根据三角函数的原理利用人体两眼之间的间距来进行的。大家都知道在三角函数中，知道两点就可以求出另一点，人体两眼之间的间距在0.1米(10公分)左右，当你知道前方目标的间隔(米)时，就可以利用眺远法目测实际距离。具体方法是，向前伸直左胳膊竖起大拇指先闭上右眼，睁开左眼，顺大拇指右端对准前方(左眼、大拇指、参照物三点成一线)的参照物一端，如电杆等；然后闭上左眼，睁开右眼再看大拇指右端的移动变化，判断出这两点间的距离是多少米，再乘以10，就是这个目标的距离。当然这种方法必须经过反复的锻炼才能提高目测距离的准确性。

4. 利用物体形象目测距离

这种方法，主要是指目测者通过长期观察已知距离的物体，在一年四季的视觉变化来目测判断距离的。但是这种方法比较复杂，是作为专业技术人员进行专门训练的项目，掌握它的难度很大，一般人员不易掌握。

四、指北针测

指北针不但能给出东西南北方向，还能告诉我们距离。打开指北针，就能发现有准星、照门。准星座两侧尖端的宽度恰好是准星座到照门距离的1/10。准星座就是估计判定距离的，所以叫“距离估定器”。测量距离时，将指北针放平，用右眼通过照门、准星观察目标，记住距离估定器照准现地的宽度，然后目测现地的宽度，并将该宽度乘以10，就是到目标的距离。若目标太窄也可以用估定器的一半照准，则应乘以20。例如，测得敌方坦克约为估定器的一半，已知敌方坦克长约7米，则可以算出自己到坦克的距离为：$7\times20=140$(米)。

第七节 水源寻找的技巧

水是户外活动的必需品，随身携带饮用水是我们运动时的一个习惯，这不仅适用于短期的户外活动(不包括在野外搭营)，若需要野外搭营住宿，就必须选择好营址，营址的选择条件就包括接近水源地。而在野外拓展中，当饮用水用尽的时候，可以借用大自然的水资源。无论是作为户外拓展培训师还是学员，具备了寻找水源的一般性技巧，无疑就增加了一项在野外生存的机会。

一、水源寻找途径

（一）根据植物生长状况寻找水源

生长着香蒲、沙柳、马莲、金针（也称黄花菜）、木芥等的地方，水位比较高，水质也好；生长着灰菜、蓬篙、沙里旺等的地方，有地下水，但水质不好，有苦或涩味，或带铁锈。初春时，其他树枝还没发芽时，独有一处树枝已发芽，此处有地下水。入秋时，同一地方其他树枝已经枯黄，而独有一处树叶不黄，此处有地下水。另外，还如三角叶杨、梧桐、柳树、盐香柏，这些植物只长在有水的地方，在它们的下面定能挖出地下水来。

（二）根据地形地势寻找水源

山脚下往往会有地下水，低洼处、雨水集中处以及水库的下游等地下水位均高。另外，在河床的下面，于河道的转弯处外侧的最低处，往下挖掘几米就能有水。但泥浆较多，需净化处理后方可饮用。

（三）根据气候及地面干湿情况寻找水源

炎热的夏季地面总是非常潮湿，在相同的气候条件下，地面久晒而不干不热的地方地下水位较高；在秋季地表有水气上升，凌晨常出现像纱似的薄雾，晚上露水较重，且地面潮湿，说明地下水位高，水量充足；在寒冷的冬季，地表面的隙缝处有白霜时，地下水位也比较高；春季解冻早的地方和冬季封冻晚的地方，以及降雪后融化快的地方地下水位均高。

（四）根据天气变化寻找水源

天空出现彩虹的地方，地面肯定有雨水；在乌黑、带有雷电的积雨云下面，将有暴雨或冰雹；在总有浓雾的山谷里定有水源；靠收集露水也可缓解些燃眉之急。

二、 水源取水和收集利用

（一）植物取水

（1）仙人掌：各种仙人掌含水甚丰，切去顶部，汁液即自切口流出，还可以捣碎果壳果肉，以吸管吸取汁浆。但如发现其汁液为乳白色时，切勿饮用，可能有毒性。

（2）野生蔗：只要在树干上挖洞，水则流出。亦可砍去枝叶，以切口对嘴饮之。其味生涩，但如无其他方法，则野生蔗亦为极佳植物代用水。

（3）棕榈：砍倒树干，割去顶端，斜放地上，用容器在根部盛接水，每 8 小时去茎一段，一日约可得 5~8 毫升水。

（4）竹：粗大之竹类，麻竹、桂竹、孟宗竹等，茎干均含少许水分，干裁之竹茎内含更多量水分，尤其雨后采取方便，但需注意要过滤消毒后饮用。

（5）野丝瓜：将茎与根部切断，以容器纳入收集，或用塑胶袋包扎切口，次日收回，就可以得到饮用水。

（6）水树（纺锤树）：凡树体积粗大、叶阔大、多生果实，则树身藏水丰沛。只要用利器在树干上挖一洞，即有水流出。但需注意挖洞时，应在太阳西落之后，黄昏时始能得水。

（7）水藤：分布于地势较低的溪畔，潮湿地带。将其茎割切一段，即有水汩汩流出；待此处流尽后，在其上约 0.3 米处再切割一段，便又有水流出。

（二）地上水的收集

如泥泞水、雨水、露水等，其收集方法如下：

（1）泥泞水：首先将茅草制作成一锥形长约 0.3 米的草器，将水倒入过滤器，在底部以容器盛接，过滤数次，必须经消毒后才可饮用。

（2）雨水收集：下雨时，在大的树干上挖一孔，插入竹筒，雨水即沿此筒聚流，底部以容器盛接即可。如无利器挖孔，可用长布条沿树干缠绕，约留尺许于容器内，雨水即沿着布条引入。

（3）露水收集：利用金属板，夜间露天放置，待水珠凝结成时收集之。或可用石头收集，在地上挖一直径 1 米左右的浅坑，其上铺一帆布（或纸张、衣料、山芋叶等物品），再用石头在其上排成高约 1 米的 V 字型，则露水沿石而下积聚于帆布内，待次日除去石块，即可得水 3~5 毫升，然后消毒饮用。

（三）地下水的利用

高山融雪、溪水、雨水、渗于地下，山谷低凹处积水、岩缝里流出的山泉等也会渗入地下，这些均为地下水源。此类水源如果寻得，也要注意清洁后饮用。

（四）其他水源地的发现

人可凭借灵敏的听觉器官，多注意山脚、山涧、断崖、盆地、谷底等是否有山溪或瀑布的流水声，有无蛙声和水鸟的叫声等。如果能听到这些声音，说明你已经离有水源的地方不远了，并可证明这水源是流动的活水，往往可以直接取用。但要特别注意的是，不要把风吹树叶的“哗哗”声当做流水的声音。利用鼻子尽可能地嗅到潮湿气味，或因刮风带过来的泥土腥味及水草的味道，然后沿着气味的方向寻找水源。

第八节　营地选址和建设的技巧

一、营地的选址

宿营地的选址及其建设是关系到体验教育活动顺利进行的重大问题，在营地的选择上很有讲究,以下是一些注意事项。

1. 近水

露营休息离不开水,近水是选择营地的第一要素。因此,在选择营地时应选择靠近溪流、湖潭、河流边,以便取水。但也不能将营地驻扎在河滩上,有些河流上游有发电厂,在蓄水期间河滩宽、水流小,一旦放水时将涨满河滩,包括一些溪流,平时水流小,但下暴雨时,就有可能山洪暴发,一定要注意防范这种问题,尤其在雨季及山洪多发区。

2. 背风

在野外扎营,不能不考虑背风问题,尤其是在一些山谷、河边,应该选择一处背风的地方扎营。还有注意帐篷门的朝向不要迎着风。选择背风同时也是考虑用火安全与方便。

3. 远崖

扎营时不能将营地驻扎在悬崖下面,这样很危险,一旦山上刮大风时,有可能让石头等物坠下,造成伤害事故。

4. 近村

营地靠近村庄有急事可向村民求救,在没有柴火、蔬菜、粮食等情况时就更为重要。近村的同时也是近路,即接近道路,方便队伍的行动和转移。

5. 背阴

如果是一个需要居住两天以上的营地,在好天气情况下应当选择一处背阴的地方扎营。如在大树下面或山的北面,最好是朝照太阳,而不是夕照太阳。这样,如果在白天休息,帐篷里就不会太闷热。

6. 防雷

在雨季或多雷电地区,营地绝不能驻扎在高地上、高树下或比较孤立的平地上,那样会很容易招致雷击。

二、营地的建设

营地选择好地址后即要建设营地。尤其是有一定规模的野外露营地,其整个营地的建设尤为重要,应该分以下步骤:

1. 平整场地

将已经选择好的驻扎帐篷区打扫干净,清除石块、矮灌木、带刺儿、带尖的任何东西,不平的地方可用土或草等填平。如果是一块坡地,只要坡度不大于 10 度一般都可以作为露营地。

2. 场地分区

一个齐备的营地应分帐篷驻扎区、用火区、就餐区、娱乐区、用水区(盥洗)、卫生区等区域。用火区应在下风处,距离帐篷区应在 10~15 米以上,以防火星点燃帐篷;就餐区应就近用火区,以方便做饭及就餐;活动及娱乐区应在就餐区的下风处,以防活动引起的灰尘污染餐具等物,并距离帐篷区应在 15~20 米,以减少对休息同伴的影响;卫生区应在活动区的下风处,与就餐区、活动区保持一定的距离;用水区应在溪流及其河流上分为上下两段,上游段为食用饮水区，下游段为生活用水区。

3. 帐篷驻扎区

如由数顶帐篷组成的营地，在布置帐篷时，应注意：第一，所有帐篷门都朝向一个方向开，并排布景；第二，帐篷之间应保持不少于 1 米的间距，在没有必要的情况下尽量不系帐篷的抗风绳，以免绊倒人；第三，必要时应设警戒线（沟）。在山野宿营区有可能会遇到威胁性的动物或者坏人的攻击，当然这种可能性很小，可以在帐篷区外用石灰、焦油等刺激性物质围帐篷区画一道圈儿，这样可以防蛇等爬行动物的侵入，或者用电子报警系统等办法。

4. 用火就餐

就餐与用火区域要与帐篷区有一定的距离。做饭若用柴火灶最好建在有土坎儿或石坎儿的地方，以方便挖坑建灶，拾来的柴火应当堆放在区外或上风处。就餐区最好有一块能让大家围坐在一起的草地，“餐桌”可以借用一块大平石或者就在地上，“餐椅”同样用石块最好或者席地而坐，还可以用各自的睡袋或充气枕头代用一下，不要怕麻烦，至少要用雨衣或塑料布以防地面潮湿。就餐时间多数是天黑的时候，应当考虑照明的位置，不论是用汽灯还是其他方式照明，灯具应当放在可以照射较大范围的位置，如可以将灯具吊在树上、放在石台上或者做一个灯架将其吊起来。

5. 取水用水

取水、用水一般都在水源处，盥洗用水与食用水区应分开。如果是流动水源，食用水应在上游处，盥洗生活用水在下游处。如是湖水也同样要分开地方，两种用水处应当距离 10 米以上。另外，取水要经过的河滩地带乱石灌木杂物等较多，没有其他小路可寻，应当在白天的时候注意清理一下路径，不然晚上取水时就不方便了。

6. 厕所卫生

卫生区即是队员们如厕的地方。如果只是宿营一晚，可以不必专门挖建茅坑，指定一下男女方便处即可。如果队员人数多或者宿营天数在两天以上，则应该挖建茅坑。临时厕所应建在树木较密的地方，这样就不用拉围帘了。更要注意不能建在行人常经过的地方。如果附近的溪流多，可以将厕所建在溪流上，在小溪上搭两根大木头，要建平稳并有安全感，让粪便直接排入溪流中，不用耽心会污染河流，少量的粪便会被河流中的生物分解而被自然净化。

7. 娱乐活动

娱乐区也可以在就餐区，但需要就餐以后打扫干净，如果场地足够大，也可以单独划出一块地方。娱乐场地需要平整，同时场地里如果有绊脚、碰头（矮树）的东西，则要进行清理。在做一些游戏时，应在一个划定的圈子里拉上保护绳，以免发生意外事故。

三、溶洞宿营

在南方大部分地区的野外，常可见到各种形式的溶洞，如旱洞、水洞、穿山洞、复合洞等。住宿溶洞是野外旅行最为常见的方式之一，溶洞是安全、方便、温暖、遮风避雨的好地方。住宿溶洞应当注意以下几点：

1. 通风

首先要察明该洞是否是通风的溶洞,而不是一个封闭洞,保持空气的流通很重要。可以点燃一支香烟查看该洞是否通风,只要烟向洞中或洞外单向的飘动,即说明此洞是通风的。

2. 浅住

洞多是比较深的,从安全的角度出发最好将营地安排在距离洞口较近的地方,以方便撤营及转移。

3. 水情

在确定一个溶洞可否住宿时,应先弄清此洞的水情,多数的溶洞都有流动的地下水在活动。有个别的地下水水情复杂,尤其在雨季就更应该注意,选择的住宿处应当干燥,上无滴水。

4. 其他注意事项

溶洞多有蝙蝠、燕子等动物栖息,因而入洞住宿最好少惊动它们,或者换一个溶洞。如果对洞穴探险没有经验,应当在洞中少活动,单人活动应当禁止;在洞中住宿可以不用搭帐篷,只需铺上各种睡具即可,如果有蚊虫可以烧树枝生烟驱赶。

四、露宿

露宿是对我们野外生活的一种锻炼和考验,同时也是一种难得的生活体验。在没有雨水、大风、雪霜等天气时,完全可以试试在露天下住宿的方式,不用支搭帐篷等任何遮挡物。露宿地可以选择在一棵大树下,铺上塑料布、防潮垫,再放上睡袋,睡袋上还可以再罩上一块塑料布,或者在睡具的上方简单地挂一块防雨布。露宿主要的问题就是防露水及蚊虫的侵袭,可以在睡袋的头套处罩一层纱网,以防蚊虫。或连夜烧树枝生烟火,燃烟可以防止霜降,减少露水,在一些农村常可以看到农民这样做就是为了减少霜降。当然,雨季、冬天就不要露宿了。另外,注意不要在水边、草木密集的地方露宿,那些地方蚊虫多,也不安全。同时,露宿时气温比帐篷里低5℃左右,故要多加衣物,以防着凉。

另一种露宿的方式就是用吊床。吊床的优点是不会被地上的动物袭扰(如蛇等爬行动物),并在一些潮湿的地带很适合。用吊床时要在睡袋底垫防潮垫,并在吊床上方挂一块防雨布。有一种吊床式帐篷带有防雨篷,同时还有防蚊虫的纱帐,很适合丛林宿营。

此外,在大雪纷飞的雪天,如果雪地的雪比较厚实,就可以用雪做一个简单的雪屋宿营。在东北地区的农村,有些猎人们很熟悉这种办法。建盖雪屋必须要有压实的雪,再用铁铲等物切割建盖,由于篇幅所限,本书不过多地研究特殊条件下的露营方法。

第九节 毒性植物辨别的技巧

身处野外,新鲜的野果无疑是极大的诱惑,但千万不要随意伸手取食,因为它们极有可能是隐藏在大自然中的“杀手”。

一、触摸性“杀手”

剧毒植物只需要与人的身体稍有接触,便可以将毒液传递给人的身体。此类常见的毒性植物如下:

毒漆树:高 2~6 米,树干无毛。奇性复叶,小叶卵形对生,背部有黑色腺点,白色浆果簇生。

毒栎:与毒常春藤相似,但树型更小,直生。小叶卵形,三片,掌状复叶,白色浆果。

荨麻树:热带地区广为分布,常依水而生,小型乔木,宽梭形叶片带刺毛,花枝下垂状很像栽培种荨麻。刺激皮肤的刺毛也类似荨麻,但毒害更大。种子毒性也很强,所以千万别去触碰荨麻树的刺毛。

毒常春藤:树型更小,茎扭曲缠绕或直生。复叶上着生三小叶,叶形多变,绿色花,白色浆果。

宝石草:常与毒常春藤伴生。花瓣淡黄色,略带橙红色斑点,种荚爆裂时会射出刺激性汁液。

二、食用性“杀手”

野生植物虽然包括大量可食用的种类,但是如果不能绝对肯定无毒,就不要冒险采集,有毒性的即便少量食用也会造成严重后果。

夺命草:高约 30~60 厘米,茎基部着生长条形叶。花茎顶端生绿白色 6 瓣花。人致命的错误是,易将其误认为野百合或野洋葱。

毒芹和水毒芹:它们分布广泛,都属于伞形科植物。具有伞形花序的植物种类很多,而且都密集簇生着许多小花,很难区分。毒芹高达 2 米,茎多分枝,中空茎,外布紫色斑点。复羽状复叶对生,复伞房花序,小花白色,根也为白色。分布于荒川野草丛中。气味难闻,毒性很大。水毒芹平均高为 0.6~1.3 米,多分枝,茎上分布紫色条纹,密生根,奇数复叶,小叶双齿状裂,复伞房花序,白色小花簇生,总是分布在水边。其气味令人难受,有毒。

毛茛:属多年生草本植物,须根多数簇生,茎直立,株高几厘米至 1 米。地域分布从南至北都有,甚至北极圈内也有毛茛属植物生存。它们都有光亮的黄色,花瓣 5 片或更多。

槐树:路旁常种此树,若生食用叶子和果实,会引起肠胃炎。

水仙:全株有毒,球根毒性特强,食用会引起头痛、恶心和下痢。

夹竹桃:树皮和树叶有毒,食用会引起恶心和眼花。

秋海棠:含有酸味,食用会引起恶心致死。

除上述的几种植物外,还有一种植物是我们在野营时常遇见的毒菌类。菌菇可以分为多种,我们又该如何分辨可食蘑菇和毒蘑菇呢?

(1) 毒蘑多有各种色泽而且美丽,无毒蘑则多呈白色或茶褐色。

(2) 毒蘑菌盖上有肉瘤,菌柄上有菌环和菌托的有毒,反之可能无毒。

(3) 毒蘑多生长在肮脏潮湿、有机质丰富的地方,无毒蘑则多生长于较干净的地方。

(4) 毒蘑采集后易变色,无毒蘑则不易变色。

(5) 毒蘑大多柔软多汁,无毒蘑则较致密脆弱。

(6) 毒蘑的汁液浑浊似牛奶,无毒蘑则清澄如水。

(7) 毒蘑的味道多辛酸苦辣,无毒蘑则很鲜美。

(8) 毒蘑会使器具变黑,如果加进牛奶,牛奶会马上凝固。

以上这些方法都不是绝对可靠的,蘑菇的外形色泽、生态环境与毒素没有必然的联系。有些蘑菇虽然有毒,但经过水洗、水煮、晒干或烹调后,毒性会减少或消除。另外,在无法确认眼前的菌类植物是否可食用时,还是弃之为好。

第十节 野外生火的技巧

火对于人的生活非常重要,尤其对于野外生活来说,火可以煮食,可以取暖,甚至可以挽救生命。在没有火柴与打火机的前提下,我们同样可以采用各种的方法获取火种。

一、取火方法

(一) 凸镜引火法

任何一个直径为两英寸或更大些的凸面镜(如望远镜片),在明亮的阳光下,都可用来聚集太阳的光线,使之照射在准备好的引火物上,便可点燃。用放大镜(凸镜)透过阳光聚焦照射易燃的引火物(布中抽出的纱线、撕成薄片的干树皮、干腐木屑等)取火。利用放大镜取火最为迅速的是照射喷洒了汽油、酒精和枪弹的发射药的引火物,或用导火索,可在 1.2 秒内点燃引火物。此外,放大镜透过阳光聚焦照射一段时间,还可将受潮或被水浸湿后的火柴点燃。放大镜是一种重要的引火工具。

(二) 击石取火法

这是人类最早的取火方法,该方法的使用可能是受到制作石器时迸发出火花现象的启发。可以找一块坚硬的石头做"火石",用小刀的背或小片钢铁向下敲击"火石",使火花落到引火物上。当引火物开始冒烟时,可缓缓地吹,使其燃起明火。如果"火石"打不出火花来,可另外寻找一块石头再试。并不是任何一块石头都能打出火花点燃引火物,石头击出的火花必须有一定的热量和持续时间才能点燃引火物。根据考古资料发现,用黄铁矿打击火燧石而产生的火花可以取火。

(三) 弓钻取火和藤条取火法

1. 弓钻取火

用强韧的树枝或竹片绑上鞋带、绳子或皮带,做成一个弓子。在弓上缠一根干燥的木棍,用它在一小块硬木上迅速地旋转。这样会钻出黑粉末,最后这些黑粉末冒烟而生出火花,可点燃引火物。

2. 藤条取火

找一根干的树干,一头劈开,并用将裂缝撑开,塞上引火物,用一根长约两尺的藤条穿在引火物后面,双脚踩紧树干,迅速地左右抽动藤条,使之摩擦发热而将引火物点燃。

另外,可以用两块软质的火石或竹片用力相互摩擦取火,下面垫以棕榈树皮或椰子叶的干燥物做引火物。在平坦的木板上磨擦玻璃片,待剧烈磨擦发烫时,也能发出火花,将引火物点燃。

(四) 电珠法

手电筒的电池和电珠也可以做引火的工具。把电珠在细沙石上小心磨破,注意不能伤及钨丝,然后再把少许火药填入电珠内,通电后即能发火。若有电量较大的电池(如手摇电话机和电台照明用的一号“甲电”),将正负两极接在削了木皮的铅笔芯的两端,顷刻间铅笔芯就会烧得像电炉丝一样通红。用这种方法引火既方便又保险。

(五) 电火花法

如果手上的蓄电池没有坏,可以截取两段不大重要的旧电线,例如照明灯的电线,或使用跨地线。两线各接一个电极,然后小心地把两线的另一端互碰,激出火花点燃旁置的引火物。

二、寻找引火物

生火之前首先要准备好引火物,引火物是用来引烧燃料用的。一般嫩绿树枝、粗大树枝及湿柴草是很难直接用火种点燃的,而干草、小树枝、枯树叶、干薄树皮都可用来引火。如果是雨天,可在树底下或岩石下寻找干燥的引火物。针叶松的干果和落果通常是多树脂的,是极好的引火物。枯死的松树的节子上常有“松树油”或树脂。有时,在枯死的老树根上,也可挖到树脂。即使是雨天,桦树皮仍是很好的引火物,因为里面含有许多易燃的油脂。在没有树的地区,同样有天然引火物,如拧成绳的干草、枯死的灌木细枝等。另外,可以利用棉衣里的棉絮、药箱里的绷带、口袋里积聚的绒毛等。

三、点燃篝火

点燃篝火应选择背风的地方,距离帐篷要远一些,以避免火灾。如果必须在湿地或雪地生火,要先用石头或木头垫地。为了便于燃烧,可与风向成直角放置两根枕木,将用作燃料的木柴与枕木成直角并排放在上面。然后,在这些木柴上面和中间顺着放一些用刀斧砍成斜碴儿的细木头。最后,放上引火物点火。

点燃篝火较好的材料是桦树皮,因桦树皮的油脂含量达20%~30%,它在雨中仍可燃烧。在古代它曾是重要的军用物资,是夜间作战方便的火把材料。还有,腐木、棕榈叶、枯草、松针、地衣、干畜粪等也都是引火的好材料。点燃篝火通常有以下几种方法：

密林篝火：横放一根较粗的圆木，上面斜搭几根较细的干木头，一面烧一面挪动，适用于冬季无遮棚的露营。

星形篝火：把5~10根圆木的一头并拢如星形，从中心点燃，然后一面烧一面把圆木向里推。这种篝火热量很大，甚至几个人可围绕着它，在雪地环境睡觉取暖。

长条形篝火：用两段约为人体长的圆木顺风叠放，边上打入湿木楔，防止圆木滑落。两木之间加撑子，留出空隙，以利燃烧。这种篝火燃烧时间较长，几乎无须调整，适于冬季露营时取暖。

夜间取暖的篝火可以燃烧得大一些，而且需储备较多的燃料，因此在选择宿营地时，应考虑到这一点。通常一夜的燃料分配比例为前半夜用1/3，后半夜用2/3。

第十一节 遇险求救的技巧

野外拓展活动举行的地点往往是地理环境较为复杂的场所，像徒步穿越，它经历的地点大多是沙漠、湖泊、山峰、沼泽等险要的地带，一旦有人员失散，对于活动的组织者来说，最大的问题是如何找到他们，尽量降低学员的人身安全威胁程度。作为学员来说，学会各种野外遇险求救技巧，也能保证自己的人身安全。

对野外生存者来说，及时了解自己所面临的困境，通知别人求得救援是非常重要的。遇险求救时，要通过各种方式与别人取得联系。发出的信号要足以引起人们的注意。综合分析许多遇险的求救方式，以下的方法是相当有效的。

一、烟火信号

烟火作为联络信号是非常有效的。遇险时可根据自身的情况就地取材，可在火堆上放些苔藓、青嫩树枝等使之产生浓烟；夜晚可放些干柴，使火烧得更旺，火焰更高，一方面可以取暖，另一方面在夜间这是很明显的信号。

燃放三堆火焰是国际通行的求救信号，将火堆摆成三角形，每堆之间的间隔相等最为理想，这样安排也方便点燃。如果燃料稀缺，或者自己伤势严重，或者由于饥饿过度虚弱，凑不够三堆火焰，那么因陋就简点燃一堆也行。

可以利用汽油引燃火堆，为了节省汽油，可以用一些布料做灯芯带，在汽油中浸泡，然后放在燃料堆上，将储油罐移至安全地点后再点燃。添加汽油前要确保添加在没有火花或余烬的燃料中。

在夜间或深绿色的丛林中亮色浓烟十分醒目。添加绿草、树叶、苔藓和蕨类植物都会产生浓烟。任何潮湿的东西都会产生烟雾，潮湿的草席、座垫可熏烧很长时间，同时飞虫也难以逼近叮咬人。

如果受到气象条件限制，烟雾只能近地表飘动，可以加大火势，这样暖气流上升势头更猛，会携带烟雾到达相当的高度。黑色烟雾在雪地或沙漠中最醒目。

在白天，烟雾是良好的定位器，所以火堆上要添加散发更多烟雾的燃料。浓烟升空后与周围环境形成强烈对比，易受人注意。

二、反光信号

利用阳光和一个反射镜即可射出信号光。任何明亮的材料都可加以利用，如罐头盒盖、玻璃、一片金属铂片，有面镜子当然更加理想，持续的光反射将规律性地产生一条长线和一个圆点。要了解国际摩尔斯电码，即使你不懂摩尔斯电码，随意反照，也能引人注目。无论如何，至少应掌握 SOS 求救信号代码。

即使距离相当遥远也能察觉到一条反射光线信号，甚至在你并不知晓欲联络的目标位置时，也值得多多试探，而其做法只是举手之劳。注意环视天空，如果有飞机靠近，就快速反射出信号光。这种光线或许会使营救人员目眩，所以一旦确定了自己已被发现，应立刻停止反射光线。

三、旗语信号

利用一面旗或将一块色泽亮艳的布料系在木棒上，持其摆动时，在左侧长划，右侧短划，加大动作的幅度，做“8”字形运动。如果双方距离较近，一个简单的划旗动作就可以，注意在左边长划一次，在右边短划一次，前者应比后者用时稍长一些。

四、地对空信号

国际通用的紧急求救信号，地面对空中标识例如“FILL”，可以帮你传递其中主要的救援信号。例如，单个字母用材料组成的“I”形，是最为重要的，它代表有伤势严重的病人需立即转移或需要医生。其制作也是最简单的，尺寸是每个信号约长 10 米、宽 3 米，每个信号间隔 3 米为宜。

五、声音信号

可以采取大声喊叫，吹响哨子或猛击脸盆等方法，向周围发出求救信号。

第十二节　户外安全应急处理技巧

户外体验由于环境复杂，加上不同地域、气候等因素，常常会发生一些对学员的意外伤害，不仅给学员带来许多的不适，还会直接影响培训的效果和质量。因此，作为体验教育师，学会户外意外伤害的处理技巧，既是对自身素质的基本要求，也是保障学员人身安全的要求。

因此，在组织各种户外体验教育活动时，必须按照要求，建立相应的安全应急处理组织机构，对人员进行合理分工，制定不同情况下的应急预案，并要求体验师和安全管理人员掌握必要的安全应急处理技能，以下是几种常用的应急处理技巧。

1. 中暑的处理技巧

有学员出现中暑症状时，应该迅速将他们转移到树荫下等凉快的地方，用冷水毛巾擦身，或用酒精擦身并用口吹，促使酒精快速挥发散热。还可以使用备用的药品，如十滴水、霍香正气水。中暑严重时会出现抽搐，应马上将中暑学员送往医院就治。

2. 溺水的处理技巧

发现学员溺水，首先仔细观察呼吸和心跳情况，对呼吸、心跳停止者，马上做心、肺复苏术，并设法让病人吐水。溺水容易引起颈椎骨折和损伤脊髓，出现肢体麻痹、呼吸麻痹等，应马上叫救护车。将溺水者救上岸后，应马上检查溺水者的心跳、呼吸等情况，如呼吸停止，应马上做人工呼吸抢救。当救援者能站立在水中时，可用双手托住溺水者的颈部，口对口先连续吹入 4 口气，在 5 秒钟内观察溺水者的胸、腹部，看看有无反应。也可用脸颊贴在溺水者嘴上感觉一下有无自主呼吸，如无反应，再吹 4 口气。如果呼吸、脉搏完全停止了，要做心肺复苏术。

3. 晕车的处理技巧

活动行进途中有人晕车，应将其调换到晃动轻微的位置，打开窗户呼吸新鲜空气，解开衣服，想吐时以吐出为好。可准备一些塑料袋，吐入塑料袋中，不可乱吐污染车厢。晕车有相当一部分是心理因素引起的，所以要尽量分散晕车者的注意力，必要时也可以服用药物来预防。

4. 胃痛的处理技巧

有队员胃痛时，除了服用止痛药外，可用按穴的方法止痛。按揉足三里穴止胃痛时，用双手拇指揉患者双腿足三里穴。足三里穴在膝盖下 3 寸，胫骨外侧一横指处，待有酸麻胀感后 3~5 分钟，胃痛可明显减轻至消失。

5. 抽筋的处理技巧

抽筋是参加户外活动较常见的问题。抽筋是由过度运动、姿势不佳，而引起肌肉的不协调，或因运动后受寒，体内的盐分大量流失而致。可以通过拉伸患处肌肉，使患处打直，轻轻按摩患处肌肉。及时补充水分及盐分，休息直到患处感觉舒适为止。若在运动前先作暖身运动或平常的体能训练加强肌肉的强度训练都可以预防抽筋的发生。

6. 失温的处理技巧

当缺乏适当的保暖措施或长期暴露在低温环境下，特别是疲劳、衣物潮湿的情况下时，会产生体温下降的生理反应。即使在夏天突降的暴雨，也会导致失温的出现。失温的症状有：感觉寒冷、四肢冰冷、无法控制的颤抖、说话含糊不清、反应迟钝。严重的会脉搏减缓、失去意识等，如不及时回温，患者可能在数小时之内死亡。出发前做好保暖措施，吃一顿营养丰富的饱餐，行程中食高热量食物补充热量等是预防失温的有效方法。

一旦失温，最重要的急救原则是防止患者继续丧失体温，并逐步帮助患者获得正常体温。将患者带离低温环境，并移至温暖的帐篷或屋内。脱掉潮湿冰冷的衣物，以干燥温暖的衣物、睡袋等裹住患者全身。若患者意识清醒，可让他喝热饮；若已不省人事，则让躺着，并给与患者热水瓶或以体温传导，以防患者体温再度下降；若患者呼吸及心跳停止，应实施心肺复苏术，并尽快送往医院。切记不可给患者喝酒！

7. 痉挛、抽搐的处理技巧

有人突然出现痉挛、抽搐时，要让病人侧卧。注意观察痉挛、抽搐是从身体的哪一部位开始的，并向医生报告。这类症状往往是突然发生的，来势很猛，往往会失去意识。但发作时间短，一般是2—3分钟，长的也不过5—6分钟。在此情况下，千万不要慌张，应马上将取暖器、热水瓶等危险物搬离病人身边，并迅速将病人移至比较安全的地方。为防止病人咬破舌头，应迅速用筷、压舌板等缠上手帕塞入病人上、下牙之间。为防止唾液或呕吐物吸入气管，或舌头向后坠入咽喉部引起窒息，要让病人侧卧，以保持气道通畅。同时要松开病人的皮带、领带、钮扣等，使之易于呼吸。一般来说，待痉挛、抽搐缓解后，再找医生诊治。但如果反复持续的抽搐，需马上叫救护车送医院。为了帮助医生诊断，照料病人时，要注意观察病人的全部症状，并向医生报告。痉挛、抽搐有全身性的，也有局部性的，持续的时间及其症状也是各种各样的。

8. 食物中毒的处理技巧

出现食物中毒，立即与中毒者进行沟通。想吐的话，应让其吐出，出现脱水症状要送医院。用塑料袋留好呕吐物或大便，带着去医院检查，有助于诊断。不要轻易地给病人服止泻药，以免贻误病情。有呕吐、腹泻、舌头和肢体麻木、运动障碍等食物中毒的典型症状时，要注意：

（1）为防止呕吐物堵塞气道而引起窒息，应让病人侧卧，便于吐出。

（2）在呕吐时，不要让病人喝水或吃食物，但在呕吐停止后应马上补充水分。

（3）留取呕吐物和大便样本，给医生检查。

（4）如腹痛剧烈，可取仰卧姿势并将双膝弯曲，有助于血液循环。

（5）腹部盖毯子保暖，这有助于血液循环。

当出现脸色发青、冒冷汗、脉搏虚弱时，要马上送医院，谨防休克症状。一般来说，进食后短时间内即出现症状，往往是重症中毒。食物中毒引起毒性休克，会危及生命。出现抽搐、痉挛时，马上将病人移至周围没危险物品的地方，并取来筷子，用手帕缠好塞入病人口中，以防止咬破舌头。

9. 动物咬伤的处理技巧

如有学员被猫、狗咬伤，应迅速把咬伤部位用净水涂肥皂冲洗干净，包上纱布再去医院检查。被狗咬伤的伤口，容易化脓，所以必须进行彻底的伤口处理，及时注射疫苗。鹦鹉的排泄物会引起感染，出现持续的淋巴肿、发烧等，应去医院治疗。如有学员被蛇咬伤，应将其肢体放低，在伤口靠近心脏的一端用领带等轻轻地扎起来。伤口部位应保持不动，如是脚伤，应抬着去医院。被毒蛇咬伤是危险的，被无毒蛇咬伤也必须去医院处理。

10. 外伤出血的处理技巧

野外备餐时如被刀等利器割伤，可用干净水冲洗，然后用手巾等包住。轻微出血可采用压迫止血法，一小时过后每隔10分钟左右要松开一下，以保障血液循环。

11. 骨折或脱臼的处理技巧

骨折或脱臼后用夹板固定再用冰冷敷。从大树或岩石上摔下来伤到脊椎时，将患者放在平坦而坚固的担架上固定，不让身子晃动，然后送往医院。

12. 人员出现猝死、休克时应急处理技能

户外活动中，个别人员会因自身病因或因电击、溺水、中毒等意外伤害而突然出现猝死、休克症状，病人呼吸已停止而心脏仍在跳动，或心跳刚停止不久。这时要立即对患者实施人工呼吸施救。进行人工呼吸时，应将病人安放在温暖且空气流通的地点，解开衣服，清除口腔内痰、泥土、血，有假牙者应取出。具体可采取两种形式：

一是仰卧式人工呼吸法。病人仰卧，急救者面对病人，两腿分开，跨过病人双侧大腿，跪在地上，两臂伸直，双手掌贴放在病人的肋弓下，拇指向内，其余四指向外，借急救者自身体重将病人胸廓向下前方推压，持续 2～3 秒钟，使胸廓缩小，排出肺内气体；然后急救者上身伸直，双手松开，使病人胸廓自行扩张而吸入空气。如此反复施行，每分钟 15 次为宜。

二是俯卧式人工呼吸法。病人俯卧，头偏一则，急救者跪在地上，面对病人背面，手法及动作、次数等与仰卧式人工呼吸基本相同。在施行人工呼吸时，千万不要用力过猛，以免引起肋骨骨折。在做人工呼吸的同时，应与医院联系，请求前来处理。

13. 雷击处理技巧

每年都有被雷击致死的事例。因此，在开展户外活动时一定要注意，尤其在雨季进行活动时更要注意。下雨天，如果有雷击，要避免靠近较高的孤树，如果没有别的地方可去，至少应离开孤立的大树高度的两倍距离之外，而且最好坐在地下。当然，电线杆、输电线、微波塔、铁轨、旗杆、长金属栏杆和其他较大的金属物体的周围也不应该靠近。在有闪电的雨天，如果你在空旷的地带，起码在方圆一公里之内，不要使你自己成为最高点。

14. 火灾处理技巧

发现山火时，快速报警，在救援人员没有到达前，如果山火的范围很小而你处于绝对安全的位置并有可逃生的路径，你应该积极组织大家灭火，并救助伤员。否则，立即逃跑。当你肯定无法摆脱这场大火时，如果身边有水源，先把衣服弄湿再穿上。如果你和火之间有一段距离，可在大火还没有烧到你之前，主动地找一片树和杂草等可燃物较少空旷的地方，这样大火烧到这里时可能会自动停止或从边上烧过。

15. 迷路处理技巧

迷路是找不到正确的路了，由于天气原因或对路途不熟悉的情况下，最容易引致迷路。发现迷路后，可选择在山脊上行走，一般会发现一些人类居住或活动的痕迹，这样，离人的居住地也就不远了。切忌走向山涧深谷，身处深谷时由于遮挡物较多，视线受限，不易辨认方向，而且要再回到高处时也会耗费体力。

16. 坠落处理技巧

在户外活动中，坠落是非常危险的，有很多人在坠落中受伤及死亡。不要徒手攀登那些风化较严重的或有青苔的岩壁，在穿越一些陡坡时一定要用绳索进行保护，在雪山进行活动时，队员之间要有绳索相互连接。对于坠落的伤员，尤其是对于颈椎、脊柱等骨折的，千万不要乱动，避免造成二次伤害。一定要先观察伤者的情况，弄清楚受伤部位后再做处理。

17. 滚石处理技巧

在一些风化较严重的山坡上活动时，滚石是经常出现的。在有滚石的地方活动，一定要带好头盔，提前做好防范，尤其是攀岩活动。在这样的地方行进时，队员之间一定要保持安全距离，并注意观察上方的情况，一旦自己蹬落石头或发现有石块滑落时，要马上大声通知下面的队友。一旦有石块向你砸来，而你又实在无法躲避时，可迅速转身，低头，双手抱头，用背包去隔挡石块，可防止受伤、减轻或避免伤害。

18. 风灾处理技巧

去户外活动前，一定要注意收听要去地点的天气预报，一旦预报有 8 级以上的风力时就不要出行。在进行户外活动时，如果风力较大，应及时转移到室内，如果没有建筑物等可以避风的地方，要利用山洞等背风处避风。一旦飓风来临，不要在山崖下活动，以避免被滚石砸伤，更不要站在悬崖边、大坝上、易倒塌的建筑物旁，以防不测。

19. 水患处理技巧

在开展户外活动中遇到暴雨、洪水的可能性很大，必须做好预防水患的准备。一旦在山区活动遭遇连日大雨，迅速撤往安全地带，不要在山沟或地势较低的地区活动。如果附近没有山，也可以找个比较结实的建筑物，尽量带水、食品、衣物和漂浮物。如果已经掉入急流之中，千万不要惊慌，要想办法抓住一些固定物，看清周围的情况，设法向岸边靠近。在水比较急时，一定要先跑向下游实施搭救。马上寻找最佳营救点，可以利用长杆和绳子做好自我保护，准备营救。如有可能，可在落水者的必经之路上拉一条绳索。如果没有可能这样做，当落水者比较清醒时，你可以向他前方能够到的水中抛漂浮物或绳子，也可以把结实的长杆子递给他，并让其抓住。若溺水者有呼吸及心跳，应及时将呼吸道、消化道内的积水倒出。若溺水者呼吸、心跳已经停止，应立即进行心肺复苏，要坚持较长时间，不要放弃，直到救护车到来。

20. 紫外线灼伤处理技巧

在开展体验教育户外活动中皮肤长时间裸露在外，就会被紫外线灼伤。主要的预防方法是不要在太阳下裸露皮肤，最好戴有宽边的帽子遮阳，穿长袖衣服，并带手套。在夏季开展活动时，尽量使用防晒霜。如果在太阳光较强的雪山上或是在水面上开展活动，一定要佩戴功能好的太阳镜，过滤掉绝大部分的紫外线。当发生一般的紫外线灼伤时无须治疗，抹一些药膏就可以了，当发生较严重的紫外线灼伤就需要及时到医院进行治疗。

21. 脚打水泡处理技巧

参加户外活动长时间行进最常见问题的就是起水泡，鞋袜穿着不合适，穿新鞋等都可能使脚起水泡。脚上打泡时，千万不要将泡撕开再上药，否则你就寸步难行了。处理水泡时，可先给水泡区域消毒；再用消毒过的针在水泡表面刺个小孔，挤出泡内的液体，然后在上面贴上创可贴，或用酒精棉球消毒，最后用干净的纱布包好。这样，当继续行进时就不会产生太大的影响了，过几天就会自然好了。

22. 冻伤处理技巧

冬季在户外活动的热量消耗多为平常消耗的二到三倍。若热量的摄取不足，而又本身的产热能力不够，较容易发生冻伤。冻伤常见于手、足、耳、鼻等末梢部位。受冻的温度条件、持续时间长短和个人的耐冻性，决定了冻伤的程度。冬季尤其在山区，入夜后气温骤降或者天气的骤变，更应随时增加衣着并保持衣着的干燥，以维持正常的体温。保护血液循环的末梢部位，如手指、脚趾、耳朵，应加强这些部位的保温，并维持干燥。事先在容易发生冻疮的部位涂上防冻伤的药，也是一个很好的预防办法。

发生冻伤后，受冻部位要迅速复温，可将受冻部浸泡在清洁的温水中，并在 5~7 分钟内加温到摄氏 37℃~42℃左右。冻伤的肢体宜稍抬高，以消退水肿。对较严重冻伤应进行保暖包扎。冻伤发生后，治疗比较困难，所以应提早预防。

23. 异物进入眼睛处理技巧

在户外开展活动，由于风吹等原因，眼内进入灰尘、小虫等异物都很正常。眼内进入异物后，不要用手去揉，应马上低头，眨几下眼睛，小的异物会随眼泪排出。可用生理盐水或清水冲洗眼睛，异物可出来。如仍不能去除，可翻开眼睑，用棉花棒蘸些清水轻轻擦除。异物去除后，应滴些消炎的药水。

24. 异物进入耳朵处理技巧

在户外活动时，经常有小虫等异物飞入耳朵，这时可将耳朵朝向有光源的地方，或用头灯照亮，小虫喜爱明亮的地方，就会朝向光源飞出。不要勉强用挖耳器具或棉棒挖耳朵，会使小虫往更深处去，反而容易伤害到内耳。也可将酒精或油类滴入外耳道，蚊虫可随酒精或油类流出。

25. 被昆虫咬伤处理技巧

在开展户外活动中，我们经常会和野生动物、昆虫不期而遇，动物不论大小，大多数都是害怕人的，一般情况下不会主动对人实施攻击，只有当动物感觉到受到威胁时，才会向人发起攻击。如果被动物咬伤或是抓伤，即使在现场做了处理，回来后我们还应该去医院做进一步的治疗，因为有些疾病有一定的“潜伏期”。

26. 踝关节扭伤处理技巧

踝关节俗称“脚脖子”。由于踝关节外侧的韧带较内侧的韧带弱，加上内踝较短，所以易发生足内翻而损伤外侧副韧带。

踝关节扭伤后，要暂时避免行走，伤的较轻者，可将伤者的踝关节缓缓拔伸，然后做一些背伸、内翻和外翻动作，但局部不可按揉。较严重的踝关节扭伤者可用冷水浸泡毛巾，或将踝部直接放到冷水中浸泡较长时间，使局部的毛细血管收缩，减轻局部充血，并降低组织温度，起到止血、镇痛的作用。伤重者可根据当时的情况进行处理，如考虑用担架，也可以考虑用人背走等。

附录

附录一：体验教育师职业标准

2015年10月，中关村体验教育培训科技协会以正式文件的形式，在国内发布了《体验教育师职业规范试行标准》。该标准对体验教育师岗位能力评定共设了三个等级，分别为初级体验教育师、中级体验教育师和高级体验教育师。具体评价体系参考标准如下。

1. 职业概况

1.1 职业名称

体验教育师。

1.2 职业定义

体验教育师是适应社会经济、技术、文化发展和国内教育需求，根据社会群体和单位机构需要，策划、开发体验培训项目，制定、组织实施体验培训方案，从事体验教育培训管理、教学和咨询活动的人员。

1.3 职业等级

本职业共设三个等级，分别为初级体验教育师、中级体验教育师、高级体验教育师。

1.4 职业环境

室内，户外，常温，安静。

1.5 职业能力

具备观察能力、逻辑思维能力、表达能力、人际沟通能力、自我控制能力。

1.6 基本文化程度

大专毕业（或同等学历）。

1.7 培训要求

1.7.1 培训期限

晋级培训期限：初级体验教育师不少于280标准学时，中级体验教育师不少于400标准学时，高级体验教育师不少于300标准学时。（以上标准学时包括授课、实习、见习时间）。

1.7.2 培训场地及设备

配备体验教育基本道具和多媒体教学实施的标准教室，配备体验教育培训各种辅助器材的户外体验培训营地。

1.7.3 培训目标

（1）熟练掌握培训基本项目全面流程。

（2）系统学习了解体验教育基本理论。

（3）具备体验培训实战上岗操作能力。

（4）掌握体验教育经典项目教学技巧。

（5）自主策划编写体验培训各类方案。

（6）独立处理培训各类安全风险隐患。

（7）有效组织体验教育培训引导分享。

（8）科学配置资源和对培训总结评估。

1.8 报考要求

1.8.1 适用对象

从事或准备从事体验教育培训职业的人员。

1.8.2 申报条件

初级体验教育师岗位专业能力培训申报条件：

（1）已取得高中以上学历，并有意从事体验教育的社会人员。

（2）已经从事体验教育培训，急需提高业务能力与技能水平的拓展培训机构、管理咨询公司、集团培训中心、青少年体验教育基地等单位的培训师、教练员。

（3）各大专院校从事学生素质教育的老师及热爱体验教育事业的在校大学生。

中级体验教育师岗位专业能力培训申报条件：

（1）具有大学专科学历，连续从事本职业工作 3 年以上；

（2）具有本科以上学历，连续从事本职业工作 2 年以上；

（3）已经取得初级体验教育师资格证书后，连续从事本职业工作 2 年以上；

（4）各大专院校从事学生素质教育的老师；

高级体验教育师岗位专业能力培训申报条件：

（1）具有大学本科以上学历，连续从事本职业工作 4 年以上；

（2）具有大专学历，连续从事本职业工作 6 年以上；

（3）取得初级体验教育师资格证书，连续从事本职业工作 3 年以上；取得中级体验教育师资格证书，连续从事本职业工作 2 年以上。

1.8.3 鉴定方式

分为理论知识考试和专业能力实际操作考核。理论考核采用闭卷笔试方式，专业能力实际操作考核采用现场操作或情景模拟形式考核。理论知识考试和专业能力实际操作考核均采用百分制，成绩皆达 60 分及以上者为合格。高级体验教育师资格还须在考核合格后的三个月内，提交论文进行综合评审。

1.8.4 考评人员和考生比例

理论知识考核考评人员与考生配比为 1∶20，每个标准教室不少于 2 名考评人员；专业能力实际操作考核综合评审委员与考生比为 3∶12，现场项目操作考核不少于 3 名考评人员。

1.8.5 考核时间

各等级理论知识考试时间不少于 90 分钟；专业能力实际操作考核时间不少于 120 分钟；综合评审时间不少于 30 分钟。

1.8.6 鉴定场所设备

专业能力实际操作考核均采用具备基本体验教育培训常用项目器材的教室,或符合要求的户外场地。

2. 基本要求

2.1 职业道德

2.1.1 职业守则

(1) 爱岗敬业,恪尽职守。热爱本职工作,兢兢业业;勤奋敬业,任劳任怨。忠于职守,献身事业。

(2) 遵纪守法,为人师表。学习法律知识,增强法制观念;严守法律法规,维护社会公德;严格要求自己,处处为人楷模。

(3) 勤于钻研,精益求精。勤奋好学,刻苦钻研,积极进取。

(4) 以人为本,开拓创新。提高认识,勇于创新;积极思考,敢于探索。

(5) 努力进取,提高素质。积极参加各种技能和业务进修,不断提高自身素质。积极参加实践活动,不断积累经验。

2.1.2 基本素质要求

(1) 高尚的职业品德。

(2) 深厚的知识储备。

(3) 良好的组织能力。

(4) 流畅的语言表达。

(5) 较强的引导能力。

(6) 良好的身体素质。

(7) 灵活的危机应对。

(8) 积极向上的心态。

2.2 知识结构

体验教育师是一个“T”型人才,除了具备体验教育培训专业的知识和技能外,同时还要具备以下相关的知识结构来支撑其职业能力。

(1) 心理学知识。

(2) 管理学、组织行为学、营销学。

(3) 团队理念与团队文化。

(4) 户外运动技术。

(5) 紧急救护知识。

3. 行为规范

学习了解体验教育基本理论,具备从事组织体验教育培训所需的技能和相关知识,熟练掌握体验教育培训活动组织操作流程和体验项目操作流程,具有一定的表达能力、沟通能力、组织能力和控场能力。

(1) 懂得并掌握体验教育安全管理常识,熟练掌握体验教育活动中安全讲解,安全监控要点和应急处置预案及相关措施。

(2) 组织体验教育培训前，了解客户需求和学员成分，设计制定出科学的、针对性的课程实施方案，并征求客户意见进行协商修订后实施。

(3) 组织项目开始前，必须要提前对培训活动环境、场地和器材设备进行熟悉、察看、检查，对所有器械及装备逐一进行全面细致的安全检查，发现问题，立即纠正或更换。

(4) 严格按照体验教育培训规范流程组织开展各项培训活动，对培训中出现的各种问题及时果断妥善处置。

(5) 本着对客户及学员认真负责的态度，每次组织培训活动结束后，要对培训全过程进行细致全面的回顾，总结经验教训，并写出专题报告。

(6) 定期参加各种业务学习和安全技能培训，不断提高自身素质和培训能力水平。

(7) 积极开拓业务，努力完成培训任务或业绩指标。

(8) 发扬团结协作精神，顾全大局，在工作学习和培训活动中，相互学习，相互帮助，共同提高。

(9) 积极完成机构或管理人员交给的其他任务。

4. 执业规范标准及工作要求(见附表 1-1、附表 1-2、附表 1-3)

附表 1-1　初级体验教育师执业规范标准及工作要求

执业功能	工作内容	技能要求
培训实务管理	培训目标	1. 通过培训，掌握初级体验教育师基本知识和专业技能 2. 掌握体验教育培训管理的一般知识 3. 能为体验教育培训组织实施提供有关资料和可行的建议 4. 掌握体验教育培训项目的有关基础知识和制定培训计划的基本方法 5. 掌握常用体验教育培训项目操作流程
	课程内容	1. 体验教育基本理论知识 2. 体验教育培训常用项目操作流程 3. 体验教育培训安全管理技能 4. 体验教育师基本素质要求 5. 体验教育培训户外安全常识 6. 体验教育培训安全装备常识及使用规范
	体验教育技术的应用	1. 能操作使用常用计算机办公软件及课件制作 2. 能运用一般的教学辅助道具开展培训
教学的组织管理与实施	教学活动的组织管理	1. 能根据培训方案的总体要求进行场地、师资、经费、教材等方面的准备工作 2. 能进行学员的管理工作 3. 能准确把控培训时间 4. 能处理解决体验教育培训中出现的一般问题
	教学活动的实施	1. 能独立完成课前准备工作 2. 能把握课堂进度，完成预定的教学任务 3. 掌握保证教学质量的基本方法

附表 1-2 中级体验教育师执业规范标准及工作要求

执业功能	工作内容	技能要求
培训实务管理	培训目标	1. 熟练掌握体验教育的实践技能，能正确收集分析受训机构情况及参训人员成分、素质现状 2. 能根据服务对象具体情况、培训总体思路和要求，策划制定总体培训计划 3. 能熟练制定培训总体计划实施的具体步骤与落实方法 4. 熟练掌握并实施体验教育培训项目操作流程 5. 能有效地组织体验教育培训引导分享
	课程内容	1. 体验教育师基本理论知识 2. 体验教育在我国的发展及未来前景 3. 体验教育培训项目开发设计 4. 体验教育沙盘模拟课程组织 5. 体验教育培训机构运营与市场开发 6. 体验教育师职业化塑造 7. 体验教育安全风险识别与管理 8. 体验教育培训的组织与管理 9. 体验教育培训引导分享技能
	体验教育技术的应用	1. 能指导初级体验教育师实施培训计划并编制课程 2. 能指导初级体验教育师使用岗位描述工具 3. 指导初级体验教育师开展体验教育培训工作 4. 能开展培训需求的预测，并制定需求方案 5. 能开展体验教育培训项目的策划，熟练制定培训工作计划，并组织实施 6. 能处理体验教育培训中出现的各种安全及突发情况 7. 熟练掌握并应用体验教育培训各类器材道具
教学的组织管理与实施	教学活动的组织管理	1. 能进行最基本的计算机网络操作 2. 能运用计算机软件制作课件 3. 能使用各种教学辅助设备开展培训
	教学活动的实施	1. 能监督、检查体验教育培训所需的各项物资及人员准备工作，并提出教学实施方案 2. 能分析学员对培训工作的意见，并写出分析报告

附表 1-3 高级体验教育师执业规范标准及工作要求

执业功能	工作内容	技能要求
培训实务管理	培训目标	1. 掌握体验教育的行业发展，能够为体验教育初级体验教育师制定方案和课程 2. 制定体验教育培训总体计划的步骤与方法 3. 体验教育管理的理论与方法和创新 4. 履行高级体验教育师的执业标准

续表

执业功能	工作内容	技能要求
培训实务管理	课程内容	1. 高级体验教育师的职业道德 2. 高级体验教育师的理论知识 3. 高级体验教育师的专业技能 4. 高级研修班体验教育理论基础 5. 国内体验教育特色主题课程 6. NLP 教练技术 7. 体验教育品牌建设与管理 8. 体验教育创新项目设计原理案例
	开发培训教材	1. 能制定教材开发的总体计划 2. 承担教材开发的组织工作 3. 能具体开发某一课程的教材 4. 能分析教材重点、难点
	体验教育培训评估工作	1. 能制定年度及阶段培训评估方案并组织实施 2. 能提出体验教育师选用的要求 3. 能提出体验教育师人才建设方案
	指导培训工作	1. 能指导初级体验教育师实施培训计划并编制课程计划 2. 能指导初级体验教育师选择教材 3. 能指导初级体验教育师正确使用岗位描述工具 4. 指导初级体验教育师开展培训工作的方法

附录二:《中华人民共和国国家标准 GB 19079.19—2010》中规定的拓展场所的开放条件与技术要求

其主要内容如下:

1. 场地标准

(1) 拓展场地内有保护装备项目的活动空间投影地面应具有缓冲作用。

(2) 拓展场地基础的设计应符合 GB50007 的要求。

(3) 混凝土结构设计应符合 GB50010 的要求。

(4) 基础表面的预埋件附近局部应高出地面 150 mm。

(5) 基础表面高出地面的部分应进行无锐角、尖锐棱边处理,使圆角半径不小于 20 mm;基础表面高出地面部分还应进行缓冲处理。

(6) 场地施工质量应符合 GB50204 的要求。

(7) 拓展场地距离电力设施的水平距离不小于 8 m;距离地下管线的水平距离不小于

2 m;距离各类建筑的水平距离不小于 5 m。

(8)拓展场地应远离易燃、易爆和有毒、有害的物品。

(9)应避免活动空间的光干扰。

2. 设施设备标准

(1)设施结构

a. 设施的主立柱上端应与横梁可靠地连接;各立柱应与安装地面垂直,垂直度应不大于 1/200;设施中垂直竖立的面状结构的承载力不小于场地环境中 30 年一遇的风荷载,并不小于其上活动人员对其产生的冲击载荷;水平布置的面状结构的承载力应不小于所处的环境中 30 年一遇的雪荷载,并不小于 3 kN/m^2。风荷载、雪荷载的取值及计算应符合 GB50009 的规定。

b. 上方保护点的构件承载力应不小于 10 kN;地面保护点的构件承载力应不小于 5 kN。

c. 承接跳跃冲击的悬挂件的承载力应不小于 7.5 kN。

d. 梯子的踏板和登高脚架的承载力应不小于 2 kN。其他攀爬支承件的承载力应不小于 3 kN。

e. 钢丝绳的抗拉力应不小于 15 kN,其他性能应符合 GB/T8918 的相关规定。钢丝绳的端部固定应符合 GB8408 中 8.11 的规定。

f. 设施设备的设计使用年限按 10 年执行;设施设备中钢结构的其他性能条件应符合 GB50017 的规定;钢结构施工质量应符合 GB50205 的规定;非钢结构设施施工质量应符合 GB50300 的规定。

(2)设施设备安全标准

a. 设施设备在使用过程中,不应存在一个活动空间与另一活动空间、活动空间与器材的干涉等的可能。

b. 人体可达范围内器械的尖角、锐角、凸缘应进行圆滑处理,上述部位的圆角半径不小于 3 mm,需要设置护栏时,护栏应满足 GB4053.3 的规定。

c. 设施不应在人体可达范围存在这样的结构形式:活动人员因其身体、身体的一部分或衣服的非主观原因,进入构件的封闭或非封闭开口并被限制而产生伤害。设施所使用的材料还应避免在使用过程中因弯曲、变形而产生上述结构形式。

d. 人员站立面的静摩擦系数不小于 0.5;或在踏板的主运动方向和易滑脱方向设置高度不低于 0.03 m 的防滑脱凸台或护板。

e. 对可能与人体发生碰撞的突出部位应进行缓冲处理;对设施设备活动部件和固定部件易发生或可能发生刚性碰撞的部位,应设置弹性缓冲装置,缓冲装置的接触面积应不小于 1 m^2。例如:安装橡胶垫等缓冲装置。

f. 构件表面应进行防锈处理或防腐处理,涂层无毒。钢结构的表面保护处理应符合 GB50205。

g. 高空设施应加装避雷装置。

h. 用于稳定设施作用的斜拉线、支架等,在距地面以上 1.5 m 处,应加装明显警示色彩或提示性标志。

(3) 卫生、环境管理标准

拓展设施设备使用的塑料、橡胶、皮革等非金属零部件及金属表面涂饰层，在正常使用过程中，不应存在染色、掉沫以及感官所能觉察到的较浓异味等现象。公共指示用标识应符合 GB/T10001.1 的要求。拓展设施设备在正常使用时产生的噪声，应不大于 65 dB。

附录三：中关村体验教育培训科技协会简介

中关村体验教育培训科技协会是在中关村国家自主创新示范区登记注册，经政府主管部门批准成立的非赢利性社团组织，为中华人民共和国独立法人资格机构，工作业务范围为全国。

中关村国家自主创新示范区是 2009 年经国务院批准实施的中国经济科技教育体制改革的先行实验区和中国培养和聚集高素质人才的基地。国家"十二五"规划中将中关村定位为"面向世界、辐射全国、创新示范、引领未来的国家级自主创新示范区"，服务于首都世界城市的建设，建成具有全球影响力的科技创新中心。

中关村体验教育培训科技协会，就是按照中央人才工作协调小组关于建设中关村高层次人才创新创业基地的要求，依据 2011 年 3 月中组部、国家发改委等 15 个中央部门和北京市联合下发的《关于中关村国家自主创新示范区建设人才特区的若干意见》，为加快建设人才特区，培养国内与国际发展需求相适应的高素质人才，专门申请成立的体验教育培训社团组织平台。

中关村体验教育培训科技协会，接受中关村管理委员会指导，中关村社团组织联合会对协会进行监督和管理。近年来，协会开发建立了符合我国专业人才市场需求的各类岗位专业能力培训业务，积极为全国专业技术人才成长发展提供培训服务，是面向全国范围的体验教育行业专业技术人才岗位核心能力培训管理协作组织，先后制定和发布了《体验教育师职业标准》《研学导师职业标准》《体验教育培训安全管理标准》《研学实践规范运营示范营地标准》等行业、团体标准，在行业内指导、实施、推广。其工作业务范围有以下几方面：

1. 开展理论与实践研究。适应新时代要求，围绕体验教育培训组织实施、教学创新等开展理论和实践研究；规划、立项、组织、协调体验教育研究项目。

2. 研究推广行业标准。根据国家相关政策法规，研究制定推广体验教育培训行业相关标准，创新技术和规范要求；经政府有关部门批准，组织开展体验教育评价、项目评估。引导促进行业健康发展。

3. 技术引进与创新。跟踪、研究、引进国际上体验教育培训先进理论、最新的科研成果、器材装备、方法和技术，结合国内特点进行创新发展。

4. 打造行业交流平台。通过组织各种年会、论坛、展会、观摩交流、技能比赛、业内评比、知识技术转让等活动，整合资源，共享发展，不断创新体验教育培训新模式、新方法、新项目、新器材，推动政府引导等多种方式培育市场；建设体验教育培训公共服务平台。

5. 组织岗位专业能力培训。开展多种形式和内容的体验教育培训、咨询、业务指导等服务;宣传普及行业知识,编辑出版学术刊物和著作,发布交流行业信息;组织从业人员进行职业技能和岗位专业能力培训。

6. 推动开展国内营地教育。组织各类户外体验教育营地策划、运营、管理研究;组织行业专家学者进行体验教育培训各类器材、装备、系统平台的研发;组织进行培训、研学、国防等各类主题示范营地的实施推广。

7. 承接政府委托项目。承接政府转移的体验教育相关职能;承接政府部门通过购买服务等方式委托的相关业务;申报体验教育培训国家各级科研项目和产业项目,并策划、组织、实施。

8. 加强国际交流与合作。通过参加或合作组织各种国际和地区间展会、论坛、学术研讨、观摩考察、交流活动、主题竞赛等,积极参与国际及港澳台行业交流和合作。

附录四:中国成人教育协会体验教育培训专业委员会介绍

中国成人教育协会体验教育培训专业委员会,是经中国成人教育协会批准成立的,由从事体验教育培训的学校、企事业单位、相关社会组织和工作者自愿结成的,属全国性、专业性、非营利性社会组织,是中国成人教育协会领导下的专业分支机构。中国成人教育协会体验教育培训专业委员会,在中国成人教育协会领导下开展工作。其主要工作业务范围是:

1. 开展体验教育培训工作的宣传、推广和普及。

2. 开展体验教育培训理论研究、教育教学改革和学术交流活动。

3. 发挥专业委员会的桥梁、纽带、参谋、助手作用,接受中国成人教育协会和相关部门的委托,承担具体任务和工作,为政府的决策提供咨询和建议。

4. 开展体验教育培训工作领域内的相关培训工作。

5. 协调、沟通有关体验教育培训学校、企事业单位和社会组织的工作,组织开展体验教育培训与学习活动。

6. 编辑学术刊物,出版学术著作,发布和交流信息。

7. 推动和组织与我国港、澳、台地区和国外体验教育培训组织机构的学术交流与合作。

8. 充分利用中国成人教育协会平台,加强与各分支机构的交流与合作。

目前委员会已筹建专家委员会,并在全国范围内开展“体验教育师”“三学导师”“家庭教育指导师”“大学生创新创业核心能力培训”“营地教育师”等行业岗位专业能力培训颁证项目。

附录五:户外体验教育营地(拓展基地)建设服务推荐机构

随着体验教育培训的不断推广和户外休闲产业的发展,策划建设各类户外教育、研学营地、综合实践基地的机构越来越多。如何选择一个正规、具有合格资质的营地策划、建设机构,是众多体验教育爱好者考虑的问题。这里向大家推荐提供各类营地策划、建设的亮剑开拓科技发展(北京)有限公司。该机构是国内从事体验教育(拓展)培训的专业机构,为客户提各类营地策划、建设、安装、调试、技术指导、师资岗位培训等一系列服务。

公司具有十多年的承接策划、建设各类营地的经验。企业通过 ISO9001 国际质量管理体系认证、国家职业健康安全管理体系认证和环境管理体系认证;申请获得了 10 大项 50 多项拓展器材实用新型专利证书;公司研发的九州亮剑拓展系列器材,通过了国家体育用品质量检测检验中心的检测认证;先后荣获中国知名品牌、全国绿色产品认证、国内行业协会户外拓展器材安装施工甲级资质;建设全国各类营地三百多个,获得用户广泛好评。

目前公司提供各类户外营地前期策划,供应安装体验教育培训高空、场地、攀岩、水上、青少年综合实践(研学)、丛林穿越、溜索、儿童历奇、游线、泥泞跑、消防比武、军警心理行为、防灾减灾、DIY 等体验活动项目器材,同时配套提供一系列售后软件支持。成为国内体验教育培训行业的品牌和领军机构。

参考文献

[1] 库伯．体验学习：让体验成为学习和发展的源泉[M]．王灿明，译．上海：华东师范大学出版社，2008.

[2] 罗伯特·L 乔勒斯著．如何组织培训[M]．奚卫华，彭涛，译．北京：机械工业出版社，2013.

[3] 盖瑞·凯朗特．户外培训游戏大全[M]．陈平，南雪景，慕英杰译．北京：企业管理出版社，2003.

[4] 钱永健编．拓展训练[M]．北京：企业管理出版社，2006.

[5] 薛保红．体验式培训师[M]．北京：中国计量出版社，2012.

[6] 劳动和社会保障部/中国职工教育和职业培训协会．企业培训师培训教材[M]．北京：新华出版社，2008.

[7] 赵金亭，李书标，王振全．企业培训师培训教材[M]．北京：中国水利水电出版社，2014.

[8] 经理人培训项目编写组．培训游戏全案[M]．北京：机械工业出版社，2010.

[9] 王崇彩，冉斌．疯狂劲草——素质体验培训[M]．深圳：海天出版社，2006.

[10] 吴军．户外教育教程[M]．北京：高等教育出版社，2015.

[11] 众行管理资讯研发中心．拓展训练教程[M]．广州：广东经济出版社，2004.

编委会人员简介
（按姓氏笔画排序）

丁来勇　中关村体验教育培训科技协会副会长
　　　　苏州三人行体验教育机构总经理
马晓宇　中关村体验教育培训科技协会副会长
　　　　中国成人教育协会体验教育培训专业委员会副秘书长
王　栋　四川在路上教育咨询公司总经理
王金忠　共青团青海省团校培训二部主任、副教授
邓　维　四川大学体育学院副教授、四川大学户外运动研究所所长
毛文林　中共惠州市惠阳区委党校理论教员
叶　平　中国药科大学副教授、素质拓展中心主任
孙永生　沈阳体育学院副教授、休闲运动教研室主任
乔瑞峰　中关村体验教育培训科技协会副会长
　　　　中国成人教育协会体验教育培训专业委员会秘书长
吕艳霞　中关村体验教育培训科技协会副会长
　　　　亮剑开拓科技发展（北京）有限公司总经理
李明霞　亮剑开拓拓展技术发展（东营）中心总经理
张　燕　中关村体验教育培训科技协会副秘书长
张春亮　中关村体验教育培训科技协会会长
杨　凯　银川亮剑开拓文化传播有限公司总经理
杨　峰　西南科技大学体育学科部户外教师
杨凤山　中关村体验教育培训科技协会副会长
　　　　中国新梦想讲师团、江西研学旅行社总经理
陈旭光　淮安市倍思德教育咨询服务有限公司总经理
金祖良　浙江林学院旅游学院旅游管理学教授
郑　静　南京工业职业技术学院体育部讲师
郑亚明　银川大器之门企业管理咨询有限公司总经理
罗旌贵　泉州市华体教育咨询有限公司董事长
胡　岗　中关村体验教育培训科技协会秘书长

周　钰　中关村体验教育培训科技协会副会长
陕西域胜企业管理咨询有限公司总经理

赵　华　中关村体验教育培训科技协会办公室主任

赵太全　重庆市万州人民警察培训学校教务处主任

袁一丹　上海城建职业学院讲师

梁　妍　中关村体验教育培训科技协会副会长
亮剑开拓科技发展(北京)有限公司基地部经理

康彦彬　东道品牌创意集团培训总监

董　恺　西宁引领者企业管理咨询有限公司总经理

韩东红　中关村体验教育培训科技协会副会长
亮剑开拓科技发展(北京)有限公司培训部经理

翟继锋　兰州屹越企业管理咨询有限公司培训讲师

后　记

经过几十位体验教育行业专家学者和一线从业老师们三年多的共同努力，国内第一本体验教育师岗位能力培训教材终于和大家见面了。参与本教材编写的不少老师其实并不擅长教材编写，但他们接受任务后，克服困难，认真总结实践经验和教训，积极为教材贡献自己的力量。也正是由于大家的执着精神，齐心协力，才最终促成此书的出版。在此对各编委的支持和付出表示真诚的感谢！

本教材出版之际，真诚感谢人力资源和社会保障部教育培训中心副主任汪春慧女士的指导，并为本教材作序；感谢人力资源和社会保障部教育培训中心赵应文处长的指导；感谢亚洲青少年体验教育协会会长董浩然老师的指导；感谢中关村体验教育培训科技协会和中国成人教育协会体验教育专业委员会两个行业平台的支持；感谢亮剑开拓科技发展（北京）有限公司为本教材提供项目器材资料和图片。本教材中部分项目活动照片来自各期体验教育师岗位能力培训班，由于条件所限未能逐一征询各位学员意见，在此一并致谢！

为了使教材做到准确规范，切实体现体验教育发展最新成果，我们先后组织了三次大范围的修改完善工作。但由于时间所限和能力水平所限，书中难免存在问题、缺陷和疏漏，希望大家在使用过程中给予批评指正！

在编写过程中，为使教材内容尽量丰富，我们借鉴和参考了大量的相关资料，由于编写任务重，时间紧，引用内容未能全部列入本书参考文献中，其中的疏漏敬请谅解，并及时与我们联系补正。

最后，让我们在庆贺体验教育行业第一本正规全面的教材诞生之时，不忘虚心自检，不断完善，为体验教育行业的健康发展继往开来，砥砺前行！

《体验教育师培训教程》编委会

2019 年 10 月